Hermann Cäsar Hannibal Schubert

Kalkül der abzählenden Geometrie

Hermann Cäsar Hannibal Schubert

Kalkül der abzählenden Geometrie

ISBN/EAN: 9783743336933

Hergestellt in Europa, USA, Kanada, Australien, Japan

Cover: Foto ©ninafisch / pixelio.de

Manufactured and distributed by brebook publishing software
(www.brebook.com)

Hermann Cäsar Hannibal Schubert

Kalkül der abzählenden Geometrie

KALKÜL

DER

ABZÄHLENDEN GEOMETRIE

VON

DR. HERMANN SCHUBERT,
OBERLEHRER AN DER GELEHRTENSCHULE DES JOHANNEUMS IN HAMBURG.

LEIPZIG,
VERLAG VON B. G. TEUBNER.
1879.

Vorrede.

Dieses Buch soll einen doppelten Zweck erfüllen. Es soll *erstens* den Leser mit den Vorstellungen, Problemen und Resultaten eines neuen Gebietes der Geometrie vertraut machen, in welchem man, unter Verzichtleistung auf die eigentliche Construction der Gebilde, nur zu berechnen trachtet, *wieviel* Gebilde von bestimmter Definition gewisse gegebene Bedingungen erfüllen, um dadurch einerseits der analytisch-geometrischen Forschung wichtige Vorarbeiten und Fragestellungen zu liefern, andererseits die Eigenschaften des Raumes in einem neuen Lichte erscheinen zu lassen. Welch' einen fruchtbaren Boden dieses seit kaum 15 Jahren erschlossene Gebiet besitzt, zeigt am besten der Umfang des Capitels „Abzählende Geometrie“ im Jahrbuche über die Fortschritte der Mathematik (VIII, 5 C). Das Buch soll aber auch *zweitens* die Handhabung eines eigenthümlichen Kalküls lehren, durch welchen man im Stande ist, auf leichte und naturgemässe Weise eine grosse Menge auch von *solchen* geometrischen Anzahlen und Beziehungen zwischen Singularitätenzahlen zu bestimmen, welche die mit den Mitteln der modernen Algebra operirende Methode der neueren analytischen Geometrie entweder nur unter grossen Eliminationsschwierigkeiten oder überhaupt nicht zu berechnen vermocht hat. Wenn daher das vorliegende Buch zu einigen Capiteln der grossen Werke von Salmon-Fiedler und Clebsch-Lindemann einige Ergänzungen hinzufügen sollte, so würde der Verfasser darin den schönsten Lohn für die Mühen der Redaction finden.

In den ersten drei Abschnitten habe ich den didaktischen Zweck vornehmlich im Auge gehabt und alle Definitionen, Sätze und Formeln durch einfache und complicirte, bekannte und neue Beispiele und Anwendungen erläutert. Gegenüber meinen früheren Abhandlungen auf dem Gebiete des Abzählungskalküls in den „Göttinger Nachrichten“ und „Mathematischen Annalen“ giebt das Buch theils eine consequentere Durchführung der Methode, theils auch manche noch nicht publicirte Untersuchungen. Zu den letzteren gehören namentlich die Berechnung der Anzahlen für die Raumcurve dritter Ordnung, die Charakteristikentheorie mehrerer aus Punkten, Strahlen und Ebenen zusammengesetzter Gebilde nebst Anwendungen, und die Bestimmung gewisser, noch nicht studirter Singularitäten auf dem Schnitt zweier Liniencomplexe. Auf die hinten angefügten „Literaturbemerkungen“ ist im Texte durch das Zeichen „**Lit.**“ hingewiesen. Auf die Literaturbemerkungen folgt noch ein Wortregister und ein Autorenregister.

Für ein erstes, weniger eingehendes Studium des Buches können etwa folgende Paragraphen übergangen werden: §§ 11, 16 bis 18, 23 bis 32, und wohl auch §§ 34 bis 36 und 41 bis 44.

Zum Schluss möchte ich noch dem Gefühle des Dankes für die wohlwollende Anregung Ausdruck verleihen, welche mir in den letzten Jahren durch den Briefwechsel mit mehreren Mathematikern, namentlich mit den Herren Zeuthen, Sturm, Klein, Voss, Halphen, Hirst zu Theil wurde und welche mir die Freude am wissenschaftlichen Arbeiten, insbesondere an der Abfassung dieses Buches, wesentlich erhöht hat. Ferner fühle ich mich verpflichtet, sowohl den Herren Lazarus in Hamburg und Hurwitz in München für ihre bereitwillige Hilfe bei der Correctur, wie auch dem Herrn Verleger für die sorgfältige Ausstattung des Buches meinen Dank auszusprechen.

Hamburg, im Juli 1879.

Hermann Schubert.

Inhaltsverzeichniss.

Erster Abschnitt.

Die Symbolik der Bedingungen.

Zweiter Abschnitt.

Die Incidenzformeln.

Dritter Abschnitt.

Die Coincidenzformeln.

Vierter Abschnitt.

Die Berechnung von Anzahlen durch Ausartungen.

Fünfter Abschnitt.

Die mehrfachen Coincidenzen.

Sechster Abschnitt.

Die Charakteristikentheorie.

Erster Abschnitt.

Die Symbolik der Bedingungen.

§ 1.

Die Constantenzahl eines Gebildes.

Das äusserliche Ziel der abzählenden Geometrie ist die Beantwortung aller Fragen von folgender Form:

„**Wieviel** *geometrische Gebilde von bestimmter Definition erfüllen gewisse gegebene* **Bedingungen?**"

Die Zahlen, welche diese Fragen beantworten, hängen also einerseits von der Natur der aufgestellten *Definition*, andererseits von der Natur der gegebenen *Bedingungen* ab. Wenn nun die Definition für ein Γ genanntes Gebilde derartige Bestimmungen enthält, dass der Raum ∞^c Individuen besitzt, welche diese Definition erfüllen, oder, was ganz dasselbe ist, dass die analytisch-geometrische Darstellung dieses Gebildes Γ c wesentliche *Constanten* enthält, so soll c die *Constantenzahl* des Gebildes Γ oder seiner Definition heissen.

Hiernach bedeutet der Ausspruch, dass der (als Träger seiner Punkte aufgefasste) Raum drei Dimensionen hat, nichts anderes, als dass der Punkt die Constantenzahl 3 hat. Die Constantenzahl der Ebene ist auch gleich 3, die des Strahles aber gleich 4. Aus diesen Constantenzahlen ergeben sich durch Addition die Constantenzahlen aller aus einer *endlichen Anzahl* von Punkten, Ebenen und Strahlen zusammengesetzten Gebilde. Beispielsweise ist die Constantenzahl

1. eines Punktepaares gleich 2.3, also einer Strecke von bestimmter Länge gleich $2.3-1$;
2. eines Dreiecks im Raume gleich 9, eines Dreiecks in fester Ebene gleich 6;
3. eines räumlichen n-Ecks, d. h. eines Polyeders, welches n Ecken und *nur Dreiecke* zu Grenzflächen hat, gleich $3.n$;
4. eines ebenen n-Ecks im Raume gleich $2.n+3$;

5. einer geraden Punktgruppe, d. h. eines Gebildes, welches aus einem Strahle und n darauf liegenden Punkten besteht, gleich $4+n$;

6. eines Strahlbüschels gleich 5;

7. eines Gebildes, welches aus n in einem Strahlbüschel liegenden Strahlen besteht, gleich $5+n$.

8. Aus der in 3. für ein *Dreieckspolyeder* angegebenen Constantenzahl gelangt man sehr leicht zu der Constantenzahl c eines *beliebigen Polyeders.* Ein solches habe e Ecken, f Flächen, k Kanten. Man zerlege jedes, eine Fläche bildende n-Eck durch Ziehen von $n-3$ Diagonalen in $n-2$ Dreiecke. Dann mögen auf den f Flächen im Ganzen d Diagonalen zur Zerlegung erforderlich sein, und δ Dreiecke entstehen. Dann ist δ um f grösser als d, weil auf *jeder* Fläche *ein* Dreieck mehr entsteht, als Diagonalen zur Zerlegung nothwendig sind. Also ist:

$$\delta = d + f.$$

Ferner sind die $3.\delta$ Seiten der δ Dreiecke zum Theil die d Diagonalen, zum andern Theil die k Kanten, jedoch so, dass jede der d Diagonalen, und auch jede der k Kanten *zweimal* als Dreiecksseite auftritt. Daher ist auch:

$$3\delta = 2d + 2k.$$

Aus beiden Gleichungen folgt:

$$d = 2k - 3f.$$

Nun kann man ein Polyeder, welches zur Zerlegung der Flächen in Dreiecke d Diagonalen erfordert, immer als ein Dreieckspolyeder ansehen, welches dahin specialisirt ist, dass an d Kanten der Neigungswinkel der zusammenstossenden Flächen den speciellen Werth von 180^0 bekommt. Also ist die Constantenzahl c eines beliebigen Polyeders um d kleiner als die eines Dreieckspolyeders von gleicher Eckenzahl e. Es ergiebt sich also:

$$c = 3.e - d,$$

oder nach Substitution des oben abgeleiteten Werthes für d,

$$c = 3.e + 3.f - 2k \quad \textbf{(Lit. 1)},$$

und nach Benutzung der Euler'schen Gleichung:

$$f + e = k + 2,$$

das einfache Resultat

$$c = k + 6.$$

Da es immer ∞^6 einander congruente Gebilde giebt, so ist nach dieser Formel *ein Polyeder, abgesehen von seiner Lage, durch genau so viele einfache Bedingungen bestimmt, wie die Zahl seiner Kanten beträgt.* Treten noch weitere beschränkende Bestimmungen in die Definition des Polyeders, so wird die Constantenzahl entsprechend vermindert. Z. B. ist die Constantenzahl eines Prismatoids um 2 kleiner als seine Kantenzahl, weil zwei seiner Ebenen die specielle Lage von parallelen Ebenen haben.

Den oben angegebenen Constantenzahlen fügen wir noch einige hinzu, die aus der analytischen Geometrie bekannt sind. Es ist nämlich die Constantenzahl:

9. einer in beliebiger Ebene gedachten *Plancurve* n^{ter} Ordnung, n'^{ter} Klasse, mit δ Doppelpunkten, $\varkappa$ Spitzen, δ' Doppeltangenten, $\varkappa'$ Wendetangenten,

$$\begin{aligned} c &= 3 + \tfrac{1}{2} n (n+3) - \delta - 2\varkappa \\ &= 3 + \tfrac{1}{2} n' (n'+3) - \delta' - 2\varkappa'; \end{aligned}$$

10. einer punktallgemeinen *Fläche* n^{ten} Grades

$$c = \tfrac{1}{6}(n+1)(n+2)(n+3) - 1;$$

11. eines strahlenallgemeinen *Liniencomplexes* n^{ten} Grades

$$c = \tfrac{1}{12}(n+1)(n+2)^2(n+3) - 1$$ **(Lit. 2).**

§ 2.
Die Bezeichnung der Bedingungen.

Die verschiedenen, einem Gebilde von bekannter Definition auferlegten Bedingungen unterscheiden wir von einander durch *Symbole* (Buchstaben mit oder ohne Indices). Ist die Bedingung *zusammengesetzt*, d. h. sagt sie nichts weiter aus, als dass mehrere Bedingungen *zugleich* erfüllt werden sollen, so ertheilen wir ihr als Symbol das **Produkt*** der Symbole der zusammensetzenden Bedingungen, und nennen die letzteren ihre *Faktoren*. *Zwei Bedingungen y und z mit einander multipliciren,* heisst demnach, diejenige zusammengesetzte Bedingung yz bilden, welche ausspricht, dass y und z *zugleich* erfüllt werden sollen. Hieraus ergiebt sich dann weiter, dass man unter der n^{ten} Potenz einer Bedingung y diejenige zusammengesetzte Bedingung zu verstehen hat, welche ausspricht, dass die Bedingung y n-mal erfüllt werden soll. Auch der **Summe*** zweier Bedingungen legen wir einen Sinn bei. *Zwei Bedingungen y und z addiren,* heisst nämlich, diejenige Bedingung $y + z$ bilden, welche ausspricht, dass *entweder y oder z* erfüllt werden soll **(Lit. 3).**

---

* Man vergleiche die Anwendung der Summe und des Produktes im Logikkalkül, z. B. in E. Schröder's „Operationskreis des Logikkalküls", Teubner 1877.

In der modernen Auffassung der Geometrie betrachtet man als elementarste Bausteine der Gebilde den Punkt, die Ebene und den Strahl, indem man den beiden letzteren gewissermassen dasselbe Anrecht auf Ursprünglichkeit wie dem Punkte einräumt. Wir nennen deshalb diese drei Gebilde die drei *Hauptelemente des Raumes.* Die einfachsten Gebilde, welche der *Punkt* erzeugt, sind die Gesammtheit:

1. aller Punkte eines Strahles — *Punktaxe, gerade Punktreihe, Gerade;*

2. aller Punkte einer Ebene — *Punktfeld, Ebene;*

3. aller Punkte des Raumes — *Punktraum, Raum.*

Die einfachsten von der *Ebene* erzeugten Gebilde sind die Gesammtheit:

1. aller durch einen Strahl gehenden Ebenen — *Ebenenaxe, Ebenenbüschel, Gerade;*

2. aller durch einen Punkt gehenden Ebenen — *Ebenenbündel, Punkt;*

3. aller Ebenen des Raumes — *Ebenenraum, Raum.*

Die einfachsten, von dem *Strahle* erzeugten Gebilde sind die Gesammtheit:

1. aller durch einen Punkt in einer Ebene gehenden Strahlen — *Strahlbüschel;*

2a. aller in einer Ebene liegenden Strahlen — *Strahlenfeld, Ebene;*

2b. aller durch einen Punkt gehenden Strahlen — *Strahlenbündel, Punkt;*

3. aller Strahlen, die einen Strahl schneiden — *Strahlenaxe, specieller linearer Complex, Gerade;*

4. aller Strahlen des Raumes — *Strahlenraum, Raum.*

Die eben genannten Gebilde nennen wir mit den Hauptelementen zusammen, die 14 *Grundgebilde* des Raumes, im Anschluss an die in der Geometrie der Lage übliche Terminologie.

Unter den einem Gebilde Γ auferlegbaren Bedingungen spielen die fundamentalste Rolle die *Grundbedingungen;* das sind Bedingungen, welche verlangen, dass irgend ein dem Gebilde Γ angehöriges Hauptelement in einem gegebenen Grundgebilde liegen soll. Beispielsweise ist für eine Raumcurve die Bedingung, eine gegebene Gerade zu schneiden, eine Grundbedingung, weil sie verlangt, dass irgend ein der Raumcurve angehöriger Punkt auf einer gegebenen geraden Punktreihe liegen soll. Jedes der oben angeführten 14 Grundgebilde giebt Veranlassung zu einer Grundbedingung. Von diesen werden drei *immer* erfüllt, nämlich diejenigen, welche nur aussprechen, dass eins der drei Hauptelemente dem Raume angehören soll. Für die übrigen 11 Grundbedingungen führen wir **feste Symbole ein, die in den folgenden Abschnitten fortwährend benutzt werden.**

I. Ist ein Punkt mit p bezeichnet, so bedeutet:

1. dasselbe Symbol p auch die *Bedingung*, dass dieser Punkt p auf einer gegebenen Ebene liegen soll;
2. das Symbol p_g die Bedingung, dass der Punkt p auf einer gegebenen Geraden liegen soll;
3. das Symbol P die Bedingung, dass der Punkt p gegeben sein soll.

II. Ist eine Ebene e genannt, so bezeichnet:

1. dasselbe Symbol e auch die *Bedingung*, dass die Ebene e durch einen gegebenen Punkt gehen soll;
2. das Symbol e_g die Bedingung, dass die Ebene e durch eine gegebene Gerade gehen soll;
3. das Symbol E die Bedingung, dass die Ebene e gegeben sein soll.

III. Ist ein Strahl g genannt, so bedeutet:

1. dasselbe Symbol g auch die *Bedingung*, dass der Strahl g eine gegebene Gerade schneiden soll;

2a. das Symbol g_e die Bedingung, dass der Strahl g in einer gegebenen Ebene liegen soll;

2b. das Symbol g_p die Bedingung, dass der Strahl g durch einen gegebenen Punkt gehen soll;

3. das Symbol g_s die Bedingung, dass der Strahl g einem gegebenen Strahlenbüschel angehören soll;

4. das Symbol G die Bedingung, dass der Strahl g gegeben sein soll.

Hiernach bedeuten z. B. g^2, dass der Strahl g jede von zwei gegebenen Geraden schneiden soll, hh_p, dass ein h genannter Strahl sowohl irgend eine gegebene Gerade schneiden, wie auch durch irgend einen gegebenen Punkt gehen soll.

Die Grundbedingungen gehören zu den *räumlichen* Bedingungen, d. h. solchen, die nothwendig eine Bestimmung enthalten, welche die Lage des untersuchten Gebildes Γ zu einem als *gegeben* betrachteten Gebilde Γ' angiebt. Diejenigen Bedingungen, welche frei von einer solchen Bestimmung sind, wollen wir *invariante* nennen. Eine invariante Bedingung spricht man z. B. aus, wenn man von einem Punktepaar verlangt, dass seine beiden Punkte unendlich nahe liegen, oder, wenn man von einer punktallgemein definirten Plancurve verlangt, dass sie einen Doppelpunkt besitze, oder dass zwei ihrer Wendepunkte zusammenfallen. Zu den invarianten Bedingungen gehören namentlich die im vierten Abschnitt behandelten Bedingungen, welche aussprechen, dass ein Gebilde in gewisser Weise *zerfallen* oder überhaupt *ausarten* soll. Zu den räumlichen Bedingungen gehören auch die *metrischen* Bedingungen, d. h. diejenigen, welche über die Grösse etwas festsetzen, insofern, als sie eine besondere Lage zu einem festen Gebilde, nämlich dem unendlich fernen, imaginären Kugelkreise aussprechen. Metrische Bedingungen sind z. B. in § 4, Beispiel 5 und 6, § 39, Anwendung V, § 33, Nr. 28 behandelt. Ferner hat Chasles in vielen Abhandlungen der „Comptes rendus" **(Lit. 3a)** Anzahlbestimmungen für metrische Bedingungen gemacht, z. B. für die Bedingung der Gleichheit zweier auf einem Strahle durch Plancurven ausgeschnittenen Strecken.

Bei der Anwendung der eingeführten Bedingungssymbolik beachte man namentlich Folgendes:

1. Die Bedingung, welche ausspricht, dass zwei von einander *abhängige* Bedingungen erfüllt werden sollen, ist nicht etwa als aus diesen *zusammengesetzt* aufzufassen und wird demgemäss auch im Allgemeinen *nicht* wie ein *Produkt* bezeichnet, sondern erhält als einzelne Bedingung ein besonderes Symbol. Eine solche Bedingung erfüllt z. B. ein Kegelschnitt, welcher einen gegebenen Kegelschnitt an einer Stelle zweipunktig, an einer anderen dreipunktig berührt. Nur wenn kein Missverständniss möglich ist, bezeichnen wir wohl auch die Bedingung, welche ausspricht, dass zwei von einander abhängige Bedingungen erfüllt werden sollen, wie das Produkt dieser beiden, namentlich wenn die eine Bedingung eine Ausartungsbedingung ist, z. B. in den §§ 16, 23, 24 und 25.

2. Wenn eine räumliche Bedingung ausspricht, dass das Gebilde Γ zu dem gegebenen Gebilde Γ' eine gewisse Lage einnehmen soll, so betrachten wir Γ' und jeden seiner Theile als der räumlichen Bedingung *angehörig*. Beispielsweise ist *der Punkt der Bedingung* h_p, wenn von einem Strahle h die Rede ist, derjenige Punkt, durch welchen, zufolge der Bedingung h_p, der Strahl h gehen soll.

3. Die Gebilde, welche nach der Bemerkung 2. mehreren gegebenen Bedingungen angehören, hat man sich zunächst immer in *beliebiger* Lage zu einander vorzustellen. Bezeichnet man z. B. für

eine Curve mit z die Bedingung, dass sie durch einen gegebenen Punkt gehen soll, so bedeutet z^2 die Bedingung, dass die Curve *zwei* gegebene, aber *beliebig* zu einander liegende Punkte enthalte, *nicht aber etwa*, dass die Curve *nothwendig durch einen und denselben Punkt zweimal* gehen soll.

4. Bei jedem vorliegenden Gebilde kann man auf mannichfache Weise Gebilde Γ' angeben, welche in gewisser Weise durch dasselbe *erzeugt* sind. Ein Punkt z. B. erzeugt zugleich das Strahlenbündel, welches ihn zum Scheitel hat. Eine Fläche besitzt als ein von ihr erzeugtes Gebilde etwa ihre Krümmungsmittelpunktsfläche oder ihre Doppelcurve, oder die Linienfläche der sie vierpunktig berührenden Tangenten. Wenn nun in dieser Weise ein Gebilde Γ' einem Gebilde Γ angehört, und dem Gebilde Γ' eine gewisse Bedingung z auferlegt ist, so ist diese Bedingung indirect auch Γ zugeschrieben. Wenn wir dann die Bedingung z als eine Bedingung *für* Γ auffassen, nennen wir sie *auf* Γ *übertragen*, und bezeichnen sie, wenn kein Missverständniss möglich ist, ebenso, als wenn sie Γ' angehörte, also auch mit z. Bezeichnet man z. B. jeden Punkt einer gewissen Raumcurve mit p, so bedeutet p_g für die *Raumcurve* die Bedingung, dass sie eine gegebene Gerade schneide. Bezeichnet man ferner jede Wendetangente einer Plancurve mit f, so spricht das Symbol f_e für die *Plancurve* die Bedingung aus, eine gegebene Ebene zu osculiren. Besteht ein Gebilde aus einem Strahle g, und n auf ihm liegenden Punkten $p_1, p_2, p_3, \ldots p_n$, so bedeutet das Symbol

$$g p_1 p_2 \ldots p_n$$

die Bedingung, dass *dieses Gebilde* seinen Strahl g eine gegebene Gerade schneiden lasse, und zugleich jeden seiner Punkte auf eine gewisse von n gegebenen Ebenen werfe.

§ 3.

Die Dimension einer Bedingung und die Stufe eines Systems.

Wenn ein Gebilde Γ, dessen Constantenzahl (§ 1) c ist, einer Bedingung unterworfen ist, welche α Bedingungsgleichungen zwischen den c Constanten seiner analytisch-geometrischen Darstellung veranlasst, oder, was dasselbe ist, wenn es $\infty^{c-\alpha}$ Gebilde giebt, welche die gegebene Bedingung erfüllen, so heisst die Bedingung *α-fach* oder von der *α^{ten} Dimension.* Die Gesammtheit der $\infty^{c-\alpha}$ Gebilde, welche eine gewisse α-fache Bedingung erfüllen, bezeichnen wir als ein von dem Gebilde Γ erzeugtes, durch jene α-fache Bedingung definirtes, $(c-\alpha)$-*stufiges System*. Speciell bestimmt jede Γ auferlegte, c-fache Bedingung ein *nullstufiges System, das ist eine endliche Anzahl von Individuen, welche die Definition von Γ erfüllen.*

Die Dimensionen der in § 2 mit ihren Symbolen eingeführten Grundbedingungen sind für den Fall, dass diese den Hauptelementen p, e, g selbst zugeschrieben werden, folgende. Es sind:

1. *einfach* die Bedingungen p, e, g;
2. *zweifach* die Bedingungen p_g, e_g, g_e und g_p;
3. *dreifach* die Bedingungen P, E, g_s;
4. *vierfach* die Bedingung G.

Die durch diese 11 Bedingungen definirten Systeme von Hauptelementen hatten wir in § 2 Grundgebilde genannt. Da Punkt und Ebene die Constantenzahl 3 haben, der Strahl aber die Constantenzahl 4 hat, so sind von den 14 Grundgebilden:

1. *nullstufig* jedes der drei Hauptelemente selbst;
2. *einstufig* die Punktaxe, die Ebenenaxe, der Strahlbüschel;
3. *zweistufig* das Punktfeld, der Ebenenbündel, das Strahlenfeld und der Strahlenbündel;
4. *dreistufig* der Punktraum, der Ebenenraum, die Strahlenaxe;
5. *vierstufig* der Strahlenraum.

Die durch beliebige Bedingungen definirten Systeme von Hauptelementen nennen wir auch *Oerter*, im Anschluss an den bei der Analysis euclidischer Constructionsaufgaben üblichen Ausdruck „*geometrischer Ort*". Für verschieden-stufige Oerter haben sich auch verschiedene Namen eingebürgert. Man nennt nämlich:

1. einstufige Punktsysteme *Curven*;
2. zweistufige Punktsysteme *Flächen*;
3. einstufige Strahlsysteme *Linienflächen* oder *Regelflächen*;
4. zweistufige Strahlsysteme *Congruenzen* oder bloss Strahlsysteme (Kummer);
5. dreistufige Strahlsysteme *Liniencomplexe* oder bloss *Complexe*;
6. einstufige Systeme von Ebenen *Torsen* oder auch Curven;
7. zweistufige Systeme von Ebenen (Ebenen-) *Flächen*.

Auch für specielle Systeme *anderer* Gebilde sind besondere Namen gebräuchlich geworden. Man nennt z. B.:

1. gewisse einstufige Systeme von Curven und von Flächen *Büschel*;
2. gewisse zweistufige Systeme von Kegelschnitten *Netze;*
3. gewisse zweistufige Systeme von Flächen *Bündel;*

4. gewisse einstufige Systeme von Punktepaaren, Ebenenpaaren oder Strahlenpaaren *projectiv* (§§ 28 bis 30);

5. gewisse zweistufige Systeme von Paaren zweier Hauptelemente *collinear*, andere solche Systeme *reciprok* oder *correlativ* (cf. z. B. Reye, die Geometrie der Lage, II. Theil, pag. 2 und 3);

6. gewisse dreistufige Systeme von Punktepaaren *collinear verwandte räumliche Systeme*;

7. gewisse dreistufige Systeme von Gebilden, deren jedes aus einem Punkte und einer Ebene besteht, *reciprok verwandte räumliche Systeme* oder *räumliche Correlationen;*

8. dreistufige Systeme von Gebilden, deren jedes aus einem Punkte und einem Strahle besteht, die in fester Ebene liegen, *Connexe.**

Denjenigen Theil der geometrischen Forschung, welcher sich mit den Systemen von Strahlen beschäftigt, oder, um mit Plücker zu reden, welcher den Strahl als Raumelement auffasst, hat man *Liniengeometrie* genannt. Gerade so kann man von einer *Strahlbüschelgeometrie*, von einer Kegelschnittgeometrie u. s. w., überhaupt von einer Γ-Geometrie sprechen, wo Γ ein irgend wie definirtes Gebilde ist. Der Abschnitt IV enthält z. B. Untersuchungen über die *Singularitäten* (Ausartungen) von Gebilden, bei welchen der Kegelschnitt, die Flächen zweiten Grades, die cubische Plancurve mit Spitze, die cubische Plancurve mit Doppelpunkt, die cubische Raumcurve und gewisse Paare von projectiven Grundgebilden als *Raumelemente* auftreten. Der Abschnitt VI giebt die den Bezoutschen Sätzen entsprechenden Sätze in einigen Geometrien, welche gewisse aus einzelnen Hauptelementen zusammengesetzte Gebilde als *Raumelemente* auffassen.

Aus dem oben erläuterten Begriff der Dimension einer Bedingung folgt unmittelbar, dass die Dimension einer zusammengesetzten Bedingung gleich der *Summe* der Dimensionen der zusammensetzenden Bedingungen ist, und dass ein α-stufiges System von Gebilden Γ, deren jedes ein α'-stufiges System von Gebilden Γ' besitzt, *ein* $(\alpha + \alpha')$-*stufiges* System von Gebilden Γ' darstellt. Hieraus folgt aber der Satz:

---

* Auf dieses Gebilde kam Clebsch in der Theorie der algebraischen Formen (cf. Lindemann's „Vorlesungen von Clebsch", pag. 936). Der Connex ist ein Gebilde derjenigen Geometrie, welche das aus Punkt und Strahl bestehende Gebilde als *Raumelement* betrachtet.

Besitzt ein Gebilde Γ ein α'-stufiges System von Gebilden Γ', so schreibt man dadurch, dass man Γ' einer d-fachen Bedingung unterwirft, dem Gebilde Γ eine nur $(d-\alpha')$-fache Bedingung zu.

Nach diesem Satze sind die Dimensionen der oben angegebenen Grundbedingungen um i zu erniedrigen, wenn dieselben nicht den Hauptelementen selbst, sondern i-stufigen Oertern auferlegt sind. Z. B. erfüllt

1. eine Curve eine $(2-1)$-fache Bedingung, wenn sie die Bedingung p_g befriedigt, d. h. eine gegebene Gerade schneidet;

2. eine Fläche eine $(3-2)$-fache Bedingung, wenn sie durch einen gegebenen Punkt geht;

3. eine Congruenz eine $(4-2)$-fache Bedingung, wenn sie einen gegebenen Strahl enthält;

4. ein Complex eine $(3-3)$-fache Bedingung, wenn er einen Strahl enthält, der in einem gegebenen Strahlbüschel liegt.

Um ein weiteres Beispiel zu dem eben angegebenen Satze zu haben, berechnen wir die Dimension der Bedingung, dass eine Fläche zweiten Grades durch einen gegebenen Kegelschnitt gehen soll, in folgender Weise. Da der Raum ∞^3 Ebenen besitzt und jede Ebene eine Fläche zweiten Grades in einem Kegelschnitt schneidet, so besitzt eine solche Fläche ein *dreistufiges* System von Kegelschnitten. Nun ist es aber für den Kegelschnitt eine 8-fache Bedingung, *gegeben* zu sein, weil seine Constantenzahl 8 ist. Also ist es für eine Fläche zweiten Grades eine $(8-3)$-fache Bedingung, einen gegebenen Kegelschnitt zu enthalten.

Zu einem zweiten Satze gelangt man durch folgende Ueberlegung. Wenn ein Gebilde Γ mit der Constantenzahl c ein α'-stufiges System von Gebilden Γ' mit der Constantenzahl c' enthält, so ist es für Γ nach dem ersten Satze eine $(c'-\alpha')$-fache Bedingung, ein gegebenes Individuum Γ' zu enthalten. Folglich ist das System derjenigen Gebilde Γ, welche ein gegebenes Γ' enthalten, $(c-c'+\alpha')$-stufig. Man kann also umgekehrt sagen, dass ein Γ' Träger eines $(c-c'+\alpha')$-stufigen Systems von Gebilden Γ ist. Deshalb ist für Γ' die Bedingung, ein gegebenes Individuum Γ zu enthalten, von der Dimension:

$$c-(c-c'+\alpha') \text{ oder } c'-\alpha'.$$

Setzt man also d für $c'-\alpha'$, so kann man folgenden Satz aussprechen:

Wenn es für Γ eine d-facheB edingung ist, ein gegebenes Γ' zu enthalten, so ist es auch für Γ' eine d-fache Bedingung, ein gegebenes Γ zu enthalten.

Z. B. ist es hiernach für einen Kegelschnitt eine *fünffache* Bedingung, auf einer gegebenen Fläche zweiten Grades zu liegen, weil, wie wir oben gesehen haben, eine Fläche zweiten Grades eine *fünffache* Bedingung erfüllt, wenn sie durch einen gegebenen Kegelschnitt geht.

Man kann natürlich auch von Systemen sprechen, deren Stufe um i grösser ist, als die Constantenzahl des erzeugenden Gebildes Γ. Dann besteht das System aus den sämmtlichen Gebilden Γ des Raumes, jedes ∞^i-fach gerechnet. Z. B. bilden die sämmtlichen Punkte, welche auf den sämmtlichen Strahlen eines Liniencomplexes liegen, ein 4-stufiges System, indem jeder Punkt des Raumes ∞^1-fach zu rechnen ist. So gelangt man dazu, einer *negativen* Dimension einer Bedingung Sinn beizulegen. Man schreibt z. B. dem eben erwähnten vierstufigen Systeme von Punkten eine (-1)-fache Bedingung zu, wenn man verlangt, dass es einen gegebenen Punkt enthalten soll. Dies heisst also; das System erfüllt diese Bedingung immer von selber und sogar derartig, dass der gegebene Punkt ∞^1mal als Punkt des Systems auftritt. Einem Liniencomplexe wird ferner eine (-2)-fache Bedingung auferlegt, wenn man verlangt, dass einer seiner ∞^3 Strahlen eine gegebene Gerade schneidet.

Da ein System von Gebilden selbst wieder als Gebilde aufgefasst werden kann, so hat es auch Sinn, von der Constantenzahl eines *Systems* und von der Dimension von Bedingungen zu sprechen, die einem *Systeme* auferlegt sind. Die Constantenzahl eines Kegelschnittbüschels in fester Ebene ist z. B. gleich 8 und die Bedingung, dass der Büschel einen Kreis enthalte, ist nur von der *ersten* Dimension, während es für einen *Kegelschnitt* eine *zweifache* Bedingung ist, ein Kreis zu sein.

Jede Γ auferlegte Bedingung kann man auch als eine die Definition von Γ *beschränkende Bestimmung* auffassen. Insofern hat es Sinn, von der Dimension einer Beschränkung der Definition zu sprechen. Verlangt man z. B. von einer Plancurve, dass sie in einer *gegebenen* Ebene liege, so kann man dies entweder als eine der Plancurve zugeschriebene dreifache Bedingung auffassen, oder aber, man kann dies schon in die *Definition* der Plancurve einfügen und dadurch die Definition *dreifach beschränken.* Sieht man, um ein zweites Beispiel anzuführen, bei der Definition eines Gebildes von seiner Lage insofern ab, als man alle einander congruenten Gebilde als nur *ein* Gebilde auffasst, so beschränkt man die Definition *sechsfach*, weil alle einander congruenten Gebilde immer ein *sechsstufiges System* bilden, oder, was schliesslich dasselbe ist, weil das räumliche Cartesische Coordinatenkreuz die Constantenzahl 6 hat.

§ 4.
Das Princip von der Erhaltung der Anzahl.

Ist ein algebraisches Gebilde Γ mit der Constantenzahl c einer einzelnen oder zusammengesetzten c-fachen Bedingung z unterworfen, so giebt es im Allgemeinen eine *endliche Anzahl* N (§ 3) räumlicher Individuen, welche sowohl der Definition des Gebildes Γ, als auch der c-fachen Bedingung z genügen. Ist nun z eine räumliche Bedingung, werden also durch z gewisse andere Gebilde Γ' als *gegeben* (cf. § 2, Bemerkung 2) vorausgesetzt, so bleibt die Zahl N, wenn sie nicht unendlich wird, *immer gleich gross*, gleichviel, ob man die Gebilde Γ' ihre Lage zu einander ändern lässt oder sie vielleicht unter Aufrechthaltung ihrer Definition *specialisirt*. Dieses Princip, schon lange ein wichtiges Forschungsinstrument bei der Bestimmung geometrischer Anzahlen, ist dennoch vor dem Verfasser noch nie soweit ausgebeutet, dass man die gemeinsamen Grundlagen festgestellt hätte, auf welche alle einzelnen Anwendungen des Princips sich wegen der Grundeigenschaften des Raumes naturgemäss stützen müssen. Der Verfasser hat dieses Princip „*Princip von der Erhaltung der Anzahl*" genannt (**Lit. 4**). Es sagt in algebraischer Interpretation nichts anderes aus, als dass Veränderungen der *Constanten* einer Gleichung die *Zahl* ihrer Wurzeln entweder unberührt lassen oder aber unendlich viele Wurzeln verursachen, indem sie die Gleichung zu einer identischen machen. Das Princip von der Erhaltung der Anzahl nimmt für die Anwendungen in der Geometrie vier Formen an, welche man kurz etwa so aussprechen kann:

I. Eine Anzahl wird unendlich oder bleibt erhalten, wenn die gegebenen Gebilde *speciellere Lagen im Raume* einnehmen, also etwa unendlich fern werden.

II. Eine Anzahl wird unendlich oder bleibt erhalten, wenn die gegebenen Gebilde *speciellere Lagen zu einander* einnehmen, also z. B. gegebene Punkte auf gegebene Gerade fallen.

III. Eine Anzahl wird unendlich oder bleibt erhalten, wenn an die Stelle der zunächst allgemein gedachten gegebenen Gebilde Γ' *speciellere Gebilde* treten, welche die Definition der Γ' erfüllen, also z. B. an die Stelle eines gegebenen allgemeinen Kegelschnitts ein

Kegelschnitt tritt, dessen Punkte zwei Gerade und dessen Tangenten zwei Strahlbüschel bilden, deren Scheitel in den Schnitt dieser beiden Geraden fällt (cf. die Ausartungen der Gebilde in Abschnitt IV).

IV. Eine Anzahl wird bei einer gewissen Lage der gegebenen Gebilde nothwendig *unendlich*, wenn für sie ein Werth *grösser als* N constatirt ist, während bei einer anderen Lage sich ein Werth ergiebt, der genau gleich N ist.

Um den Inhalt des Princips von der Erhaltung der Anzahl klarzulegen, führe ich die folgenden, sehr einfachen Beispiele und Anwendungen an.

Beispiele.

1. Dem Strahle g sei die vierfache Bedingung g^4 auferlegt, dass er 4 gegebene Gerade schneiden soll. Es fragt sich, wieviel Strahlen die gestellte Bedingung erfüllen. Mit Rücksicht auf den Satz II specialisiren wir die Lage der 4 gegebenen Geraden so, dass die erste und die zweite, sowie die dritte und die vierte Gerade sich schneiden. Dann erfüllen die gestellte Bedingung 2 Strahlen, nämlich:

a) der Verbindungsstrahl der beiden Schnittpunkte,

b) der Strahl, in welchem sich die beiden Schnittebenen schneiden.

Folglich giebt es nach unserem Princip *immer* 2 Strahlen, welche 4 gegebene Gerade schneiden, oder aber unendlich viele, wozu eine noch speciellere Lage der 4 gegebenen Geraden erforderlich wäre, etwa die, bei welcher 3 von den Geraden einen gemeinsamen Schnittpunkt hätten.

2. Weiss man, dass es in einem Büschel von Flächen zweiten Grades 3 Paraboloide, d. h. 3 Flächen giebt, welche die unendlich ferne Ebene berühren, so weiss man, wegen der Form I des Princips, auch, dass es in dem Büschel 3 Flächen giebt, welche eine *beliebig* gegebene Ebene berühren.

3. Weiss man, dass eine *gewisse* Gerade mit einer Fläche nicht mehr und nicht weniger als n Punkte gemein hat und dass eine zweite Gerade mindestens $n+1$ Punkte mit der Fläche gemein hat, so muss sie nach Satz IV *unendlich viele* Punkte mit der Fläche gemein haben.

4. Um die Fruchtbarkeit des Princips auch in der unter Nr. III genannten Richtung zu zeigen, bestimmen wir vermöge des Princips die Zahl x derjenigen Curven eines in fester Ebene liegenden Systems Σ von Plancurven, welche eine gegebene, in derselben

Ebene liegende Curve C m^{ter} Ordnung n^{ten} Ranges berühren, indem wir statt der allgemeinen Curve C eine *speciellere* Curve setzen, welche die Definition von C erfüllt. Bekanntlich kann die Curve C dahin ausarten, dass ihre Punkte m Gerade bilden, die in eine einzige Gerade g zusammenfallen, und dass ihre Tangenten n Strahlbüschel bilden, deren n Scheitel S auf g liegen (cf. die Erzeugung der Ausartungen durch homographische Abbildung in §§ 20 und 23). Nach der Form III des Princips von der Erhaltung der Anzahl kann die Zahl x also gefunden werden, indem man untersucht, wieviel Curven aus Σ die eben genannte, speciellere Curve C berühren. Dies ist sehr leicht, sobald man sich klar gemacht hat, was „*Berührung zweier Curven*" bedeutet. Am gebräuchlichsten ist es, 2 Curven „sich berührend" zu nennen, nicht etwa, wenn sie überhaupt 2 unendlich nahe Punkte gemein haben, sondern wenn ihnen beiden *Punkt und zugehörige Tangente gemeinsam* ist. Hiernach wird die speciellere Curve C berührt,

erstens, einmal durch jede Curve des Systems, welche durch einen der n Punkte S geht,

zweitens, m-mal durch jede Curve des Systems Σ, welche die Gerade g berührt, und zwar durch jede Curve m-mal, weil bei jeder Berührung ein auf einer solchen Curve liegendes, aus Tangente und Berührungspunkt bestehendes Gebilde mit m ebensolchen, aber c angehörigen Gebilden identisch ist, da ja die Gerade g m-mal eine Tangente von C ist.

Bezeichnet also μ, wieviel Curven des Systems durch einen gegebenen Punkt gehen, ν wieviel eine gegebene Gerade berühren, so ergiebt sich hiernach für x die bekannte Formel:

$$x = n \,.\, \mu + m \,.\, \nu.$$

Zur Ableitung dieser Formel reichte das Princip von der Erhaltung der Anzahl aus. Bisher hat man dazu immer Hilfsmittel von weniger fundamentalem Charakter herangezogen, z. B. das Correspondenzprincip oder die Polarentheorie. Auch uns wird diese Formel noch zweimal wieder erscheinen, erstens als Beispiel für eine Anwendung der Coincidenzformeln in § 14, zweitens im sechsten Abschnitt, § 32, als sehr specieller Fall der Formel für die gemeinsamen Elemente zweier Systeme von Gebilden, deren jedes aus einem Strahle und einem darauf liegenden Punkte besteht. Natürlich kann man in ähnlicher Weise, wie die obige Formel, noch mehrere andere Formeln ableiten, welche sich auf die Berührung von Flächen und von Raumcurven beziehen.

5. Gegeben seien in fester Ebene eine Plancurve C m^{ter} Ordnung, n^{ten} Ranges und ein Kegelschnitt K. Zu jeder Tangente in C ist der Pol in Bezug auf K bestimmt, und mit dem Berührungspunkt der Tangente verbunden. Gesucht wird die Zahl x, welche angiebt, wieviel von den eben gezogenen ∞^1 Verbindungsstrahlen durch einen beliebig in der Ebene gegebenen Punkt P gehen. Wir dürfen nach der Form III unseres Princips statt des allgemeinen Kegelschnittes K einen *specielleren* setzen, und wählen dazu einen Kegelschnitt, dessen Punkte zwei in eine Gerade g zusammenfallende Gerade bilden, und dessen Tangenten zwei Strahlbüschel bilden, deren Scheitel A und B auf g liegen (cf. § 20). Wir dürfen ferner wegen der Form II unseres Princips die Lage des Punktes P specialisiren, und legen ihn in den einen von den beiden Scheiteln und zwar in A. Jetzt erfüllen die gestellte Bedingung:

erstens, m mal die Gerade g, weil die Tangente in jedem der m Schnittpunkte von g und C ihren Pol auf g hat, und also die Verbindungslinie von A mit jedem der so erhaltenen m Pole zu den gesuchten x Verbindungsstrahlen gehört;

zweitens, jede der n von A an die Curve C gehenden Tangenten, weil diese ihren Pol in A haben. Daher ist

$$x = m + n.$$

Denken wir uns g unendlich fern, sowie A und B als die imaginären Kreispunkte, so spricht diese Formel aus, dass von *jedem Punkte in der Ebene einer Plancurve $n + m$ Normalen auf dieselbe gefällt werden können.*

6. Gegeben sei eine Fläche F o^{ter} Ordnung, r^{ten} Ranges, k^{ter} Klasse, und ausserdem ein in einer Ebene E liegender Kegelschnitt K. Zu jeder Tangentialebene von F ist der Pol in Bezug auf K bestimmt, und mit dem Berührungspunkte der Tangentialebene verbunden. Gesucht werden die Zahlen x und y, welche bezüglich angeben, wie viel von den eben gezogenen ∞^2 Verbindungsstrahlen durch einen beliebig gegebenen Punkt P gehen, resp. in einer beliebig gegebenen Ebene e liegen. Wir denken uns den Kegelschnitt K wieder, wie in der vorigen Nummer, als eine Doppelgerade g mit den Scheiteln A und B zweier Tangentenbüschel, und legen dann den Punkt P in A, die Ebene e durch A. Dann setzt sich x aus drei Zahlen zusammen, erstens aus o, weil die Verbindungslinie jedes der o Schnittpunkte von g und F mit dem Pole seiner Tangentialebene einen durch P gehenden Strahl liefert, zweitens aus r, weil in der Ebene E r durch P gehende

Tangenten liegen, drittens aus k, weil durch g an F k Tangentialebenen gehen, deren Pole als in P liegend gedacht werden dürfen. Die Zahl y ist gleich r, weil, wenn e durch A geht, jede durch A gehende in e liegende Tangente zu den gesuchten Verbindungsstrahlen gehört, und sonst kein Strahl in e existirt, der einen Flächenpunkt mit dem Pole seiner Tangentialebene verbindet. Also ist

$$x = o + r + k,$$
$$y = r.$$

Denken wir uns dann die Ebene E unendlich fern, den darauf befindlichen Kegelschnitt K als den Poncelet'schen imaginären Kugelkreis, so geben diese beiden Formeln die (Lit. 5) bekannten Resultate, *dass es in jedem ebenen Schnitt einer Fläche F* o^{ter} *Ordnung,* r^{ten} *Ranges,* k^{ter} *Klasse r Normalen der Fläche giebt, und dass auf eine solche Fläche von jedem Punkte des Raumes aus* $o + r + k$ *Normalen gefällt werden können.* Eine weitere Anwendung, welche auf Specialisirung des Kegelschnittes beruht und ein *metrisches* Anzahlproblem löst, findet sich in § 33 unter Nr. 28, wo die Zahl der *Kreispunkte* einer Fläche bestimmt ist.

Die wichtigste Anwendung findet das Princip von der Erhaltung der Anzahl im zweiten Abschnitt, wo die allgemeinsten Anzahl-Beziehungen aufgestellt sind, welche sich für die Hauptelemente des Raumes ergeben, wenn man der Algebra nichts weiter entlehnt, als das Princip von der Erhaltung der Anzahl. Diese Beziehungen, sowie das im dritten Abschnitt ausgebeutete Correspondenzprincip sind die Mittel, vermöge deren der Verfasser schliesslich alle geometrischen Anzahlen als Functionen von einigen wenigen Anzahlen darstellt, die durch die *Erfahrung* erkannt werden, und deshalb *axiomatische* heissen sollen. Es sind dies die Zahlen, welche angeben, wie viel Hauptelemente durch gegebene Grundbedingungen bestimmt sind, also namentlich:

1. die Zahl 1 der gemeinsamen Punkte einer Geraden und einer Ebene;

2. die Zahl 1 der gemeinsamen Ebenen eines Ebenenbüschels und eines Ebenenbündels;

3. die Zahl 1 der gemeinsamen Strahlen zweier Strahlenbündel (zwischen zwei Punkten ist nur eine einzige Gerade möglich);

4. die Zahl 1 der gemeinsamen Strahlen zweier als Strahlenfelder aufgefassten Ebenen;

5. die Zahl 0 der gemeinsamen Strahlen eines Strahlenbündels und eines Strahlenfeldes.

Man beachte wohl, dass alle in diesem Buche aus den axiomatischen Anzahlen des Raumes abgeleiteten Anzahlen nicht etwa die reellen Gebilde allein zählen, sondern die Summe der reellen und der sogenannten *imaginären* Gebilde. Es beruht dies darauf, dass die beiden, allen Anzahlbestimmungen zu Grunde liegenden, algebraischen Principien, das Princip von der Erhaltung der Anzahl und das Correspondenzprincip (§ 13), nur richtig sind, wenn immer alle imaginären Werthe mitgezählt werden. Man kennt überhaupt noch sehr wenige Beziehungen zwischen Anzahlen reeller und imaginärer geometrischer Gebilde. Doch haben Zeuthen und Klein in letzter Zeit derartige Beziehungen gefunden. Klein beweist z. B., dass bei jeder Plancurve die den Plücker'schen Formeln analoge Formel gilt

$$n + w' + 2 . t'' = k + r' + 2 . d'' \quad \textbf{(Lit. 6)},$$

wo n die Ordnung, k den Rang der Plancurve bezeichnet, ferner w' die Zahl der reellen Wendungen, t'' die Zahl der reellen isolirten Doppeltangenten, r' die Zahl der reellen Spitzen, d'' die Zahl der reellen, isolirten Doppelpunkte ist.

Nach dem Principe von der Erhaltung der Anzahl giebt es in einem i-stufigen *Orte* (d. h. Systeme von Hauptelementen, § 3) immer eine unveränderliche Anzahl von Hauptelementen, welche eine hinzutretende i-fache Grundbedingung erfüllen. Solche für die Oerter charakteristischen Anzahlen heissen *Gradzahlen*, weil sie die Grade der Gleichungen angeben, durch welche man die Oerter in der analytischen Geometrie darstellt, und zwar versteht man unter

1. *Grad einer Curve* die Zahl der Punkte, welche sie auf jeder Ebene (d. h. jedem Punktfelde) besitzt;

2. *Grad einer Fläche* die Zahl der Punkte, welche sie auf jeder Geraden besitzt;

3. *Grad einer Torse* (d. h. eines einstufigen Ortes von Ebenen) die Zahl der Ebenen, welche sie mit jedem Ebenenbündel gemein hat, d. h. welche sie durch jeden Punkt schickt;

4. *Grad eines zweistufigen Ortes von Ebenen* (Ebenenfläche) die Zahl der Ebenen, welche er mit jedem Ebenenbüschel gemein hat, d. h. welche er durch jede Gerade schickt;

5. *Grad einer Linienfläche* die Zahl der Strahlen, welche sie einen gegebenen Strahl schneiden lässt;

6a. *Feldgrad* einer Congruenz die Zahl der Strahlen, welche sie in einer gegebenen Ebene *(Strahlenfeld)* besitzt;

6b. *Bündelgrad* einer Congruenz die Zahl der Strahlen, welche sie durch einen gegebenen Punkt schickt, d. h. mit einem gegebenen *Strahlenbündel* gemein hat;

7. *Grad eines Complexes* die Zahl der Strahlen, welche er in einem gegebenen Strahlbüschel besitzt.

Da man häufig die Curve sowohl als Ort ihrer Punkte, wie auch als Ort ihrer Tangenten, wie auch als Ort ihrer Schmiegungsebenen, und ebenso die Fläche sowohl als Punktfläche, wie auch als Linienfläche, wie auch als Ebenenfläche auffasst, so ist es zweckmässig, noch besondere Namen für die Grade der Punktörter, der Strahlenörter und der Ebenenörter einzuführen. Da sich für diese besonderen Namen noch keine feste oder consequente Terminologie ausgebildet hat, so entscheiden wir uns dahin, die Gradzahl

1. eines Punktortes auch *Ordnung*,
2. eines Strahlenortes auch *Rang*,
3. eines Ebenenortes auch *Klasse* **(Lit. 7)**

zu nennen. Die Congruenz hat zwei gleichberechtigte Gradzahlen, für welche die Namen Ordnung und Klasse üblich geworden sind, nur dass die Einen Ordnung nennen, was die Anderen Klasse nennen, und umgekehrt. Jedes Missverständniss wird aber vermieden, wenn wir die beiden Gradzahlen der Congruenz durch die bezeichnenden Namen Feldgrad und Bündelgrad oder auch *Feldrang und Bündelrang* von einander unterscheiden.

Die Giltigkeit des Princips von der Erhaltung der Anzahl ist die Vorbedingung für die Anwendbarkeit der in den folgenden Abschnitten abgeleiteten Resultate und Methoden. *Transcendente* Curven und Flächen können daher nur dann als gegeben vorausgesetzt werden, wenn sie *algebraische Systeme* bilden, d. h. solche Systeme, aus denen immer eine constante, *endliche* Anzahl von Gebilden eine gegebene Bedingung erfüllt. Z. B. hat die oben in Nr. 4 entwickelte Formel

$$x = n . \mu + m . \nu$$

keinen Sinn, wenn die gegebene *Curve* transcendent ist, was auch schon daraus hervorgeht, dass dann die Begriffe Ordnung und Klasse illusorisch würden. Die Formel kann aber vollkommen giltig bleiben, wenn man von dem gegebenen einstufigen *Systeme* voraussetzt, dass es von transcendenten Curven gebildet ist **(Lit. 5a)**.

§ 5.

Die Darstellung der den Bedingungen zugehörigen Anzahlen durch die Bedingungssymbole und das Rechnen mit diesen Symbolen.

In § 4 ist besprochen, dass jede einem Gebilde Γ mit der Constantenzahl c auferlegte, c-fache Bedingung z immer durch eine *unveränderliche*, endliche Zahl von Gebilden Γ erfüllt wird. Es liegt daher nahe, diese von der c-fachen Bedingung allein abhängige *Anzahl mit ganz demselben Symbole z zu bezeichnen, wie die Bedingung selbst* (**Lit. 8**). Indem wir dann, der Kürze wegen, immer blos „*Bedingung*“ sagen, statt „*durch die Bedingung bestimmte Anzahl*“, können wir von *Functionen* der Bedingungen und von *Gleichungen* zwischen Bedingungen sprechen. Hiernach hat bei einem Gebilde mit der Constantenzahl c eine Gleichung zwischen Bedingungen natürlich nur dann Sinn, wenn *jede* dieser Bedingungen *c^{ter} Dimension* ist. Wir ertheilen jedoch auch einer *Gleichung zwischen Bedingungen von niederer als der c^{ten} Dimension einen Sinn. Eine Gleichung zwischen α-fachen Bedingungssymbolen soll nämlich den Sinn haben, dass aus ihr jedesmal eine Identität zwischen Anzahlen erhalten wird, sobald man nur allen α-fachen Symbolen ein und dasselbe, sonst ganz beliebige, $(c-\alpha)$-fache Bedingungssymbol als symbolischen Faktor hinzusetzt, und dann statt jedes der entstandenen $(\alpha+c-\alpha)$-fachen Bedingungssymbole die zugehörige Anzahl einsetzt.* Demnach spricht eine *Gleichung α^{ter} Dimension, d. h. zwischen α-fachen Bedingungen*, soviel Anzahlidentitäten aus, als überhaupt $(c-\alpha)$-fache Bedingungen denkbar sind.

Zur Verdeutlichung diene folgendes Beispiel. Für eine Plancurve n^{ter} Ordnung mit der Constantenzahl c bezeichne P die zweifache Bedingung, dass sie durch einen gegebenen Punkt gehe, μ die einfache Bedingung, dass sie ihre Ebene durch einen gegebenen Punkt schicke, ν die einfache Bedingung, dass sie eine gegebene Gerade schneide. Dann bedeuten die Symbole P, $\mu\nu$, μ^2 drei zweifache Bedingungen, zwischen denen die in § 12 Nr. 9 zu beweisende *Gleichung*

1) $$P = \mu\nu - n \,.\, \mu^2$$

besteht. Diese Gleichung sagt nun aus, dass, wenn y *irgendwelche* $(c-2)$-fache Bedingung ist, die drei Anzahlen Py, $\mu\nu y$, $\mu^2 y$ *immer* durch die Relation

2) $$Py = \mu\nu y - n \,.\, \mu^2 y$$

mit einander verbunden sind, gleichviel, was für eine $(c-2)$-fache Bedingung man unter y versteht. Da die Curven, welche die willkürliche Bedingung y erfüllen, ein zweistufiges System bilden, so kann man die obige Gleichung auch so interpretiren. *In jedem zweistufigen Systeme von Plancurven n^{ter} Ordnung ist die Zahl der die Bedingung P erfüllenden Curven gleich der Zahl der $\mu\nu$ erfüllenden Curven vermindert um das n-fache der μ^2 erfüllenden Curven.*

Es liegt in der Definition einer Gleichung zwischen α-fachen Bedingungssymbolen, dass *aus einer solchen Gleichung immer wieder eine richtige Gleichung hervorgeht, wenn man jedem α-fachen Symbol ein und dasselbe beliebige, etwa β-fache Symbol v als Faktor hinzusetzt.* Denn die Identitäten, welche man aus der neu entstandenen Gleichung ziehen kann, befinden sich ja dann sämmtlich unter den Identitäten, welche die ursprüngliche Gleichung ausspricht. Die neue Gleichung spricht nämlich diejenigen Identitäten aus, welche man erhält, wenn man die hinzuzudenkende vollkommen willkürliche Bedingung y so auffasst, als wäre sie aus v und einer beliebigen anderen Bedingung zusammengesetzt. Dieses Hinzusetzen eines und desselben Bedingungssymbols zu den sämmtlichen Symbolen einer Gleichung zwischen Bedingungen, ist vom Verfasser „*symbolische Multiplication jener Gleichung*" genannt **(Lit. 8)**. Das Verfahren der symbolischen Multiplication involvirt also keine *sachliche* Aenderung; es führt aber zu einer specielleren Interpretation der Gleichungen, indem es die Dimension der Formel erhöht, und die Dimension der hinzuzudenkenden Bedingungen um ebensoviel erniedrigt. Beispielsweise multipliciren wir die oben angeführte Gleichung

1) $$P = \mu\nu - n.\mu^2$$

mit P. Dann kommt:

3) $$P^2 = \mu\nu P - n.\mu^2 P.$$

Multipliciren wir ferner mit $\mu\nu$ und mit μ^2, so erhalten wir:

4) $$\mu\nu P = \mu^2\nu^2 - n.\mu^3\nu$$

und

5) $$\mu^2 P = \mu^3\nu,$$

wo bei 5. rechts der Subtrahend $n.\mu^4$ fortgelassen ist, weil keine Plancurve existirt, deren Ebene durch 4 beliebig gegebene Punkte gehen könnte. Aus 3., 4., 5. folgt nun durch Substitution:

6) $$P^2 = \mu^2\nu^2 - 2.n.\mu^3\nu.$$

Wir konnten die Gleichung 6 auch direct aus Gleichung 1 ableiten, indem wir auf beiden Seiten quadrirten. *Ueberhaupt gelten in unserem Bedingungskalkül alle arithmetischen Regeln, welche aus Addition, Subtraction und Multiplication allein sich ergeben.* Da die auftretenden Gleichungen meist *lineare ganze* Functionen von Bedingungen *gleicher* Dimension einander gleich setzen, so ist eine Verwechselung einer symbolischen Multiplication mit einer wirklichen Multiplication kaum zu befürchten. Trotzdem unterscheiden wir, der grösseren Deutlichkeit wegen, die beiden Multiplicationen häufig dadurch, dass wir bei wirklichen Multiplicationen einen Punkt als Multiplicationszeichen setzen, bei symbolischen Multiplicationen dagegen nicht. Erst im sechsten Abschnitt kommen Formeln vor, in denen Bedingungssymbole theils durch symbolische, theils durch wirkliche Multiplication verbunden werden.

Der Kürze wegen schreiben wir Bedingungen, die allen Gliedern einer Summe gemeinsam sind, auch wie *abgesonderte Faktoren*, beachten jedoch dabei, dass eine Gleichung zwischen Bedingungen erst dann interpretirt werden kann, wenn jede *angedeutete Multiplication* entweder eines Symbols mit einer Summe, oder zweier Summen wirklich *ausgeführt* ist. Wir schreiben also z. B.

$$P^2 = (\mu\nu - n\,.\,\mu^2)(\mu\nu - n\,.\,\mu^2) = (\mu\nu - n\,.\,\mu^2)^2,$$

können aber darunter nichts anderes verstehen, als:

$$P^2 = \mu^2\nu^2 - 2\,.\,n\,.\,\mu^3\nu.$$

Eine *symbolische Division*, d. h. ein Weglassen eines und desselben symbolischen Faktors aus allen Bedingungssymbolen einer Gleichung führt nicht nothwendig zu einer richtigen Gleichung, ist also im Allgemeinen *nicht gestattet*. Es ist z. B. richtig die Formel 5:

$$P\mu^2 = \mu^3\nu,$$

jedoch wäre es falsch, wenn man daraus schliessen wollte:

$$P\mu = \mu^2\nu \text{ oder } P = \mu\nu.$$

Häufig schreiben wir auch bei einem Gebilde mit der Constantenzahl c solche Gleichungen α^{ter} Dimension, welche nur richtig werden, wenn allen α-fachen Bedingungen eine gewisse Sorte von $(c - \alpha)$-fachen Bedingungen zugesetzt wird, oder, was dasselbe ist, welche nicht für alle α-stufigen Systeme, sondern nur für gewisse unter ihnen giltig sind. Dann muss natürlich immer der *Giltigkeitsbereich* der Gleichungen genau angegeben und es muss namentlich bei jeder symbolischen Multiplication mit einer Bedingung z beachtet werden, ob sie auch mit zu den definirenden Bedingungen der im Giltigkeitsbereiche liegenden Systeme gehört. Gilt eine Formel α^{ter} Dimension für *alle* α-stufigen Systeme, so nennen wir sie *allgemeingiltig*. Nicht allgemeingiltig, sondern nur giltig für gewisse Systeme sind z. B. in § 13 Nr. 14 bis 17, ferner die Formeln der §§ 25 und 26. Wenn über den Giltigkeitsbereich einer Formel nichts festgesetzt ist, so ist sie *allgemeingiltig*.

§ 6.

Die Gleichungen zwischen den Grundbedingungen jedes der drei Hauptelemente.

Bis vor einigen Jahren studirte man von den Systemen der geometrischen Gebilde fast nur die Punktsysteme, d. h. Curven und Flächen, und wegen des Princips der Dualität auch wohl die Systeme von Ebenen. Erst seit Kurzem erkannte man den Strahlsystemen gleiches Anrecht zu und bildete die Liniengeometrie aus. Ueber Systeme von *anderen* Gebilden aber, als von diesen 3 Hauptelementen, existiren bis jetzt nur sehr wenig Untersuchungen (Lit. 9). Deshalb ist es zunächst wichtig, bei den 3 Hauptelementen die Beziehungen zwischen ihren Grundbedingungen festzustellen.

Für den Punkt p sind in § 2 die Bedingungen p, p_g, P definirt. Dazu gesellen sich die zusammengesetzten Bedingungen p^2, pp_g, p^3. Besitzt ein Gebilde Γ nur einen einzigen Punkt p, so bedeutet nach den Festsetzungen des § 2 erstens p^2 die Zahl derjenigen Gebilde eines zweistufigen Systems, welche ihren Punkt p auf zwei gegebenen Ebenen, also nothwendig *auf deren Schnittgeraden* haben, zweitens p_g die Zahl derjenigen Gebilde, welche p auf einer *gegebenen Geraden* haben. Nach dem Princip von der Erhaltung der Anzahl sind also die Zahlen p^2 und p_g einander gleich. Da das zweistufige System ganz beliebig war, so ist also immer richtig die Gleichung:

1) $$p^2 = p_g,$$

aus welcher durch symbolische Multiplication mit p folgt:

2) $$p^3 = pp_g.$$

Da ferner ein Punkt, welcher sowohl auf einer gegebenen Ebene, wie auch auf einer gegebenen Geraden liegen soll, nothwendig der Schnittpunkt beider sein muss, so ist:

3) $$pp_g = P.$$

Also ist auch wegen 2:

4) $$p^3 = P.$$

Hat aber das Gebilde Γ mehrere mit p bezeichnete Punkte, und bedeutet p für Γ die Bedingung, dass Γ *irgend welchen* Punkt p auf einer gegebenen Ebene habe, so darf p^2 nicht gleich p_g gesetzt werden, weil ja die Bedingung p^2 dann nicht blos erfüllt wird, wenn ein Punkt p auf der Schnittgeraden der beiden Ebenen liegt, die durch die Bedingung p^2 als gegeben hingestellt werden, sondern auch, wenn *ein* Punkt p auf der einen, und ein *anderer* Punkt auf der anderen der beiden gegebenen Ebenen liegt.

Analog den Gleichungen 1 bis 4 erhält man für ein Gebilde, welches eine einzige Ebene e enthält,

5) $e^2 = e_g$, 6) $e^3 = ee_g$,

7) $ee_g = E$, 8) $e^3 = E$.

Wegen der Gleichungen 1 bis 8 werden wir immer p^2 statt p_g, p^3 statt P, e^2 statt e_g, e^3 statt E schreiben, wenn mit p resp. e nur ein einziger Punkt des vorliegenden Gebildes bezeichnet ist oder wenn ein Missverständniss bei der Uebertragung der Bedingungen unmöglich ist.

Für den Strahl g haben wir in § 2 die Grundbedingungen

$$g,\ g_e,\ g_p,\ g_s,\ G$$

kennen gelernt. Dazu gesellen sich noch die aus ihnen zusammengesetzten Bedingungen. Zwischen den 3 zweifachen Bedingungen g_e, g_p, g^2 besteht eine Gleichung, welche wir jetzt ableiten wollen. Besitzt ein Gebilde Γ einen Strahl g, so bedeutet g^2 die Zahl derjenigen Gebilde eines zweistufigen Systems, welche ihren Strahl g zwei gegebene Gerade schneiden lassen. Diese Zahl bleibt aber (§ 4) unverändert, wenn man die beiden gegebenen Geraden sich schneiden lässt. Dann aber erfüllt die Bedingung g^2 erstens jedes Gebilde, dessen g durch den Schnittpunkt geht, zweitens jedes Gebilde, dessen g in der Schnittebene liegt, ausserdem aber kein Gebilde. Man hat also:

9) $$g^2 = g_p + g_e.$$

Ebenso erhält man leicht:

10) $gg_p = g_s$, 11) $gg_e = g_s$,

12) $gg_s = G$, 13) $g_pg_e = 0$.

Multiplicirt man dann noch 9. mit g, so kommt:

14) $$g^3 = gg_p + gg_e,$$

oder wegen 10 und 11

15) $$g^3 = 2 \, . \, g_s.$$

Endlich erhält man durch symbolische Multiplicationen mit Benutzung von 12 und 13:

16) $$G = g_c^2 = g_p^2 = g^2 g_p = g^2 g_e = g g_s = \frac{1}{2} \cdot g^4.$$

Natürlich kann man die in den Bedingungssymbolen steckenden Anzahlen auch als *Gradzahlen* der von Punkten, Ebenen und Strahlen erzeugten Systeme auffassen. Beispielsweise kann man die Gleichung 9 auf folgende Weise in Worte fassen. *Der Grad der Linienfläche aller derjenigen Strahlen, welche einer Congruenz und zugleich einem speciellen linearen Complexe angehören, ist gleich der Summe von Bündelgrad und Feldgrad der Congruenz*, d. h. gleich der Summe der durch einen gegebenen Punkt gehenden und der in einer gegebenen Ebene liegenden Strahlen.

Zweiter Abschnitt.

Die Incidenzformeln.

§ 7.

Die Incidenzformeln für Punkt und Strahl.

Den Hauptelementen schliessen sich als nächst einfache Gebilde die *Incidenzen* an, d. h. diejenigen Gebilde, welche aus zwei verschiedenen Hauptelementen zusammengesetzt sind, die eine gewisse, *incident* genannte, specielle Lage zu einander haben. Incident heissen nämlich (Lit. 10):

1. *Punkt und Strahl*, wenn der Punkt auf dem Strahle liegt, oder, was dasselbe ist, der Strahl durch den Punkt geht;
2. *Ebene und Strahl*, wenn der Strahl in der Ebene liegt;
3. *Punkt und Ebene*, wenn der Punkt in der Ebene liegt;
4. *Strahl und Strahl*, wenn die beiden Strahlen sich schneiden.

Alle Gleichungen zwischen den Grundbedingungen jeder dieser 4 Incidenzen nennen wir *Incidenzformeln*. In diesem Paragraphen stellen wir nur die Incidenzformeln für Punkt und Strahl auf.

Irgend ein Gebilde besitze einen Strahl g und auf demselben einen Punkt p. Dann lassen sich 4 auf p und g bezügliche, zweifache Bedingungen angeben, nämlich:

$$p^2,\quad g_e,\quad g_p,\quad pg.$$

Das Symbol pg bezeichnet nach den Festsetzungen der §§ 2 und 4 die Zahl derjenigen Gebilde eines Systems, welche ihren Punkt p auf einer gegebenen Ebene haben und zugleich ihren Strahl g eine gegebene Gerade schneiden lassen. Diese Zahl ändert sich nach dem Princip von der Erhaltung der Anzahl (§ 4) nicht, *wenn wir die gegebene Gerade in die gegebene Ebene legen.* Dann aber erfüllt die Bedingung pg erstens jedes Gebilde, dessen Punkt p auf der gegebenen Geraden liegt, zweitens jedes Gebilde, dessen Strahl g in der gegebenen Ebene liegt. Daher ist allgemein:

1) $$pg = p_g + g\ ,$$

oder, insofern man p^2 statt p_g setzen kann (§ 6)

1) $$pg = p^2 + g_e.$$

Aus dieser wichtigen Formel und der ihr dual entsprechenden Formel folgen durch symbolische Multiplicationen schliesslich alle übrigen Incidenzformeln. *Unser Bedingungskalkül dispensirt uns also schon nach einmaliger Anwendung des Princips von der Erhaltung der Anzahl von allen weiteren geometrischen Ueberlegungen.* Multipliciren wir die Formel I symbolisch mit p und mit g, so erhält man nach Benutzung der Formeln des § 6:

$$p^2 g = p^3 + p g_e$$

und

$$p g_e + p g_p = p^2 g + g_s,$$

woraus man durch Addition erhält:

II) $$p g_p = p^3 + g_s.$$

Um die Formeln vierter Dimension zu erhalten, multipliciren wir Formel I symbolisch mit p^2, mit g_p und mit g_e. Dann kommt:

$$p^3 g = 0 + p^2 g_e,$$
$$p g_s = p^2 g_p + 0,$$
$$p g_s = p^2 g_e + G,$$

also:

III) $$p g_s = p^2 g_p = G + p^3 g = G + p^2 g_e.$$

Die Formeln fünfter Dimension enthalten nur Selbstverständliches, z. B.

$$p^3 g_e = 0 \text{ und } p^2 g_p = p^2 g_s = pG.$$

Die eben abgeleiteten Incidenzformeln, von denen man sich besonders die mit römischen Nummern versehenen merken mag, finden überall Anwendung, wo gegebene Bedingungen sich auf einen Strahl und einen Punkt beziehen, der dem Strahle incident ist. Wir heben in den folgenden Paragraphen einige besonders naheliegende Anwendungen hervor.

§ 8.

Anwendung der Incidenzformeln I, II und III auf die Incidenz einer Tangente mit ihrem Berührungspunkt.

Indem wir unter *g jede Tangente einer Raumcurve*, unter *p ihren Berührungspunkt* verstehen, gewinnen wir aus jeder Formel des § 7 eine Formel zwischen Bedingungen, die einer Raumcurve auferlegt sind, wenn wir nur die dort auftretenden Symbole in richtiger Weise auf die Raumcurve *übertragen*. Da die Raumcurve ein *einstufiges* System von Gebilden besitzt, deren jedes aus einer Tangente und ihrem Berührungspunkte besteht, so wird aus einer

Bedingung, welche in § 7 i-fach ist, bei der Uebertragung auf die Raumcurve eine $(i-1)$-fache. Beispielsweise wird aus

1. g_e die einfache Bedingung, dass die Curve eine gegebene Ebene berühre;

2. p^2 die Bedingung, dass sie eine gegebene Gerade schneide;

3. p^3 die Bedingung, dass sie durch einen gegebenen Punkt gehe;

4. g_s die Bedingung, dass sie eine gegebene Ebene berühre und die Tangente des Berührungspunktes durch einen auf der Ebene gegebenen Punkt schicke;

5. $p^2 g_p$ die Bedingung, dass sie eine gegebene Gerade schneide und dabei die Tangente des Schnittpunktes durch einen gegebenen Punkt schicke.

Es wird genügen, wenn wir nur bei *einigen* Formeln des § 7 die Uebertragung auf die Raumcurve in Worten angeben.

Die Formel I

$$pg = p^2 + g_e$$

liefert den häufig angewandten Satz **(Lit. 11)**:

„*Addirt man bei einem beliebigen* **einstufigen** *Systeme von Curven die Zahl der eine gegebene Gerade schneidenden und die Zahl der eine gegebene Ebene berührenden Curven, so ist die Summe gleich der Zahl derjenigen Curven des Systems, welche eine Ebene so schneiden, dass die Tangente des Schnittpunktes eine gegebene Gerade schneidet, oder, was dasselbe ist, gleich dem Grad der Curve der Berührungspunkte aller eine gegebene Gerade schneidenden Tangenten, oder, was auch dasselbe ist, gleich dem Grad der Linienfläche derjenigen Tangenten, welche in den Schnittpunkten der Raumcurven mit einer gegebenen Ebene berühren.*"

Dieser Satz lässt sich leicht auf Plancurven übertragen **(Lit. 11)**.

Die Formul II des § 7 liefert für jede Raumcurve den Satz:

„*Addirt man bei einem* **zweistufigen** *Systeme von Raumcurven die Zahl der durch einen gegebenen Punkt gehenden und die Zahl der irgend einen Strahl eines gegebenen Strahlbüschels berührenden Raumcurven, so ist die Summe gleich dem Grade der Curve, welche gebildet wird von den Berührungspunkten aller durch einen gegebenen Punkt an Raumcurven des Systems gezogenen Tangenten*" **(Lit. 11)**.

Die Formel III des § 7:

$$p^2 g_p = p^2 g_e + G$$

liefert den Satz:

„*Addirt man bei einem* **dreistufigen** *Systeme von Raumcurven die Zahl der eine gegebene Ebene in einem gegebenen Punkte berühren-*

den Raumcurven und die Zahl der eine gegebene Gerade berührenden Raumcurven des Systems, so ist die Summe gleich dem Grade der Fläche, welche gebildet wird von den Berührungspunkten aller durch einen gegebenen Punkt an Raumcurven des Systems gezogenen Tangenten.“

Versteht man unter g jede Tangente einer *Fläche* und unter p den zugehörigen Berührungspunkt, so besitzt eine Fläche ein dreistufiges System solcher aus g und p bestehenden Incidenzen. Folglich wird jede i-fache Bedingung des § 7 für die Fläche eine $(i-3)$-fache Bedingung. Also liefert die Formel II des § 7, welche *dritter* Dimension ist, eine Beziehung zwischen nullfachen Bedingungen, d. h. zwischen Anzahlen, die sich auf ein nullstufiges *System*, d. h. eine endliche Anzahl von Flächen, also speciell auch auf eine einzige gegebene Fläche beziehen. Da die Bedingung p^3 gar nicht erfüllt werden kann, so liefert Formel II den bekannten Satz:

„*Legt man von einem beliebigen Punkte des Raumes an eine Fläche die ∞^1 Tangenten, so bilden ihre Berührungspunkte eine Curve, deren Grad gleich dem Range der Fläche ist, d. h. gleich der Zahl der einem gegebenen Strahlbüschel angehörigen Tangenten.*“

Formel III liefert für eine Fläche den Satz:

„*Addirt man bei einem einstufigen Flächensysteme die Zahl der durch einen gegebenen Punkt gehenden Flächen und die Zahl der eine gegebene Gerade berührenden Flächen, so ist die Summe gleich der Zahl derjenigen Flächen des Systems, welche eine gegebene Gerade so schneiden, dass die Tangente im Schnittpunkt durch einen gegebenen Punkt geht.*“

§ 9.

Weitere Beispiele zu den Incidenzformeln I, II, III.

1. Es sei g jeder Strahl einer gegebenen Congruenz, p jeder der beiden auf ihm liegenden Brennpunkte, so dass jeder Strahl der Congruenz *zwei* Incidenzen bestimmt. Dann liefert die Formel I den Satz:

„Addirt man die *doppelte* Zahl der in einer gegebenen Ebene liegenden Strahlen einer Congruenz zu dem Grade ihrer Brennfläche, so ist die Summe der Grad der Curve, die gebildet wird *von allen denjenigen Brennpunkten, welche auf den eine gegebene Gerade schneidenden Congruenzstrahlen liegen.*“

Formel II liefert einen analogen Satz für einstufige, Formel III für zweistufige Systeme von Congruenzen.

2. Wenn drei Punkte a, b, c auf einem und demselben Strahle g liegen, so besteht zwischen den Grundbedingungen von a, b, c eine Gleichung dritter Dimension, welche *die Grundbedingungen des Trägers g nicht mehr enthält.* Man findet diese Gleichung, indem man aus den drei durch Formel I gelieferten Gleichungen

$$ag = a^2 + g_e,$$
$$bg = b^2 + g_e,$$
$$cg = c^2 + g_e,$$

g und g_e eliminirt, dabei jedoch nur addirt, subtrahirt oder multiplicirt, aber nicht dividirt (cf. § 5). Wir multipliciren also die erste Gleichung mit $b-c$, die zweite mit $c-a$, die dritte mit $a-b$ und addiren die erhaltenen Gleichungen. Dann ergiebt sich:

$$0 = a^2(b-c) + b^2(c-a) + c^2(a-b),$$

wofür man auch schreiben kann:

$$(a-b)(b-c)(c-a) = 0.$$

Es war vorauszusehen, dass die gesuchte Gleichung für $a=b$, für $b=c$ und für $c=a$ erfüllt werden muss, weil 3 Punkte immer in gerader Linie liegen, sobald zwei derselben identisch sind.

3. Wir betrachten das Gebilde, welches aus zwei sich in p schneidenden Strahlen g und h besteht. Diesem Gebilde, welches die Constantenzahl 7 hat, legen wir die sechsfache Bedingung $g_s h_s$ auf und wenden die Formeln II und III an. Dann kommt nacheinander:

$$\begin{aligned} g_s h_s &= (pg_p - p^3)(ph_p - p^3) \\ &= p^2 g_p h_p = (G + p^2 g_e) h_p \\ &= G h_p + p^2 g_e h_p = G h_p + g_e (H + p^3 h) \\ &= G h_p + H g_e, \end{aligned}$$

ein leicht in Worten ausdrückbares Resultat, das wir sofort weiter verwerthen wollen.

4. Wir betrachten *das räumliche n-Eck* mit den n Seiten

$$g_1, g_2, g_3, \dots g_n,$$

d. h. das Gebilde, welches aus den n Strahlen $g_1, g_2, \dots g_n$ so zusammengesetzt ist, dass der erste Strahl den zweiten, der zweite den dritten, der dritte den vierten u. s. w., der letzte wieder den ersten Strahl schneidet. Diesem Gebilde, welches die Constantenzahl $3 . n$ hat, legen wir die $3 . n$-fache Bedingung

$$g_{1s} g_{2s} g_{3s} g_{4s} \dots g_{ns}$$

auf. Die durch diese Bedingung bestimmte Anzahl ergiebt sich bei Anwendung des oben in 3 gefundenen Resultates ohne Weiteres.

Man hat nämlich dann:

$$g_{1s} g_{2s} g_{3s} \ldots g_{ns} = G_1 g_{2p} g_{3s} \ldots g_{ns}$$
$$+ g_{1e} G_2 g_{3s} \ldots g_{ns}.$$

Nun erkennt man leicht, dass das räumliche n-Eck durch jede der beiden rechts vom Gleichheitszeichen stehenden Bedingungen 1-deutig bestimmt ist, vorausgesetzt, dass $n > 3$ ist. Ist $n = 3$, so ist $g_{1e} G_2 g_{3s} = 1$, aber $G_1 g_{2p} g_{3s} = 0$, weil dann durch den Punkt der Bedingung g_{2p} kein Strahl gelegt werden kann, der die beiden durch $G_1 g_{3s}$ festgelegten und in derselben Ebene liegenden Strahlen schneiden könnte. Also ist nur für $n > 3$:

$$g_{1s} g_{2s} g_{3s} \ldots g_{ns} = 2.$$

Es giebt demnach 2 räumliche n-Ecke, deren n Seiten in n gegebenen Strahlbüscheln liegen, wenn > 3 ist.

Um eine weitere Anzahl für das räumliche n-Eck zu bestimmen, bezeichnen wir seine n-Ecken mit

$$a_1, a_2, a_3, \ldots a_n,$$

so dass a_1 der Schnittpunkt von g_1 und g_2, a_2 der Schnittpunkt von g_2 und g_3 u. s. w., a_n der Schnittpunkt von g_n und g_1 ist. Dann legen wir dem räumlichen n-Eck die $3 . n$-fache Bedingung

$$a_1 a_2 a_3 \ldots a_n g_{1p} g_{2p} \ldots g_{np}$$

auf und wenden die Incidenzformel II an. Dann kommt:

$$a_1 g_{1p} a_2 g_{2p} a_3 g_{3p} \ldots a_n g_{np}$$
$$= (a_1^3 + g_{1s})(a_2^3 + g_{2s})(a_3^3 + g_{3s}) \ldots (a_n^3 + g_{ns}).$$

Nach Ausführung der angedeuteten Multiplication rechts würde man 2^n Glieder erhalten, von denen nur

$$a_1^3 a_2^3 a_3^2 \ldots a_n^3$$

und

$$g_{1s} g_{2s} g_{3s} \ldots g_{ns}$$

von null verschieden sind, weil alle übrigen Glieder eine nicht erfüllbare Bedingung enthalten, nämlich die, dass ein Punkt, etwa a_2, gegeben sein soll und zugleich ein durch ihn gehender Strahl, dies ist dann g_3, in einem gegebenen Strahlbüschel liegen soll. Nun ist aber

$$a_1^3 a_2^3 \ldots a_n^3 = 1,$$

und, wie oben gezeigt ist, für $n > 3$:

$$g_{1s} g_{2s} \ldots g_{ns} = 2.$$

Also ist für $n > 3$:

$$a_1 a_2 \ldots a_n g_{1p} g_{2p} \ldots g_{np} = 3.$$

Für $n = 3$ erhält man dagegen:

$$a_1 a_2 a_3 g_{1p} g_{2p} g_{3p} = 2.$$

Dieses Resultat kann in Worten etwa so ausgesprochen werden:

„Bewegen sich bei einem räumlichen n-Eck alle Ecken mit Ausnahme einer einzigen auf n − 1 festen Ebenen, während seine n Seiten beständig durch n feste Punkte gehen, so beschreibt die ausgeschiedene Ecke eine Raumcurve dritter Ordnung, wenn $n > 3$ ist, einen Kegelschnitt, wenn $n = 3$ ist.“

Man beachte, dass der Beweis dieses Satzes ohne Weiteres aus den Incidenzformeln folgt, also kein anderes, der Algebra entlehntes Princip erfordert, als das von der Erhaltung der Anzahl (§ 4).

§ 10.

Die übrigen Incidenzformeln.

Dem in § 7 behandelten Gebilde, welches aus einem Strahle und einem darauf liegenden Punkte besteht, entspricht *dual das Gebilde, welches aus einem Strahle und einer durch ihn gehenden Ebene besteht.* Die für dieses Gebilde geltenden Incidenzformeln können also aus den in § 7 abgeleiteten Formeln direct abgelesen werden. Die Ebene heisse e, der auf ihr liegende Strahl g. Dann hat man zunächst:

IV*) $$eg = g_p + e_g,$$

oder, insofern e^2 für e_g substituirt werden darf (§ 6)

IV) $$eg = g_p + e^2.$$

Daraus folgt:

$$e^2 g = e g_p + e^3,$$

und namentlich:

V) $$e g_e = g_s + e^3,$$

ferner die Formel vierter Dimension:

VI) $$e^2 g_e = e g_s = G + e^3 g = G + e^2 g_p.$$

Die dritte der 4 in § 7 angeführten Incidenzen besteht *aus einer Ebene e und einem in derselben befindlichen Punkte p.* Die Formeln zwischen den Grundbedingungen dieser Incidenz erhält man durch blose Rechnung aus den bisher aufgestellten Formeln, indem man beachtet, dass, wenn der Punkt p auf dem Strahle g liegt, und dieser Strahl g in der Ebene e liegt, der Punkt p auf die Ebene e fallen muss. Man hat also sowohl

$$pg = p^2 + g_e,$$

wie auch

$$eg = e^2 + g_p.$$

---

* Die römischen Nummern schliessen sich an die Nummern des § 7 an.

Aus beiden folgt, wenn man die erste Gleichung mit e, die zweite mit p multiplicirt, und beachtet, dass dann die linken Seiten identisch werden:

$$p^2 e + e g_e = e^2 p + p g_p.$$

Nun substituirt man nach Formel II und Formel V für $e g_e$ und $p g_p$. Dann kommt:

$$p^2 e + g_s + e^3 = e^2 p + g_s + p^3,$$

oder

VII) $$p^3 - p^2 e + p e^2 - e^3 = 0.$$

Aus dieser wichtigen Incidenzformel folgt durch symbolische Multiplication mit e oder p die Formel vierter Dimension:

VIII) $$p^3 e - p^2 e^2 + p e^3 = 0.$$

Durch nochmalige Multiplication mit p oder e erhält man das selbstverständliche Resultat:

$$p^3 e^2 = p^2 e^3.$$

Die vierte der in § 7 angeführten Incidenzen *besteht aus zwei sich schneidenden Strahlen.* Dieselben mögen g und h heissen und sich in p schneiden. Dann gelten nach I, II und III die Formeln:

$$G = p^2 g_p - p^3 g,$$
$$g_s = p g_p - p^3,$$
$$g_e = p g - p^2,$$
$$h_e = p h - p^2,$$
$$h_s = p h_p - p^3,$$
$$H = p^2 h_p - p^3 h.$$

Multiplicirt man die erste dieser 6 Gleichungen mit 1, die zweite mit $-h$, die dritte mit h_p, die vierte mit g_p, die fünfte mit $-g$, die sechste mit 1, und addirt die dann entstandenen 6 Gleichungen, so erhält man:

IX) $$G - g_s h + g_e h_p + g_p h_e - g h_s + H = 0.$$

Dieses ist die Formel niedrigster Dimension, die zwischen den Grundbedingungen zweier sich schneidender Strahlen besteht. Durch Multiplication derselben mit h, h_e, h_p entstehen die Formeln fünfter und sechster Dimension:

X) $$G h - g_s (h_p + h_e) + (g_p + g_e) h_s - g H = 0.$$

XI) $$G h_e - g_s h_s + g_p H = 0.$$

XII) $$G h_p - g_s h_s + g_e H = 0.$$

Die Formel XII haben wir schon im Beispiel 3 des § 9 kennen gelernt. Die Multiplication der Formel IX mit h_s giebt das selbstverständliche Resultat:

$$G h_s = g_s H.$$

Jede von den eben durch *symbolisches Rechnen* gewonnenen Formeln kann natürlich auch *geometrisch* abgeleitet werden. Freilich ist dieser Weg meist viel umständlicher. Beispielsweise geben wir eine geometrische Herleitung der Incidenzformel VII.

Das Gebilde, welches aus einer Ebene e und einem darin befindlichen Punkte p besteht, hat die dreifachen Grundbedingungen

$$p^3, \quad p^2e, \quad pe^2, \quad e^3.$$

Zu diesen fügen wir die *dreifache Bedingung* $\widehat{pe}$*, *welche aussprechen soll, dass die Ebene e durch eine gegebene Gerade geht, auf welcher zugleich der Punkt p liegt.* Dann betrachten wir die Bedingung p^2e und legen den gegebenen Punkt der Bedingung e in die gegebene Gerade der Bedingung p^2. Dann erfüllt die Bedingung p^2e erstens jedes Gebilde, welches seinen Punkt p in dem gegebenen Punkte besitzt, welches also eine Bedingung p^3 erfüllt, zweitens aber auch jedes Gebilde, welches seine Ebene e durch die gegebene Gerade schickt und zugleich seinen Punkt p auf ebendieselbe Gerade wirft, welches also eine Bedingung $\widehat{pe}$ erfüllt. Man hat also:

$$\text{XIII)} \qquad p^2e = p^3 + \widehat{pe}.$$

Folglich gilt auch die dual entsprechende Formel:

$$\text{XIV)} \qquad pe^2 = e^3 + \widehat{pe}.$$

Aus beiden Formeln resultirt die gesuchte Formel VII durch Elimination von $\widehat{pe}$.

Man kann das Gebilde, welches aus der Ebene e und dem darin befindlichen Punkte p besteht, als einen *Strahlbüschel* betrachten, dessen Scheitel p und dessen Ebene e heisst. *Dann bedeutet das neu eingeführte Symbol $\widehat{pe}$ die Bedingung, dass der Strahlbüschel einen gegebenen Strahl enthalte.*

§ 11.

Beispiele zu den Incidenzformeln IV bis XIV.

Beispiele zu den Incidenzformeln IV bis VI kann man durch duale Uebertragung der in §§ 7 und 8 betrachteten Beispiele erhalten. Zur Einübung der übrigen Incidenzformeln mögen folgende Beispiele dienen.

---

* Dieses Symbol für die oben angegebene Bedingung behalten wir in allen folgenden Abschnitten ebenso bei, wie die in § 2 definirten Bedingungssymbole (**Lit. 12**).

1. Jede Fläche besitzt ein zweistufiges System von Gebilden, deren jedes aus einer Tangentialebene e und deren Berührungspunkte p besteht. Ein einstufiges System von Flächen besitzt also ein dreistufiges System solcher Gebilde. Auf dieses wenden wir die Formeln XIII und XIV an. Aus p^3 wird für die Fläche die Bedingung μ, durch einen gegebenen Punkt zu gehen, aus e^3 die Bedingung ϱ, eine gegebene Ebene zu berühren, aus $\widehat{pe}$ die Bedingung ν, eine gegebene Gerade zu berühren. Folglich steckt in Formel XIII der Satz:

„*Addirt man bei einem einstufigen Flächensysteme die Zahl* μ *der durch einen gegebenen Punkt gehenden Flächen und die Zahl* ν *der eine gegebene* **Gerade** *berührenden Flächen, so ist die Summe der Grad der Fläche der Berührungspunkte auf allen denjenigen Tangentialebenen, welche von einem gegebenen* **Punkte** *an alle Flächen des Systems gezogen werden können.*"

Analog erhält man aus Formel VIII den folgenden Satz:

„*Addirt man bei einem zweistufigen Flächensysteme die Zahl der eine gegebene* **Gerade** *in einem gegebenen* **Punkte**, *und die Zahl der eine gegebene* **Gerade** *in einer gegebenen* **Tangentialebene** *berührenden Flächen, so ist die Summe der Grad der Fläche der Berührungspunkte auf allen denjenigen Tangentialebenen, welche durch eine gegebene* **Gerade** *an alle Flächen des Systems gezogen werden können.*"

2. Bezeichnet man bei einer Raumcurve jede Schmiegungsebene mit e und ihren Berührungspunkt mit p, so giebt Formel VII den Satz:

„*Addirt man bei einem zweistufigen Systeme von Raumcurven die Zahl der durch einen gegebenen Punkt gehenden Raumcurven und den Grad der Curve der Berührungspunkte auf allen Schmiegungsebenen, die durch eine Gerade gelegt werden können, so erhält man dieselbe Summe, als wenn man addirt die Zahl der eine gegebene Ebene osculirenden Raumcurven zu dem Grade der Fläche der Berührungspunkte auf allen Schmiegungsebenen, welche von einem gegebenen Punkte an die Raumcurven des Systems gezogen werden können.*"

3. Ein zweistufiges Flächensystem enthält ein vierstufiges System von Gebilden, deren jedes *aus 2 in einem und demselben Punkte berührenden Haupttangenten* besteht. Auf dieses System wenden wir die Incidenzformel IX an:

$$(G+H)+(g_p h_e + g_e h_p) = (g_s h + g h_s).$$

Dann erhalten wir den Satz:

„Addirt man bei einem zweistufigen Flächensysteme die Zahl der Flächen, welche eine gegebene Gerade als Haupttangente haben, zu der Zahl der Flächen, welche die eine von zwei zusammengehörigen Haupttangenten durch einen gegebenen Punkt schicken und die andere in eine gegebene Ebene werfen, so erhält man den Grad der Linienfläche, die gebildet wird von allen Haupttangenten, welche mit einer in einem gegebenen Strahlbüschel liegenden Haupttangente zusammengehören."

Die Incidenzformeln können in mannichfacher Weise benutzt werden, um Formeln zwischen Grundbedingungen für alle diejenigen Gebilde aufzustellen, welche aus *einzelnen Hauptelementen* zusammengesetzt sind. Hierzu liefern die folgenden Nummern Beispiele.

4. In einer und derselben Ebene e mögen 4 Punkte a_1, a_2, a_3, a_4 liegen. Um dann die Formel niedrigster Dimension zwischen den Grundbedingungen von a_1, a_2, a_3, a_4 zu finden, hat man die Grundbedingungen e, e^2, e^3 aus den folgenden 4 Gleichungen (Incidenzformel VII) zu eliminiren:

$$a_1^3 - a_1^2 e + a_1 e^2 - e^3 = 0,$$
$$a_2^3 - a_2^2 e + a_2 e^2 - e^3 = 0,$$
$$a_3^3 - a_3^2 e + a_3 e^2 - e^3 = 0,$$
$$a_4^3 - a_1^2 e + a_4 e^2 - e^3 = 0.$$

Die Elimination liefert, dass die symbolische Determinante

$$\begin{array}{l} a_1^3 a_1^2 a_1\ 1 \\ a_2^3 a_2^2 a_2\ 1 \\ a_3^3 a_3^2 a_3\ 1 \\ a_4^3 a_1^2 a_4\ 1 \end{array}$$

verschwinden muss oder, was auf dasselbe hinauskommt:

$$(a_1 - a_2)(a_1 - a_3)(a_1 - a_4)(a_2 - a_3)(a_2 - a_4)(a_3 - a_4) = 0 \quad \textbf{(Lit. 13)}.$$

Das Vorhandensein jedes der 6 Faktoren links konnte vorausgesehen werden, da 4 Punkte immer in derselben Ebene liegen, wenn zwei von ihnen zusammenfallen.

5. In einem *Strahlbüschel*, dessen Scheitel p und dessen Ebene e heisst, mögen die Strahlen g und h liegen. Dann bestehen zwischen den auf p, e, g, h bezüglichen Grundbedingungen eine Reihe von Gleichungen, welche aus den Incidenzformeln I bis VI folgen und welche ich schon in den Math. Ann. Bd. 10 pag. 326 u. 327 erwähnt habe. Von diesen Gleichungen mögen die folgenden hier Platz finden.

a) $$g_p = eg - e^2,$$

b) $$g_e = pg - p^2.$$

Da

$$g_s = pg_p - p^3 = p(eg - e^2) - p^3$$

ist, so kommt

c) $g_s = peg - (pe^2 + p^3) = peg - (p^2e + e^3) = peg - (p^3 + e^3 + \widehat{pe})$.

Da

$$G = p^2 g_p - p^3 g = p^2(eg - e^2) - p^3 g$$

ist, so ist auch

d) $$G = (p^2e - p^3)g - p^2e^2 = \widehat{peg} - p^2e^2.$$

Ferner:

$$\begin{aligned} pegh &= (p^2 + g_e)(e^2 + h_p) \\ &= p^2e^2 + (H + p^3h) + (G + e^3g) + g_e h_p \\ &= p^2e^2 + H + G + e^3h + p^3g + g_p h_e; \\ pegh_e &= (p^2 + g_e)(e^3 + h_s) \\ &= e^3p^2 + g_e h_s + pH + eG; \\ p^2e^2gh &= peG + peH + peg_p h_e \\ &= peG + peH + (g_s + p^3)(h_s + e^3) \\ &= peG + peH + g_s h_s. \end{aligned}$$

6. Wir betrachten, wie bei 5, zwei Strahlen g und h, die sich in p schneiden mögen und deren Schnittebene e heissen mag, und stellen uns dann die Aufgabe, alle Symbole von der Form

$$g^m h^n,$$

wo m oder n oder beide grösser als 1 sind, durch Symbole auszudrücken, welche nur p, e und die ersten Potenzen von g und h enthalten. Wir erhalten zunächst durch Addition der Formeln a) und b) unter Nr. 5:

a) $$g^2 = g(p + e) - (p^2 + e^2),$$

b) $$h^2 = h(p + e) - (p^2 + e^2).$$

Man multiplicire diese Formeln mit g und h und ersetze sofort die rechts erscheinenden Sympole g^2 und h^2 durch die rechten Seiten der Formeln a) und b), und wende dann dasselbe Verfahren immer wieder von neuem an. Dann ergiebt sich nach und nach:

c) $g^3 = 2.peg - 2.\widehat{pe} - 2.p^3 - 2.e^3$,

d) $g^2h = pgh + egh - p^2h - e^2h$,

e) $g^4 = 2.\widehat{peg} - 2.p^2e^2$,

f) $g^3h = 2pegh - 2.\widehat{pe}h - 2.p^3h - 2.e^3h$,

g) $g^2h^2 = p^2gh + 2.pegh + e^2h^2 - 2.\widehat{pe}g - 2.\widehat{pe}h - 2.p^3g - 2.e^3g$
$- 2.p^3h - 2.e^3h + 2.p^2e^2$,

h) $g^4h = 2.\widehat{pe}gh - 2.p^2e^2h$,

i) $g^3h^2 = 4\,\widehat{pe}gh + 2\,.\,p^3gh + 2\,.\,e^3gh - 2\,.\,p^2e^2g - 4\,.\,p^2e^2h + 4\,.\,p^3e^2$,
k) $g^4h^2 = 2\,.\,p^2e^2gh - 4\,.\,p^3e^2h$,
l) $g^3h^3 = 4\,.\,p^2e^2gh - 4\,.\,p^3e^2g - 4\,.\,p^3e^2h$,
m) $g^4h^3 = 4\,.\,p^3e^2gh$,

und ausserdem die aus diesen durch Vertauschung von g und h hervorgehenden Formeln. Diese Gleichungen kann man verwerthen bei der Berechnung der δ enthaltenden Ausartungssymbole in § 23.

7. Wir betrachten das Gebilde, welches aus drei Strahlen besteht, die sich in einem und demselben Punkte p schneiden, und dabei in einer und derselben Ebene e liegen. Es bezeichne für dieses Gebilde:

ν die Bedingung, dass irgend einer der drei Strahlen eine gegebene Gerade schneide,

ν_2 die Bedingung, dass jeder von zweien unter den drei Strahlen eine gegebene Gerade schneide,

ν_3 die Bedingung, dass jeder der drei Strahlen eine gegebene Gerade schneide.

Dann lassen sich alle höheren Potenzen von ν vermöge der Incidenzformeln ausdrücken durch

$$p,\ e,\ \nu,\ \nu_2,\ \nu_3.$$

Man erhält nämlich nach und nach:

$$\nu^2 = \nu_2 + \nu p + \nu e - 3p^2 - 3e^2,$$
$$\nu^3 = \nu_3 + 3\,\nu_2 p + 3\,\nu_2 e - 6\,\nu p^2 + 2\,\nu pe - 6\,\nu e^2 - 6\,\widehat{pe} - 6\,p^3 - 6\,e^3,$$
$$\nu^4 = 6\,\nu_3 p + 6\,\nu_3 e - 3\,\nu_2 p^2 + 14\,\nu_2 pe - 3\,\nu_2 e^2 - 38\,\nu\widehat{pe} - 40\,\nu p^3 - 40\,\nu e^3 + 30\,p^2e^2,$$
$$\nu^5 = 15\,\nu_3 p^2 + 50\,\nu_3 pe + 15\,\nu_3 e^2 - 30\,\nu_2\widehat{pe} - 60\,\nu_2 p^3 - 60\,\nu_2 e^3 - 80\,\nu_1 p^2e^2 + 240\,p^3e^2,$$
$$\nu^6 = 360\,\nu_3\widehat{pe} + 180\,\nu_3 p^3 + 180\,\nu_3 e^3 - 500\,\nu_2 p^2e^2 + 560\,\nu p^3e^2,$$
$$\nu^7 = 1120\,\nu_3 p^2e^2 - 2520\,\nu_2 p^3e^2,$$
$$\nu^8 = 4200\,\nu_3 p^3e^2.$$

Die sehr leichte direct geometrische Herleitung der letzten dieser neun Formeln liefert eine Bestätigung, denn

$$\nu^8 = 8_4\,.\,(8-4)_3\,.\,2\,.\,2 + 8_4\,.\,(8-4)_2\,.\,\tfrac{1}{2}\,.\,2\,.\,(1+1) + 8_3\,.\,(8-3)_3\,.\,\tfrac{1}{2}\,.\,2\,.\,2\,.\,(1+1) = 4200.$$

Diese Gleichungen lassen sich z. B. bei der Berechnung der τ enthaltenden Ausartungssymbole in § 23 verwerthen.

8. Für das in einer Ebene μ liegende Dreiseit bezeichne f jede der drei Seiten. Dann lassen sich die Symbole

$$f^m f_e^n, \text{ wo } m+n > 3 \text{ ist,}$$

durch μ und durch die Symbole

$$f^m f_e^n, \text{ wo } m+n < 3 \text{ ist,}$$

ausdrücken. Man erhält nämlich durch die Incidenzformeln, wie in Math. Ann. Bd. 10 pag. 37—42 ausführlich abgeleitet ist **(Lit. 14)**:

$$f^4 = 6 f^2 f_e - 3 f_e^2 - 22 \mu f f_e + 6 \mu f^3 + 30 \mu^2 f_e - 21 \mu^2 f^2 + 54 \mu^3 f,$$

$$f^3 f_e = 3 f f_e^2 + 6 \mu f^2 f_e - 7 \mu f_e^2 - 18 \mu^2 f f_e - 3 \mu^3 f^2 + 30 \mu^3 f_e,$$

$$f^5 = 15 f f_e^2 + 50 \mu f^2 f_e - 60 \mu f_e^2 + 15 \mu^2 f^3 - 210 \mu^2 f f_e - 90 \mu^3 f^2 + 360 \mu^3 f_e;$$

$$f^2 f_e^2 = f_e^3 + 5 \mu f f_e^2 - 10 \mu^2 f_e^2 + \mu^2 f^2 f_e - \mu^3 f^3 - 8 \mu^3 f f_e,$$

$$f^4 f_e = 3 f_e^3 + 26 \mu f f_e^2 + 21 \mu^2 f^2 f_e - 72 \mu^2 f_e^2 - 6 \mu^3 f^3 - 102 \mu^3 f f_e,$$

$$f^6 = 15 f_e^3 + 165 \mu f f_e^2 + 195 \mu^2 f^2 f_e - 545 \mu^2 f_e^2 - 15 \mu^3 f^3 - 990 \mu^3 f f_e;$$

$$f f_e^3 = 3 \mu f_e^3 + 3 \mu^2 f f_e^2 - 3 \mu^3 f^2 f_e - 12 \mu^3 f_e^2,$$

$$f^3 f_e^2 = 8 \mu f_e^3 + 21 \mu^2 f f_e^2 - 6 \mu^3 f^2 f_e - 66 \mu^3 f_e^2,$$

$$f^5 f_e = 35 \mu f_e^3 + 130 \mu^2 f f_e^2 + 5 \mu^3 f^2 f_e - 425 \mu^3 f_e^2,$$

$$f^7 = 210 \mu f_e^3 + 910 \mu^2 f f_e^2 + 210 \mu^3 f^2 f_e - 3150 \mu^3 f_e^2;$$

$$f_e^4 = 6 \mu^2 f_e^3 - 6 \mu^3 f f_e^2,$$

$$f^2 f_e^3 = 12 \mu^2 f_e^3 + 3 \mu^3 f f_e^2,$$

$$f^4 f_e^2 = 45 \mu^2 f_e^3 + 45 \mu^3 f f_e^2,$$

$$f^6 f_e = 235 \mu^2 f_e^3 + 345 \mu^3 f f_e^2,$$

$$f^8 = 1540 \mu^2 f_e^3 + 2660 \mu^3 f f_e^2;$$

$$f f_e^4 = 12 \mu^3 f_e^3,$$

$$f^3 f_e^3 = 39 \mu^3 f_e^3,$$

$$f^5 f_e^2 = 180 \mu^3 f_e^3,$$

$$f^7 f_e = 1050 \mu^3 f_e^3,$$

$$f^9 = 7280 \mu^3 f_e^3.$$

Diese Gleichungen werden in § 25 bei der Berechnung der λ und ν' oder λ und P' enthaltenden Ausartungssymbole gute Dienste leisten.

§ 12.

Die Incidenzformeln, angewandt auf die Hauptelementen incidenten Systeme von Hauptelementen.

Während wir uns bisher nur mit den Fällen beschäftigt haben, wo *ein einziges* Hauptelement einem andern Hauptelemente incident ist, untersuchen wir jetzt die Fälle, wo die *sämmtlichen* Elemente eines *Systems* von Hauptelementen einem Punkte, einer Ebene oder einem Strahle incident sind. Ein solches System bilden z. B. die sämmtlichen Punkte einer Plancurve. Die für solche Systeme giltigen

Gleichungen ergeben sich ohne Weiteres aus unseren Incidenzformeln. Zunächst erledigen wir die Fälle, wo *nullstufige* Systeme von Hauptelementen einem Punkte, einer Ebene oder einem Strahle incident sind.

1. Liegen n Punkte p in einem und demselben Strahle g, so bestimmt ein und derselbe gegebene Strahl g nicht eine, sondern n Incidenzen. Ferner hat man zu beachten, dass p, p_g, P die Bedingungen bedeuten, dass *irgend einer der n Punkte* auf einer gegebenen Ebene, in einem gegebenen Strahle, in einem gegebenen Punkte liegen soll. Man darf daher hier *nicht*, wie dies sonst geschehen ist, p^2 statt p_g oder p^3 statt P schreiben (cf. §§ 6 u. 7), weil dieses Missverständnisse hervorrufen könnte. Also geben unsere Incidenzformeln I und II:

a) $$p_g = pg - n \,.\, g_e,$$

b) $$P = pg_p - n \,.\, g_s.$$

2. Gehen n Strahlen g durch einen und denselben Punkt p, so liefern die Incidenzformeln I, II, III:

a) $$g_e = pg - n \,.\, p^2,$$

b) $$g_s = pg_p - n \,.\, p^3,$$

c) $$G = p^2 g_p - p^3 g.$$

3. Gehen n Ebenen e durch einen und denselben Strahl g, so bekommt man aus IV und V:

a) $$e_g = eg - n \,.\, g_p,$$

b) $$E = eg_e - n \,.\, g_s.$$

4. Liegen n Strahlen g in einer und derselben Ebene e, so bekommt man aus IV, V, VI:

a) $$g_p = eg - n \,.\, e^2,$$

b) $$g_s = eg_e - n \,.\, e^3,$$

c) $$G = e^2 g_e - e^3 g.$$

5. Liegen n Punkte p in einer und derselben Ebene e, so liefert die Incidenzformel VII:

$$P = ep_g - e^2 p + n \,.\, e^3.$$

6. Gehen n Ebenen e durch einen und denselben Punkt p, so erhält man aus VII:

$$E = pe_g - p^2 e + n \,.\, p^3.$$

7. Schneiden n Strahlen h einen und denselben Strahl g, so liefert die Incidenzformel IX:

$$H = gh_s - g_e h_p - g_p h_e + g_s h - n \,.\, G.$$

Von den Fällen, wo ein *mehr als nullstufiges System* einem Punkte, einer Ebene oder einem Strahle incident ist, haben wir nur diejenigen zu erledigen, wo die Incidenzformeln zu einer Gleichung zwischen mehr als zwei auf das System bezüglichen Bedingungen führen, da die übrigen selbstverständlich sind (**Lit. 15**).

8. Die sämmtlichen Strahlen eines einstufigen Systems von Strahlen, d. h. *einer als Ort ihrer Tangenten aufgefassten Curve*, mögen in einer und derselben Ebene μ liegen; und es möge a der Rang dieser Curve, d. h. die Zahl der Strahlen sein, welche eine beliebig gegebene Gerade schneiden. Ferner sei ϱ die Bedingung, dass das System einen Strahl in einer gegebenen Ebene besitze oder, was dasselbe ist, dass jene Curve eine gegebene Ebene berühre. Endlich sei T die Bedingung, dass das System einen gegebenen Strahl enthalte oder, was dasselbe ist, dass jene Curve eine gegebene Gerade berühre. Dann liefert die Incidenzformel VI die für alle dreistufigen Systeme giltige Gleichung:

$$T = \mu^2\varrho - a \, . \, \mu^3.$$

9. Eine zweite auf Plancurven bezügliche wichtige Gleichung erhalten wir durch Anwendung der Formel VII auf ein in einer Ebene μ liegendes einstufiges Punktsystem, d. h. auf eine als Ort ihrer Punkte aufgefasste *Plancurve*. Wir bezeichnen mit a ihren Grad, mit ν die Bedingung, dass sie eine gegebene Gerade schneide, und mit P die Bedingung, dass sie durch einen gegebenen Punkt gehe. Dann ist das Symbol p^3 der Formel VII durch P zu ersetzen, das Symbol p^2e durch $\mu\nu$ und das Symbol pe^2 durch $a \, . \, \mu^2$, während für das Symbol e^3 null gesetzt werden muss, weil die Bedingung, in einer gegebenen Ebene zu liegen, von einem *zweistufigen* Curvensysteme nicht erfüllt werden kann. Für jedes zweistufige System von Plancurven gilt daher die Gleichung:

$$P = \mu\nu - a \, . \, \mu^2.$$

10. 11. Den in 8. und 9. für Plancurven gefundenen Gleichungen entsprechen dual zwei auf Kegel bezügliche Gleichungen, welche sich aus den Incidenzformeln III und VII ergeben.

12. Für eine *Linienfläche*, welche ihre ∞^1 Strahlen sämmtlich durch eine gegebene Gerade g schickt oder, was dasselbe ist, welche in einem speciellen linearen Complexe liegt, bezeichne a den Grad, T die dreifache Bedingung, einen gegebenen Strahl zu enthalten, t die zweifache Bedingung, aus einem gegebenen Strahlbüschel einen Strahl zu enthalten, ϱ die einfache Bedingung, in einer ge-

gebenen Ebene einen Strahl zu besitzen, ϱ' die einfache Bedingung, einen Strahl durch einen gegebenen Punkt zu schicken. Dann gilt für jedes dreistufige System von Linienflächen die aus der Incidenzformel IX folgende Gleichung:

$$T = gt - g_p\varrho - g_e\varrho' + a \,.\, g_s.$$

13. Für eine *Congruenz*, deren ∞^2 Strahlen sämmtlich eine gegebene Gerade g schneiden, bezeichne b die Zahl der Strahlen, die sie in einer gegebenen Ebene hat, b' die Zahl der Strahlen, die sie durch einen gegebenen Punkt schickt, B die zweifache Bedingung, einen gegebenen Strahl zu enthalten, β die einfache Bedingung, aus einem gegebenen Strahlbüschel einen Strahl zu enthalten. Dann liefert die Incidenzformel IX die Gleichung:

$$B = g\beta - bg_p - b'g_e.$$

Alle diese fundamentalen Formeln werden im IV. Abschnitt gute Dienste leisten.

Dritter Abschnitt.

Die Coincidenzformeln.

§ 13.

Die Coincidenzformeln des Punktepaares und die Bezout'schen Sätze.

Während wir im vorangehenden Abschnitt die *Incidenzen* der Hauptelemente behandelt haben, beschäftigen wir uns jetzt mit den *Coincidenzen* der Hauptelemente, das heisst mit den Gebilden, welche aus zwei Punkten, aus zwei Ebenen oder zwei Strahlen bestehen, die einander *unendlich nahe* liegen. Die Coincidenzen sind specielle Fälle der Hauptelementen-*Paare*, das heisst derjenigen Gebilde, welche aus zwei *in allgemeiner Lage* befindlichen Punkten, Ebenen und Strahlen zusammengesetzt sind. Wir nennen daher *Coincidenzbedingung* jede Bedingung, welche bei einem solchen Paare verlangt, dass die beiden Hauptelemente, aus denen es besteht, unendlich nahe liegen, und auch jede Bedingung, welche aus einer solchen Bedingung und einer anderen Bedingung zusammengesetzt ist. Unsere Hauptaufgabe lässt sich nun aussprechen wie folgt:

„*Die Formeln zu finden, welche die Coincidenzbedingungen durch Grundbedingungen ausdrücken.*"

Diese Formeln, welche wir *Coincidenzformeln* nennen wollen, reichen in Verbindung mit den Incidenzformeln aus, *um nach und nach alle auf algebraische Gebilde bezüglichen Anzahlen zu bestimmen.* Wie die Quelle der Incidenzformeln ein *algebraisches* Princip war, nämlich das *Princip von der Erhaltung der Anzahl*, so entspringen auch die Coincidenzformeln einem algebraischen Principe, nämlich dem sogenannten *Chasles'schen* (Comptes rendus 1864) *Correspondenzprincip*, welches nichts anderes ist, als eine nahe liegende geometrische Form des *Gauss'schen Fundamentalsatzes der Algebra.*

Es mögen nämlich auf einer festen Geraden g durch irgend einen algebraischen Zusammenhang ∞^1 mal zwei Punkte A und B

einander entsprechen, und zwar so, dass, wenn man einen beliebigen Punkt der Geraden als Punkt A auffasst, ihm β Punkte B zugehören, und dass umgekehrt einem als Punkt B aufgefassten Punkte α Punkte A zuzuordnen sind. Nimmt man dann auf der Geraden einen festen Punkt O an und bezeichnet jede Strecke OA mit a, jede zugehörige Strecke OB mit b, so besteht zwischen a und b eine algebraische Gleichung, welche die Eigenschaft hat, dass die Einsetzung eines bestimmten Werthes für a β zugehörige Werthe von b, und die Einsetzung eines bestimmten Werthes für b α zugehörige Werthe von a hervorruft. Identificirt man also a und b, so erhält man im Allgemeinen $\alpha+\beta$ Werthe $a=b$, weil man bei möglichst allgemeiner Auffassung annehmen muss, dass das Glied $a^\alpha b^\beta$ in jener Gleichung vorhanden ist. Sollte in speciellen Fällen der Coefficient von $a^\alpha b^\beta$ null sein, so gehören zu den $\alpha+\beta$ Werthen $a=b$ auch unendlich grosse Werthe.* *Es giebt also auf der Geraden $\alpha+\beta$ Punkte, in welchen zwei zusammengehörige Punkte A und B vereinigt liegen.*

Durch duale Uebertragung gewinnt man hieraus das Correspondenzprincip im Strahlbüschel und im Ebenenbüschel.

Jetzt können wir ohne *weitere* algebraische Betrachtungen, nur mit Hilfe unseres in den beiden ersten Abschnitten entwickelten Kalküls, zu allen möglichen Coincidenzformeln gelangen. Zuerst haben wir die Formel abzuleiten, welche beim *Punktepaare die einfache Coincidenzbedingung* durch Grundbedingungen ausdrückt. Wir bezeichnen mit p und q die beiden Punkte des Punktepaares, mit g ihren Verbindungsstrahl und mit ε die einfache Bedingung, *dass die beiden Punkte p und q unendlich nahe liegen, jedoch einen ganz bestimmten Verbindungsstrahl haben.* Ist nun ein beliebiges einstufiges System von solchen Punktepaaren gegeben, so nehmen wir einen beliebigen Ebenenbüschel an, dessen Träger der Strahl l sei, und legen durch l alle möglichen Paare von Ebenen, so dass immer die eine Ebene durch einen Punkt p, die andere durch den zugehörigen Punkt q geht. Dann giebt es in dem Ebenenbüschel nach dem Correspondenzprincip

$$p+q$$

* Studien über die Unterscheidung der endlichen Werthe $a=b$ von den unendlich grossen Werthen $a=b$ enthalten einige Abhandlungen von Saltel in den Berichten der Brüsseler Akademie. Bei dem allgemeinen Charakter unserer Untersuchungen brauchen wir auf diese Unterscheidung keine Rücksicht zu nehmen.

Ebenen, auf welchen zwei zusammengehörige Punkte p und q liegen. Zu diesen Ebenen gehören erstens diejenigen ε Ebenen, welche l mit einem Punkte verbinden, in dem die beiden Punkte eines Punktepaares *coincidiren*, zweitens aber auch diejenigen Ebenen durch l, in welchen ein Verbindungsstrahl g liegt. Die Zahl solcher Ebenen ist aber g, weil die Gerade l von g Verbindungsstrahlen geschnitten wird. Es ist also immer:

1) $$\varepsilon = p + q - g.$$

Obgleich diese für alle einstufigen Systeme von Punktepaaren giltige Formel sich ohne Weiteres aus der Chasles'schen Correspondenzformel im Ebenenbüschel ergiebt, so ist sie doch *viel allgemeiner*, als die Chasles'sche und umfasst alle möglichen sonstigen Correspondenzformeln als specielle Fälle.

Aus dieser Coincidenzformel *erster* Dimension gewinnt man nämlich alle von *höherer* Dimension durch blosse symbolische Multiplication. Dabei wenden wir zugleich die Incidenzformeln I, II, III (§ 7) an, um die Formeln auf eine für die Anwendungen möglichst brauchbare Gestalt zu bringen. Man erhält durch Multiplication von 1) mit g:

$$\begin{aligned} \varepsilon g &= pg + qg - g^2 \\ &= (g_e + p^2) + (g_e + q^2) - (g_p + g_e); \end{aligned}$$

oder:

2) $$\varepsilon g = p^2 + q^2 + g_e - g_p.$$

Ferner:

$$\varepsilon g_p = pg_p + qg_p - g_s,$$

oder, nach Anwendung der Incidenzformel III:

3) $$\varepsilon g_p = p^3 + q^3 + g_s;$$

4) $$\varepsilon g_e = pg_e + qg_e - g_s;$$

5) $$\varepsilon g_s = p^2 g_e + q^2 g_e + G;$$

6) $$\varepsilon G = pG + qG.$$

Die Formel 6 spricht das ursprüngliche Chasles'sche Correspondenzprincip aus, bei welchem der Verbindungsstrahl als fest vorausgesetzt wird.

Da bei einer Coincidenz p und q zusammenfallen, so ist $p\varepsilon$ und $q\varepsilon$ ganz dasselbe; es ist daher ganz gleichgiltig, ob wir bei ε die auf p oder q bezüglichen Symbole gebrauchen. Wir wählen die auf p bezüglichen Symbole. Dann kann der Umstand, dass immer die symbolische Multiplication mit q ganz dasselbe giebt, wie die mit p, als Controle der Rechnung benutzt werden. Man bekommt:

$$\varepsilon p = p^2 + pq - gp = p^2 + pq - p^2 - g_e$$

oder

7) $\varepsilon p = pq - g_e;$

8) $\varepsilon p^2 = p^2 q - p g_e = p q^2 - q g_e;$

9) $\varepsilon p^3 = p^3 q - p^2 g_e = p q^3 - q^2 g_e = p^2 q^2 - p q g_e;$

10) $\varepsilon p g_e = p q g_e - G;$

11) $\varepsilon p^2 g_e = p^2 q g_e - pG = p q^2 g_e - qG.$

Beispielsweise sprechen wir die Formeln 3 und 7 in Worten aus: *„Addirt man bei einem dreistufigen Systeme von Punktepaaren die Zahl derjenigen, für welche der eine Punkt gegeben ist, die Zahl derjenigen, für welche der andere Punkt gegeben ist, und den Grad des von den Verbindungsstrahlen gebildeten Complexes, so ist die Summe dieser drei Addenden gleich der Zahl derjenigen Coincidenzen, welche ihren Verbindungsstrahl durch einen beliebig gegebenen Punkt schicken.*

Vermindert man bei einem zweistufigen Systeme von Punktepaaren die Zahl derjenigen, welche ihre beiden Punkte auf zwei gegebenen Ebenen haben, um die Zahl derjenigen, welche ihren Verbindungsstrahl in einer gegebenen Ebene haben, so erhält man den Grad der von den Coincidenzstellen gebildeten Raumcurve.“

Von denjenigen Formeln, welche mehr als eine Coincidenzbedingung enthalten, sind beachtenswerth diejenigen, welche möglichst wenige auf den Verbindungsstrahl g bezügliche Bedingungen enthalten. Man addire 2 und 7; dann kommt:

12) $\varepsilon g + \varepsilon b = p^2 + pq + q^2 - g_p.$

Aus Formel 8 folgt:

$$2 . \varepsilon p^2 = p^2 q + p q^2 - p g_e - q g_e.$$

Dazu addire man die Summe von 3 und 4; dann erhält man:

13) $\varepsilon g_p + \varepsilon g_e + 2 . \varepsilon p^2 = p^3 + p^2 q + p q^2 + q^3.$

Aus 12 erhält man das von Zeuthen zuerst allgemein ausgesprochene (Comptes rendus, Juni 1874) *Correspondenzprincip in der Ebene*, aus 13 das von Zeuthen zum Theil, von mir vollständig erledigte *Correspondenzprincip im Punktraume* (Lit. 16). *Für die Anwendungen ist es jedoch zweckmässiger, die Formeln 1 bis 11 zu benutzen, weil diese nur eine einzige Coincidenzbedingung enthalten.*

Wir hatten bei der Definition der *einfachen* Coincidenzbedingung ε vorausgesetzt, dass der Verbindungsstrahl der beiden in dem Coincidenzpunkte unendlich nahen Punkte *völlig bestimmt* ist, wie es z. B. bei zwei consecutiven Punkten einer Curve der Fall ist. Wir erhalten jedoch eine *zweifache* Coincidenzbedingung, wenn wir festsetzen, dass als Verbindungsstrahl der coincidirenden Punkte *jeder Strahl eines Strahlbüschels* oder allgemeiner eines *Kegels* gelten kann, der die Coincidenzstelle zum Scheitel hat. Endlich erhalten wir eine dreifache Coincidenzbedingung oder, wie wir sagen wollen, eine *volle Coincidenz*, wenn als Verbindungsstrahl der coincidirenden Punkte *jeder durch die Coincidenzstelle gezogene Strahl* aufgefasst werden darf. Jede volle Coincidenz erfüllt daher von selbst die Bedingung εg_p, weil immer der Punkt der Bedingung g_p, verbunden mit der Coincidenzstelle, einen Strahl liefert, der als Träger der beiden coincidirenden Punkte gelten kann.

Es kommt häufig vor, dass drei- und mehrstufige Systeme von Punktepaaren *nur volle* Coincidenzen enthalten. Bei solchen Systemen kann man also alle Coincidenzsymbole gleich null setzen, ausser denen, welche die Bedingung g_p als Faktor enthalten. Bezeichnet man die dreifache Bedingung der vollen Coincidenz mit η, so erhält man aus den obigen Coincidenzformeln die folgenden Gleichungen:

14)
$$\eta = p^3 + q^3 + g_s,$$
$$0 = pg_e + qg_e - g_s,$$
$$\eta g = p^2 g_e + q^2 g_e + G,$$
$$\eta g_p = pG + qG,$$
$$0 = p^2 q - pg_e = pq^2 - qg_e,$$
$$0 = pqg_e - G;$$

15)
$$\eta = p^3 + p^2 q + pq^2 + q^3;$$

16)
$$\eta p = p^3 q + p^2 q^2 + pq^3;$$

17)
$$\eta p^2 = p^3 q^2 + p^2 q^3.$$

Man beachte, dass diese Gleichungen nur auf Systeme angewandt werden dürfen, in welchen keine anderen, als volle Coincidenzen vorkommen (cf. Schluss von § 5). Beispielsweise bekommt man ein System von Punktepaaren mit nur vollen Coincidenzen, wenn man *bei zwei gegebenen Systemen von Punkten* jeden Punkt des einen Systems mit jedem Punkt des anderen Systems als Punktepaar zusammenfasst. *Sind die beiden gegebenen Systeme zwei Flächen m^{ten} und n^{ten} Grades*, also zwei zweistufige Punktsysteme, so reducirt sich in Formel 16 die rechte Seite auf $p^2 q^2$, wofür man $m.n$ zu setzen hat, weil die Gerade der Bedingung p^2 die Fläche m^{ten} Grades in m Punkten, die Gerade der Bedingung q^2 die Fläche n^{ten} Grades in n Punkten schneidet und jede Zusammenfassung eines der m Punkte mit einem der n Punkte ein Punktepaar des vierstufigen Systems von Punktepaaren ergiebt. Es steckt also in Formel 16 der wichtige *Bezout'sche Fundamentalsatz*:

„Zwei Flächen schneiden sich in einer Curve, deren Grad gleich dem Produkte der Gradzahlen der Flächen ist.“

Analog erhält man aus Formel 15 oder 14 den Satz:

„Eine Fläche m^{ten} Grades schneidet eine Raumcurve n^{ten} Grades in $m.n$ Punkten.“

Aus beiden Sätzen folgt drittens:

„Drei Flächen m^{ten}, n^{ten}, l^{ten} Grades schneiden sich in $m.n.l$ Punkten.“

Hier ist also die geometrische Form des Bezout'schen Fundamentalsatzes, dass die Zahl der gemeinsamen Wurzelgruppen von r Gleichungen mit r Unbekannten gleich dem Produkte der r Gradzahlen dieser Gleichungen ist, aus der wichtigen Coincidenzformel

$$\varepsilon = p + q - g$$

durch blosse symbolische Multiplication, also durch *Specialisirung* hervorgegangen. In der That sind in den letzten Jahren häufig Beweise der geometrischen Form des Bezout'schen Satzes geliefert, in welchen nur das Correspondenzprincip angewandt ist **(Lit. 17)**. Die obige, durch unsern Kalkül von allem unnöthigen Ballast befreite Ableitung dürfte den Zusammenhang beider Sätze ins hellste Licht stellen. Da die angewandte Coincidenzformel erster Dimension aus dem Chasles'schen Correspondenzprincip folgt, dieses aber nur eine für die Geometrie zurechtgelegte Form des Gauss'schen Fundamentalsatzes der Algebra ist, so erscheint es möglich, der Geometrie eine algebraische Herleitung des Bezout'schen Satzes aus dem Gauss'schen Satze abzugewinnen. Dieses gelang Herrn Fouret im Bull. de la Soc. math. de France, Bd. 2 pag. 127, wo auch versucht ist, die Reduction anzugeben, welche das Produkt der Gradzahlen erleidet, wenn man nur nach der Zahl der gemeinsamen *endlichen* Wurzeln fragt.

Die oben entwickelten Punktepaarformeln ermöglichen es, die in der analytischen Geometrie üblichen Bestimmungen von *Singularitätenzahlen* viel kürzer und naturgemässer zu leisten, als es die herkömmlichen, mehr algebraischen Mittel leisten können. Dies kommt daher, weil *wir in unserm Kalkül nicht mit Gleichungen, sondern nur mit den für die Anzahlbestimmung allein wesentlichen, auf die Gleichungen bezüglichen* **Gradzahlen** *rechnen.* In der That hat der Verfasser nach seiner Methode nicht blos viele auf Flächen, Congruenzen und Complexe bezügliche, bekannte Anzahlen auf viel kürzere Weise bestimmt, als dies die Algebra thun konnte, sondern er hat auch viele Singularitäten bestimmt, für deren Abzählung die Algebraiker *vergebliche* Mühe aufwandten. Derartige Anwendungen der Punktepaarformeln sind in den folgenden Paragraphen in reichlicher Auswahl enthalten (cf. §§ 33, 36, 44). Deshalb wird es genügen, wenn wir hier für die Anwendung der Punktepaarformeln nur ein einziges Beispiel hinzufügen. Dasselbe ist der Salmon'schen „Analytischen Geometrie des Raumes" entlehnt. (In der Fiedler'schen Uebersetzung Bd. II Art. 438 S. 552.)

Man soll die Ordnung x der Fläche bestimmen, welche durch die Haupttangenten einer Fläche F n^{ten} Grades in den Punkten ihrer Durchschnittscurve mit einer Fläche F' n'^{ten} Grades erzeugt wird. Wir fassen auf jeder der ∞^2 Haupttangenten von F den Berührungspunkt p mit jedem der n' Punkte q zusammen, welche die Haupttangente mit F' gemein hat. Auf das so entstehende, zweistufige System von Punktepaaren wenden wir die Punktepaarformel 2 an. Dann haben wir für das Symbol p^2 die Zahl $2.n.n'$ zu setzen, weil die Gerade der Bedingung p^2 die Fläche F in n Punkten p schneidet, in jedem dieser n Punkte zwei Haupttangenten berühren, und jede dieser beiden Haupttangenten die Fläche F in n' Punkten schneidet, von denen jeder den n Punkten p als Punkt q zuzuordnen ist. Für das Symbol q^2 haben wir $n'.\pi$ zu setzen, wenn π angiebt, wieviel Haupttangenten an F von irgend einem Punkte des Raumes gezogen werden können. Die Gerade von q^2 schneidet nämlich F' in n' Punkten q, und von jedem dieser q Punkte gehen an F π Haupttangenten, welche in zugeordneten Punkten p berühren. Das Symbol g_e ergiebt sich ähnlich gleich $\eta.n'$, wenn η angiebt, wieviel Haupttangenten von F in irgend einem ebenen Schnitte liegen. Ebenso erhält man, dass für g_p die Zahl $\pi.n'$ einzusetzen ist, weil von dem Punkte der Bedingung g_p π Haupttangenten an F gehen und auf jeder Haupttangente der Berührungspunkt mit jedem der n' Schnittpunkte auf F' als Punktepaar zusammenzufassen ist. Also ist:

$$x = 2.n.n' + \pi.n' + \eta.n' - \pi.n',$$

oder

$$x = n'.(2.n + \eta).$$

Ist F punkt-allgemein, d. h. frei von Doppelcurven etc., so ist η von n abhängig, nämlich bekanntlich:

$$\eta = 3n(n-2),$$

eine Formel, die sich auch aus den Coincidenzformeln sehr leicht ableiten lässt (cf. § 33, Formel 3). Also kommt, wenn F punktallgemein ist:

$$x = n.n'.(3n-4).$$

Durch duale Umformung der in diesem Paragraphen abgeleiteten Coincidenzformeln für das Punktepaar erhält man die Coincidenzformeln für das *Ebenenpaar*. Bezeichnet man mit e und f die beiden Ebenen, mit h die Schnittgerade der beiden Ebenen, mit ε die Bedingung, dass sie unendlich nahe liegen, so erhält man z. B.

aus 1: $\varepsilon = e + f - h$,

aus 2: $\varepsilon h = e^2 + f^2 + h_p - h_e$,

aus 3: $\varepsilon h_e = e^3 + f^3 + h_s$,

aus 5: $\varepsilon h_s = e^2 h_p + f^2 h_p + H$,

aus 7: $\varepsilon e = ef - h_p$,

aus 12: $\varepsilon h + \varepsilon e = e^2 + ef + f^2 - h_e$,

aus 13: $\varepsilon h_e + \varepsilon h_p + 2 . \varepsilon e^2 = e^3 + e^2 f + ef^2 + f^3$.

Aus diesen Formeln folgen, entsprechend den oben abgeleiteten Bezout'schen Sätzen für Punktörter, die Bezout'schen Sätze für Ebenenörter, welche sich so aussprechen lassen:

„Ein zweistufiges System von Ebenen, von welchem n Ebenen durch jede beliebige Gerade gehen, hat mit einem andern zweistufigen System von Ebenen, von welchem n Ebenen durch jede beliebige Gerade gehen, ein einstufiges System von Ebenen gemein, von welchem m . n Ebenen durch jeden beliebigen Punkt gehen."

„Ein zweistufiger Ebenenort m^{ten} Grades hat mit einem einstufigen Ebenenort n^{ten} Grades m . n Ebenen gemein."

„Drei zweistufige Ebenenörter m^{ten}, n^{ten} und l^{ten} Grades haben m . n . l gemeinsame Ebenen."

Die oben für das Punktepaar und für das Ebenenpaar aufgestellten Coincidenzformeln erledigen natürlich auch die Fälle, wo die Punktepaare in fester Ebene liegen, d. h. sämmtlich die Bedingung g_e erfüllen, resp. wo die Ebenenpaare durch einen festen Punkt gehen, d. h. sämmtlich die Bedingung h_p erfüllen. Es seien z. B. in fester Ebene, die wir als Ebene der Bedingung g_e betrachten, zwei einstufige Punktsysteme, d. h. *Planeurven* gegeben. Dann ordne man jeden Punkt des einen Systems jedem Punkte des anderen Systems zu und wende Formel 5 an. Dann ist εg_s die Zahl der gemeinsamen Punkte, $p^2 g_e$ und $q^2 g_e$ gleich null, aber G gleich der Zahl der Punktepaare, welche auf einer Geraden der Ebene liegen. Also ergiebt sich:

„Zwei Planeurven m^{ten} und n^{ten} Grades schneiden sich in m . n Punkten."

Legt man durch die sämmtlichen Tangenten der beiden Plancurven alle möglichen Ebenen, so erhält man zweistufige Ebenenörter. Wendet man auf diese den Bezout'schen Satz an, so erhält man einen Satz, welcher auch aus dem vorigen durch duale Umformung gewonnen werden konnte, nämlich:

„*Zwei in fester Ebene befindliche einstufige Strahlenörter m^{ten} und n^{ten} Grades haben $m.n$ Strahlen gemein.*"

Den beiden eben ausgesprochenen Sätzen entsprechen dual zwei Sätze, welche sich auf Kegel mit gemeinsamem Scheitel beziehen.

§ 14.

Anwendung der Coincidenz-Formeln des § 13 zur Bestimmung von Anzahlen, die sich auf die Berührung von Plancurven und Flächen beziehen.

1. Die schon in § 4 abgeleitete Zahl derjenigen Plancurven eines einstufigen Systems, welche eine gegebene Plancurve *berühren*, kann auch sehr leicht dadurch erhalten werden, dass man vermittelst der Formeln des vorigen Paragraphen abzählt, wie oft auf einer der ∞^1 Tangenten der gegebenen Plancurve der zugehörige Berührungspunkt coincidirt mit dem Berührungspunkte einer diese Tangente berührenden und dem Systeme angehörigen Plancurve. Wir fassen auf jeder Tangente g den Berührungspunkt p der gegebenen Plancurve mit jedem Punkte q zusammen, in welchem g von einer Curve des Systems berührt wird. So erhalten wir ein einstufiges System von Punktepaaren, auf welches wir die Punktepaar-Formel erster Dimension (§ 13 Formel 1):

$$p + q - g = \varepsilon$$

anwenden wollen. Dann haben wir für p die Zahl $m.\nu$ einzusetzen, wenn m der Grad der Plancurve ist, und ν angiebt, wieviel Plancurven des Systems eine gegebene Gerade berühren. Denn die Ebene von p schneidet die Plancurve in m Punkten, und jede von den m diesen Punkten angehörigen Tangenten wird von ν Curven des Systems berührt. Um q zu bestimmen, beachten wir, dass die Ebene von q jede der ∞^1 Plancurven des Systems schneidet und dass die ∞^1 Tangenten, welche in diesen ∞^1 Schnittpunkten berühren, einen einstufigen Strahlenort bilden, dessen Grad ohne Weiteres aus der Incidenzformel I des § 7 (cf. § 8) folgt, nämlich gleich

$$\mu + \nu,$$

wo μ angiebt, wieviel Plancurven des Systems durch einen gegebenen Punkt gehen. Andererseits bilden die Tangenten der gegebenen Plancurve einen Strahlenort vom Grade n, wenn n der Rang der Plancurve ist. Also haben beide Strahlenörter nach den Bezout'schen Sätzen (§ 13 am Schluss) $(\mu+\nu).n$ Strahlen gemein. Wir haben demnach für q die Zahl $(\mu+\nu).n$ einzusetzen. Um g zu bestimmen, haben wir von dem Punkte, in welchem die Gerade der Bedingung g die Ebene der Plancurve schneidet, an letztere die n Tangenten zu ziehen und auf jeder Tangente den Berührungspunkt mit jedem Punkte zusammenzufassen, wo die Tangente von einer Curve des Systems berührt wird. Also ist g hier gleich $n.\nu$; folglich ist:

$$\varepsilon = m.\nu + n.(\mu+\nu) - n.\nu$$

oder

$$\varepsilon = m.\nu + n.\mu.$$

Das betrachtete einstufige System von Punktepaaren besitzt also $m.\nu+n.\mu$ Coincidenzen; dies heisst: es giebt auf der Plancurve $m.\nu+n.\mu$ Tangenten, welche von Plancurven des Systems *in ihrem Berührungspunkte* berührt werden. Damit ist also die gesuchte Zahl bestimmt (cf. § 39, Anwendung I).

Aehnlich findet man, dass in einem einstufigen System von Raumcurven

$$\nu.r+\varrho.n$$

Raumcurven existiren, welche eine gegebene Fläche n^{ter} Ordnung, r^{ten} Ranges berühren, wo ν angiebt, wieviel Raumcurven des Systems eine gegebene Gerade schneiden, ϱ angiebt, wieviel eine gegebene Ebene berühren (cf. § 39, Anwendung II).

2. Gerade so kann man auch durch Anwendung der Coincidenzformeln *zweiter* Dimension den Grad der Curve bestimmen, die bei *zwei gegebenen Systemen* von Plancurven durch die Berührungspunkte aller möglichen sich berührenden Curven gebildet wird, und natürlich auch die dieser Zahl dual entsprechende Zahl. Die beiden Systeme seien Σ_1 und Σ_2. Für Σ_1 bezeichne μ_1, wieviel Curven durch einen gegebenen Punkt gehen, ν_1, wieviel Curven eine gegebene Gerade berühren. Für Σ_2 seien die entsprechenden Zahlen μ_2 und ν_2. Auf jeder der ∞^2 gemeinsamen Tangenten bildet jeder dem Σ_1 angehörige Berührungspunkt p mit jedem dem Σ_2 angehörigen Berührungspunkte q ein Punktepaar. Die so bestimmten Punktepaare bilden ein zweistufiges System, auf welches die Coincidenzformeln 7 und 2 des § 13 angewandt werden sollen, nämlich

$$pq - g_e = \varepsilon p$$

und

$$p^2 + q^2 + g_e - g_p = \varepsilon g.$$

Um pq zu bestimmen, beachten wir, dass der Grad des Strahlenortes der Tangenten, deren Berührungspunkte auf der Ebene der Bedingung p liegen, nach der Incidenzformel I gleich $\mu_1 + \nu_1$ für Σ_1 und gleich $\mu_2 + \nu_2$ für Σ_2 ist und dass die beiden Strahlenörter nach den Bezout'schen Sätzen $(\mu_1 + \nu_1) . (\mu_2 + \nu_2)$ gemeinsame Strahlen haben. Also ist pq gleich $(\mu_1 + \nu_1) . (\mu_2 + \nu_2)$ zu setzen. g_e ist natürlich gleich $\nu_1 . \nu_2$, weil die Ebene der Bedingung g_e die feste Ebene der Systeme in einer Geraden schneidet, welche von ν_1 Curven aus Σ_1 und von ν_2 Curven aus Σ_2 berührt wird, also $\nu_1 . \nu_2$ Paare von Berührungspunkten enthält. p^2 ergiebt sich gleich $\mu_1 . \nu_2$, weil die Gerade der Bedingung p^2 die feste Ebene in einem Punkte schneidet, durch welchen μ_1 Curven des Systems Σ_1 gehen und weil jede der μ_1 in diesem Punkte berührenden Tangenten von ν_2 Curven aus Σ_2 berührt wird. Analog ergiebt sich q^2 gleich $\mu_2 . \nu_1$. Endlich ist g_p gleich null zu setzen, weil die feste Ebene keine Gerade enthält, die durch den Punkt der Bedingung g_p geht. Es ergeben sich also die Resultate:

$$(\mu_1 + \nu_1) . (\mu_2 + \nu_2) - \nu_1 \nu_2 = \varepsilon p,$$
$$\mu_1 . \nu_2 + \nu_1 . \mu_2 + \nu_1 . \nu_2 - 0 = \varepsilon g,$$

welche in Worten so ausgesprochen werden können:

„*Die Berührungspunkte je zweier sich berührender Plancurven zweier durch die Zahlen μ_1, ν_1 und μ_1, ν_2 charakterisirten Systeme bilden eine Curve vom Grade:*

$$\mu_1 . \nu_2 + \nu_1 . \mu_2 + \mu_1 . \mu_2,$$

und ihre Tangenten eine Curve vom Range:

$$\mu_1 . \nu_2 + \nu_1 . \mu_2 + \nu_1 . \nu_2."$$

Die Thatsache, dass die beiden erhaltenen Zahlen sich dual entsprechen, liefert eine Bestätigung.

3. Um die entsprechenden Zahlen für die Berührung zweier *Flächen* abzuleiten, müssen wir beachten, dass zwei Flächen sich dann berühren, wenn die beiden Tangentialebenen eines ihrer Schnittpunkte coincidiren, und zwar so coincidiren, dass als Schnitt der coincidirenden Ebenen jede in ihnen liegende und durch den Berührungspunkt gehende Gerade aufgefasst werden darf. Es möge eine Fläche F m^{ter} Ordnung, r^{ten} Ranges, k^{ter} Klasse gegeben sein, und ausserdem ein System Σ von Flächen, aus welchem immer μ

durch einen gegebenen Punkt gehen, ν eine gegebene Gerade berühren, ϱ eine gegebene Ebene berühren. Dann fassen wir in jedem Schnittpunkt von F und einer Fläche des Systems Σ die F angehörige Tangentialebene e und die Σ angehörige Tangentialebene f als Ebenenpaar zusammen. So erhalten wir ein zweistufiges System von Ebenenpaaren, auf welches wir die Formel

$$e^2 + ef + f^2 - h_e = \varepsilon h + \varepsilon e$$

aus § 14 anwenden wollen. Durch die Gerade der Bedingung e^2 legen wir an F die k Tangentialebenen und durch jeden der erhaltenen k Berührungspunkte B die μ Σ angehörigen Flächen, dann bestimmen wir zu jeder dieser μ Flächen die in μ berührende Tangentialebene. Dann sehen wir, dass die Bedingung e^2 von $k.\mu$ Ebenenpaaren erfüllt wird. Um ef zu bestimmen, legen wir durch den Punkt der Bedingung e die ∞^1 Tangentialebenen. Ihre Berührungspunkte bilden auf F eine Curve, welche nach den Incidenzformeln den Grad r hat. Ferner legen wir durch den Punkt der Bedingung f an die ∞^1 Flächen von Σ die ∞^2 Tangentialebenen; deren Berührungspunkte bilden nach den Incidenzformeln eine Fläche vom Grade $\mu + \nu$. Diese Fläche schneidet nach den Bezout'schen Sätzen die oben construirte Curve r^{ten} Grades in $(\mu + \nu).r$ Punkten; also ist ef gleich $(\mu + \nu).r$ zu setzen. Um f^2 zu bestimmen, legen wir durch die Gerade der Bedingung f^2 die ∞^1 Tangentialebenen an die ∞^1 Flächen von Σ. Ihre Berührungspunkte bilden nach den Incidenzformeln eine Curve vom Grade $\nu + \varrho$. Diese Curve schneidet nach den Bezout'schen Formeln die Fläche F m^{ten} Grades in $(\nu + \varrho).m$ Punkten; also giebt es $(\nu + \varrho).m$ Ebenenpaare, welche die Bedingung f^2 erfüllen. Um h_e zu bestimmen, beachten wir, dass die Ebene der Bedingung h_e die Fläche F in einer Curve und Σ in einem Curvensystem schneidet, und dass diese Curve, wie oben gezeigt ist,

$$\mu.r + \nu.m$$

Tangenten besitzt, welche in ihrem Berührungspunkte von Curven des Systems berührt werden. Legt man durch jede dieser Tangenten sowohl die Tangentialebene zu F, wie zu der Fläche des Systems, so erhält man immer ein die Bedingung h_e erfüllendes Ebenenpaar. Endlich wissen wir, dass die Coincidenzbedingung εe gleich null zu setzen ist, weil nicht ∞^1 Berührungen stattfinden können. Das Symbol εh aber ist die Zahl x derjenigen Flächen des Systems, welche F berühren. Der Faktor h in εh rechtfertigt sich dadurch, dass als Schnittstrahl der beiden coincidirenden Ebenen *jeder* in ihnen liegende, durch den Berührungspunkt gehende Strahl aufgefasst werden darf. Von diesen ∞^1 Strahlen kann also derjenige gewählt werden, welcher nach dem Punkte geht, wo die Gerade der Bedingung h die Coincidenzebene schneidet. Substituiren wir die erhaltenen Werthe in die angewandte Formel, so kommt

$$k.\mu + r.(\mu + \nu) + m.(\nu + \varrho) - (r.\mu + m.\nu) = x,$$

oder

$$x = k.\mu + r.\nu + m.\varrho,$$

ein Resultat, welches in Worten folgendermassen lautet:

„In jedem einstufigen Flächensystem mit den charakteristischen Zahlen μ, ν, ϱ giebt es

$$k.\mu + r.\nu + m.\varrho$$

Flächen, welche eine gegebene Fläche m^{ten} Grades, r^{ten} Ranges, k^{ter} Klasse berühren.“ **(Lit. 18.)** [cf. § 40, Beispiele.]

4. Sind zwei einstufige Systeme Σ_1 und Σ_2 gegeben, so findet ∞^1 mal Berührung zwischen einer Fläche aus Σ_1 und einer Fläche aus Σ_2 statt. Man kann also dann fragen nach dem Grade der von den Berührungspunkten gebildeten Curve und nach dem Grade des einstufigen Ortes der in den Berührungspunkten gezogenen Tangentialebenen. Um den Grad des Ortes der Berührungspunkte zu bestimmen, fassen wir in jedem Schnittpunkte zweier Flächen der beiden Systeme die diesen Flächen zugehörigen Tangentialebenen e und f als Ebenenpaar zusammen und wenden auf das erhaltene dreistufige System von Ebenenpaaren die Incidenzformel

$$\varepsilon h_e = e^3 + f^3 + h_s$$

an. Bezeichnen dann μ_1, ν_1, ϱ_1 für Σ_1 und μ_2, ν_2, ϱ_2 für Σ_2 dasselbe, was im vorigen Beispiele μ, ν, ϱ für Σ bezeichnete, so ist e^3 gleich $\varrho_1 . \mu_2$ zu setzen, weil die Ebene der Bedingung e^3 von ϱ_1 Flächen aus Σ_1 berührt wird und durch jeden der erhaltenen ϱ_1 Berührungspunkte μ_2 Flächen aus Σ_2 gehen, denen μ_2 Tangentialebenen zugehören. Analog ergiebt sich für f^3 $\varrho_2 . \mu_1$. Endlich ist h_s nichts anderes, als der Grad des Ortes der Tangenten in den Berührungspunkten je zweier sich berührender Curven derjenigen beiden Planeurvensysteme, welche die Ebene von h_s aus Σ_1 und Σ_2 ausschneidet. Dieser Grad ist aber oben bestimmt. Danach ist h_s gleich

$$\mu_1 . \nu_2 + \nu_1 . \mu_2 + \nu_1 . \nu_2$$

zu setzen. Endlich giebt εh_e an, wie oft das dreistufige System von Ebenenpaaren ein Ebenenpaar enthält, dessen Ebenen coincidiren und dabei ihre Schnittgerade in eine gegebene Ebene werfen.

Dieses ist aber die Zahl x der in einer gegebenen Ebene liegenden Berührungspunkte. Also ist

$$x = \mu_1 . \varrho_2 + \varrho_1 . \mu_2 + \mu_1 . \nu_2 + \nu_1 . \mu_2 + \nu_1 . \nu_2 .$$

Dies heisst in Worten:

„*Die Berührungspunkte aller möglichen sich berührenden Flächen aus zwei einstufigen Flächensystemen mit den charakteristischen Zahlen* μ_1, ν_1, ϱ_1 *und* μ_2, ν_2, ϱ_2, *bilden eine Curve vom Grade* (**Lit. 19**):

$$\mu_1 \varrho_2 + \varrho_1 \mu_2 + \mu_1 \nu_2 + \nu_1 \mu_2 + \nu_1 \nu_2 .\text{“ (cf. § 40, Beispiele.)}$$

Hieraus gewinnt man durch duale Umformung den Grad des Ortes der den Berührungspunkten angehörigen Tangentialebenen.

5. Ist endlich ein einstufiges Flächensystem Σ_1 und ein zweistufiges Σ_2 gegeben, so findet ∞^2 mal Berührung zweier Flächen beider Systeme statt. Also kann man fragen nach der Ordnung x der von den Berührungspunkten gebildeten Fläche und nach der Klasse der von ihren Tangentialebenen gebildeten Fläche. Für Σ_1 habe μ, ν, ϱ wieder dieselbe Bedeutung, wie im Beispiel 3 und 4. Für Σ_2 bezeichne ϑ, *wieviel Flächen eine gegebene Gerade in einem gegebenen Punkte berühren*, φ, *wieviel eine gegebene Gerade in einer gegebenen Tangentialebene berühren*. Die beiden Flächensysteme haben ∞^4 gemeinsamen Tangenten mit zugehörigen zusammenfallenden Tangentialebenen. Auf jeder solchen Tangente g fassen wir die beiden Berührungspunkte p und q als Punktepaar zusammen. Dadurch entsteht ein vierstufiges System von Punktepaaren, auf welches wir die Coincidenzformel für $\varepsilon p^2 g$ anwenden wollen. Diese erhält man, indem man die Coincidenzformel erster Dimension mit $p^2 g$ multiplicirt und das Resultat durch die Incidenzformeln vereinfacht. Also:

$$\begin{aligned}\varepsilon p^2 g &= p^3 g + p^2 q g - p^2 g^2 \\ &= p^3 g + p^2 q^2 + p^2 g_e - p^2 g_e - p^2 g_p \\ &= p^2 q^2 - G.\end{aligned}$$

Die Gerade der Bedingung p^2 schneidet die Flächen von Σ_1 in ∞^1 Punkten und die diesen Punkten zugehörigen ∞^1 Tangentialebenen bilden nach den Incidenzformeln einen Ort vom Grade

$$\mu + \nu .$$

Andererseits schneidet die Gerade der Bedingung q^2 die Flächen von Σ_2 in ∞^2 Punkten, deren ∞^2 Tangentialebenen nach den Incidenzformeln einen Ort vom Grade

$$\vartheta + \varphi$$

bilden. Beide Oerter haben also

$$(\mu + \nu) . (\vartheta + \varphi)$$

Tangentialebenen gemeinsam; also ist $p^2 q^2$ gleich $(\mu+\nu)(\vartheta+\varphi)$ zu setzen. Die Gerade der Bedingung G wird von ν Flächen aus Σ_1 berührt. Zu jeder dieser ν Flächen construire man die Tangentialebene des Berührungspunktes. Diese wird dann von φ Flächen aus Σ_2 so berührt, dass der Berührungspunkt auf jener Geraden liegt. Daher ergiebt sich für G die Zahl $\nu \cdot \varphi$. Endlich zählt das Coincidenzsymbol $\varepsilon p^2 g$, wie oft auf einer Geraden ein Punkt liegt, welcher zwei Punkte p und g so vereinigt, dass ihre Verbindungsgerade eine gegebene Gerade schneiden kann. Dies erfüllt aber jeder Berührungspunkt, weil ein solcher zwei Schnittpunkte so vereinigt, dass jeder durch ihn gehende und in der Berührungsebene liegende Strahl als Verbindungsstrahl der coincidirenden Punkte aufgefasst werden darf; also giebt $\varepsilon p^2 g$ *den Grad der von den Berührungspunkten gebildeten Fläche* an. Folglich ist:

$$x = (\mu+\nu).(\vartheta+\varphi) - \nu.\varphi$$
$$= \mu\vartheta + \mu\varphi + \nu\vartheta \quad \textbf{(Lit. 20)}.$$

Hieraus erhält man durch duale Umformung *den Grad des Ortes der den Berührungspunkten zugehörigen Tangentialebenen*, nämlich:

$$\varrho\varphi + \varrho\vartheta + \nu\varphi.$$

Die oben geleisteten fünf Abzählungen zeigen, in welcher Weise die Coincidenzformeln des § 13 anzuwenden sind. In welcher Weise die gefundenen Resultate verallgemeinert werden können, lehrt die folgende Nummer, deren Resultat wir in § 18 anwenden wollen.

6. Bei den obigen Abzählungen haben wir nämlich jedem Punkte einer Curve immer nur seine Tangente oder jedem Punkte einer Fläche eine gewisse von seinen Tangenten zugeordnet. Bei der Allgemeinheit unseres Kalküls hindert jedoch nichts, den Punkten statt der Tangenten gewisse andere Geraden zuzuordnen; z. B. setzen wir an die Stelle des in Nr. 1 gelösten Problems das folgende allgemeinere Problem:

„Gegeben ist in fester Ebene erstens ein ganz beliebiges zweistufiges System Σ von Gebilden, deren jedes aus einem Strahl h und einem darauf befindlichen Punkte r besteht, und zweitens eine Plancurve C m^{ter} Ordnung, n^{ten} Ranges, die also auf jeder Geraden m Punkte besitzt und durch jeden Punkt n Tangenten schickt. Gesucht wird die Zahl x derjenigen Punkte auf der Curve C, deren jeder dem Systeme Σ als Punkt r so angehört, dass die in diesem Punkte berührende Curventangente die r zugeordnete Gerade h ist."

Um diese Zahl x zu bestimmen, fassen wir auf jeder Tangente g der Curve den Berührungspunkt q mit jedem Punkte p zusammen, welcher in dem Systeme Σ der als Strahl h aufgefassten Tangente als Punkt r zugehört. So erhalten wir ein einstufiges System von Punktepaaren p, q, auf welches wir die Coincidenzformel 1 des § 13 anzuwenden haben. Für die Bedingung q dieser Formel ist $m.\nu$ einzusetzen, wo ν bedeutet, wieviel Punkte r einer in der Ebene gegebenen Geraden h angehören. Die Ebene der Bedingung q schneidet nämlich die Curve C in m Punkten, jede der m diesen Punkten zugehörigen Tangenten besitzt aber ν Punkte p. Um das Symbol p zu bestimmen, beachten wir, dass nach der Incidenzformel I alle Strahlen, welche den Punkten r einer Geraden im Systeme Σ als Strahlen h zugehören, einen Strahlenort bilden, dessen Grad gleich

$$\nu + \mu$$

ist, wo μ bedeutet, wieviel Strahlen h einem in der Ebene gegebenen Punkte r zugehören. Dieser Strahlenort besitzt also nach den Bezout'schen Sätzen

$$(\nu + \mu).n$$

Strahlen, welche Tangenten der Curve C sind. Diese Zahl ist also für das Symbol p der Coincidenzformel einzusetzen. Um g zu bestimmen, denkt man sich die n Curventangenten, welche durch den Punkt gehen, wo die Gerade der Bedingung g die feste Ebene schneidet, und auf jeder Curventangente die ν Punkte, welche ihr im Systeme Σ angehören, wenn man sie als Strahl h auffasst. Also ergiebt sich für das Symbol g die Zahl $n.\nu$. Endlich wird die Coincidenzbedingung ε der angewandten Formel von x Punktepaaren erfüllt, wo x die oben erklärte, gesuchte Zahl ist; also ist:

$$x = m.\nu + n.(\nu + \mu) - n.\nu$$

oder

$$x = m.\nu + n.\mu.$$

In Worten kann man diese Verallgemeinerung der in 1. bestimmten Anzahl aussprechen wie folgt:

„*Sind in einer festen Ebene jedem gegebenen Strahle ν darauf liegende Punkte in gewisser Weise zugeordnet, während umgekehrt jedem gegebenen Punkte μ hindurchgehende Strahlen zugehören, so kommt es auf einer in derselben Ebene liegenden Curve m^{ter} Ordnung n^{ten} Ranges*

$$m.\nu + n.\mu$$

Male vor, dass einem ihrer Punkte vermöge derselben Zuordnung die in diesem Punkte berührende Tangente entspricht.“

Mit Hilfe dieses Satzes ist in § 18 *die Cayley-Brill'sche Erweiterung des Correspondenzprincips* aus unseren Coincidenzformeln (§ 13, Formel 3, 4, 8) dritter Dimension abgeleitet.

§ 15.

Das Strahlenpaar und seine Coincidenzbedingungen.

Das Strahlenpaar bestehe aus den beiden in allgemeiner Lage befindlichen Strahlen g und h. Wir bezeichnen ferner mit β die einfache Bedingung, dass eine der ∞^2 g und h zugleich schneidenden Geraden einem gegebenen Strahlbüschel angehöre, mit ε die einfache Coincidenzbedingung, dass g und h *unendlich nahe liegen, ohne sich zu schneiden*, endlich mit σ die einfache Bedingung, dass g und h sich schneiden, ohne unendlich nahe zu liegen, und zwar heisse dann der Schnittpunkt p und die Schnittebene e. Hiernach ist natürlich zunächst:

1) $$\varepsilon h = \varepsilon g$$

und

2) $$\sigma\beta = \sigma p + \sigma e.$$

Zwischen den drei räumlichen Bedingungen g, h, β und den beiden invarianten Bedingungen σ und ε bestehen zwei Gleichungen, welche man leicht aus dem Chasles'schen Correspondenzprincip oder den Punktepaarformeln des vorigen Paragraphen erhält. Fasst man nämlich bei einem einstufigen Systeme von Strahlenpaaren je zwei auf zusammengehörigen Strahlen liegende Punkte als Punktepaar zusammen und wendet auf das entstandene dreistufige System von Punktepaaren die Formeln 3 und 4 des § 13 an, so hat man p^3 und q^3 gleich null, für g_s das Symbol β und für $pg_e + qg_e$ $g+h$ einzusetzen. Ferner wird das Symbol εg_p des § 13 erstens einmal durch jede Coincidenz und zweitens einmal durch jedes Strahlenpaar erfüllt, dessen Strahlen sich schneiden. Das Symbol εg_e des vorigen Paragraphen wird dagegen nur von jeder Coincidenz einmal erfüllt. Man gewinnt also die Gleichungen:

3) $$\sigma + \varepsilon = \beta,$$

4) $$\varepsilon = g + h - \beta,$$

woraus noch folgen:

5) $$\sigma + 2 . \varepsilon = g + h,$$

6) $$\sigma = 2 . \beta - g - h.$$

Durch symbolische Multiplication dieser Formeln mit σ, ε, g, h, β ergeben sich *nicht sämmtliche* Gleichungen, welche zwischen den zweifachen Bedingungen bestehen, sondern es muss mindestens *eine* Gleichung zweiter Dimension direct durch das Princip von der Erhaltung der Anzahl abgeleitet werden. Ehe wir dies thun, definiren wir noch die zweifache Bedingung B, welche aussprechen soll, dass das Strahlenpaar seine beiden Strahlen eine gegebene Gerade schneiden lässt, und wenden auf die *lineare Congruenz*, welche von den g und h schneidenden Strahlen gebildet wird, die Formel 13 des § 12 an. Dann kommt, da dann b und b' beide gleich 1 zu setzen sind,

7) $$B = \beta g - g^2$$

und

8) $$B = \beta h - h^2.$$

Nun legen wir die Ebene des Strahlbüschels einer Bedingung β mit der Ebene des Strahlbüschels einer Bedingung β zusammen. Dann wird die Bedingung β^2 erstens durch jedes Strahlenpaar erfüllt, dessen beide Strahlen die Verbindungsgerade der Scheitel der beiden Strahlbüschel schneiden, zweitens durch jedes Strahlenpaar, welches seinen Strahl g oder seinen Strahl h in der gemeinsamen Ebene der beiden Strahlbüschel hat, drittens durch jedes Strahlenpaar, dessen Strahlen sich schneiden und dabei ihren Schnittpunkt auf jener gemeinsamen Ebene besitzen. Also ist nach dem Princip von der Erhaltung der Anzahl:

9) $$\beta^2 = B + g_e + h_e + \sigma p.$$

Dieser Gleichung entspricht dual:

10) $$\beta^2 = B + g_p + h_p + \sigma e.$$

Addirt man 9 und 10 und wendet dann 7, 8 und 2 an, so bekommt man die mit β multiplicirte Gleichung 6, also eine *Controle*.

Um weitere Formeln für das Strahlenpaar zu gewinnen, hat man die bisher aufgestellten Gleichungen auf alle mögliche Weise mit den eingeführten Bedingungen symbolisch zu multipliciren. Dabei hat man darauf zu achten, dass nur die symbolische Multiplication zweier von einander *unabhängiger* invarianter Bedingungen Sinn hat, dass man also wohl σ mit ε, nicht aber σ mit σ oder ε mit ε multipliciren darf. Die aufgestellten Gleichungen gestatten es, jedes σ, ε oder $\varepsilon\sigma$ enthaltende Symbol durch die aus β, g, h zusammengesetzten Bedingungen auszudrücken. Wir thun dies jedoch nur für die zweifachen auf σ und ε bezüglichen Bedingungen, weil wir sonst gar zuviel Gleichungen erhalten würden.

Formel 9 und 10 geben nach Benutzung von 7 und 8:

11) $$\sigma p = \beta^2 - \beta g + g_p - h_e = \beta^2 - \beta h + h_p - g_e,$$

12) $$\sigma e = \beta^2 - \beta g + g_e - h_p = \beta^2 - \beta h + h_e - g_p,$$

woraus noch folgt:

13) $$\sigma p - \sigma e = g_p + h_p - g_e - h_e.$$

Aus 6 folgt:

14) $$\sigma g = 2.\beta g - g^2 - gh,$$
15) $$\sigma h = 2.\beta h - h^2 - gh.$$

Multiplicirt man 4 mit g oder h, so kommt:

16) $$\varepsilon g = g^2 + gh - \beta g = h^2 + gh - \beta h,$$

oder, nach Benutzung von 7 oder 8:

17) $$\varepsilon g = gh - B,$$

welche Formel man durch das Princip von der Erhaltung der Anzahl leicht bestätigen kann, wenn man die beiden gegebenen Geraden der Bedingung gh unendlich nahe legt.

Multiplicirt man 4 mit β, so kommt:

18) $$\varepsilon\beta = \beta g + \beta h - \beta^2 - 2.B - \beta^2 + g^2 + h^2.$$

Multiplicirt man 4 und 6 mit einander, so erhält man:

19) $$\varepsilon\sigma = 3.\beta g + 3.\beta h - 2.\beta^2 - g^2 - h^2 - 2.gh,$$

oder, nach Benutzung von 7 und 8:

20) $$\varepsilon\sigma = 6.B - 2.\beta^2 + 2.g^2 + 2.h^2 - 2.gh.$$

Einfachere Gestalt haben die Gleichungen, welche $\varepsilon\sigma$ durch die σ enthaltenden Symbole oder durch die ε enthaltenden Symbole ausdrücken und welche sich ergeben, wenn 4 mit σ und 6 mit ε bei Anwendung von 1 und 2 multiplicirt wird. Nämlich:

21) $$\varepsilon\sigma = \sigma g + \sigma h - \sigma p - \sigma e,$$
22) $$\varepsilon\sigma = 2.\varepsilon\beta - 2.\varepsilon g.$$

Bei vielen Anwendungen der Strahlenpaarformeln wird man die Symbole, welche β, aber nicht σ oder ε enthalten, am wenigsten leicht zu bestimmen vermögen. Wir stellen daher noch eine Reihe von Formeln auf, welche solche Symbole *nicht*, dafür aber mehr als ein einziges auf σ oder ε bezügliches Symbol enthalten.

Addirt man 11, 16 und 18, so kommt:

$$\begin{aligned}\sigma p + \varepsilon g + \varepsilon\beta = \beta^2 - \beta g + g_p - h_e \\ + h^2 + gh - \beta h \\ + \beta g + \beta h - \beta^2,\end{aligned}$$

oder:

23) $$\sigma p + \varepsilon g + \varepsilon\beta = g_p + gh + h_p,$$

und hieraus durch duale Umformung:

24) $$\sigma e + \varepsilon g + \varepsilon\beta = g_e + gh + h_e.$$

Multiplicirt man 23 mit g_p, so bekommt man:

$$\sigma p g_p + \varepsilon g_s + \varepsilon\beta g_p = G + g_s h + g_p h_p,$$

und hieraus, da nach der Incidenzformel II des § 7:

$$\sigma p g_p = \sigma g_s + \sigma p^3$$

ist,

25) $$\sigma p^3 + \sigma g_s + \varepsilon g_s + \varepsilon\beta g_p = G + g_s h + g_p h_p.$$

Vertauscht man jetzt g mit h und formt die entstehende Gleichung dual um, so kommt:

26) $$\sigma e^3 + \sigma h_s + \varepsilon g_s + \varepsilon\beta g_e = H + g h_s + g_e h_e.$$

Multiplicirt man andererseits 5 mit g_s und h_s, so erhält man:

27) $$\sigma g_s + 2 \,.\, \varepsilon g_s = G + g_s h,$$

und

28) $$\sigma h_s + 2 \,.\, \varepsilon g_s = H + g h_s.$$

Subtrahirt man nun 27 von 25 und 28 von 26, so bekommt man:

29) $$\sigma p^3 + \varepsilon\beta g_p - \varepsilon g_s = g_p h_p$$

und

30) $$\sigma e^3 + \varepsilon\beta g_e - \varepsilon g_s = g_e h_e.$$

Addirt man aber 25 und 26, so kommt:

31) $$\sigma p^3 + \sigma e^3 + \sigma g_s + \sigma h_s + 2 \,.\, \varepsilon g_s + \varepsilon\beta g^2$$
$$= G + g_s h + g_p h_p + g_e h_e + g h_s + H.$$

Diese Formel vereinfacht sich, wenn man die Bedingung $\varepsilon\sigma pe$ einführt. Multiplicirt man nämlich 21 mit pe, so erhält man:

$$\varepsilon\sigma pe = \sigma peg + \sigma peh - \sigma p^2 e - \sigma pe^2,$$

und hieraus nach Benutzung der Formel Nr. 5c in § 11:

32) $$\varepsilon\sigma pe = \sigma p^3 + \sigma e^3 + \sigma g_s + \sigma h_s.$$

Addirt man nun 31 und 32, so bekommt man:

$$\varepsilon\sigma pe + 2 \,.\, \varepsilon g_s + \varepsilon\beta g^2 = G + g_s h + g_p h_p + g_e h_e + g h_s + H,$$

wofür man wegen 7 auch schreiben kann:

33) $$\varepsilon\sigma pe + \varepsilon B g + 4 \,.\, \varepsilon g_s = G + g_s h + g_p h_p + g_e h_e + g h_s + H.$$

Die eben gefundene Formel vierter Dimension liefert auf die bequemste Weise einen Ausdruck für die Zahl der *vollen* Coincidenzen in einem vierstufigen Systeme von Strahlenpaaren. Unter einer *vollen Coincidenz* eines Strahlenpaares verstehen wir, analog wie beim Punktepaare, eine solche Lage der coincidirenden Strahlen, dass sie, unendlich nahe liegend, sich so schneiden, dass *jeder* Punkt des Coincidenzstrahles als ihr Schnittpunkt und *jede* Ebene durch den Coincidenzstrahl als ihre Schnittebene aufgefasst werden kann. Die Bedingung der vollen Coincidenz ist beim Strahlenpaare *vierfach*. Wir bezeichnen sie mit η. Eine volle Coincidenz genügt der Bedingung $\varepsilon\sigma pe$, jedoch nicht den Bedingungen $\varepsilon B g$ und εg_s. Setzt man daher Systeme von Strahlenpaaren voraus, welche *nur* volle Coincidenzen enthalten, so erhält man aus Formel 33:

34) $$\eta = G + g_s h + g_p h_p + g_e h_e + g h_s + H,$$

und hieraus durch symbolische Multiplication die Formeln fünfter und siebenter Dimension:

35) $$\eta g = Gh + g_s h_p + g_s h_e + g_p h_s + g_e h_s + gH,$$

36) $$\eta g_p = Gh_p + g_s h_s + g_p H,$$

37) $$\eta g_e = Gh_e + g_s h_s + g_e H,$$

38) $$\eta g_s = Gh_s + g_s H.$$

Aus diesen Formeln kann man unmittelbar die Bezout'schen Sätze der *Liniengeometrie* ablesen, d. h. die *Formeln für die gemeinsamen Elemente zweier Systeme von Strahlen.* Fasst man z. B. jeden Strahl einer gegebenen Linienfläche n^{ten} Grades mit jedem Strahl eines gegebenen Complexes m^{ten} Grades als Strahlenpaar zusammen und wendet auf das entstandene vierstufige System von Strahlenpaaren die Formel 34 an, so werden alle Glieder rechts null, mit Ausnahme von gh_s, wofür man $n.m$ zu setzen hat. *Eine Linienfläche n^{ten} Grades schneidet also einen Complex m^{ten} Grades in $n.m$ Strahlen.* Gerade so liefern die Glieder

$$g_p h_p + g_e h_e$$

der Formel 34 den von Halphen zuerst bewiesenen Satz **(Lit. 21)**, dass *die Zahl der zweien Congruenzen gemeinsamen Strahlen gleich*

$$b.b' + a.a'$$

ist, wo für die eine und für die andere Congruenz die beiden Zahlen b und b' angeben, wieviel Strahlen durch einen gegebenen Punkt gehen, a und a' angeben, wieviel Strahlen in einer gegebenen Ebene liegen. Ebenso liefern die Glieder

$$g_p h_s + g_e h_s$$

der Formel 35 den *Grad der Linienfläche, welche einer Congruenz und einem Complexe gemeinsam ist.* Aus Formel 36 und 37 erhält man endlich, *dass von den gemeinsamen Strahlen zweier Complexe n^{ten} und m^{ten} Grades $n.m$ durch jeden gegebenen Punkt gehen und auch $n.m$ in jeder gegebenen Ebene liegen.*

Da man häufig mit Systemen von Strahlenpaaren zu thun hat, welche *sämmtlich die Bedingung* σ erfüllen, so fügen wir noch die Formeln hinzu, welche die $\varepsilon\sigma$ enthaltenden Symbole durch die σ enthaltenden Symbole ausdrücken. Aus 21 folgt nach und nach:

$$\varepsilon\sigma p = \sigma pg + \sigma ph - \sigma p^2 - \sigma pe,$$

oder:

39) $$\varepsilon\sigma p = \sigma g_e + \sigma h_e + \sigma p^2 - \sigma pe,$$

40) $$\varepsilon\sigma e = \sigma g_p + \sigma h_p + \sigma e^2 - \sigma pe,$$

41) $$\varepsilon\sigma p^2 = \sigma p g_e + \sigma p h_e - \sigma \widehat{pe},$$

42) $$\varepsilon\sigma e^2 = \sigma e g_p + \sigma e h_p - \sigma \widehat{pe},$$

43) $\varepsilon\sigma pe = \sigma g_s + \sigma h_s + \sigma p^3 + \sigma e^3$ (Formel 32),

44) $\varepsilon\sigma p^3 = \sigma p^2 g_e + \sigma p^2 h_e - \sigma p^3 e$,

45) $\varepsilon\sigma e^3 = \sigma e^2 g_p + \sigma e^2 h_p - \sigma p e^3$,

46) $\varepsilon\sigma \widehat{pe} = \sigma G + \sigma H + \sigma p^2 e^2$,

47) $\varepsilon\sigma p^3 e = \sigma p G + \sigma p H + \sigma p^2 e^3$,

48) $\varepsilon\sigma p e^3 = \sigma e G + \sigma e H + \sigma p^2 e^3$,

49) $\varepsilon\sigma g = \sigma g h - \sigma p^2 - \sigma e^2$,

50) $\varepsilon\sigma g_p = \sigma g_p h - \sigma p^3 - \sigma e g_p = \sigma g h_p - \sigma p^3 - \sigma e h_p$,

51) $\varepsilon\sigma g_e = \sigma g_e h - \sigma e^3 - \sigma p g_e = \sigma g h_e - \sigma e^3 - \sigma p h_e$,

52) $\varepsilon\sigma p g_e = \sigma g_e h_e - \sigma p e^3$,

53) $\varepsilon\sigma e g_p = \sigma g_p h_p - \sigma p^3 e$,

54) $\varepsilon\sigma g_s = \sigma g_p h_e - \sigma p^2 h_e - \sigma e^2 g_p = \sigma g_e h_p - \sigma e^2 h_p - \sigma p^2 g_e$
$= \sigma g_s h - \sigma p^2 g_e - \sigma e^2 g_p - \sigma G = \sigma g h_s - \sigma p^2 h_e - \sigma e^2 h_p - \sigma H$,

55) $\varepsilon\sigma G = \sigma g_s h_e - \sigma p g_e h_e - \sigma e G = \sigma g_s h_p - \sigma e g_p h_p - \sigma p G$,

56) $\varepsilon\sigma p G = \sigma G h_e - \sigma p e G$,

57) $\varepsilon\sigma e G = \sigma G h_p - \sigma p e G$.

Die für jeden speciellen Fall der Anwendungen am meisten geeignete Formel kann man durch symbolische Multiplication immer leicht ableiten, wenn man nur etwa folgende Formeln sich merkt:

4) $\varepsilon = g + h - \beta$,

5) $\sigma + 2 . \varepsilon = g + h$,

9) $\beta^2 = B + g_e + h_e + \sigma p$,

17) $\varepsilon g = g h - B$,

32) $\varepsilon\sigma pe = \sigma g_s + \sigma h_s + \sigma p^3 + \sigma e^3$,

33) $\varepsilon\sigma pe + \varepsilon B g + 4 . \varepsilon g_s = G + g_s h + g_p h_p + g_e h_e + g h_s + H$.

Aus der Formel 5 kann leicht eine Controle für die Incidenzformel IX des § 10 gefunden werden. Multipleirt man nämlich 5 mit

$$G - g_s h + g_p h_e + g_e h_p - g h_s + H,$$

so kommt:

$$\sigma(G - g_s h + g_p h_e + g_e h_p - g h_s + H)$$
$$+ 2 . \varepsilon(G - g_s g + g_p g_e + g_e g_p - g g_s + G)$$
$$= (G - g_s h + g_p h_e + g_e h_p - g h_s + H)(g + h).$$

Der zweite Addende links giebt null und die rechte Seite der Gleichung giebt nach Ausführung der Multiplication auch null. Daraus folgt aber die Richtigkeit der Incidenzformel für zwei sich schneidende Strahlen.

Um einige Beispiele für die Anwendung der in diesem Paragraphen abgeleiteten Coincidenzformeln zu geben, fügen wir noch die Abzählung gewisser liniengeometrischer Singularitäten hinzu Wir fassen nämlich bei einer gegebenen Congruenz je zwei von den ∞^2 Strahlen als Strahlenpaar zusammen und wenden auf das entstandene vierstufige System von Strahlenpaaren die Formeln 50 und 51 an. Bezeichnet a den Feldrang der Congruenz, d. h. die Zahl der in jeder Ebene liegenden Strahlen, b den Bündelrang, d. h. die Zahl der durch jeden Punkt gehenden Strahlen, so ist zu setzen:

$$\sigma g_p h = b.(a+b), \quad \sigma p^3 = b.(b-1), \quad \sigma c g_p = b.(a-1),$$
$$\sigma g_e h = a.(a+b), \quad \sigma c^3 = a.(a-1), \quad \sigma p g_e = a.(b-1).$$

Wir erhalten also:

$$\varepsilon \sigma g_p = b.(a+b) - b.(b-1) - b.(a-1) = 2.b,$$
$$\varepsilon \sigma g_e = a(a+b) - a.(a-1) - a.(b-1) = 2.a.$$

Beide Resultate geben den bekannten Satz:

„Auf jedem Strahle einer Congruenz giebt es zwei Brennpunkte. d. h. Punkte, wo ein unendlich naher Strahl schneidet.“

Wendet man auf dasselbe System die Formeln 41, 42 und 43 an, so hat man für $\overset{\frown}{\sigma pe}$ die Zahl c einzusetzen, welche angeben soll, wie oft sich auf jeder gegebenen Geraden zwei Strahlen der Congruenz so schneiden, dass die Schnittebene beider Strahlen die gegebene Gerade enthält. Man bekommt also:

$$\varepsilon \sigma p^2 = a.(b-1) + a.(b-1) - c = 2ab - 2a - c,$$
$$\varepsilon \sigma c^2 = b.(a-1) + b.(a-1) = 2ab - 2b - c,$$
$$\varepsilon \sigma p e = b.(b-1) + a.(a-1) = a^2 + b^2 - a - b,$$

welche Resultate leicht in Worte zu fassen sind. Subtrahirt man die Formel für $\varepsilon \sigma c^2$ von der Formel für $\varepsilon \sigma p^2$, so erhält man:

$$\varepsilon \sigma p^2 - \varepsilon \sigma c^2 = 2.(b-a).$$

Diese Formel spricht den von Herrn Felix Klein (**Lit. 22**) zuerst angegebenen Satz aus:

„Bei jeder Congruenz ist die Differenz zwischen Ordnung und Klasse der Brennfläche doppelt so gross, als die Differenz zwischen Bündelrang und Feldrang der Congruenz.“

§ 16.

Anwendung der Coincidenzformeln des Strahlenpaars auf die beiden in einer Fläche zweiten Grades liegenden Regelschaaren (Lit. 23).

Bekanntlich liegen auf jeder Fläche zweiten Grades F_2 zwei einstufige Systeme von Strahlen derartig, dass jede Gerade des einen Systems jede Gerade des andern Systems schneidet. Fasst man daher jede Gerade g der einen Schaar mit jeder Geraden h der andern Schaar als Strahlenpaar zusammen, so erhält man auf der F_2 ein zweistufiges System von Strahlenpaaren, die sämmtlich die im vorigen Paragraphen mit σ bezeichnete Bedingung erfüllen. Jedes i-stufige System von Flächen zweiten Grades enthält also ein $(i+2)$-stufiges System solcher Strahlenpaare. Auf die so erzeugten Systeme wollen wir die Coincidenzformeln 39—57 des vorigen Paragraphen anwenden, indem wir die dem Strahlenpaare auferlegten Bedingungen auf die Fläche selbst *übertragen*. Dabei wird gemäss den Betrachtungen des § 3 jede dem Strahlenpaar zugeschriebene a-fache Bedingung für die Fläche selbst $(a-2)$-fach. Wir haben daher zunächst zu erörtern, welche *Flächenbedingungen* sich aus den Grundbedingungen des Strahlenpaars ergeben. Vermöge der Incidenzformeln lassen sich diese Flächenbedingungen sämmtlich auf die folgenden zehn Bedingungen *reduciren*:

1) μ, dass die F_2 durch einen gegebenen Punkt gehe,

2) ν, dass die F_2 eine gegebene Gerade berühre,

3) ϱ, dass die F_2 eine gegebene Ebene berühre,

4) γ, dass die F_2 eine gegebene Gerade in einer gegebenen Tangentialebene berühre,

5) γ', dass die F_2 eine gegebene Gerade in einem gegebenen Punkte berühre,

6) δ, dass die F_2 eine in einem gegebenen Strahlbüschel liegende Gerade *enthalte*,

7) x, dass die F_2 eine gegebene Gerade *enthalte*,

8) w, dass die F_2 eine gegebene Ebene in einem gegebenen Punkte berühre,

9) y, dass die F_2 eine gegebene Gerade enthalte und dabei eine gegebene durch die Gerade gehende Ebene in einem gegebenen, auf der Geraden liegenden Punkte berühre,

10) z, dass die F_2 zwei gegebene sich schneidende Gerade enthalte.

Um die erwähnte Reduction zu zeigen, übertragen wir auf die Fläche zunächst nur die folgenden drei- bis siebenfachen Grundbedingungen des Strahlenpaars:

$$g_s,\ eg_p,\ pg_e,\ g_p h,\ g_e h,\ p^3,\ c^3,\ \widehat{pc};$$
$$pg_s,\ eg_s,\ g_s h,\ g_p h_p,\ g_e h_e,\ g_p h_e,\ pc^3,\ p^3 c;$$
$$pG,\ eG,\ Gh,\ g_s h_p,\ g_s h_e,\ p^3 c^2;$$
$$peG,\ Gh_p,\ Gh_e;\ Gh_s.$$

Beispielsweise liefert $g_e h_e$ der Fläche F_2 die zweifache Bedingung, dass sie zwei sich schneidende Gerade enthalten soll, von denen jede in einer gegebenen Ebene liegt; ferner liefert pG der Fläche die dreifache Bedingung, dass sie eine gegebene Gerade enthalte und dabei eine zweite Gerade enthalte, welche die gegebene Gerade in einem gegebenen Punkte schneide.

Die so aus den Grundbedingungen des Strahlenpaars hervorgehenden *Flächenbedingungen* drücken wir jetzt durch die oben zusammengestellten zehn Flächenbedingungen aus. Dabei lassen wir die Bedingung σ, was auch schon oben geschehen ist und im Folgenden immer geschehen soll, ganz fort, indem wir in diesem Paragraphen *nie ein allgemeines Strahlenpaar voraussetzen, sondern immer nur ein solches Paar, welches die Bedingung erfüllt, dass seine beiden Strahlen sich schneiden. Ferner lesen wir in den folgenden Gleichungen die Symbole auf den linken Seiten immer so, als wenn sie der Fläche angehörten.* Zur Verdeutlichung ist bei einigen Gleichungen die Begründung hinzugefügt.

1) $g_s = 0$; denn in einem einstufigen Systeme von Flächen F_2 kann es keine Fläche geben, welche einen ihrer ∞^1 Strahlen in einem Strahlbüschel besässe, da es in dem Systeme wohl ∞^3 Strahlen*paare*, aber nur ∞^2 Strahlen giebt;

2) $cg_p = 2 . \mu$; denn durch den Punkt der Bedingung g_p gehen μ Flächen des einstufigen Systems, auf jeder gehen durch diesen Punkt *zwei* Gerade und jede dieser beiden Geraden liefert, mit dem Punkte der Bedingung c verbunden, ein die Bedingung cg_p erfüllendes Strahlenpaar;

3) $pg_e = 2 . \varrho$; 4) $g_p h = 4 . \mu$; denn durch den Punkt der Bedingung g_p gehen μ Flächen, auf jeder Fläche gehen durch diesen Punkt *zwei* Gerade, jede Fläche wird ferner von der Geraden der Bedingung h in *zwei* Punkten geschnitten und durch jeden der beiden Schnittpunkte geht eine einzige Gerade, welche, auf der Fläche liegend, eine bestimmte der beiden erstgenannten Geraden schneidet;

5) $g_e h = 4 . \varrho$; 6) $p^3 = 2 . \mu$; 7) $c^3 = 2 . \varrho$; 8) $\widehat{pc} = 2 . \nu$;
9) $G = 0$; 10) $pg_s = \delta$; 11) $cg_s = \delta$; 12) $g_s h = 2 . \delta$;
13) $g_p h_p = 2 . \mu^2$; 14) $g_e h_e = 2 . \varrho^2$; 15) $g_p h_e = 2 . \mu \varrho$;
16) $pc^3 = 2 . \gamma$; 17) $p^3 c = 2 . \gamma'$;

18) $pG = x$; denn der Strahl der Bedingung G liegt auf x Flächen des dreistufigen Systems, und auf jeder bestimmt die

Ebene der Bedingung p den Punkt, in welchem der zweite Strahl des gesuchten Strahlenpaars schneidet;

19) $cG = x$; 20) $Gh = 2 . x$; 21) $g_s h_p = \mu\delta$; 22) $g_s h_e = \varrho\delta$;

23) $p^2 c^3 = 2 . w$; denn die Ebene der Bedingung c^3 wird von w Flächen des Systems in demjenigen Punkte berührt, wo die Gerade der Bedingung p^2 schneidet, und durch diesen Punkt gehen auf jeder Fläche *zwei* Strahlen, von denen jeder als Strahl g resp. als Strahl h aufgefasst werden kann;

24) $pcG = y$; 25) $Gh_p = \mu x$; 26) $Gh_e = \varrho x$; 27) $Gh_s = z$.

Natürlich darf in jeder der 27 Gleichungen g und h vertauscht werden, ohne dass die rechte Seite der Gleichung sich ändert.

Wie alle *übrigen* aus Grundbedingungen des Strahlenpaars stammenden Flächenbedingungen sich vermöge der Incidenzformeln durch

$$\mu,\ \nu,\ \varrho,\ \gamma,\ \gamma',\ \delta,\ x,\ w,\ y,\ z$$

ausdrücken lassen, mag an folgenden Beispielen verdeutlicht werden:

28) $pgh = g_e h + p^2 h = g_c h + p h_e + p^3 = 4 . \varrho + 2 . \varrho + 2 . \mu$;

29) $p^2 cg = p^2 c^2 + p^2 g_p = p^3 c + pc^3 + pg_s = 2\gamma' + 2\gamma + \delta$;

30) $pcgh_e = pgh_s + pgc^3 = g_e h_s + p^2 h_s + p^2 c^3 + g_e c^3$
$= g_e h_s + pH + p^3 c^2 + cG = \varrho\delta + x + 2w + x$;

31) $g_s h_s = g_p H + Gh_e$ (§ 10 Formel XI) $= \mu x + \varrho x$;

32) $pg^2 h^4 = 2 g_s H = 2 . z$.

Könnte man nun auch noch die *Coincidenzbedingungen* des Strahlenpaars durch die gewählten zehn Flächenbedingungen ausdrücken, so würde man aus jeder der Coincidenzformeln 39—57 des vorigen Paragraphen eine Gleichung zwischen den zehn Flächenbedingungen gewinnen müssen. Man kann nun in der That die meisten Coincidenzbedingungen durch

$$\mu,\ \nu,\ \varrho$$

allein ausdrücken und dadurch schliesslich jede der Bedingungen

$$\gamma,\ \gamma',\ \delta,\ x,\ w,\ y,\ z$$

als Function von μ, ν, ϱ erhalten. Wir streben deshalb jetzt danach, *Coincidenzbedingungen* durch μ, ν, ϱ auszudrücken; und zwar eignen sich dazu am besten die Bedingungen:

$$\varepsilon p^2,\ \varepsilon c^2,\ \varepsilon pc,\ \varepsilon g_p,\ \varepsilon g_e,\ \varepsilon p^3,\ \varepsilon c^3,\ \varepsilon \widehat{pc},$$
$$\varepsilon cg_p,\ \varepsilon pg_e,\ \varepsilon g_s,\ \varepsilon p^2 c^2,\ \varepsilon pg_s,\ \varepsilon cg_s,\ \varepsilon G,$$
$$\varepsilon p^3 c^2,\ \varepsilon pG,\ \varepsilon cG,\ \varepsilon pcG,$$

bei denen der selbstverständliche Faktor σ wieder, wie oben, unterdrückt ist. Nun aber bilden die ∞^2 auf einer F_2 liegenden Strahlenpaare überhaupt keine Coincidenzen, wenn diese F_2 *allgemein* bleibt.

Wohl aber befindet sich *ein zweistufiges System von Coincidenzen* auf jeder Fläche zweiten Grades, welche *einfach ausartet*, d. h. eine von den folgenden drei invarianten Bedingungen erster Dimension erfüllt:

1. *die Bedingung* φ, *dass die Punkte der Fläche zwei zusammenfallende Punktfelder bilden;*

2. *die Bedingung* χ, *dass die Tangentialebenen der Fläche zwei zusammenfallende Ebenenbündel bilden;*

3. *die Bedingung* ψ, *dass die Tangenten zwei zusammenfallende Strahlenaxen* (specielle lineare Complexe, cf. die Terminologie der Grundgebilde in § 2) *bilden.*

Jede Fläche zweiten Grades, welche eine dieser drei Bedingungen erfüllt, nennt man *ausgeartet* oder Ausartung. Wir bezeichnen eine ausgeartete Fläche *selbst* mit φ, χ oder ψ, je nachdem sie die Bedingung φ, χ oder ψ erfüllt.

Die geometrischen Eigenschaften der Ausartungen erkennt man am besten durch eine gewisse *homographische Abbildung* (**Lit. 24**) des allgemeinen Gebildes. Gegeben sei ein Punkt S als *Centrum* der Homographie, eine Ebene r als *Ebene* der Homographie und ein Zahlenwerth λ als *Doppelverhältniss* der Homographie. Dann bestimme man zu jedem Punkte A des Raumes sein *homographisches Bild* A' in folgender Weise. Man ziehe den Strahl SA, welcher die Ebene r in R_a schneide, und bestimme auf diesem Strahle den Punkt A' so, dass das Doppelverhältniss

$$\frac{SA}{R_aA}:\frac{SA'}{R_aA'}=\lambda$$

werde. Daraus folgt, dass man den Ort a' der Bilder aller Punkte eines Strahles a, oder kurz das Bild des Strahles a erhält, indem man durch S und a eine Ebene legt, welche r in r_a schneidet, dann den Schnittpunkt U_a von a und r_a mit S verbindet und zu diesem Strahle, zu a und zu r_a denjenigen vierten Strahl construirt, welcher den drei Strahlen durch das Doppelverhältniss λ ebenso zugehört, wie oben A' zu S, A, R_a gehörte. So erhält man weiter als Bild einer Ebene wieder eine Ebene, und als Bild einer Fläche zweiten Grades wieder eine Fläche zweiten Grades, deren Tangenten und Tangentialebenen die Bilder der Tangenten und Tangentialebenen der ursprünglichen Fläche sind. Bildet man nun in dieser Weise eine *nicht durch S gehende* Fläche zweiten Grades F_2 homographisch ab, indem man λ *den Werth null* ertheilt, so erhält man als Bild der F_2 die oben mit φ bezeichnete Ausartung. Ihre Punkte sind nämlich die doppelt gezählten Punkte der Ebene r. Jedem Punkte gehört im allgemeinen nur die Ebene r als Tangentialebene an. Legt man jedoch durch S die ∞^1 Tangentialebenen an die F_2, so schneiden diese die Ebene r in ∞^1 Strahlen, welche einen Kegelschnitt umhüllen und gemäss dem Werthe $\lambda = 0$ die besondere Eigenschaft haben, dass jede durch sie gelegte Ebene als Tangentialebene ihres Kegelschnittpunktes zu betrachten ist. Diese Kegelschnitttangenten ergeben sich zugleich als die Bilder der ∞^1 auf der F_2 liegenden Geraden. Daher zerfallen die ∞^2 Strahlenpaare, welche jeder F_2 in dem von uns festgestellten Sinne angehören, bei der Ausartung φ in zwei Gruppen von je ∞^2:

1. *solche, deren Schnittebene e die Ebene von φ, deren Schnittpunkt p ein beliebiger Punkt auf ihr ist und deren Strahlen g und h die beiden von diesem Punkte an den Kegelschnitt gelegten Tangenten sind*;

2. *solche, deren Schnittebene e eine beliebige, den Kegelschnitt berührende Ebene, deren Schnittpunkt p ihr Berührungspunkt ist, deren beide Strahlen g und h aber in der diesem Berührungspunkte zugehörigen Kegelschnitttangente* **vereinigt** *liegen.*

Jedes der eben unter 2 genannten ∞^2 Strahlenpaare bildet also eine Coincidenz, deren Strahl g Tangente des Kegelschnitts und deren Schnittpunkt p ihr Berührungspunkt ist, deren Schnittebene e aber irgend eine der ∞^1 durch g gehenden Ebenen sein kann.

Transformirt man die eben beschriebene Erzeugung der Ausartung φ nach dem Princip der Dualität, so erhält man die Beschreibung der φ dual entsprechenden Ausartung χ, bei welcher die Punkte einen Kegel zweiten Grades bilden.

Die dritte Ausartung ψ, welche sich selbst dual entspricht, kann man eben so erzeugen, wie φ, nur dass man das Centrum S der Homographie auf die F_2 selbst zu legen hat. Dann wird jeder Punkt auf der Ebene r der Homographie *einmal* Bild eines Punktes der F_2. Als Bild von S muss man aber jeden Punkt auf der Tangentialebene in S ansehen; also bilden die Punkte von ψ zwei verschiedene Ebenen, die wir *Hauptebenen* nennen wollen. Ihren Schnitt wollen wir *Hauptgerade* der Ausartung ψ nennen. Die beiden auf der F_2 liegenden und sich in S schneidenden Strahlen schneiden die Hauptgerade in zwei ausgezeichneten Punkten, die wir *Hauptpunkte* nennen wollen und die die besondere Eigenschaft haben, dass jede durch sie gelegte Ebene als Tangentialebene angesehen werden muss. Ueberhaupt ergiebt die homographische Abbildung folgende Beschreibung der Ausartung ψ:

Die Ausartung ψ ist eine Fläche zweiten Grades, deren Tangenten zwei in einer einzigen Geraden — *Hauptgeraden* — vereinigte Strahlenaxen bilden. Jeder dieser Tangenten gehört im Allgemeinen als Berührungspunkt ihr Schnittpunkt mit der Hauptgeraden und als Tangentialebene ihre Schnittebene mit der Hauptgeraden an. Es gehen jedoch durch die Hauptgerade ∞^2 ausgezeichnete Tangenten, welche zwei *Strahlenfelder* — *Hauptebenen* — bilden und so beschaffen sind, dass jeder von ihnen *jeder* auf ihr liegende *Punkt* als Berührungspunkt angehört; ausserdem gehen durch die Hauptgerade noch andere ∞^2 ausgezeichnete Tangenten, welche zwei *Strahlenbündel* — *Hauptpunkte* — bilden und die Eigenschaft haben, dass als Tangentialebene zu jeder von ihnen *jede* durch sie gehende *Ebene* zu betrachten ist. Demgemäss ist jeder auf einer der beiden Hauptebenen liegende Punkt als ein *Punkt*, und jede durch einen der beiden Hauptpunkte gehende Ebene als eine *Tangentialebene* der Fläche ψ zu betrachten. *Die ∞^1 auf einer F_2 liegenden Strahlen werden bei ψ zu den ∞^1 Strahlen der vier Strahlbüschel, welche in den beiden Hauptebenen liegen und die beiden Hauptpunkte zu Scheiteln haben.* Die ∞^2 Strahlenpaare endlich, welche einer F_2 in dem von uns festgestellten Sinne angehören, zerfallen bei einer Fläche ψ in drei Gruppen von je ∞^2:

I. solche, deren Schnittebene e eine Hauptebene, deren Schnittpunkt p ein beliebiger Punkt auf ihr ist und deren Strahlen g und h die beiden von diesen Punkten nach den Hauptpunkten gehenden Geraden sind;

II. solche, deren Schnittpunkt p ein Hauptpunkt, deren Schnittebene e eine beliebige Ebene durch ihn, und deren Strahlen g und h die Schnitte dieser Ebene mit den beiden Hauptebenen sind;

III. solche, deren Strahlen g und h in der Hauptgeraden **vereinigt** *liegen, deren Schnittpunkt p ein beliebiger auf ihr liegender Punkt, und deren Schnittebene e eine beliebige durch sie gehende Ebene ist.*

Jedes der eben unter 3 genannten ∞^2 Strahlenpaare bildet eine in einem Systeme von Strahlenpaaren zweifach zu rechnende Coincidenz, welche die Hauptgerade zum Strahle g, irgend einen Punkt auf ihr zum Schnittpunkt p und irgend eine Ebene durch sie zur Schnittebene e hat.

Es handelt sich jetzt zunächst darum, die drei Ausartungsbedingungen φ, χ, ψ durch μ, ν, ϱ auszudrücken. Da jede F_2, welche φ, χ, ψ erfüllt, die Constantenzahl 8 hat, also eine um 1 kleinere Constantenzahl hat, als die allgemeine F_2, so enthält ein einstufiges

System von Flächen zweiten Grades im allgemeinen eine endliche Anzahl von Ausartungen φ, χ, ψ, d. h. die Bedingungen φ, χ, ψ sind erster Dimension. Wenn man nun für ein einstufiges System vermittelst des ursprünglichen Chasles'schen Correspondenzprincips (§ 13) bestimmt:

1. wieviel Punkte auf einer Geraden liegen, in denen zwei einer und derselben Fläche des Systems angehörige Punkte sich vereinigen,
2. wieviel Ebenen in einem Ebenenbüschel liegen, in denen zwei einer und derselben Fläche des Systems angehörige Tangentialebenen sich vereinigen,
3. wieviel Strahlen in einem Strahlenbüschel liegen, in denen zwei einer und derselben Fläche des Systems angehörige Tangenten sich vereinigen,

so erhält man die Formeln:

I) $2.\mu - \nu = \varphi$,

II) $2.\varrho - \nu = \chi$,

III) $2.\nu - \mu - \varrho = \psi$ (Lit. 25). [cf. § 22.]

Wir schreiben nun den drei Ausartungen nicht blos alle Bedingungen zu, welche ihnen als Flächen zweiten Grades zukommen, also z. B. μ, ν, ϱ, sondern auch die Bedingungen, welche sie dadurch erfüllen, dass *die sie definirenden Gebilde* Grundbedingungen erfüllen, wo unter definirenden Gebilden zu verstehen ist:

bei φ der Kegelschnitt,
bei χ der Kegel,
bei ψ das aus der Hauptgeraden, den beiden Hauptpunkten und den beiden Hauptebenen bestehende Gebilde.

Hat eine solche Grundbedingung das Symbol z, so soll φz, χz, ψz die Bedingung bedeuten, dass die F_2 bezüglich φ, χ, ψ erfülle, dabei aber auch das φ, χ, ψ definirende Gebilde die Bedingung z erfüllen lasse. Man bemerke, dass dann die Bedingung z nicht unabhängig von φ, χ, ψ ist, dass wir also gemäss den Regeln des § 2 solche Bedingungen φz, χz, ψz *nicht als zusammengesetzt* behandeln dürfen. Wir bezeichnen nun:

1) *für den Kegelschnitt von* φ:

mit m die Bedingung, dass er seine Ebene durch einen gegebenen Punkt schicke,
mit n die Bedingung, dass er eine gegebene Gerade schneide,
mit r die Bedingung, dass er eine Ebene berühre;

II) *für den Kegel von* χ:

mit m die Bedingung, dass er durch einen gegebenen Punkt gehe,

mit n die Bedingung, dass er eine gegebene Gerade berühre,

mit r die Bedingung, dass er seinen Scheitel auf einer gegebenen Ebene besitze;

III) *für das* ψ *definirende Gebilde:*

mit m die Bedingung, dass es eine seiner beiden Hauptebenen durch einen gegebenen Punkt schicke,

mit n die Bedingung, dass es seine Gerade eine gegebene Gerade schneiden lasse,

mit r die Bedingung, dass es einen seiner beiden Punkte in einer gegebenen Ebene habe.

Durch diese Bezeichnung ist, wegen der vorangehenden Vorschrift, festgestellt, was für zweifache Flächenbedingungen durch die Symbole:

$$\varphi m,\ \varphi n,\ \varphi r,$$
$$\chi m,\ \chi n,\ \chi r,$$
$$\psi m,\ \psi n,\ \psi r,$$

dargestellt werden; z. B. bedeutet φr, dass die F_2 zu einer Ausartung φ wird, deren Kegelschnitt eine gegebene Ebene berührt. Vergleicht man nun die eben definirten Symbole m, n, r mit den Flächenbedingungen μ, ν, ϱ, so findet man bei hinreichender Beachtung der oben gelieferten Beschreibung der Ausartungen φ, χ, ψ, die Beziehungen:

$$\mu\varphi = 2 . m\varphi,\quad \nu\varphi = n\varphi,\quad \varrho\varphi = r\varphi,$$
$$\mu\chi = m\chi,\quad \nu\chi = n\chi,\quad \varrho\chi = 2 . r\chi,$$
$$\mu\psi = m\psi,\quad \nu\chi = 2 . n\chi,\quad \varrho\chi = r\chi,$$

wo die Coefficienten 2 sich daraus erklären, dass jeder Punkt der Ebene von φ *zwei* Punkte, jede Ebene durch den Scheitel von χ *zwei* Tangentialebenen, jede Gerade durch die Hauptgerade von ψ *zwei* Tangenten einer Fläche zweiten Grades in sich *vereinigt.*

Die linken Seiten der obigen neun Gleichungen sind *zusammengesetzte* Bedingungen, deren einer Faktor φ, χ oder ψ ist. Bei diesen darf man daher für φ, χ, ψ die oben abgeleiteten, μ, ν, ϱ enthaltenden Ausdrücke einsetzen. Dann erhält man die neun Gleichungen:

$$m\varphi = \tfrac{1}{2}\mu\,(2\mu - \nu),\quad n\varphi = \nu\,(2\mu - \nu),\quad r\varphi = \varrho\,(2\mu - \nu);$$
$$m\chi = \mu\,(2\varrho - \nu),\quad n\chi = \nu\,(2\varrho - \nu),\quad r\chi = \tfrac{1}{2}\varrho\,(2\varrho - \nu);$$
$$m\psi = \mu\,(2\nu - \mu - \varrho),\quad n\psi = \tfrac{1}{2}\nu\,(2\nu - \mu - \varrho),\quad r\psi = \varrho\,(2\nu - \mu - \varrho).$$

Gerade so findet man z. B.

$$m^3\varphi = \tfrac{1}{8}\mu^3\,(2\mu - \nu),\quad mnr\varphi = \tfrac{1}{2}\mu\nu\varrho\,(2\mu - \nu),$$
$$mr^2\chi = \tfrac{1}{4}\mu\varrho^2\,(2\varrho - \nu),\quad mr^3n\chi = \tfrac{1}{8}\mu\nu\varrho^3\,(2\varrho - \nu),$$
$$mn\psi = \tfrac{1}{2}\mu\nu\,(2\nu - \mu - \varrho),\quad n^4r\psi = \tfrac{1}{16}\nu^1\varrho\,(2\nu - \mu - \varrho).$$

Diese Formeln stellen also die auf φ, χ, ψ bezüglichen Bedingungen durch μ, ν, ϱ dar.

Es handelt sich deshalb nur noch darum, die oben vor der Beschreibung der Ausartungen genannten 19 Coincidenzbedingungen durch die auf φ, χ, ψ bezüglichen Bedingungen auszudrücken. Um dieses leisten zu können, schicken wir die folgenden sieben Kegelschnittbeziehungen voraus, welche theils aus den Incidenzformeln, theils direct aus dem Princip von der Erhaltung der Anzahl folgen. Dabei benutzen wir die Symbole m, n, r.

1. Die Bedingung, dass ein Kegelschnitt eine Ebene so schneidet, dass eine der beiden in den Schnittpunkten berührenden Tangenten eine Gerade schneidet, ist nach der Incidenzformel I des § 7 (cf. § 8) gleich:

$$n + r.$$

2. Die Bedingung, dass ein Kegelschnitt durch einen gegebenen Punkt geht, ist nach der Incidenzformel VII des § 10 (cf. § 12, Nr. 9) gleich:

$$mn - 2 \,.\, m^2.$$

3. Die Bedingung, dass ein Kegelschnitt einen in einem gegebenen Strahlbüschel liegenden Strahl berührt, ist nach der Incidenzformel V gleich:

$$mr.$$

4. Die Bedingung, dass ein Kegelschnitt eine gegebene Gerade berührt, ist nach der Incidenzformel VI (cf. § 12, Nr. 8) gleich:

$$m^2r - 2 \,.\, m^3.$$

5. Man betrachte die zusammengesetzte Bedingung nr und wende das Princip von der Erhaltung der Anzahl an, indem man den Strahl der Bedingung n in die Ebene der Bedingung r legt. Dann kann nr auf keine andere Weise erfüllt werden, als indem der Kegelschnitt die Ebene in einem Punkte der Geraden berührt. Ein solcher Kegelschnitt erfüllt aber dabei die Bedingung nr zweimal, weil er mit der Geraden von n zwei Punkte statt eines gemein hat. Also ist die Bedingung, dass ein Kegelschnitt eine

Ebene in einem Punkte einer auf der Ebene gegebenen Geraden berührt, gleich:

$$\tfrac{1}{2} \, . \, n r.$$

6. Ebenso ergiebt sich für die Bedingung, dass ein Kegelschnitt eine gegebene Ebene in einem gegebenen Punkte berührt, die Hälfte von der Bedingung, dass ein Kegelschnitt durch einen gegebenen Punkt geht und zugleich eine gegebene Ebene berührt, also

$$\tfrac{1}{2}(mn - 2 \, . \, m^2) r.$$

7. Wenn man die dreifache Bedingung, dass ein Kegelschnitt eine gegebene Gerade berührt, mit der einfachen Bedingung n, dass er eine gegebene Gerade schneidet, multiplicirt und dann die beiden gegebenen Geraden sich schneiden lässt, so wird die entstandene vierfache Bedingung erstens zweimal von jedem Kegelschnitt erfüllt, welcher die erste Gerade in dem Schnittpunkte berührt, zweitens zweimal von jedem Kegelschnitt, welcher in der Ebene der beiden Geraden liegt und dabei die erste Gerade berührt, d. h. welcher die Bedingung $m^3 r$ erfüllt. Also ist die Bedingung, dass ein Kegelschnitt eine gegebene Gerade in einem gegebenen Punkte berührt, gleich

$$\tfrac{1}{2} m^2 n r - m^3 n - m^3 r.$$

Diesen sieben Gleichungen entsprechen dual sieben Gleichungen für den Kegel.

Mit Hilfe der so gewonnenen 14 Gleichungen können wir die in Frage stehenden Coincidenzbedingungen zunächst durch die auf φ, χ, ψ, m, n, r bezüglichen Bedingungen, also schliesslich auch durch μ, ν, ϱ ausdrücken. Dies ist in der folgenden Tabelle geschehen. Für die Beweise beachte man namentlich, dass gemäss der Beschreibung der Ausartungen φ, χ, ψ jedes Symbol εz nur dann von φ, χ oder ψ erfüllt werden kann:

I. wenn bei φ in der Bedingung z der Faktor c steckt, weil eine auf φ liegende Coincidenz noch unendlich viele Schnittebenen haben kann, wenn auch φ, der Schnittpunkt p und der Coincidenzstrahl g vollkommen bestimmt sind;

II. wenn bei χ in der Bedingung z der Faktor p steckt;

III. wenn bei ψ in der Bedingung z die Faktoren p und c stecken.

Tabelle der Formeln, welche die Coincidenzbedingungen durch die auf φ, χ, ψ bezüglichen Bedingungen ausdrücken.

I) 1) $\varepsilon p^2 = 2 \, . \, \chi$; 2) $\varepsilon c^2 = 2 \, . \, \varphi$, 3) $\varepsilon p c = 2 \, . \, \varphi + 2 \, . \, \chi + 2 \, . \, \psi$;
4) $\varepsilon g_p = 0$; 5) $\varepsilon g_e = 0$.

II) 6) $\varepsilon p^3 = m\chi$; 7) $\varepsilon e^3 = r\varphi$; 8) $\varepsilon \widehat{pe} = n\varphi + n\chi + 2.n\psi$;
9) $\varepsilon e g_p = 2.m\varphi$; 10) $\varepsilon p g_e = 2.r\chi$; 11) $\varepsilon g_s = 0$.

III) 12) $\varepsilon p^2 e^2 = \varepsilon p^3 e + \varepsilon p e^3 = (mn - 2.m^2 + \frac{1}{2}.nr)\varphi + (rn - 2.r^2 + \frac{1}{2}mn)\chi + 2.n^2\psi$;
13) $\varepsilon p g_s = mr\chi$; 14) $\varepsilon e g_s = mr\varphi$; 15) $\varepsilon G = 0$,

IV) 16) $\varepsilon p^3 e^2 = (\frac{1}{2}mnr - m^2 r)\varphi + (\frac{1}{2}mnr - mr^2)\chi + 2.(\frac{1}{2}n^3)\psi$;
17) $\varepsilon p G = (r^2 m - 2r^3)\chi$; 18) $\varepsilon e G = (m^2 r - 2.m^3)\varphi$.

V) 19) $\varepsilon G pe = (\frac{1}{2}m^2 nr - m^3 n - m^3 r)\varphi + (\frac{1}{2}r^2 nm - r^3 n - r^3 m)\chi + 2.(\frac{1}{2}n^4)\psi$.

Die vorgesetzten römischen Nummern geben die Stufen der vorausgesetzten Flächensysteme an. Ersetzen wir nun noch die Symbole der rechten Seiten dieser 19 Gleichungen durch μ, ν, ϱ, wie dies oben gezeigt ist, so haben wir die Coincidenzbedingungen durch μ, ν, ϱ ausgedrückt. Jede Coincidenzformel des Geradenpaares also, welche nur diese Coincidenzbedingungen und ausserdem die früher durch die 10 Flächenbedingungen

$$\mu,\ \nu,\ \varrho,\ \gamma,\ \gamma',\ \delta,\ x,\ w,\ y,\ z$$

ausgedrückten Grundbedingungen des Strahlenpaares enthält, muss jetzt eine Gleichung zwischen den 10 Flächenbedingungen geben. So erhalten wir 19 Gleichungen. Diese stellen wir jetzt zusammen und zwar mit Angabe der Coincidenzformel, aus welcher jede dieser Gleichungen hervorgeht. In den Coincidenzformeln ist der gemeinsame Faktor σ wieder fortgelassen. In den resultirenden Gleichungen ist der Deutlichkeit wegen jeder aus φ, χ oder ψ entstandene Ausdruck

$$2\mu - \nu, \quad 2\varrho - \nu, \quad 2\nu - \mu - \varrho$$

in eine *Klammer* eingeschlossen.

Tabelle der Gleichungen zwischen den 10 Flächenbedingungen.

1. Aus $pg_e + ph_e - \widehat{pe} = \varepsilon p^2$
folgt
$$4\varrho - 2\nu = 2.(2\varrho - \nu).$$

2. Aus $eg_p + eh_p - \widehat{pe} = \varepsilon e^2$
folgt
$$4\mu - 2\nu = 2.(2\mu - \nu).$$

3. Aus $g_s + h_s + p^3 + e^3 = \varepsilon pe$

4. Aus $g_p h - c g_p - p^3 = \varepsilon g_p$
folgt
$$4\mu - 2\mu - 2\mu = 0.$$

5. Aus $g_c h - p g_c - c^3 = \varepsilon g_c$
folgt
$$4\varrho - 2\varrho - 2\varrho = 0.$$

6. Aus $p g_s + p h_s - G - H - p^3 c = \varepsilon p^3$
folgt
$$2\delta - 2\gamma' = (2\varrho - \nu)\,\mu.$$

7. Aus $c g_s + c h_s - G - H - p c^3 = \varepsilon c^3$
folgt
$$2\delta - 2\gamma = (2\mu - \nu)\,\varrho.$$

8. Aus $G + H + p^3 c + p c^3 = \varepsilon \widehat{pc}$
folgt
$$2\gamma + 2\gamma' = (2\mu - \nu)\,\nu + (2\varrho - \nu)\,\nu + (2\nu - \mu - \varrho)\,\nu.$$

9. Aus $g_p h_p - p^3 c = \varepsilon c g_p$
folgt
$$2\mu^2 - 2\gamma' = (2\mu - \nu)\,\mu.$$

10. Aus $g_c h_c - p c^3 = \varepsilon p g_c$
folgt
$$2\varrho^2 - 2\gamma = (2\varrho - \nu)\,\varrho.$$

11. Aus $G + g_s h - p g_s - c g_s = \varepsilon g_s$
folgt
$$2\delta - \delta - \delta = 0.$$

12. Aus $pG + pH + cG + cH + 2\,.\,p^3 c^2 = \varepsilon p^2 c^2$
folgt
$$\begin{aligned}4x + 4w = {} & (2\mu - \nu)\left(\tfrac{1}{2}\mu\nu - \tfrac{1}{2}\mu^2 + \tfrac{1}{2}\nu\varrho\right) \\ & + (2\varrho - \nu)\left(\tfrac{1}{2}\varrho\nu - \tfrac{1}{2}\varrho^2 + \tfrac{1}{2}\nu\mu\right) \\ & + (2\nu - \mu - \varrho)\,.\,2\,.\,\tfrac{1}{4}\nu^2.\end{aligned}$$

13. Aus $g_s h_c - cG - c^3 p^2 = \varepsilon p g_s$
folgt
$$\varrho\delta - x - 2w = (2\varrho - \nu)\,.\,\tfrac{1}{2}\mu\varrho.$$

14. Aus $g_s h_p - pG - c^3 p^2 = \varepsilon c g_s$
folgt
$$\mu\delta - x - 2w = (2\mu - \nu)\,.\,\tfrac{1}{2}\mu\varrho.$$

15. Aus $Gh - pG - cG = \varepsilon G$
folgt
$$2x - x - x = 0.$$

16. Aus $peG + peH = \varepsilon p^3 e^2$

folgt
$$2y = (2\mu - \nu)(\tfrac{1}{4}\mu\nu\varrho - \tfrac{1}{4}\mu^2\varrho)$$
$$+ (2\varrho - \nu)(\tfrac{1}{4}\mu\nu\varrho - \tfrac{1}{4}\mu\varrho^2)$$
$$+ (2\nu - \mu - \varrho) . 2 . \tfrac{1}{2} . \tfrac{1}{8}\nu^3.$$

17. Aus $Gh_e - peG = \varepsilon pG$

folgt
$$\varrho x - y = (2\varrho - \nu)(\tfrac{1}{4}\mu\varrho^2 - \tfrac{1}{4}\varrho^3).$$

18. Aus $Gh_p - peG = \varepsilon eG$

folgt
$$\mu x - y = (2\mu - \nu)(\tfrac{1}{4}\mu^2\varrho - \tfrac{1}{4}\mu^3).$$

19. Aus $Gh_s = \varepsilon Gpe$

folgt
$$z = (2\mu - \nu)(\tfrac{1}{8}\mu^2\nu\varrho - \tfrac{1}{8}\mu^3\nu - \tfrac{1}{8}\mu^3\varrho)$$
$$+ (2\varrho - \nu)(\tfrac{1}{8}\mu\nu\varrho^2 - \tfrac{1}{8}\nu\varrho^3 - \tfrac{1}{8}\mu\varrho^3)$$
$$+ (2\nu - \mu - \varrho) . 2 . \tfrac{1}{2} . \tfrac{1}{16}\nu^4.$$

Von diesen 19 Gleichungen sind 7 identische; die übrigen 12 ergeben die 7 Bedingungen

$$\gamma,\ \gamma',\ \delta,\ x,\ w,\ y,\ z$$

mit mehreren Bestätigungen als Functionen von μ, ν, ϱ. Man erhält zunächst mehrere Male:

IV) $\gamma = \tfrac{1}{2}\nu\varrho$;

V) $\gamma' = \tfrac{1}{2}\nu\mu$;

VI) $\delta = \mu\varrho$;

VII) $x = \tfrac{1}{4}(2\nu^3 - 3\nu^2\mu - 3\nu^2\varrho + 3\nu\mu^2 + 2\nu\mu\varrho + 3\nu\varrho^2 - 2\mu^3 - 2\varrho^3)$ **[Lit. 26]**;

VIII) $w = \tfrac{1}{8}(-2\nu^3 + 3\nu^2\mu + 3\nu^2\varrho - 3\nu\mu^2 - 3\nu\varrho^2 + 2\mu^3 + 2\varrho^3)$.

Für die vierfache Bedingung y findet man aus den Gleichungen 16, 17, 18 drei verschiedene Functionen von μ, ν, ϱ, nämlich:

IX a) $y = \tfrac{1}{16}(2\nu^4 - \nu^3\mu - \nu^3\varrho - 4\nu^2\mu\varrho + 6\nu\mu^2\varrho + 6\nu\mu\varrho^2 - 4\mu^3\varrho - 4\mu\varrho^3)$;

IX b) $y = \tfrac{1}{4}(2\nu^3\varrho - 3\nu^2\mu\varrho - 3\nu^2\varrho^2 + 3\nu\mu^2\varrho + 3\nu\mu\varrho^2 + 2\nu\varrho^3 - 2\mu^3\varrho - 2\mu\varrho^3)$;

IX c) $y = \tfrac{1}{4}(2\nu^3\mu - 3\nu^2\mu\varrho - 3\nu^2\mu^2 + 3\nu\mu\varrho^2 + 3\nu\mu^2\varrho + 2\nu\mu^3 - 2\mu\varrho^3 - 2\mu^3\varrho)$.

Für die fünffache Bedingung z erhält man endlich:

X) $z = \tfrac{1}{16}(2\nu^5 - \nu^4\mu - \nu^4\varrho + 2\nu^2\mu^3 - 2\nu^2\mu^2\varrho - 2\nu^2\mu\varrho^2 + 2\nu^2\varrho^3 - 4\nu\mu^4 + 6\nu\mu^3\varrho + 6\nu\mu\varrho^3 - 4\nu\varrho^4 - 4\mu^4\varrho - 4\mu\varrho^4)$.

Durch μ, ν, ϱ und die eben als Functionen von μ, ν, ϱ dargestellten 7 Flächenbedingungen lassen sich, wie im Anfang dieses Paragraphen gezeigt ist, vermöge der Incidenzformeln alle diejenigen Bedingungen ausdrücken, welche einer Fläche dadurch erwachsen, dass man den auf ihnen liegenden Strahlenpaaren beliebige Grundbedingungen zuschreibt. Wir können daher jetzt alle solche Flächenbedingungen durch die drei einfachen Bedingungen μ, ν, ϱ ausdrücken; z. B. erhält man für die aus p^2eg resultirende Flächenbedingung

$$2 . \gamma' + 2 . \gamma + \delta$$

wegen IV, V und VI:

$$\mu\nu + \varrho\nu + \mu\varrho,$$

d. h. in Worten:

„In jedem beliebigen zweistufigen Flächensysteme giebt es ∞^1 Flächen, von denen jede eine gegebene Gerade so schneidet, dass die einem Schnittpunkte angehörige Tangentialebene durch einen gegebenen Punkt geht. In jeder dieser Flächen liegen zwei Gerade, welche auf der eben genannten Tangentialebene sich in jenem Schnittpunkte schneiden. Die so entstehenden ∞^1 Geraden bilden eine Linienfläche, deren Grad immer gleich der Summe der drei Zahlen ist, welche angeben, wieviel Flächen des zweistufigen Systems erstens durch einen gegebenen Punkt gehen und eine gegebene Gerade berühren, zweitens eine gegebene Ebene und eine gegebene Gerade berühren, drittens durch einen gegebenen Punkt gehen und eine gegebene Ebene berühren.“

Ferner erhält man für die aus $g_s h_s$ stammende Flächenbedingung, da $g_s h_s = g_p H + G h_e$ ist,

$$\mu x + \varrho x.$$

Hieraus ergiebt sich nach Benutzung von VII:

In jedem vierstufigen Systeme von Flächen zweiten Grades giebt es ∞^2 Flächen, welche einen Strahl eines gegebenen Strahlbüschels enthalten. Auf jeder dieser Flächen wähle man diejenige Regelschaar aus, welche jenen Strahl des Strahlbüschels schneidet. Die ∞^3 Strahlen der so entstehenden ∞^2 Regelschaaren bilden einen Complex, dessen Grad sich durch die aus μ, ν, ϱ zusammengesetzten vierfachen Bedingungen ausdrücken lässt, wie folgt:

$$\tfrac{1}{4}(2\nu^3\mu + 2\nu^3\varrho - 3\nu^2\mu^2 - 6\nu^2\mu\varrho - 3\nu^2\varrho^2 + 3\nu\mu^3 + 5\nu\mu^2\varrho + 5\nu\mu\varrho^2 + 3\nu\varrho^3 - 2\mu^4 - 2\mu^3\varrho - 2\mu\varrho^3 - 2\varrho^4).$$

Die in diesem Paragraphen erörterten Fragen hat der Verfasser noch etwas eingehender behandelt in seiner Abhandlung „Moduln bei Flächen zweiter Ordnung“ (Math. Ann. Bd. 10 pag. 318); dort ist auch gezeigt, wie man die gefundenen Resultate durch Benutzung des Princips von der Erhaltung der Anzahl bestätigen kann. Ferner sind dort im Anschluss an die Thatsache, dass sich für y drei verschiedene Functionen, IXa, IXb, IXc, ergeben, Betrachtungen angestellt, welche für die *Charakteristikentheorie* (hier Abschn. VI § 38) der Flächen zweiten Grades von grosser Bedeutung sind. Dabei ergab sich, dass bei einer Fläche zweiten Grades immer zwischen den aus μ, ν, ϱ zusammengesetzten

1) *weniger als vierfachen* Bedingungen *keine*,
2) 15 *vierfachen* Bedingungen *zwei*,
3) 21 *fünffachen* Bedingungen *acht*,
4) 28 *sechsfachen* Bedingungen *achtzehn*,
5) 36 *siebenfachen* Bedingungen *dreissig*,
6) 45 *achtfachen* Bedingungen *zweiundvierzig*

von einander unabhängige, allgemeingiltige Gleichungen bestehen. Solche zwei von einander unabhängige Gleichungen zwischen den 15 vierfachen, aus μ, ν, ϱ zusammengesetzten Bedingungen können wir z. B. erhalten, wenn wir die drei Functionen für y einander gleichsetzen. Um jedoch zwei Relationen zu gewinnen, welche durch duale Uebertragung in sich selbst übergehen, setzen wir erstens die Functionen in IXb und IXc einander gleich, zweitens aber die Function in IXa gleich der halben Summe der Functionen in IXb und IXc. Dann kommt:

XI) $2\nu^3\mu - 2\nu^3\varrho - 3\nu^2\mu^2 + 3\nu^2\varrho^2 + 2\nu\mu^3 - 2\nu\varrho^3 = 0,$

XII) $2\nu^4 - 5\nu^3\mu - 5\nu^3\varrho + 6\nu^2\mu^2 + 8\nu^2\mu\varrho + 6\nu^2\varrho^2 - 4\nu\mu^3$
$- 6\nu\mu^2\varrho - 6\nu\mu\varrho^2 - 4\nu\varrho^3 + 4\mu^3\varrho + 4\mu\varrho^3 = 0.$

In der citirten Abhandlung des Verfassers sind die gewonnenen Resultate auch auf *Kegelschnitte* übertragen. Da die gefundenen Formeln nämlich für *jede* Fläche zweiten Grades gelten, so müssen sie auch für die Ausartung φ gelten oder, was dasselbe ist, die Formeln dürfen mit der Bedingung φ multiplicirt werden. Dann aber kann man, wie oben erörtert ist, für die Symbole $\frac{1}{2}\varphi\mu$, $\varphi\nu$, $\varphi\varrho$ die Bedingungen m, n, r einführen, welche bezüglich aussprechen, dass der auf φ liegende Kegelschnitt seine Ebene durch einen gegebenen Punkt schickt, eine gegebene Gerade schneidet, eine gegebene Ebene berührt. Man bekommt also auf diese Weise aus jeder Gleichung zwischen Bedingungen der Fläche zweiter Ordnung eine Gleichung zwischen Kegelschnittbedingungen. Z. B. ergiebt Formel VII für den Kegelschnitt die Gleichung:

XIII) $x = \frac{1}{2}n^3 - \frac{3}{4}n^2r + \frac{3}{4}nr^2 - \frac{1}{2}r^3 - \frac{3}{2}n^2m + nrm + 3nm^2 - 4m^3,$

wo die Flächenbedingung x, eine Gerade zu enthalten, noch durch eine Kegelschnittbedingung zu ersetzen ist. Nun wird aber x von einer Fläche φ *zweimal* dadurch erfüllt, dass der Kegelschnitt auf

φ die Gerade der Bedingung x berührt, d. h. eine Bedingung erfüllt, welche nach den Incidenzformeln (§ 12 Nr. 8) gleich

$$m^2 r - 2m^3$$

ist. Setzt man demgemäss das doppelte dieser Function für x ein, so erhält man:

$$\text{XIV)}\qquad 2n^3 - 3n^2 r + 3nr^2 - 2r^3 - 6mn^2 + 4mnr + 12m^2 n - 8m^2 r = 0.$$

Dies ist aber eine Gleichung zwischen den dreifachen, aus m, n, r zusammengesetzten Bedingungen des Kegelschnitts. Specialisirt man diese Gleichung dadurch, dass man die Kegelschnittebene als gegeben voraussetzt, d. h. die Gleichung mit m^3 multiplicirt, so erhält man eine Formel, welche von Cremona und Halphen bei Gelegenheit ihrer Untersuchungen über Kegelschnitt-Charakteristiken aufgefunden ist und auch in dem Lindemann'schen Werke über Clebsch's Vorlesungen (pag. 406 Formel 11) abgeleitet ist **(Lit. 27)**. Der Verfasser hat ferner bewiesen (Math. Ann. Bd. 10 pag. 360), dass bei einem Kegelschnitt immer zwischen den aus m, n, r zusammengesetzten

1) weniger als dreifachen Bedingungen *keine*,
2) 10 dreifachen Bedingungen *eine einzige*

Gleichung besteht, dass aber zwischen den aus m, n, r zusammengesetzten

3) 14 vierfachen Bedingungen *vier*,
4) 18 fünffachen Bedingungen *neun*,
5) 22 sechsfachen Bedingungen *sechszehn*,
6) 26 siebenfachen Bedingungen *dreiundzwanzig*

von einander unabhängige, allgemeingiltige Gleichungen bestehen.

§ 17.

Die Paare verschiedenartiger Hauptelemente und ihre Coincidenzbedingungen.

Wir betrachten zuerst *das aus einem Punkte p und einer Ebene e bestehende Paar*. Dasselbe hat die Constantenzahl 6 und erfüllt eine einfache Coincidenzbedingung ε dadurch, dass der Punkt p in die Ebene e fällt oder, um in der Terminologie des II. Abschnitts zu reden, wenn p und e einander incident werden. Um eine allgemeine Beziehung zwischen p, e und ε zu finden, setzen wir ein einstufiges System von solchen Paaren voraus und fassen bei jedem Paare den Punkt p mit jedem der x^2 Punkte auf der zugehörigen

Ebene e als Punktepaar p, q zusammen. Dann enthält das vorausgesetzte einstufige System ein dreistufiges System von so definirten Punktepaaren. Auf dieses dreistufige System wenden wir die Formel 3 des § 13 an. Dann ist das Symbol p^3 gleich null zu setzen. Für q^3 hat man e einzusetzen, weil durch den Punkt der Bedingung q^3 e Ebenen gehen, deren jede einen zugehörigen Punkt p besitzt. Um g_s zu bestimmen, beachten wir, dass die Ebene der Bedingung g_s p Punkte enthält und dass die Verbindungslinie jedes dieser p Punkte mit dem Punkte der Bedingung g_s die zugeordnete Ebene in einem Punkte q schneidet, welcher mit p zusammen ein Punktepaar bestimmt. Also ergiebt sich, dass p statt g_s zu setzen ist. Endlich wird die Bedingung εg_p in der angewandten Formel von jedem Paare erfüllt, bei welchem p auf e liegt, weil dann jeder durch p gehende Strahl als der Verbindungsstrahl der coincidirenden Punkte gelten darf. Die gesuchte Beziehung ist also:

1) $$p + e = \varepsilon.$$

Hieraus folgen durch symbolische Multiplication mit den auf p und e bezüglichen Grundbedingungen:

2) $$p^2 + pe = p\varepsilon,$$
3) $$pe + e^2 = e\varepsilon,$$
4) $$p^3 + p^2e = p^2\varepsilon,$$
5) $$p^2e + pe^2 = pe\varepsilon,$$
6) $$pe^2 + e^3 = e^2\varepsilon,$$
7) $$p^3e = p^3\varepsilon,$$
8) $$p^3e + p^2e^2 = p^2e\varepsilon,$$
9) $$p^2e^2 + pe^3 = pe^2\varepsilon,$$
10) $$pe^3 = e^3\varepsilon.$$

Man bemerke, dass die Summe der linken Seiten von 7 und 9 identisch ist mit der Summe der linken Seiten von 8 und 10, dass also auch

$$p^3\varepsilon + pe^2\varepsilon = p^2e\varepsilon + e^3\varepsilon$$

ist. Dies ist aber nichts anderes, als die Incidenzformel VII des § 10. Benutzt man das dort bei Formel XIII und XIV eingeführte Symbol $\widehat{pe}$, so erhält man:

11) $$p^2e^2 = \widehat{pe}\,\varepsilon.$$

Endlich erhält man die Formel fünfter Dimension:

12) $$p^3e^2 = p^3e\varepsilon,$$
13) $$p^2e^3 = pe^3\varepsilon.$$

Beispielsweise wenden wir diese Formeln auf die Fläche n^{ter} Ordnung an, indem wir jeden Punkt derselben mit seiner Tangentialebene als ein Paar zusammenfassen, das die Coincidenzbedingung ε erfüllt. Es ist dann $p^2\varepsilon$ gleich der Ordnung n, $pe\varepsilon$ gleich dem Range $n(n-1)$ und $e^2\varepsilon$ gleich der Klasse $n(n-1)^2$ der Fläche zu setzen. Folglich ergeben sich p^3, p^2e, pe^2, e^3 aus den Gleichungen 4, 5, 6, sobald man eine dieser vier Zahlen kennt. Fassen wir daher die aus den Punkten und den Tangentialebenen einer Fläche n^{ten} Grades bestehenden Paare als Coincidenzen gewisser Paare auf, bei denen einem gegebenen Punkte *eine einzige* Ebene zugeordnet ist, so folgt aus

$$p^3 = 1$$

durch die Formeln 4, 5, 6 mit Nothwendigkeit:

$$p^2e = n-1, \quad pe^2 = n(n-1)-(n-1) = (n-1)^2,$$
$$e^3 = n(n-1)^2-(n-1)^2 = (n-1)^3.$$

Die einem Punkte auf diese Weise hinsichtlich einer Fläche zugeordnete Ebene nennt man bekanntlich seine *Polarebene*. Für ein *einstufiges System* von Flächen liefern daher die Formeln 7, 10 und 11 unmittelbar die bekannten Sätze der *Polarentheorie:*

„*Der Grad des einstufigen Ortes der Polarebenen eines Punktes in Bezug auf alle Flächen eines einstufigen Flächensystems ist eben so gross, wie die Zahl der durch einen gegebenen Punkt gehenden Flächen dieses Systems.*

Der Grad der Curve aller Punkte, welche in Bezug auf alle Flächen eines einstufigen Flächensystems ein und dieselbe Polarebene haben, ist eben so gross, wie die Zahl der eine gegebene Ebene berührenden Flächen des Systems.

Bestimmt man zu den sämmtlichen Punkten einer Geraden die Polarebenen in Bezug auf alle Flächen eines einstufigen Systems, so bilden diese Polarebenen einen zweistufigen Ort, dessen Grad gleich der Zahl der eine gegebene Gerade berührenden Flächen des Systems ist.“

Wir gehen jetzt dazu über, in analoger Weise *das aus einem Punkte p, einem Strahle g und ihrer Verbindungsebene e* bestehende Paar zu behandeln. Dasselbe hat die Constantenzahl 7. Als einfache Coincidenzbedingung hat man die Bedingung ε zu betrachten, welche verlangt, dass p und g einander incident sind und zwar bei völlig bestimmter Verbindungsebene e. Verlangt man jedoch, dass p so auf g fällt, dass als ihre Verbindungsebene *jede* Ebene durch

g gelten kann, so legt man dem aus p und g bestehenden Paare eine *zweifache* Bedingung auf, die wir *volle Coincidenz* (analog in § 13) nennen. Jedes Paar mit voller Coincidenz erfüllt also die zusammengesetzte Bedingung $e\varepsilon$. Um eine Beziehung zwischen p, g, e, ε aufzufinden, fassen wir bei einem einstufigen Systeme jeden Punkt p mit jedem Punkte q des zugeordneten Strahles g als Punktepaar zusammen und wenden auf das erhaltene zweistufige System von Punktepaaren die Formel 2 des § 13 an. Dann ist p^2 gleich null zu setzen. Für q^2 ergiebt sich g, weil die Gerade der Bedingung q^2 von g Strahlen g geschnitten wird, deren jede mit ihrem zugeordneten Punkte p ein Punktepaar bestimmt. Für g_e ist p einzusetzen, weil die Ebene der Bedingung g_e p Punkte enthält, welche p zugeordnete Strahlen g besitzen, und weil jeder dieser Strahlen die Ebene von g_e in einem Punkte q schneidet. Ferner hat man für g_p e einzusetzen, weil durch den Punkt von g_p e Ebenen gehen, deren jede einen Punkt p und einen zugeordneten Strahl g besitzt, und weil dann die Verbindungslinie eines solchen Punktes p mit dem Punkte von g_p den zugeordneten Strahl in einem Punkte q schneidet. Endlich hat man für das εg der angewandten Formel die Bedingung ε zu setzen, dass p auf g fällt und dabei die Verbindungsebene e bestimmt bleibt. Als Verbindungsstrahl von p und q hat man nämlich die Gerade aufzufassen, welche von p nach dem Schnitt der Ebene e mit der Geraden der Bedingung εg gezogen werden kann. Es lautet also die gesuchte Beziehung

14) $$p + g - e = \varepsilon.$$

Hieraus folgt weiter:

15) $$p^2 + pg - pe = p\varepsilon,$$
$$pg + g^2 - eg = g\varepsilon,$$

oder

16) $$pg + g_e - e^2 = g\varepsilon,$$
$$pe + eg - e^2 = e\varepsilon,$$

oder

17) $$pe + g_p = e\varepsilon,$$
$$p^3 + p^2g - p^2e = p^2\varepsilon,$$

oder

18) $$p^2g - \widehat{pe} = p^2\varepsilon,$$
$$pg_e + g_s - eg_e = g_e\varepsilon,$$

oder

19) $$pg_e - e^3 = g_e\varepsilon,$$

20) $$pg_p + g_s - cg_p = g_p\varepsilon,$$
$$pc^2 + c^2g - c^3 = c^2\varepsilon,$$
oder
21) $$pc^2 + cg_p = c^2\varepsilon,$$
$$p^2c + pcg - pc^2 = pc\varepsilon,$$
oder
22) $$p^2c + pg_p = pc\varepsilon,$$
23) $$p^3g - p^3c = p^3\varepsilon,$$
$$pg_s + G - cg_s = g_s\varepsilon,$$
oder
24) $$pg_s - c^3g = g_s\varepsilon,$$
25) $$p^2g_e - pc^3 = pg_e\varepsilon,$$
26) $$pc^3 + c^3g = c^3\varepsilon,$$
27) $$p^3c + \overset{\frown}{pc}g - pc^3 = \overset{\frown}{pc}\varepsilon,$$
28) $$pg_s + pc^3 = cg_e\varepsilon,$$
und so fort.

Aus diesen Formeln ergeben sich durch duale Uebertragung die analogen Formeln für das aus einem Strahle g, einer Ebene e und ihrem Schnittpunkt p bestehende Gebilde.

Als Beispiele für die obigen Formeln wählen wir die Zahlbeziehungen **(Lit. 28)**, welche sich *auf Correspondenzen zwischen den Punkten eines Punktorts und den Strahlen eines gleichstufigen Strahlenorts* beziehen. Dabei haben wir zu beachten, dass, wenn ein Punkt eines gegebenen Punktorts mit einem Strahle eines gegebenen Strahlenorts coincidirt, dass dann das aus beiden Hauptelementen bestehende Paar die Bedingung $c\varepsilon$ und nicht bloss ε erfüllt, weil als Verbindungsebene des Punktes und des ihm incidenten Strahles jede durch den Strahl gehende Ebene aufgefasst werden darf. Ist daher eine Raumcurve m^{ter} Ordnung und eine Linienfläche a^{ten} Grades derartig auf einander bezogen, dass jedem Punkte der Raumcurve γ Strahlen der Linienfläche entsprechen und jedem Strahle der letzteren π Punkte der Raumcurve entsprechen, so hat man Formel 14 anzuwenden, ε gleich null zu setzen und $m.\gamma$ für p und $a.\pi$ für g zu substituiren; c aber bezeichnet dann den Grad des einstufigen Orts derjenigen Ebenen, welche immer einen Punkt der Raumcurve mit dem entsprechenden Strahl der Linienfläche verbinden. Also gilt der Satz (cf. Brill, Math. Ann. Bd. VII p. 621):

„*Sind eine Raumcurve m^{ten} Grades und eine Linienfläche a^{ten} Grades derartig auf einander bezogen, dass jedem Punkte der Raumcurve*

γ Strahlen der Linienfläche, und umgekehrt jedem Strahle der Linienfläche π Punkte der Raumcurve entsprechen, so gehen von den ∞^1 Verbindungsebenen entsprechender Elemente immer

$$m \cdot \gamma + a \cdot \pi$$

durch jeden Punkt des Raumes.“

Ebenso erhält man aus den Formeln 15, 16, 17 Resultate, welche sich auf Correspondenzen zwischen den Punkten einer Fläche und den Strahlen einer Congruenz beziehen. In diesem Falle hat man $p\varepsilon$ und $g\varepsilon$ gleich null zu setzen und $c\varepsilon$ giebt an, wie oft es vorkommt, dass ein Punkt auf dem ihm entsprechenden Strahle liegt. Eliminirt man das Symbol pe aus den drei Gleichungen, so erhält man zwei Zahlbeziehungen, welche sich aussprechen lassen wie folgt:

„Es mögen die Punkte einer Fläche m^{ten} Grades den Strahlen einer Congruenz vom Feldrange a und vom Bündelrange b derartig entsprechen, dass jedem Punkte der Fläche γ Strahlen der Congruenz und umgekehrt jedem Strahle der Congruenz π Punkte der Fläche zugeordnet sind, dass ferner den ∞^1 Punkten einer aus der Fläche ausgeschnittenen ebenen Curve die Strahlen einer Linienfläche δ^{ten} Grades entsprechen. Dann ist der Grad des Orts der ∞^2 Verbindungsebenen entsprechender Elemente oder, was dasselbe ist, die Klasse der von ihnen eingehüllten Fläche gleich

$$a \cdot \pi + \delta,$$

und die Zahl derjenigen Strahlen, deren entsprechende Punkte auf ihnen selbst liegen, gleich

$$m \cdot \gamma + \delta + b \cdot \pi.$$

Um eine analoge Formel bei der Correspondenz der ∞^3 Punkte des Raumes mit den ∞^3 Strahlen eines Complexes zu erhalten, eliminiren wir aus den fünf Formeln 18 bis 22 die Bedingungen:

$$\widehat{pe}, \quad e^3, \quad cg_p.$$

Dann erhalten wir für den Fall, dass $p^2\varepsilon$, $g_e\varepsilon$, $g_p\varepsilon$ gleich null ist, die Formeln:

$$pe\varepsilon = p^3 + p^2 g + pg_p$$

und

$$gc\varepsilon = c^2\varepsilon = p^2 g + pg_e + pg_p + g_s.$$

Aus ihnen geht dann folgender Satz hervor:

„Es mögen die Punkte des Raumes auf die Strahlen eines Liniencomplexes a^{ten} Grades derartig bezogen sein, dass jedem Punkte γ Strahlen des Complexes und umgekehrt jedem Complexstrahl π Punkte zugeordnet sind, dass ferner den ∞^1 Punkten einer gegebenen Geraden

die ∞^1 *Strahlen einer im Complexe liegenden Linienfläche* δ^{ten} *Grades entsprechen, und dass endlich den* ∞^2 *Punkten einer gegebenen Ebene die* ∞^2 *Strahlen einer im Complexe liegenden Congruenz zugehören, die den Bündelrang* β *und den Feldrang* φ *hat. Dann bilden diejenigen Punkte des Raumes, die auf entsprechenden Strahlen liegen, eine Curve vom Grade*

$$\gamma + \delta + \beta,$$

und diese ihnen entsprechenden Strahlen selbst eine Linienfläche vom Grade

$$\delta + \beta + \varphi + a \,.\, \pi.$$

Analog den eben aufgestellten Formeln für die Correspondenz zwischen den Elementen der Punktörter und den Elementen der ihnen gleichstufigen Strahlenörter kann man aus den Coincidenzformeln auch Formeln gewinnen für die Correspondenz zwischen den Elementen von *irgendwelchen* zwei anderen Oertern, z. B. zweier Complexe.

§ 18.

Ableitung der Cayley-Brill'schen Correspondenzformel aus den allgemeinen Coincidenzformeln für Punktepaare.

Mehrere Mathematiker (**Lit. 29**) haben Werth darauf gelegt, das Chasles'sche Correspondenzprincip von der geraden Punktreihe auf Plancurven auszudehnen, und sind dabei zu folgendem Resultate gelangt:

„*Gegeben sei eine feste Plancurve* b *vom Geschlechte* p *und der Ordnung* m, *und ein derartiger algebraischer Zusammenhang zwischen den Punkten ihrer Ebene, dass jedem Punkte* x *der Ebene sämmtliche Punkte einer Curve* s^{ter} *Ordnung entsprechen, und umgekehrt jedem Punkte* y *der Ebene sämmtliche Punkte einer Curve* r^{ter} *Ordnung. Dann entsprechen einem Punkte* x *der Curve* b $m \,.\, s$ *Punkte* y, *welche gleichfalls auf der Curve* b *liegen. Umgekehrt entsprechen auf* b *einem Punkte* y $m \,.\, r$ *Punkte* x. *Bei möglichst allgemeiner Auffassung muss man nun annehmen, dass in* **jedem** *Punkte der Curve* b γ *mal eine Coincidenz zweier einander zugeordneter Punkte* x *und* y *stattfindet, nur dass der Verbindungsstrahl dieser coincidirenden Punkte im allgemeinen nicht mit der Tangente zusammen zu fallen braucht. Es entsprechen also dadurch auf* b *jedem Punkte* x *nur* $m \,.\, s - \gamma = \alpha$ *von* x *verschiedene Punkte* y, *und umgekehrt jedem Punkte* y *nur* $m \,.\, r - \gamma = \beta$ *von* y *verschiedene Punkte* x. *Dann soll es auf der Curve* b

$$\tau = \alpha + \beta + 2p \,.\, \gamma$$

Male vorkommen, dass zwei **so** *zusammengehörige Punkte x und y unendlich nahe liegen.*"

Das durch diese Formel gelöste Problem gewinnt bei der durch unseren Kalkül ermöglichten allgemeineren Auffassung des Correspondenzprincips folgende Gestalt:

„*Gegeben ist in fester Ebene erstens ein dreistufiges System Σ_3 von Punktepaaren p, q, g. Dasselbe besitzt ein zweistufiges System Σ_2 von Coincidenzen ε, deren jede aus dem Coincidenzpunkte p und dem die coincidirenden Punkte verbindenden Strahle g besteht. Gegeben ist zweitens in derselben Ebene eine Plancurve m^{ter} Ordnung, n^{ten} Ranges, welche durch ihre ∞^1 Tangenten und zugehörigen Berührungspunkte ein einstufiges System Σ_1 von Gebilden feststellt, deren jedes aus einem Strahle und einem darauf liegenden Punkte besteht. Gesucht wird die Zahl τ der dem Systeme Σ_2 und Σ_1 gemeinsamen Gebilde.*"

Diese Zahl ist in § 14 am Schluss berechnet. Es ist nämlich

1) $$\tau = m \,.\, \nu + n \,.\, \mu,$$

wo ν angiebt, wieviel Gebilde in Σ_2 liegen, die einen gegebenen Strahl g besitzen, und μ angiebt, wieviel Gebilde in Σ_2 liegen, die einen gegebenen Coincidenzpunkt p besitzen. Es ist also für ν εg_e und für μ εp^2 einzusetzen. Es handelt sich also bloss noch darum, εg_e und εp^2 durch die Zahlen α, β, γ auszudrücken. Das Symbol εp^2 zählt aber, wie oft jeder Punkt der festen Ebene als Coincidenzpunkt auftritt, ist also gleich γ zu setzen. Um auch εg_e zu bestimmen, wenden wir die Punktepaarformel 13 des § 13 (pag. 45) an; diese heisst:

$$\varepsilon g_p + \varepsilon g_e + 2 \,.\, \varepsilon p^2 = p^3 + p^2 q + p q^2 + q^3.$$

Hier ist wegen der festen Ebene εg_p, p^3 und q^3 gleich null zu setzen; εp^2 ergab sich eben gleich γ; $p^2 q$ ist der oben mit s bezeichnete Grad der Curve, deren Punkte einem Punkte x entsprechen, pq^2 ist der oben mit r bezeichnete Grad der Curve, deren Punkte einem Punkte y entsprechen. Also ergiebt sich aus der Coincidenzformel:

2) $$\varepsilon g_e = s + r - 2 \,.\, \gamma \quad \text{oder} \quad \nu = s + r - 2 \,.\, \gamma.$$

Folglich wird aus Formel 1:

3) $$\tau = m \,.\, s + m \,.\, r - 2 \,.\, m \,.\, \gamma + n \,.\, \gamma.$$

Nun sollte aber die Zahl $m \,.\, s - \gamma$ mit α und die Zahl $m \,.\, r - \gamma$ mit β bezeichnet werden. Ersetzt man demgemäss $m \,.\, s$ durch $\alpha + \gamma$, $m \,.\, r$ durch $\beta + \gamma$, so kommt endlich:

4) $$\tau = \alpha + \beta + \gamma \,.\, (n - 2 \,.\, m + 2).$$

Herr Brill hat aber die gesuchte Zahl gleich

$$\alpha+\beta+\gamma.2p$$

gefunden, wo p das Geschlecht der Curve b bezeichnet. Da nun nach den Plücker'schen Formeln

$$2p=n-2.m+2+k$$

ist, wo k die Zahl der Rückkehrpunkte auf b ist, so ist die Brill'sche Zahl um $\gamma.k$ grösser als die unsere. Dieser Widerspruch erledigt sich dadurch, dass bei der durch den Geschlechtsbegriff veranlassten Auffassung von Brill (Clebsch's Vorl. v. Lindemann, I. Th. pag. 456, 457, 460) in jedem Rückkehrpunkte γ Coincidenzen auch dann mitgezählt werden, wenn der Verbindungsstrahl der coincidirenden Punkte nicht mit der Rückkehrtangente zusammenfällt. Infolge dessen hat Brill seine Zahl jedes Mal um $\gamma.k$ zu vermindern, wenn die einem Rückkehrpunkte entsprechende Correspondenzcurve in ihm einen α-fachen Punkt besitzt.

Ein näheres Eingehen auf die Art und Weise der Anwendung der Formel 4 kann der Verfasser sich ersparen, weil diese Formel in den folgenden Untersuchungen niemals zur Anwendung gelangt, da immer die unmittelbare Benutzung der Coincidenzformeln des § 13 schneller und bequemer zum Ziele führt.

Die Brill'sche Formel für die Zahl derjenigen Punktepaare einer Plancurve, welche *zwei* auf dieser Curve liegenden Correspondenzen gemeinsam sind, ergiebt sich bei uns in § 42 (Formel 29) aus den allgemeinen Formeln für die gemeinsamen Elemente zweier Systeme von Punktepaaren **(Lit. 54).**

Vierter Abschnitt.

Die Berechnung von Anzahlen durch Ausartungen.

§ 19.

Anzahlen für Gebilde, die aus endlich vielen Hauptelementen bestehen.

Während wir in den vorhergehenden Abschnitten die fundamentalsten Anzahl-*Beziehungen* entwickelt haben, beschäftigen wir uns in diesem Abschnitte mit der Auffindung von *Anzahlen selbst*. Für die drei Hauptelemente sind die wichtigsten Anzahlen *axiomatisch*, und in § 6 für die Aufstellung fundamentaler Formeln verwerthet. Durch das Princip von der Erhaltung der Anzahl lassen sich gewisse dieser Anzahlen auf die übrigen zurückführen. Man setze z. B. für den Strahl die folgenden drei Angaben als Axiome voraus:

1. Wenn es einen Punkt giebt, der auf zwei gegebenen Strahlen liegt, so giebt es auch eine Ebene, welche diese Strahlen enthält, und umgekehrt.

2. *Es giebt* **einen** *Strahl, welcher zwei gegebene Punkte enthält.*

3. *Es giebt* **einen** *Strahl, welcher in zwei gegebenen Ebenen liegt.*

Dann kann man mit Benutzung des Princips von der Erhaltung der Anzahl den folgenden Schluss ziehen:

„*Es giebt* **zwei** *Strahlen, welche vier gegebene Strahlen schneiden.*"

Auf die Grundbedingungen der Hauptelemente lassen sich aber vermöge des Princips von der Erhaltung der Anzahl oder vermöge der aus diesem Principe resultirenden Incidenzformeln (II. Abschnitt) die Grundbedingungen aller derjenigen Gebilde zurückführen, welche *aus einer endlichen* Anzahl von Hauptelementen zusammengesetzt sind. Deshalb lassen sich auch für solche Gebilde die wichtigsten Anzahlen leicht bestimmen. So wurde schon in § 9 folgende Anzahl berechnet:

„Es giebt drei räumliche n-Ecke, welche jede ihrer n Ecken auf eine gegebene Ebene werfen und jede ihrer n Seiten durch einen gegebenen Punkt schicken.“

Beispielsweise fügen wir noch die folgende Anzahlbestimmung hinzu. Ein Gebilde Γ bestehe aus 5 Strahlen g_1, g_2, g_3, g_4, g_5, die in einer und derselben Ebene liegen und zugleich sich in einem und demselben Punkte schneiden. Diesem Gebilde, welches die Constantenzahl 10 hat, legen wir die 10-fache Bedingung auf, dass jeder der fünf Strahlen zwei gegebene Gerade schneiden soll, d. h. eine Bedingung, welche nach den Festsetzungen des I. Abschnittes folgendes Symbol hat:

$$g_1^2 g_2^2 g_3^2 g_4^2 g_5^2.$$

Gemäss der Formel 9 des § 6 können wir hierfür auch schreiben:

$$(g_{1e}+g_{1p})\,(g_{2e}+g_{2p})\,(g_{3e}+g_{3p})\,(g_{4e}+g_{4p})\,(g_{5e}+g_{5p}).$$

Führen wir die angezeigte Multiplication aus, so erhalten wir eine Summe von 32 Anzahlen, von denen nur diejenigen 20 von null verschieden sind, deren Symbole 3 mal den Index e und 2 mal den Index p oder umgekehrt aufweisen. Diese Zahlen sind aber nach den axiomatischen Anzahlen sämmtlich gleich 1. *Es giebt also 20 Gebilde, welche die gestellte Bedingung erfüllen.*

§ 20.

Anzahlen für Kegelschnitte (Lit. 30).

Von denjenigen Gebilden, welche unendlich viele Hauptelemente enthalten, aber nicht Grundgebilde sind, ist hinsichtlich der Bestimmung von Anzahlen am leichtesten zu behandeln der *Kegelschnitt.* Wir fassen denselben gleichzeitig als einstufigen Ort seiner Punkte, wie auch als einstufigen Ort seiner Tangenten auf. Beide Oerter sind zweiten Grades und haben ihre ∞^1 Elemente sämmtlich in einer und derselben Ebene. Dem Kegelschnitt legen wir demgemäss zunächst die folgenden drei Bedingungen auf:

1. μ, dass er seine Ebene durch einen gegebenen Punkt schicke,
2. ν, dass er eine gegebene Grade schneide,
3. ϱ, dass er eine gegebene Ebene berühre.

Durch diese drei Bedingungen und die aus ihnen zusammengesetzten Bedingungen lassen sich beim Kegelschnitt alle möglichen

Bedingungen ausdrücken, wie im VI. Abschnitt gezeigt werden soll (cf. jedoch Lit. 51). Es handelt sich also hauptsächlich darum, diejenigen Zahlen zu bestimmen, welche angeben, *wieviel Kegelschnitte alle denkbaren aus μ, ν, ϱ zusammengesetzten 8-fachen Bedingungen erfüllen.* Die Berechnung dieser Anzahlen gelingt nach der von Chasles begründeten, von Zeuthen (Alm. Egensk. v. Syst. af pl. Kurver, Vidensk. Selsk. [5], IV, p. 287 bis 393) ausgebildeten Methode (cf. des Verfassers Abh. in den Math. Ann. Bd. XIII § 31) dadurch, dass man erstens diese Anzahlen auf diejenigen zurückführt, welche angeben, wieviel Kegelschnitte alle denkbaren, aus μ, ν, ϱ zusammengesetzten 7-fachen Bedingungen und ausserdem die eine oder die andere von gewissen zwei *invarianten* (§ 2) Bedingungen erfüllen, und dass man zweitens die letztgenannten Anzahlen direct durch die axiomatischen Anzahlen ausdrücken kann. Um die Natur dieser invarianten Bedingungen deutlich zu erkennen, *bilden wir den allgemeinen Kegelschnitt* in folgender Weise *homographisch* ab (cf. § 16, pag. 68). **[Lit. 24.]**

Wir nehmen in fester Ebene einen Punkt S als Centrum und eine Gerade r als Axe der Homographie an und bestimmen das Bild A' jeden Punktes A der Ebene, indem wir den Strahl SA ziehen, auf SA den Schnittpunkt R_a mit r aufsuchen und dann auf dem Strahle SAR_a den vierten Punkt A' so bestimmen, dass das Doppelverhältniss

$$\frac{SA}{R_a A} : \frac{SA'}{R_a A'} = 0$$

wird. Construirt man in dieser Weise die Bilder der sämmtlichen Punkte eines in der festen Ebene liegenden, aber nicht durch S gehenden Kegelschnitts K, so erhält man alle Punkte der Axe r, und jeden *zweimal* gerechnet. Jeder Tangente von K entspricht als Bild im allgemeinen einzig und allein die Gerade r; nur zu jeder der beiden Tangenten, welche von S aus an K gehen, erhält man unendlich viele Bilder, nämlich alle Strahlen des Strahlbüschels, dessen Scheitel der Schnittpunkt der Tangente mit r ist. Das so gewonnene Bild des Kegelschnitts K ist also ein Kegelschnitt mit folgender Definition:

„Seine Punkte bilden zwei in einen Strahl zusammenfallende Gerade und seine Tangenten zwei im allgemeinen getrennt liegende Strahlbüschel, deren Scheitel auf jener die Punkte enthaltenden Geraden liegen.“

Durch diese Definition ist der allgemeinen Kegelschnittdefinition eine Beschränkung hinzugefügt, welche als einfache, dem allgemeinen Kegelschnitt auferlegte, invariante Bedingung anzusehen ist, weil die Constantenzahl 8 dadurch um 1 erniedrigt wird. Wir bezeichnen diese einfache Bedingung mit η und jeden Kegelschnitt, der sie erfüllt, als einen Kegelschnitt η. Einem Kegelschnitt entspricht feld-dual ein Kegelschnitt δ mit folgender Definition:

„Die Punkte eines Kegelschnitts δ bilden zwei im allgemeinen verschiedene Geraden, seine Tangenten zwei zusammenfallende Strahlbüschel, deren Scheitel der Schnittpunkt der beiden Geraden ist."

Die einfache Bedingung, welche ein Kegelschnitt dadurch erfüllt, dass er zu einem Kegelschnitt δ wird, bezeichnen wir auch mit δ. Das Erfüllen der invarianten Bedingungen δ oder η nennen wir *Ausarten*, demgemäss die Kegelschnitte δ und η selbst *Ausartungen*. Alle Bedingungen, welche δ oder η als Faktor enthalten, heissen *Ausartungsbedingungen* und die durch sie bestimmten Anzahlen *Ausartungsanzahlen*. Die Möglichkeit der Bestimmung der gesuchten Kegelschnittanzahlen durch Ausartungsanzahlen beruht nun vor allem darauf, dass zwischen den drei Bedingungen

$$\mu,\ \nu,\ \varrho$$

einerseits und den beiden Bedingungen

$$\eta,\ \delta$$

andererseits zwei Gleichungen bestehen. Diese ergeben sich leicht direct aus dem Chasles'schen Correspondenzprincip oder aus unseren Coincidenzformeln für das Punktepaar und das Strahlenpaar. Sucht man nämlich bei einem gegebenen einstufigen Kegelschnittsysteme

erstens in einem gegebenen Strahlbüschel, wieviel Strahlen *zwei Punkte* eines und desselben Kegelschnitts enthalten,

zweitens in einem gegebenen Ebenenbüschel, wieviel Ebenen *zwei Tangenten* eines und desselben Kegelschnitts enthalten,

so erhält man nach dem Correspondenzprincip:

$$\nu + \nu = \varrho + 2\mu + \eta$$

und

$$\varrho + \varrho = \nu + \delta,$$

oder

1) $$2 \,.\, \nu - \varrho - 2\mu = \eta$$

und

2) $$2 \,.\, \varrho - \nu = \delta,$$

woraus folgt:

3) $$\nu = \tfrac{2}{3} \,.\, \eta + \tfrac{1}{3} \,.\, \delta + \tfrac{4}{3} \,.\, \mu,$$

4) $$\varrho = \tfrac{1}{3} \,.\, \eta + \tfrac{2}{3} \,.\, \delta + \tfrac{2}{3} \,.\, \mu.$$

Durch diese Formeln gewinnt man alle Zahlen $\mu^3 \nu^n \varrho^r$, wo $n + r = 5$ ist, aus diesen dann alle Zahlen $\mu^2 \nu^n \varrho^r$, wo $n + r = 6$ ist, aus diesen dann alle Zahlen $\mu \nu^n \varrho^r$, wo $n + r = 7$ ist, und endlich aus diesen dann alle Zahlen $\nu^n \varrho^r$, wo $n + r = 8$ ist, sobald man nur alle Zahlen kennt, deren achtfache Bedingung δ oder η als Faktor enthält, und ausserdem eine siebenfache, aus μ, ν, ϱ zusammengesetzte Bedingung. Die letzgenannten Zahlen aber bestimmen sich aus den auf Hauptelemente bezüglichen axiomatischen Anzahlen (§§ 6 und 19) ohne Weiteres. Dabei hat man Folgendes zu beachten: *„Wenn die Doppelgerade eines Kegelschnitts η eine gegebene Gerade schneidet, so stellt η zwei Kegelschnitte vor, welche die Bedingung ν erfüllen, dass ein Kegelschnitt mit einer gegebenen Geraden* **einen** *Punkt gemein habe, weil dann die gegebene Gerade mit η zwei coincidirende Punkte gemein hat. Daraus folgt, dass die Kegelschnittbedingung $\eta \nu^n$ 2^n-mal so gross ist, wie die Bedingung, dass der Kegelschnitt in ein η ausarten soll, dessen Doppelgerade n gegebene Gerade schneidet. Analog ist die Bedingung $\delta \varrho^r$ 2^r-mal so gross, wie die Bedingung, dass der Kegelschnitt in ein δ ausarten soll, dessen Doppelscheitel auf r gegebenen Ebenen liegt.“* *

Um die Art der Berechnung der Ausartungsanzahlen zu zeigen, schicken wir folgende Beispiele voran.

Um $\eta \mu \nu^2 \varrho^1$ zu berechnen, beachten wir, dass die vier gegebenen Ebenen der Bedingung ϱ^4 zur Feststellung der beiden Scheitel auf η (cf. die obige Beschreibung von η) verwendet werden müssen und auf zweierlei Weise vertheilt werden können, erstens so, dass drei Ebenen den einen Scheitel feststellen und die vierte Ebene durch den anderen Scheitel geht; zweitens auch so, dass zwei Ebenen den einen Scheitel und die beiden anderen Ebenen den anderen Scheitel enthalten. Die Vertheilung der vier Ebenen zu dreien und einer ist aber auf 4_3** Arten möglich, die Vertheilung zu je zweien auf $\frac{1}{2} \cdot 4_2$ Arten. Im ersten Falle ist der Scheitel, welcher auf drei der gegebenen Ebenen liegen soll, eindeutig bestimmt und deshalb auch die Doppelgerade, welche ihn enthalten und die beiden gegebenen Geraden der Bedingung ν^2 schneiden muss. Den zweiten Scheitel erhält man dann als Schnittpunkt der Doppelgeraden mit

* Genaueres über die Vielfachheit der Ausartungen ist in § 21 abgeleitet.

** Hier und an vielen anderen Stellen bedeutet wie üblich n_p (gelesen „n je p“) die Zahl $\frac{n(n-1)(n-2)\dots(n-p+1)}{1.2.3\dots p}$, welche angiebt, auf wie vielfache Weise man von n Dingen je p herausgreifen kann.

der vierten Ebene. Die Ebene des Kegelschnitts η ergiebt sich endlich durch Verbindung der Doppelgeraden mit dem Punkte der Bedingung μ. Im zweiten Falle muss die Doppelgerade von η die beiden gegebenen Geraden der Bedingung ν^2, dann aber auch die beiden Schnittgeraden der beiden Ebenenpaare schneiden, welche aus den vier Ebenen gebildet sind. Nun giebt es aber *zwei* Gerade, welche vier gegebene Gerade schneiden. Es werden also im zweiten Falle immer zwei Kegelschnitte η festgestellt. Jedes der so im ersten oder im zweiten Falle construirten Gebilde ist dann noch 2^2-fach zu rechnen, weil eine *Doppelgerade zwei gegebene* Gerade schneidet. Man erhält also:

$$\eta\mu\nu^2\varrho^4 = 2^2.(4_3.1 + \tfrac{1}{2}.4_2.2) = 40.$$

Um $\delta\mu^2\nu^3\varrho^2$ zu berechnen, vertheilen wir die drei gegebenen Geraden so, dass zwei für die eine Gerade von δ und die dritte für die andere Gerade von δ verwandt werden. Dann ist diejenige Gerade von δ, welche zwei der gegebenen Geraden schneiden soll, zweideutig bestimmt, weil sie ausserdem noch den Verbindungsstrahl der beiden Punkte von μ^2 und die Schnittaxe der beiden Ebenen von ϱ^2 zu schneiden hat. Wir erhalten also:

$$\delta\mu^2\nu^3\varrho^2 = 2^2.3_2.2 = 24.$$

Um $\delta\nu^6\varrho$ zu berechnen, beachte man, dass erstens eine Vertheilung der sechs gegebenen Geraden zu vier und zwei, zweitens eine Vertheilung zu drei und drei möglich ist, und dass ferner die Bedingung, eine Gerade soll drei gegebene Gerade schneiden, doppelt so gross ist, als die Bedingung, sie soll in einem gegebenen Strahlbüschel liegen. Man erhält also:

$$\delta\nu^6\varrho = 2^1.(6_4.2 + \tfrac{1}{2}.6_3.2.2) = 140.$$

Wir stellen nun alle Ausartungsanzahlen, die zur Berechnung der Kegelschnittanzahlen $\mu^m\nu^n\varrho^{8-m-n}$ nöthig sind, tabellarisch zusammen.

Tabelle der Ausartungsanzahlen $\delta\mu^m\nu^n\varrho^{7-m-n}$ **und** $\eta\mu^m\nu^n\varrho^{7-m-n}$.

$\delta\mu^3\nu^4 = 3$,	$\eta\mu^3\nu^4 = 0$	$\delta\mu^2\nu^5 = 20$,	$\eta\mu^2\nu^5 = 0$
$\delta\mu^3\nu^3\varrho = 6$,	$\eta\mu^3\nu^3\varrho = 0$	$\delta\mu^2\nu^4\varrho = 34$,	$\eta\mu^2\nu^4\varrho = 0$
$\delta\mu^3\nu^2\varrho^2 = 4$,	$\eta\mu^3\nu^2\varrho^2 = 4$	$\delta\mu^2\nu^3\varrho^2 = 24$,	$\eta\mu^2\nu^3\varrho^2 = 16$
$\delta\mu^3\nu\varrho^3 = 0$,	$\eta\mu^3\nu\varrho^3 = 6$	$\delta\mu^2\nu^2\varrho^3 = 8$,	$\eta\mu^2\nu^2\varrho^3 = 24$
$\delta\mu^3\varrho^4 = 0$,	$\eta\mu^3\varrho^4 = 3$	$\delta\mu^2\nu\varrho^4 = 0$,	$\eta\mu^2\nu\varrho^4 = 20$
		$\delta\mu^2\varrho^5 = 0$,	$\eta\mu^2\varrho^5 = 10$

$\delta\mu\nu^6 = 70$,	$\eta\mu\nu^6 = 0$	$\delta\nu^7 = 140$,	$\eta\nu^7 = 0$
$\delta\mu\nu^5\varrho = 100$,	$\eta\mu\nu^5\varrho = 0$	$\delta\nu^6\varrho = 140$,	$\eta\nu^6\varrho = 0$
$\delta\mu\nu^4\varrho^2 = 68$,	$\eta\mu\nu^4\varrho^2 = 32$	$\delta\nu^5\varrho^2 = 80$,	$\eta\nu^5\varrho^2 = 0$
$\delta\mu\nu^3\varrho^3 = 24$,	$\eta\mu\nu^3\varrho^3 = 48$	$\delta\nu^4\varrho^3 = 24$,	$\eta\nu^4\varrho^3 = 0$
$\delta\mu\nu^2\varrho^4 = 0$,	$\eta\mu\nu^2\varrho^4 = 40$	$\delta\nu^3\varrho^4 = 0$,	$\eta\nu^3\varrho^4 = 0$
$\delta\mu\nu\varrho^5 = 0$,	$\eta\mu\nu\varrho^5 = 20$	$\delta\nu^2\varrho^5 = 0$,	$\eta\nu^2\varrho^5 = 0$
$\delta\mu\varrho^6 = 0$,	$\eta\mu\varrho^6 = 10$	$\delta\nu\varrho^6 = 0$,	$\eta\nu\varrho^6 = 0$
		$\delta\varrho^7 = 0$,	$\eta\varrho^7 = 0$

Um aus diesen Ausartungsanzahlen die Kegelschnittanzahlen zu berechnen, haben wir die Formeln 3 und 4 mit allen möglichen, aus μ, ν, ϱ zusammengesetzten 7-fachen Bedingungen zu multipliciren. Dann sind immer die Zahlenwerthe der Symbole der rechten Seiten bekannt, sobald man mit den μ^3 enthaltenden Symbolen anfängt, dann erst die μ^2 enthaltenden Symbole nimmt, und so fort. So erhält man nach einander die in der folgenden Tabelle zusammengestellten Zahlen, und zwar alle diejenigen 2 mal, welche sowohl ν als ϱ zum Faktor haben.

Tabelle der Kegelschnittzahlen $\mu^m\nu^n\varrho^{8-m-n}$.

$\mu^3\nu^5 = 1$	$\mu^2\nu^6 = 8$	$\mu\nu^7 = 34$	$\nu^8 = 92$
$\mu^3\nu^4\varrho = 2$	$\mu^2\nu^5\varrho = 14$	$\mu\nu^6\varrho = 52$	$\nu^7\varrho = 116$
$\mu^3\nu^3\varrho^2 = 4$	$\mu^2\nu^4\varrho^2 = 24$	$\mu\nu^5\varrho^2 = 76$	$\nu^6\varrho^2 = 128$
$\mu^3\nu^2\varrho^3 = 4$	$\mu^2\nu^3\varrho^3 = 24$	$\mu\nu^4\varrho^3 = 72$	$\nu^5\varrho^3 = 104$
$\mu^3\nu\varrho^4 = 2$	$\mu^2\nu^2\varrho^4 = 16$	$\mu\nu^3\varrho^4 = 48$	$\nu^4\varrho^4 = 64$
$\mu^3\varrho^5 = 1$	$\mu^2\nu\varrho^5 = 8$	$\mu\nu^2\varrho^5 = 24$	$\nu^3\varrho^5 = 32$
	$\mu^2\varrho^6 = 4$	$\mu\nu\varrho^6 = 12$	$\nu^2\varrho^6 = 16$
		$\mu\varrho^7 = 6$	$\nu\varrho^7 = 8$
			$\varrho^8 = 4$

Aus diesen Zahlen ergeben sich vermöge der Incidenzformeln (II. Abschnitt) eine grosse Menge von andern Kegelschnittanzahlen durch blosse Substitution, z. B. diejenigen Anzahlen, welche die Bedingung P enthalten, dass der Kegelschnitt durch einen gegebenen Punkt gehe, vermittelst der Formel

$$P = \mu\nu - 2 \cdot \mu^2 \quad (\S\ 12\ \text{Nr. } 9),$$

und diejenigen Anzahlen, welche die Bedingung T enthalten, dass der Kegelschnitt eine gegebene Gerade berühre, vermittelst der Formel

$$T = \mu^2\varrho - 2 \cdot \mu^3 \quad (\S\ 12\ \text{Nr. } 8).$$

Noch andere Bedingungen sind schon in § 16 (pag. 74) vermittelst des Princips von der Erhaltung der Anzahl durch μ, ν, ϱ ausgedrückt. Dort erhielten wir nämlich erstens für die Bedingung x, dass der Kegelschnitt eine Ebene in einem Punkte einer auf ihr gegebenen Gerade berühre,

$$x = \tfrac{1}{2}\nu\varrho;$$

zweitens für die Bedingung y, dass der Kegelschnitt eine Ebene in einem auf ihr gegebenen Punkte berühre,

$$y = \tfrac{1}{2}\mu\nu\varrho - \mu^2\varrho,$$

und drittens für die Bedingung z, dass der Kegelschnitt eine gegebene Gerade in einem gegebenen Punkte berühre,

$$z = \tfrac{1}{2}\mu^2\nu\varrho - \mu^3\nu - \mu^3\varrho.$$

Hierzu treten noch viele Bedingungen, welche sich vermöge der Incidenzformeln durch x oder y oder z, also auch schliesslich durch μ, ν, ϱ ausdrücken lassen; z. B. ergiebt sich für die zweifache Bedingung: ein Kegelschnitt soll eine Gerade so schneiden, dass die Tangente des Schnittpunktes eine gegebene Gerade schneide, zunächst

$$P + x$$

und daraus

$$\tfrac{1}{2}\nu\varrho + \mu\nu - 2\mu^2.$$

Von denjenigen Kegelschnittanzahlen, welche sich durch die angeführten Gleichungen aus den Zahlen der obigen Tabelle ohne Weiteres ergeben, stellen wir einige in der folgenden Tabelle zusammen, mit Benutzung der eben gebrauchten Bedingungssymbole.

Tabelle sonstiger Kegelschnittanzahlen.

$P\nu^6 = 18$	$P\mu\nu^5 = 6$	$P^2\nu^4 = 4$	$T\nu^5 = 12$
$P\nu^5\varrho = 24$	$P\mu\nu^4\varrho = 10$	$P^2\nu^3\varrho = 6$	$T\nu^4\varrho = 20$
$P\nu^4\varrho^2 = 28$	$P\mu\nu^3\varrho^2 = 16$	$P^2\nu^2\varrho^2 = 8$	$T\nu^3\varrho^2 = 16$
$P\nu^3\varrho^3 = 24$	$P\mu\nu^2\varrho^3 = 16$	$P^2\nu\varrho^3 = 8$	$T\nu^2\varrho^3 = 8$
$P\nu^2\varrho^4 = 16$	$P\mu\nu\varrho^4 = 12$	$P^2\varrho^4 = 8$	$T\nu\varrho^4 = 4$
$P\nu\varrho^5 = 8$	$P\mu\varrho^5 = 6$		$T\varrho^5 = 2$
$P\varrho^6 = 4$			

$x\nu^6 = 58$	$x^2\nu^4 = 32$	$x^3\nu^2 = 13$	$x^4 = 4$	$z\nu^4 = 4$
$x\nu^5\varrho = 64$	$x^2\nu^3\varrho = 26$	$x^3\nu\varrho = 8$		$z\nu^3\varrho = 6$
$x\nu^4\varrho^2 = 52$	$x^2\nu^2\varrho^2 = 16$	$x^3\varrho^2 = 4$		$z\nu^2\varrho^2 = 4$
$x\nu^3\varrho^3 = 32$	$x^2\nu\varrho^3 = 8$			$z\nu\varrho^3 = 2$
$x\nu^2\varrho^4 = 16$	$x^2\varrho^4 = 4$			$z\varrho^4 = 1$
$x\nu\varrho^5 = 8$				
$x\varrho^6 = 4$				

Mit Hilfe der obigen Kegelschnittanzahlen $\mu^m \nu^n \varrho^{8-m-n}$ kann man, wie erst in § 38 allgemein bewiesen wird, *alle* auf Kegelschnitte bezüglichen Anzahlen ausdrücken (Lit. 51). Beispielsweise bestimmen wir die Zahl N derjenigen Kegelschnitte, welche, in fester Ebene liegend, fünf in derselben Ebene liegende Kegelschnitte berühren. Diese Zahl ergiebt sich § 14 Nr. 1 in folgender Weise:

$$\mu^3 . (2\nu + 2\varrho)^5 = 2^5(1 + 5_1 . 2 + 5_2 . 4 + 5_3 . 4 + 5_4 . 2 + 1)$$
$$= 32 . 102 = 3264 \text{ (Lit. 31).}$$

Durch duale Uebertragung aller Betrachtungen dieses Paragraphen erhält man analoge Resultate für den Kegel zweiten Grades.

§ 21.
Die Chasles-Zeuthen'sche Reduction (Lit. 32).

Die im vorigen Paragraphen für Kegelschnitte benutzte Chasles-Zeuthen'sche Methode zur Bestimmung der Anzahlen, welche angeben, wieviel Gebilde gegebene Bedingungen erfüllen, besteht wesentlich in der Aufstellung von Formeln, welche die gesuchten, einem Gebilde Γ zukommenden Anzahlen *durch Vermittelung der ausgearteten Gebilde* Γ auf Anzahlen zurückführen, die *andern einfacheren Gebilden von kleinerer Constantenzahl zugehören*, und deshalb bei einem systematischen Gange der Untersuchungen als *bekannt* vorausgesetzt werden dürfen. Die Formeln zwischen den Ausartungsbedingungen einerseits und den übrigen Bedingungen andererseits erhält man immer leicht durch Anwendung der Coincidenzformeln oder des Princips von der Erhaltung der Anzahl. Aufschlüsse über die Gestalt der Ausartungen und über die Art und Weise, wie dieselben gegebene Bedingungen zu erfüllen vermögen, erhält man erstens dadurch, dass man die analytisch-geometrischen Darstellungen des Gebildes discutirt, zweitens dadurch, dass man dieselben, wie dies in § 20 geschehen ist, aus dem allgemeinen Gebilde durch gewisse homographische Abbildungen erzeugt, drittens auch dadurch, dass man bei Bestimmung *einer und derselben* Zahl auf *verschiedenen* Wegen die Mittel in der Hand hat, um Rückschlüsse über die Eigenschaften der benutzten Ausartungen zu machen.

Wir setzen nun voraus, man habe für ein einstufiges System von Gebilden Γ hinreichend viele Gleichungen abgeleitet, um die Bedingung z durch die Ausartungsbedingungen

$$\alpha_1, \alpha_2, \alpha_3, \ldots$$

allein darzustellen. Bezeichnet dann y die definirende Bedingung des Systems, so lässt sich die Zahl der Gebilde, welche die zusammengesetzte Bedingung yz erfüllen, ausrechnen, sobald man nur die Ausartungsanzahlen

$$y\alpha_1,\ y\alpha_2,\ y\alpha_3,\ \ldots$$

zu berechnen vermag. Wir haben daher vor allem zu erörtern, was bei der Berechnung der Ausartungsanzahlen im allgemeinen beachtet werden muss. Die Ausartungen eines Gebildes Γ genügen einerseits vollkommen der Definition von Γ, nur dass zu dieser Definition noch eine die Constantenzahl um 1 verringernde Bestimmung hinzutritt. Andererseits aber können die Ausartungen doch immer wegen der auf ihnen vorhandenen *neuen* Coincidenzen oder des bei ihnen stattfindenden *Zerfallens* von Oertern so aufgefasst werden, als ob sie aus einfacheren Gebilden mit kleinerer Constantenzahl zusammengesetzt wären. Diese letzteren oder jede beliebige aus ihnen gebildete Gruppe wollen wir *Theilgebilde* der Ausartungen nennen. So erkannten wir in § 20 als Theilgebilde der Ausartungen des Kegelschnitts die drei Hauptelemente; in den folgenden Paragraphen werden wir ferner erkennen als Theilgebilde der Ausartungen

1. der cubischen Plancurve mit Spitze, die Hauptelemente und den Kegelschnitt (§ 23);

2. der cubischen Plancurve mit Doppelpunkt, dieselben Theilgebilde wie bei 1. und dazu noch die cubische Plancurve mit Spitze (§ 24);

3. der cubischen Plancurve sechsten Ranges, dieselben wie bei 2. und die cubische Plancurve mit Doppelpunkt;

4. der cubischen Raumcurve, dieselben wie bei 3. und ausserdem die den Plancurven dual entsprechenden Kegel (§ 25);

5. der Fläche zweiten Grades, die Hauptelemente, den Kegelschnitt und den Kegel zweiten Grades (§ 22);

6. der linearen Congruenz, d. h. der Congruenz vom Feldrang 1 und vom Bündelrang 1, die drei Hauptelemente und die Congruenz mit unendlich nahen, erzeugenden Axen (§ 27).

Soll eine gewisse Bedingung z durch eine Ausartung α erfüllt werden, so muss man im allgemeinen annehmen, dass α dies sowohl dadurch vermag, dass ein α angehöriges Theilgebilde die Bedingung z_1 erfüllt, wie auch dadurch, dass dasselbe oder ein anderes Theilgebilde die Bedingung z_2 erfüllt und so fort. Man hat also dann:

$$\alpha z = \alpha z_1 + \alpha z_2 + \alpha z_3 + \ldots$$

Berücksichtigt man dieses für jede Einzelbedingung, welche in einer α zugeschriebenen Bedingung y steckt, so erhält man schliesslich αy als eine Summe von Anzahlen, deren jede von gewissen, als bekannt vorauszusetzenden Anzahlen der *Theilgebilde* abhängt. Dadurch reducirt sich die Bestimmung der Ausartungsanzahlen auf die Bestimmung gewisser Anzahlen der auf den Ausartungen liegenden Theilgebilde. Zur Erläuterung einer solchen Reduction diene das folgende Beispiel.

Wie in § 25 gezeigt werden soll, besitzt die cubische Raumcurve eine Ausartung ω von folgender Beschaffenheit. Die Punkte von ω bilden einen Kegelschnitt und eine Gerade N, welche diesen Kegelschnitt in einem Punkte R schneidet, der Tangentenort von ω wird durch die Tangenten jenes Kegelschnitts und durch die Strahlen zweier zusammenfallender Strahlbüschel gebildet, deren Scheitel R ist und deren Ebene durch N geht, dabei aber den Kegelschnitt berührt. Aus dieser Beschreibung folgt, dass die Bedingung ν, die Raumcurve soll eine gegebene Gerade schneiden, sich für die ω *spaltet* und zwar in die Bedingung n, dass die ω ihren *Kegelschnitt* die gegebene Gerade schneiden lässt, und in die Bedingung N, dass die ω ihre *Gerade* N die gegebene Gerade schneiden lässt. Daher ist:

$$\nu\omega = n\omega + N\omega.$$

Ferner folgt aus jener Beschreibung, dass auch die Bedingung ϱ, die Raumcurve soll eine gegebene Ebene berühren, sich für ω *spaltet*, und zwar in die Bedingung r, dass der Kegelschnitt die gegebene Ebene berühre, in die Bedingung S, *dass der eine der beiden oben erwähnten zusammenfallenden Strahlbüschel einen in der gegebenen Ebene liegenden Strahl enthalte, und in die Bedingung S', dass der andere der beiden zusammenfallenden Strahlbüschel einen in der gegebenen Ebene liegenden Strahl enthalte. Jede der beiden Bedingungen S und S' ist aber ersetzbar durch die Bedingung R, dass der Punkt R auf der gegebenen Ebene liege.*

Also ist:

$$\varrho\omega = r\omega + R\omega + R\omega = r\omega + 2R\omega.$$

Durch symbolische Multiplication erhält man aus dieser und der vorigen Formel alle Ausartungssymbole von der Form $\omega\nu^a\varrho^{11-a}$ als Functionen der Symbole $\omega n^b r^c N^d R^{11-b-c-d}$, und damit die Berechnung der Ausartungszahlen ω zurückgeführt auf Anzahlen, die sich auf die Theilgebilde von ω, den Kegelschnitt und die drei Hauptelemente beziehen. Speciell ist:

$$\omega \nu^{10}\varrho = \omega(n+N)^{10}(r+2R),$$

und hieraus erhält man nach symbolischer Anwendung des binomischen Satzes und nach Weglassung aller Symbole, die gleich null sind,

$$\begin{aligned}\omega \nu^{10}\varrho = \omega\,[10_2 \,.\, N^2 n^8 (2R)] \\ + \omega\,[10_3 \,.\, N^3 n^7 (r+2R)] \\ + \omega\,[10_4 \,.\, N^4 n^6 (r+2R)].\end{aligned}$$

Jedes der hier vorkommenden fünf Symbole lässt sich nun leicht durch die in § 20 (pag. 95 u. 96) berechneten, dem Kegelschnitt und dem Strahle angehörigen Anzahlen ausdrücken. Es ist nämlich:

$$\begin{aligned}\omega n^8 N^2 R &= \mathbf{92} \,.\, 2, \\ \omega n^7 r N^3 &= 2 \,.\, \mathbf{116} \,.\, 2, \\ \omega n^7 R N^3 &= 2 \,.\, \mathbf{92}, \\ \omega n^6 r N^4 &= 2 \,.\, \mathbf{116}, \\ \omega n^6 R N^4 &= 2 \,.\, \mathbf{18},\end{aligned}$$

wo die fettgedruckten Zahlen 92, 116, 18 angeben, wieviel Kegelschnitte bezüglich

8 gegebene Gerade schneiden,

7 gegebene Gerade schneiden und eine gegebene Ebene berühren,

6 gegebene Gerade schneiden und durch einen gegebenen Punkt gehen.

Durch Substitution dieser Anzahlen erhält man schliesslich:

$$\omega \nu^{10}\varrho = 180240.$$

In dem eben besprochenen Beispiele konnten wir $2R\omega$ statt $S\omega + S'\omega$ setzen, weil wegen der Coincidenz der beiden Strahlbüschel die Bedingungen S und S' für ω identisch waren. Analog kann man bei allen solchen Coincidenzen verfahren und demnach folgenden Satz aussprechen:

„Wenn auf einer Ausartung α eines Gebildes Γ n Theilgebilde $c_1, c_2, c_3, \ldots c_n$ in dem Gebilde c *vereinigt* zu denken sind, so ist die Γ zugeschriebene Bedingung, dass *irgend eines* dieser n Theilgebilde eine gewisse Bedingung z erfüllen soll, für die Ausartung gleich dem n-fachen der Bedingung, dass das Gebilde c dieselbe Bedingung erfüllen soll.“

Es mögen z. B. auf einer Ausartung α einer Plancurve n^{ter} Ordnung die Punkte n zusammenfallende Gerade bilden, es möge ν die Bedingung bedeuten, dass die Plancurve eine gegebene Gerade schneiden soll, und g die Bedingung bezeichnen, welche α dadurch erfüllt, dass der die n Geraden in sich vereinigende Strahl eine gegebene Gerade schneidet. Dann ist:

$$\nu\alpha = n\,.\,g\alpha,$$

also auch:

$$\nu^2\alpha = n^2\,.\,g^2\alpha, \qquad \nu^3\alpha = n^3\,.\,g^3\alpha,$$
$$\nu^4\alpha = n^4\,.\,g^4\alpha, \qquad \nu^5\alpha = 0, \text{ u. s. f.}$$

Um bei der Beschreibung der Ausartungen der Plancurven, Raumcurven und Flächen eine kurze Ausdrucksweise zu ermöglichen, führen wir einige Termini ein, welche sich an die Festsetzungen anlehnen, die in § 4 (pag. 18) über den Gebrauch der Wörter

Ordnung, *Rang*, *Klasse*

gegeben sind. Wir wollen nämlich bei ausgearteten Plancurven und Raumcurven die Theilgebilde des Orts der Punkte *Ordnungscurven*, die Theilgebilde des Orts der Tangenten *Rangcurven* nennen. Ferner sollen bei einer Fläche die Theilgebilde des Orts der Punkte *Ordnungsflächen*, die Theilgebilde des Orts der Tangenten *Rangflächen* und die Theilgebilde des Orts der Tangentialebenen *Klassenflächen* heissen. Endlich nennen wir bei ausgearteten Raumcurven die Theilgebilde des Orts der Schmiegungsebenen *Klassencurven*. Sind die Curven ersten Grades, so bezeichnen wir sie bezüglich mit den Namen

Ordnungsgeraden, *Rangbüschel*, *Klassenaxen*.

Sind die Flächen ersten Grades, so gebrauchen wir die Ausdrücke:

Ordnungsebenen, *Rangaxen*, *Klassenpunkte*.

Der Scheitel eines Rangbüschels soll *Rangpunkt*, seine Ebene *Rangebene* heissen. Bei einer Plancurve fällt jede Rangebene natürlich mit der Ebene der Curve zusammen und man wird also dann, ohne Irrthum zu veranlassen, statt Rangbüschel auch nur *Rangpunkt* sagen dürfen (*sommet* bei Chasles und Zeuthen). Z. B. kann man mit Hilfe dieser Termini die beiden in § 20 (pag. 91) erzeugten Kegelschnittausartungen η und δ kurz so beschreiben:

„*Ein Kegelschnitt η besteht aus einer doppelten Ordnungsgeraden, auf welcher zwei einfache Rangpunkte liegen.*"

„*Ein Kegelschnitt δ besteht aus zwei einfachen Ordnungsgeraden, welche sich in einem doppelten Rangpunkte schneiden.*"

Aus dem oben abgeleiteten Satze über die Vielfachheit der Ausartungen resultiren gewisse speciellere Sätze, welche bei den Berechnungen vorzugsweise zur Anwendung gelangen und welche sich jetzt kurz so aussprechen lassen:

Eine Ausartung ist r^s-fach zu rechnen:

a) wenn sie eine r-fache Ordnungsgerade hat und diese s gegebene Gerade schneidet oder durch s gegebene Punkte geht,

b) wenn sie eine r-fache Klassenaxe hat und diese s gegebene Gerade schneidet oder in s gegebenen Ebenen liegt,

c) wenn sie einen r-fachen Rangpunkt hat und durch diesen s gegebene Ebenen gehen,

d) wenn sie eine r-fache Rangebene hat und auf dieser s gegebene Punkte liegen,

e) wenn sie einen r-fachen Rangbüschel hat und in diesem s gegebene Tangenten liegen,

f) wenn sie eine r-fache Ordnungsebene hat und auf dieser s gegebene Punkte liegen,

g) wenn sie einen r-fachen Klassenpunkt hat und durch diesen s gegebene Tangentialebenen gehen,

h) wenn sie eine r-fache Rangaxe hat und diese von s gegebenen Tangenten geschnitten wird.

§ 22.

Anzahlen für Flächen zweiten Grades (Lit. 33).

Die Fläche zweiten Grades F_2 haben wir in § 16 rücksichtlich der Bedingungen behandelt, welche sich auf die beiden in ihr liegenden *Regelschaaren* beziehen; dort haben wir auch ihre drei Ausartungen φ, χ, ψ durch homographische Abbildung erzeugt. Mit Hilfe der in § 21 erklärten Terminologie lassen sich diese Ausartungen kurz so beschreiben:

„*Eine Fläche φ besteht aus einer doppelten Ordnungsebene, auf welcher ein einfacher Rangkegelschnitt liegt, der zugleich ein einfacher Klassenkegelschnitt ist.*"

„*Eine Fläche χ besteht aus einem einfachen Ordnungskegel zweiten Grades, der zugleich ein einfacher Rangkegel ist und dessen Spitze ein doppelter Klassenpunkt ist.*"

„*Eine Fläche ψ besteht aus zwei einfachen Ordnungsebenen, deren Schnittaxe doppelte Rangaxe ist und zwei einfache Klassenpunkte enthält.*"

Die einfachen Bedingungen, welche eine F_2 dadurch erfüllt, dass sie zu einer Fläche φ, χ, ψ wird, bezeichnen wir beziehungsweise mit denselben Symbolen φ, χ, ψ. Zwischen den drei Bedingungen φ, χ, ψ und den drei Bedingungen:

μ, *dass die F_2 einen gegebenen Punkt enthalte,*
ϱ, *dass sie eine gegebene Ebene berühre,*
ν, *dass sie eine gegebene Gerade berühre,*

bestehen drei Gleichungen, welche schon in § 16 aus dem Chasles-schen Correspondenzprincip abgeleitet sind, und welche lauten wie folgt:

1) $$2 \,.\, \mu - \nu = \varphi,$$
2) $$2 \,.\, \varrho - \nu = \chi,$$
3) $$2 \,.\, \nu - \mu - \varrho = \psi.$$

Aus diesen drei Gleichungen folgt:

4) $$\mu = \tfrac{1}{4} \,.\, (3 \,.\, \varphi + \chi + 2 \,.\, \psi),$$
5) $$\varrho = \tfrac{1}{4} \,.\, (\varphi + 3 \,.\, \chi + 2 \,.\, \psi),$$
6) $$\nu = \tfrac{1}{4} \,.\, (2 \,.\, \varphi + 2 \,.\, \chi + 4 \,.\, \psi).$$

Wir können daher mit vielen Bestätigungen die Zahlenwerthe aller neunfachen, aus μ, ν, ϱ zusamengesetzten Bedingungen berechnen, wenn wir die Zahlenwerthe derjenigen Bedingungen kennen, welche φ, χ oder ψ und ausserdem eine achtfache, aus μ, ν, ϱ zusammengesetzte Bedingung zu Faktoren haben. Die Zahlen $\varphi \mu^m \nu^n \varrho^{8-m-n}$ sind aber als bekannt anzusehen, weil eine Fläche φ einen *Kegelschnitt und Hauptelemente* zu *Theilgebilden* (cf. § 21, pag. 98) hat und die darauf bezüglichen Anzahlen aus §§ 19 und 20 hervorgehen. Die Zahlen $\chi \mu^m \nu^n \varrho^{8-m-n}$ sind nach dem Princip der Dualität mit den Zahlen $\varphi \mu^{8-m-n} \nu^n \varrho^m$ identisch, können also gleichfalls als bekannt angesehen werden. Endlich können auch die Zahlen $\psi \mu^m \nu^n \varrho^{8-m-n}$ leicht berechnet werden, weil eine Fläche ψ *nur Hauptelemente* zu Theilgebilden hat. Einige Beispiele werden ausreichen, um die Berechnung der Ausartungsanzahlen zu zeigen.

1. Um die Zahl $\varphi \mu \nu^6 \varrho$ zu berechnen, beachten wir, dass gemäss der Beschreibung von φ der Kegelschnitt von φ seine Ebene durch den Punkt der Bedingung μ schicken muss, die sechs Geraden der Bedingung ν^6 schneiden und die Ebene der Bedingung ϱ berühren muss. Nun giebt es aber nach den Tabellen des § 20 52 Kegelschnitte, welche ihre Ebene durch einen gegebenen Punkt schicken, sechs gegebene Gerade schneiden und eine gegebene Ebene berühren. Diese Zahl ist dann noch mit 2^1 zu multipliciren, weil eine *doppelte* Ordnungsebene durch *einen* gegebenen Punkt geht (Satz am Schluss von § 21). Also ist

$$\varphi \mu \nu^6 \varrho = 104.$$

2. Ebenso ist $\varphi \mu^2 \nu^3 \varrho^3$ 2^2 mal so gross, als die Zahl der Kegelschnitte, welche ihre Ebene durch zwei gegebene Punkte schicken,

und dabei drei gegebene Gerade schneiden, sowie drei gegebene Ebenen berühren. Also ist

$$\varphi\mu^2\nu^3\varrho^3 = 2^2 . 24 = 96.$$

3. Um $\psi\mu^4\nu^2\varrho^2$ zu berechnen, vertheilen wir die vier Punkte der Bedingung μ^4 erstens so, dass zwei Punkte auf die eine Ordnungsebene und zwei Punkte auf die andere fallen, zweitens auch so, dass drei Punkte auf die eine Ordnungsebene fallen und ein Punkt auf die andere Ordnungsebene fällt. Im ersten Falle muss die doppelte Rangaxe von ψ vier Gerade schneiden, nämlich die beiden Geraden der Bedingung ν^2 und die beiden Verbindungsgeraden der auf der nämlichen Ordnungsebene liegenden Punkte. Im zweiten Falle ist die eine Ordnungsebene durch die drei auf sie fallenden Punkte bestimmt, und auf ihr bestimmen die beiden Geraden der Bedingung ν^2 die doppelte Rangaxe. In beiden Fällen schneiden endlich die beiden Ebenen der Bedingung ϱ^2 die doppelte Rangaxe in den beiden Klassenpunkten. Es ergiebt sich also

$$\psi\mu^4\nu^2\varrho^2 = 2^2 . (\tfrac{1}{2} . 4_2 . 2 + 4_1 . 1) = 40.$$

Die folgende Tabelle enthält nun die numerischen Werthe der sämmtlichen Ausartungssymbole

$$\varphi\mu^m\nu^n\varrho^{8-m-n}, \quad \chi\mu^m\nu^n\varrho^{8-m-n}, \quad \psi\mu^m\nu^n\varrho^{8-m-n}$$

und zwar so, dass immer die sich dual entsprechenden Symbole die zugehörige Anzahl einschliessen.

Tabelle von Ausartungsanzahlen der Fläche zweiten Grades.

$\varphi\mu^8 = 0 = \chi\varrho^8$	$\varphi\varrho^8 = 4 = \chi\mu^8$	$\psi\mu^8 = 0 = \psi\varrho^8$
$\varphi\mu^7\varrho = 0 = \chi\mu\varrho^7$	$\varphi\mu\varrho^7 = 12 = \chi\mu^7\varrho$	$\psi\mu^7\varrho = 0 = \psi\mu\varrho^7$
$\varphi\mu^6\varrho^2 = 0 = \chi\mu^2\varrho^6$	$\varphi\mu^2\varrho^6 = 16 = \chi\mu^6\varrho^2$	$\psi\mu^6\varrho^2 = 10 = \psi\mu^2\varrho^6$
$\varphi\mu^5\varrho^3 = 0 = \chi\mu^3\varrho^5$	$\varphi\mu^3\varrho^5 = 8 = \chi\mu^5\varrho^3$	$\psi\mu^5\varrho^3 = 30 = \psi\mu^3\varrho^5$
$\varphi\mu^4\varrho^4 = 0 = \chi\mu^4\varrho^4$		$\psi\mu^4\varrho^4 = 42 = \psi\mu^4\varrho^4$
$\varphi\nu\mu^7 = 0 = \chi\nu\varrho^7$	$\varphi\nu\varrho^7 = 8 = \chi\nu\mu^7$	$\psi\nu\mu^7 = 0 = \psi\nu\varrho^7$
$\varphi\nu\mu^6\varrho = 0 = \chi\nu\mu\varrho^6$	$\varphi\nu\mu\varrho^6 = 24 = \chi\nu\mu^6\varrho$	$\psi\nu\mu^6\varrho = 0 = \psi\nu\mu\varrho^6$
$\varphi\nu\mu^5\varrho^2 = 0 = \chi\nu\mu^2\varrho^5$	$\varphi\nu\mu^2\varrho^5 = 32 = \chi\nu\mu^5\varrho^2$	$\psi\nu\mu^5\varrho^2 = 20 = \psi\nu\mu^2\varrho^5$
$\varphi\nu\mu^4\varrho^3 = 0 = \chi\nu\mu^3\varrho^4$	$\varphi\nu\mu^3\varrho^4 = 16 = \chi\nu\mu^4\varrho^3$	$\psi\nu\mu^4\varrho^3 = 60 = \psi\nu\mu^3\varrho^4$
$\varphi\nu^2\mu^6 = 0 = \chi\nu^2\varrho^6$	$\varphi\nu^2\varrho^6 = 16 = \chi\nu^2\mu^6$	$\psi\nu^2\mu^6 = 0 = \psi\nu^2\varrho^6$
$\varphi\nu^2\mu^5\varrho = 0 = \chi\nu^2\mu\varrho^5$	$\varphi\nu^2\mu\varrho^5 = 48 = \chi\nu^2\mu^5\varrho$	$\psi\nu^2\mu^5\varrho = 0 = \psi\nu^2\mu\varrho^5$
$\varphi\nu^2\mu^4\varrho^2 = 0 = \chi\nu^2\mu^2\varrho^4$	$\varphi\nu^2\mu^2\varrho^4 = 64 = \chi\nu^2\mu^4\varrho^2$	$\psi\nu^2\mu^4\varrho^2 = 40 = \psi\nu^2\mu^2\varrho^4$
$\varphi\nu^2\mu^3\varrho^3 = 32 = \chi\nu^2\mu^3\varrho^3$		$\psi\nu^2\mu^3\varrho^3 = 72 = \psi\nu^2\mu^3\varrho^3$
$\varphi\nu^3\mu^5 = 0 = \chi\nu^3\varrho^5$	$\varphi\nu^3\varrho^5 = 32 = \chi\nu^3\mu^5$	$\psi\nu^3\mu^5 = 0 = \psi\nu^3\varrho^5$
$\varphi\nu^3\mu^4\varrho = 0 = \chi\nu^3\mu\varrho^4$	$\varphi\nu^3\mu\varrho^4 = 96 = \chi\nu^3\mu^4\varrho$	$\psi\nu^3\mu^4\varrho = 0 = \psi\nu^3\mu\varrho^4$

$\varphi\nu^3\mu^3\varrho^2 = 32 = \chi\nu^3\mu^2\varrho^3$	$\varphi\nu^3\mu^2\varrho^3 = 96 = \chi\nu^3\mu^3\varrho^2$	$\psi\nu^3\mu^3\varrho^2 = 48 = \psi\nu^3\mu^2\varrho^3$
$\varphi\nu^4\mu^4 = 0 = \chi\nu^4\varrho^4$	$\varphi\nu^4\varrho^4 = 64 = \chi\nu^4\mu^4$	$\psi\nu^4\mu^4 = 0 = \psi\nu^4\varrho^4$
$\varphi\nu^4\mu^3\varrho = 16 = \chi\nu^4\mu\varrho^3$	$\varphi\nu^4\mu\varrho^3 = 144 = \chi\nu^4\mu^3\varrho$	$\psi\nu^4\mu^3\varrho = 0 = \psi\nu^4\mu\varrho^3$
$\varphi\nu^4\mu^2\varrho^2 = 96 = \chi\nu^4\mu^2\varrho^2$		$\psi\nu^4\mu^2\varrho^2 = 32 = \psi\nu^4\mu^2\varrho^2$
$\varphi\nu^5\mu^3 = 8 = \chi\nu^5\varrho^3$	$\varphi\nu^5\varrho^3 = 104 = \chi\nu^5\mu^3$	$\psi\nu^5\mu^3 = 0 = \psi\nu^5\varrho^3$
$\varphi\nu^5\mu^2\varrho = 56 = \chi\nu^5\mu\varrho^2$	$\varphi\nu^5\mu\varrho^2 = 152 = \chi\nu^5\mu^2\varrho$	$\psi\nu^5\mu^2\varrho = 0 = \psi\nu^5\mu\varrho^2$
$\varphi\nu^6\mu^2 = 32 = \chi\nu^6\varrho^2$	$\varphi\nu^6\varrho^2 = 128 = \chi\nu^6\mu^2$	$\psi\nu^6\mu^2 = 0 = \psi\nu^6\varrho^2$
$\varphi\nu^6\mu\varrho = 104 = \chi\nu^6\mu\varrho$	•	$\psi\nu^6\mu\varrho = 0 = \psi\nu^6\mu\varrho$
$\varphi\nu^7\mu = 68 = \chi\nu^7\varrho$	$\varphi\nu^7\varrho = 116 = \chi\nu^7\mu$	$\psi\nu^7\mu = 0 = \psi\nu^7\varrho$
$\varphi\nu^8 = 92 = \chi\nu^8$		$\psi\nu^8 = 0 = \psi\nu^8$

Aus diesen Ausartungsanzahlen ergeben sich die 55 Zahlen $\mu^m\nu^n\varrho^{9-m-n}$ durch die Formeln 4, 5 und 6, und zwar erhält man jede dieser Zahlen so oft, als unter den drei Exponenten m, n, $9-m-n$ von null verschiedene sind. Diese 55 Zahlen, welche Elementarzahlen der F_2 heissen, sind in der folgenden Tabelle zusammengestellt.

Tabelle der Anzahlen $\mu^m\nu^n\varrho^{9-m-n}$ für die Fläche zweiten Grades.

$\mu^9 = \varrho^9 = 1$	$\nu^2\mu^7 = \nu^2\varrho^7 = 4$	$\nu^4\mu^3\varrho^2 = \nu^4\mu^2\varrho^3 = 112$
$\mu^8\varrho = \mu\varrho^8 = 3$	$\nu^2\mu^6\varrho = \nu^2\mu\varrho^6 = 12$	$\nu^5\mu^4 = \nu^5\varrho^4 = 32$
$\mu^7\varrho^2 = \mu^2\varrho^7 = 9$	$\nu^2\mu^5\varrho^2 = \nu^2\mu^2\varrho^5 = 36$	$\nu^5\mu^3\varrho = \nu^5\mu\varrho^3 = 80$
$\mu^6\varrho^3 = \mu^3\varrho^6 = 17$	$\nu^2\mu^4\varrho^3 = \nu^2\mu^3\varrho^4 = 68$	$\nu^5\mu^2\varrho^2 = \nu^5\mu^2\varrho^2 = 128$
$\mu^5\varrho^4 = \mu^4\varrho^5 = 21$	$\nu^3\mu^6 = \nu^2\varrho^6 = 8$	$\nu^6\mu^3 = \nu^6\varrho^3 = 56$
$\nu\mu^8 = \nu\varrho^8 = 2$	$\nu^3\mu^5\varrho = \nu^3\mu\varrho^5 = 24$	$\nu^6\mu^2\varrho = \nu^6\mu\varrho^2 = 104$
$\nu\mu^7\varrho = \nu\mu\varrho^7 = 6$	$\nu^3\mu^4\varrho^2 = \nu^3\mu^2\varrho^4 = 72$	$\nu^7\mu^2 = \nu^7\varrho^2 = 80$
$\nu\mu^6\varrho^2 = \nu\mu^2\varrho^6 = 18$	$\nu^3\mu^3\varrho^3 = \nu^3\mu^3\varrho^3 = 104$	$\nu^7\mu\varrho = \nu^7\mu\varrho = 104$
$\nu\mu^5\varrho^3 = \nu\mu^3\varrho^5 = 34$	$\nu^4\mu^5 = \nu^4\varrho^5 = 16$	$\nu^8\mu = \nu^8\varrho = 92$
$\nu\mu^4\varrho^4 = \nu\mu^4\varrho^4 = 42$	$\nu^4\mu^4\varrho = \nu^4\mu\varrho^4 = 48$	$\nu^9 = \nu^9 = 92$

Hiernach kann man nun auch alle diejenigen neunfachen Bedingungen berechnen, die einen Faktor enthalten, den man als Function von μ, ν, ϱ dargestellt hat, z. B. *die Zahl der sechs gegebene Gerade berührenden und eine gegebene Gerade enthaltenden Flächen zweiten Grades* gemäss der Formel VII des § 16 (pag. 77):

$$x = \tfrac{1}{4}\cdot[2.\nu^3 - 3.\nu^2\mu - 3\nu^2\varrho + 3.\nu\mu^2 + 3.\nu\varrho^2 + 2.\nu\mu\varrho - 2.\mu^3 - 2.\varrho^3].$$

Die gesuchte Zahl ist also gleich

$$x\nu^6 = \tfrac{1}{4}.[2.\mathbf{92} - 3.\mathbf{92} - 3.\mathbf{92} + 3.\mathbf{80} + 3.\mathbf{80} + 2.\mathbf{104} - 2.\mathbf{56} - 2.\mathbf{56}] = \mathbf{24}.$$

Um ein zweites Beispiel zu haben, berechnen wir die Zahl N *der neun gegebene Flächen zweiten Grades berührenden Flächen zweiten*

Grades aus den obigen Zahlen durch die in § 14 Nr. 3 (pag. 54) allgemein bewiesene Formel:

$$x = k.\mu + r.\nu + m.\varrho.$$

Danach ergiebt sich, da $k = r = m = 2$ ist:

$$N = (2\mu + 2\nu + 2\varrho)^9 = 2^9(\mu + \nu + \varrho)^9$$
$$= 2^9.[(\mu^9 + 9_1\mu^8\varrho + 9_2.\mu^7\varrho^2 + \ldots) + 9_1.\nu(\mu^8 + 8_1.\mu^7\varrho + \ldots) + \ldots + (\nu^9)].$$

Setzt man für die rechts auftretenden Symbole die oben berechneten Werthe ein, so erhält man schliesslich

$$N = 666841088.$$

§ 23.

Anzahlen für cubische Plancurven mit Spitze (Lit. 34).

Bei der cubischen Plancurve mit Spitze C_3^3, welche die Constantenzahl $3 + 7$ hat, bezeichnen wir, analog wie beim Kegelschnitt in § 20:

mit μ die Bedingung, dass ihre Ebene durch einen gegebenen Punkt gehen soll,

mit ν die Bedingung, dass sie eine gegebene Gerade schneiden soll,

mit ϱ die Bedingung, dass sie eine gegebene Ebene berühren soll.

Die Symbole der auf die singulären Punkte und Tangenten bezüglichen Grundbedingungen erhalten wir nach den Bezeichnungsregeln des § 2, indem wir festsetzen, dass bei der C_3^3 bezeichnet werden soll:

mit c ihre *Spitze*,

mit v ihr *Wendepunkt*,

mit y der *Schnittpunkt von Wendetangente und Rückkehrtangente*,

mit w ihre *Wendetangente*,

mit q ihre *Rückkehrtangente*,

mit z der *Verbindungsstrahl von Spitze und Wendepunkt*.

Die eben genannten drei Punkte und drei Strahlen bilden die Ecken und Seiten eines Dreiecks, welches wir *Singularitätendreieck* nennen wollen. Vermöge der Incidenzformeln lassen sich nun durch μ, ν, ϱ mehrere Bedingungen ausdrücken, welche sich auf den Punktort und den Tangentenort beziehen, z. B. die Bedingung P, dass die C_3^3 durch einen gegebenen Punkt gehen soll, und die Bedingung T, dass sie eine gegebene Gerade berühren soll. Es ist nämlich (§ 12 Nr. 8 und 9, pag. 40):

$$P = \mu\nu - 3 \cdot \mu^2,$$
$$T = \mu^2\varrho - 3 \cdot \mu^3.$$

Ferner lassen sich durch

$$\mu,\ c,\ c^2,\ v,\ v^2,\ y,\ y^2,\ w,\ w_e,\ q,\ q_e,\ z,\ z_e$$

alle sonstigen Grundbedingungen des Singularitätendreiecks ausdrücken, z. B. (§ 12, pag. 39):

$$c^3 = \mu c^2 - \mu^2 c + \mu^3,$$
$$w_p = \mu w - \mu^2,$$
$$q_s = \mu q_e - \mu^3,$$
$$W = \mu^2 w_e - \mu^3 w.$$

Wir stellen uns daher das Problem, alle diejenigen zehnfachen Symbole numerisch zu bestimmen, welche aus den Potenzen von μ, ν, ϱ und aus den Bedingungen

$$c,\ c^2,\ v,\ v^2,\ y,\ y^2,\ w,\ w_e,\ q,\ q_e,\ z,\ z_c$$

zusammengesetzt sind. Wir setzen daher in diesem Paragraphen immer nur Systeme voraus, deren definirende Bedingung aus solchen Bedingungen zusammengesetzt ist. Die gesuchten Zahlen sind dann übrigens immer noch durch Gleichungen mit einander verbunden, die sich aus der Incidenzformel I (§ 7) ergeben. Es ist nämlich:

$$cq = c^2 + q_e,$$
$$cz = c^2 + z_c,$$
$$vz = v^2 + z_c,$$
$$vw = v^2 + w_c,$$
$$yw = y^2 + w_c,$$
$$yq = y^2 + q_e.$$

Um nun Formeln erster Dimension zu gewinnen, welche die gesuchten Zahlen durch Ausartungsanzahlen ausdrücken, setzen wir ein einstufiges System von Curven C_3^3 voraus und betrachten die in demselben liegenden Systeme derjenigen einer und derselben Curve zugehörigen Hauptelementenpaare, welche in der folgenden Tabelle zusammengestellt sind. Die jedem Paare nachgesetzte römische Nummer bezeichnet die *Stufe des Systems*, welches von dem Paare in einem einstufigen Curvensysteme erzeugt wird.

Tabelle der 25 Paare.

1) Punkt c und Punkt v, I.
2) Strahl w und Strahl q, I.
3) v und y, I.

4) q und z, I.
5) y und c, I.
6) z und w, I.

7) c und ein Curvenpunkt, II.
8) w und eine Tangente, II.
9) v und ein Curvenpunkt, II.
10) q und eine Tangente, II.
11) y und ein Curvenpunkt, II.
12) z und eine Tangente, II.

13) Ein Curvenpunkt und der einfache Schnittpunkt der in ihm berührenden Tangente, II.
14) Eine Tangente und die von ihrem Berührungspunkt ausgehende andere Tangente, II.

15) Zwei Curvenpunkte, III.
16) Zwei Tangenten, III.

17) c und eine Tangente, II.
18) w und ein Curvenpunkt, II.
19) v und eine Tangente, II
20) q und ein Curvenpunkt, II.
21) y und eine Tangente, II.
22) z und ein Curvenpunkt, II.

23) c und w, I.
24) v und q, I.
25) y und z, I.

Die ersten 22 der hier aufgezählten Paare sind so beschaffen, dass jedes mit einer geraden Nummer versehene *dem vorangehenden feld-dual* entspricht. Die drei letzten Paare dagegen entsprechen *sich selbst* feld-dual. Feld-dual soll nämlich gemäss der in § 2 eingeführten Terminologie der Grundgebilde diejenige duale Verwandtschaft heissen, welche in einer Ebene zwischen ihrem Punktfelde und ihrem Strahlenfelde besteht.

Auf jedes der von diesen 25 Paaren erzeugten Systeme soll eine der im III. Abschnitte abgeleiteten Coincidenzformeln angewandt werden und zwar

die Formel 1 des § 13 auf 1, 3, 5;
„ „ 2 „ § 13 „ 7, 9, 11, 13;
„ „ 4 „ § 13 „ 15;

die Formel 21 des § 15 auf 2, 4, 6;
„ „ 39 „ § 15 „ 8, 10, 12, 14;
„ „ 41 „ § 15 „ 16;
„ „ 14 „ § 17 „ 23, 24, 25;
„ „ 16 „ § 17 „ 17, 19, 21;
„ „ 15 „ § 17 „ 18, 20, 22.

Natürlich würde auch in jedem der 25 Fälle eine ein- oder mehrmalige Anwendung des *ursprünglichen* Chasles'schen Correspondenzprincips zum Ziele führen. Doch wären dann in jedem einzelnen Falle immer wieder die geometrischen Ueberlegungen nothwendig, welche im III. Abschnitt bei der Ableitung der allgemeinen Coincidenzformeln *ein für alle mal* gemacht sind. Wir lassen nun die 25 Formeln folgen, welche aus den eben besprochenen Anwendungen resultiren. Dabei ist die Zahl der Coincidenzen immer rechts vom Gleichheitszeichen geschrieben. Von den in die Formeln eintretenden *Ausartungsbedingungen* ist durch die Arbeiten der Herren Maillard (Doctordissertation 1871) und Zeuthen (Comptes rendus tome 74 [**Lit. 34**]) die Bedingung bekannt, welche ausspricht, dass die C_3^3 in einen Kegelschnitt und eine ihn berührende Gerade zerfallen soll. Eine solche C_3^3 bezeichnen wir mit σ und ebenso die einfache Bedingung, dass die C_3^3 zu einer Curve σ ausarten soll. Die Ausartung σ lässt sich mit Hilfe der in § 20 eingeführten Termini kurz so beschreiben:

„σ hat einen in der Ebene μ befindlichen Ordnungskegelschnitt k, der zugleich Rangkegelschnitt ist und von einer einfachen Ordnungsgeraden a in einem einfachen Rangpunkte d berührt wird. Die Spitze, der Wendepunkt und der Schnittpunkt von Wendetangente und Rückkehrtangente fallen in den Rangpunkt d, die Wendetangente, Rückkehrtangente und der Verbindungsstrahl von Spitze und Wendepunkt fallen in die Ordnungsgerade a."

Die Ausartung σ ist die einzige Ausartung der C_3^3, welche durch eine neunfache, *bloss* aus μ, ν, ϱ zusammengesetzte Bedingung bestimmbar ist. Die Bedingung σ führen wir sofort in die 25 Formeln ein; die Zahl aller übrigen in jede der Formeln eintretenden Ausartungen bezeichnen wir vorläufig mit α_i, wo i die Nummer der Formel ist. Jede Zahl α_i heisst der *singuläre Defect* derjenigen Formel, welche die Nummer i trägt. Bei Voraussetzung eines einstufigen Systems, dessen definirende Bedingung nur μ, ν, ϱ enthält, ist jeder singuläre Defect gleich null.

Tabelle der 25 Formeln.

1) $c + v - z = \sigma + \alpha_1,$
2) $w + q - y - \mu = \sigma + \alpha_2,$
3) $v + y - w = \sigma + \alpha_3,$
4) $q + z - c - \mu = \sigma + \alpha_4,$
5) $y + c - q = \sigma + \alpha_5,$
6) $z + w - v - \mu = \sigma + \alpha_6,$

7) $\nu + c - \mu = 2q + \alpha_7,$
8) $\varrho + w - \mu = 2r + \alpha_8,$
9) $\nu + 2v - 2\mu = w + 2\sigma + \alpha_9,$
10) $\varrho + 2q - 2\mu = c + 2\sigma + \alpha_{10},$
11) $\nu + 3y - 3\mu = 4\sigma + \alpha_{11},$
12) $\varrho + 3z - 3\mu = 4\sigma + \alpha_{12},$

13) $2\nu + \varrho - 3\mu = 2q + w + \alpha_{13},$
14) $2\varrho + \nu - 3\mu = 2r + c + \alpha_{14},$

15) $2\nu + 2\nu - 6\mu = \varrho + 3c + \alpha_{15},$
16) $2\varrho + 2\varrho \quad = \nu + 3w + \alpha_{16},$

17) $3c + \varrho = 3q + \sigma + \alpha_{17},$
18) $3w + \nu - 3\mu = 3v + \sigma + \alpha_{18},$
19) $3v + \varrho = 3w + \sigma + \alpha_{19},$
20) $3q + \nu - 3\mu = 3c + \sigma + \alpha_{20},$
21) $3y + \varrho = 2w + q + \sigma + \alpha_{21},$
22) $3z + \nu - 3\mu = 2c + v + \sigma + \alpha_{22},$

23) $c + w - \mu = 2\sigma + \alpha_{23},$
24) $v + q - \mu = 2\sigma + \alpha_{24},$
25) $y + z - \mu = 2\sigma + \alpha_{25}.$

Hier bedeutet also z. B. α_1 die Zahl aller derjenigen in dem gegebenen einstufigen Systeme noch ausser σ vorhandenen, hinlänglich oft gezählten Ausartungen, bei denen Spitze und Wendepunkt zusammenfallen, α_{13} die Zahl aller derjenigen, welche eine Tangente durch eine gegebene Gerade so schicken, dass ihr Berührungspunkt mit ihrem einfachen Schnittpunkte zusammenfällt.

Aus den 25 Formeln der obigen Tabelle erhält man auf mehrfache Weise jede der sieben Zahlen

$$2\sigma, \quad 3c, \quad 6v, \quad 3y, \quad 3w, \quad 6q, \quad 3z$$

als eine Function von μ, ν, ϱ, welche um eine Function der Zahlen α vermindert ist. So gewinnt man sieben Hauptformeln, nämlich:

26) die σ-Formel $\quad 2.\sigma = \nu + \varrho - 3.\mu - \alpha_\sigma,$
27) die c-Formel $\quad 3.c = 4.\nu - \varrho - 6.\mu - \alpha_c,$
28) die w-Formel $\quad 3.w = 4.\varrho - \nu - \alpha_w,$
29) die v-Formel $\quad 6.v = 7.\varrho - \nu - 3.\mu - \alpha_v,$
30) die q-Formel $\quad 6.q = 7.\nu - \varrho - 9.\mu - \alpha_q,$
31) die y-Formel $\quad 3.y = 2.\varrho + \nu - 3.\mu - \alpha_y,$
32) die z-Formel $\quad 3.z = 2.\nu + \varrho - 3.\mu - \alpha_z,$

worin

$$\alpha_\sigma, \quad \alpha_c, \quad \alpha_w, \quad \alpha_v, \quad \alpha_q, \quad \alpha_y, \quad \alpha_z$$

gewisse Functionen der Zahlen $\alpha_1, \alpha_2, \dots \alpha_{25}$ bedeuten.

Jede dieser Zahlen α ist eine Summe von Anzahlen, von denen jede angiebt, wieviel Ausartungen von gewisser Definition in dem gegebenen einstufigen Systeme vorhanden sind. Derartiger Definitionen giebt es nun im ganzen zwölf verschiedene, mit anderen Worten, die C_3^3 hat ausser σ noch *zwölf andere Ausartungen*, wenn man Systeme voraussetzt, deren definirende Bedingung ausser μ, ν, ϱ auch Bedingungen enthält, die über die singulären Punkte und Tangenten etwas aussagen. Die genaue Beschreibung dieser zwölf Ausartungen erhält man, analog wie beim Kegelschnitt in § 20, sehr leicht aus der allgemeinen C_3^3 durch homographische Abbildung, indem man das Doppelverhältniss gleich null setzt, dem Centrum S der Homographie alle möglichen Lagen zu der allgemeinen C_3^3 ertheilt und die erhaltenen Ausartungen dual umformt **(Lit. 24).**

1. *Wenn S nicht auf der C_3^3 und auch nicht auf w oder q oder z liegt*, so erhält man die *Ausartung* ε_2, welche aus einer in der Ebene μ befindlichen dreifachen Ordnungsgeraden b und drei auf b gelegenen einfachen Rangpunkten d besteht. Die drei Strahlen w, q, z fallen mit b zusammen, während c, v, y drei auf b liegende, unter sich und von den Rangpunkten verschiedene Punkte sind.

2. *Wenn S auf w liegt, ohne v oder y zu sein*, so erhält man die *Ausartung* η_2. η_2 besteht aus einer in der Ebene μ befindlichen dreifachen Ordnungsgeraden b, welche mit q und z zusammenfällt. Auf dieser liegen ein einfacher Rangpunkt d, ferner die Spitze c und endlich ein zweifacher Rangpunkt e, welcher mit v und y zusammenfällt und von welchem die Wendetangente w ausgeht.

3. *Wenn S auf q liegt, ohne c oder y zu sein*, so entsteht die *Ausartung* ε_1. ε_1 besteht aus einer in der Ebene μ befindlichen dreifachen Ordnungsgeraden b, mit welcher w und z zusammenfallen. Auf b liegen zwei einfache Rangpunkte d, ein einfacher Rangpunkt, in den auch c und y fällt, und ausserdem der Wende-

punkt v. Die Rückkehrtangente q geht durch c, ohne mit b zusammenzufallen.

4. *Wenn S auf z liegt, ohne c oder v zu sein*, so entsteht die *Ausartung* ε_3. ε_3 besteht aus einer in der Ebene μ befindlichen dreifachen Ordnungsgeraden b, mit welcher w und q zusammenfallen. Auf b liegen drei einfache Rangpunkte d, ein Punkt, in welchem c und v vereinigt sind, und der Punkt y so, dass alle fünf Punkte verschieden von einander sind. z verbindet die coincidirenden Punkte c und v, ohne mit b zusammenzufallen.

5. *Wenn S der Punkt y ist*, so entsteht die *Ausartung* η_1. η_1 besitzt eine in der Ebene μ befindliche dreifache Ordnungsgerade b, welche mit z zusammenfällt. Auf ihr liegen ein mit c zusammenfallender *zweifacher* Rangpunkt c und ein mit v zusammenfallender *einfacher* Rangpunkt d. Die Wendetangente w ist ein Strahl durch c und die Rückkehrtangente q ein Strahl durch d. Beide schneiden sich in y. Bei η_1 erscheint also das Singularitätendreieck nicht ausgeartet, sondern in allgemeiner Gestalt.

6. *Wenn S ein von c und v verschiedener Curvenpunkt ist*, so erhält man die *Ausartung* δ_2. δ_2 besteht aus einer doppelten Ordnungsgeraden b und einer einfachen Ordnungsgeraden a, welche sich in einem doppelten Rangpunkte e schneiden, während ein anderer Punkt d auf b einfacher Rangpunkt ist. w, q, z fallen mit b zusammen, während c, v, y drei auf b liegende Punkte sind, die im allgemeinen von d und e verschieden sind.

7. *Wenn S der Punkt c ist, so entsteht die η_1 feld-dual entsprechende Ausartung* ϑ_1.

8. *Wenn S der Punkt v ist, so entsteht dieselbe Ausartung ϑ_1 wie bei 7.*

Aus den eben in den sechs ersten Nummern beschriebenen Ausartungen

$$\varepsilon_2,\ \eta_2,\ \varepsilon_1,\ \varepsilon_3,\ \eta_1,\ \delta_2$$

erhält man durch feld-duale Uebertragung sechs neue Ausartungen, nämlich:

$$\tau_2,\ \vartheta_2,\ \tau_1,\ \tau_3,\ \vartheta_1,\ \delta_1,$$

deren Beschreibungen aus den obigen Beschreibungen abgelesen werden können. Hinsichtlich der Bezeichnung hat man sich dabei nur zu merken, dass immer einfache Ordnungsgeraden a, mehrfache Ordnungsgeraden b, einfache Rangpunkte d, mehrfache Rangpunkte e zu nennen sind, so dass bei der dualen Uebertragung immer

a und d, b und e,
w und c, q und v, z und y

für einander zu substituiren sind.

Die Symbole der eben durch homographische Abbildung erzeugten zwölf Ausartungen sind so gewählt, dass solche Ausartungen, deren Beschreibungen *hinsichtlich des Punktorts und des Tangentenorts genau übereinstimmen mit denselben Buchstaben, jedoch verschiedenen Indices* bezeichnet sind. Es bestehen nämlich:

1. δ_1 und δ_2 aus einer doppelten und einer einfachen Ordnungsgeraden mit einem doppelten Rangpunkte im Schnittpunkte beider und einem einfachen Rangpunkte auf der doppelten Ordnungsgeraden;

2. τ_1, τ_2, τ_3 aus drei einfachen Ordnungsgeraden, die sich in einem dreifachen Rangpunkte schneiden;

3. ε_1, ε_2, ε_3 aus einer dreifachen Ordnungsgeraden, auf welcher drei einfache Rangpunkte liegen;

4. ϑ_1 und ϑ_2 aus einer zweifachen und einer einfachen Ordnungsgeraden, die sich in einem dreifachen Rangpunkte schneiden;

5. η_1 und η_2 aus einer dreifachen Ordnungsgeraden, auf welcher ein einfacher und ein zweifacher Rangpunkt liegen.

Jede *dieser* zwölf Ausartungen, sowie auch σ, kann in einem der zu betrachtenden einstufigen Systeme vorhanden sein, ausserdem aber *keine andere* Ausartung, ein Resultat, welches der Verfasser allmählich durch Induction erkannt hat. Wir führen nun die zwölf Ausartungsbedingungen

$$\delta_1,\ \delta_2,\ \tau_1,\ \tau_2,\ \tau_3,\ \varepsilon_1,\ \varepsilon_2,\ \varepsilon_3,\ \vartheta_1,\ \vartheta_2,\ \eta_1,\ \eta_2$$

in die 25 oben zusammengestellten Formeln ein. Jede der darin enthaltenen Zahlen α ist natürlich eine Summe der mit gewissen Coefficienten multiplicirten zwölf Ausartungssymbole. Aus der Beschreibung der Ausartungen ersieht man in jedem der 25 . 12 Fälle leicht, ob der Coefficient null ist oder nicht. Ist er nicht gleich null, so kann er entweder algebraisch oder mit Benutzung des Umstandes bestimmt werden, dass die 25 Gleichungen nur sieben von einander unabhängige Gleichungen repräsentiren. Die 25 . 12 Coefficienten sind in der folgenden Tabelle zusammengestellt. Vermittelst derselben ersetze man die Zahlen α der 25 Formeln durch die zwölf Ausartungsbedingungen *nach folgender Regel:*

„Jede links resp. rechts stehende Zahl α ist gleich der Summe der zwölf Producte, deren jedes einen in derselben Horizontalreihe stehenden Coefficienten zum einen Factor und diejenige Ausartungszahl zum andern Factor hat, welche mit diesem Coefficienten in derselben Verticalreihe oben resp. unten steht.“

Tabelle der Coefficienten der Ausartungsanzahlen in den 25 Formeln.

	δ_1	δ_2	τ_1	τ_2	τ_3	ε_1	ε_2	ε_3	ϑ_1	ϑ_2	η_1	η_2	
α_1	1	0	0	1	1	0	0	1	0	0	0	0	α_2
α_3	1	0	0	1	0	0	0	0	0	1	0	1	α_4
α_5	1	0	1	1	0	1	0	0	0	0	0	0	α_6
α_7	1	0	1	1	1	3	1	1	0	0	1	1	α_8
α_9	2	1	0	2	2	2	2	2	0	2	1	3	α_{10}
α_{11}	3	2	3	3	0	3	3	3	1	3	0	3	α_{12}
α_{13}	2	1	3	3	3	5	3	3	1	3	2	4	α_{14}
α_{15}	1	2	0	0	0	6	6	6	1	3	2	6	α_{16}
α_{17}	2	0	3	3	3	3	0	0	0	0	1	0	α_{18}
α_{19}	2	0	0	3	3	0	0	0	0	3	1	3	α_{20}
α_{21}	2	0	3	3	0	1	0	0	1	3	0	2	α_{22}
α_{23}	1	1	1	1	1	1	1	1	0	0	0	0	α_{23}
α_{24}	1	1	0	1	1	0	1	1	0	1	0	1	α_{24}
α_{25}	1	1	1	1	0	1	1	0	0	1	0	1	α_{25}
	δ_2	δ_1	ε_1	ε_2	ε_3	τ_1	τ_2	τ_3	η_1	η_2	ϑ_1	ϑ_2	

Hieraus ergeben sich mit vielen Bestätigungen auch die Werthe der singulären Defecte der sieben *Hauptformeln*. Man hat nämlich zu setzen:

$$\alpha_{o} = 2\delta_1 + 2\delta_2 + 3\tau_1 + 3\tau_2 + 3\tau_3 + 3\varepsilon_1 + 3\varepsilon_2 + 3\varepsilon_3$$
$$+ \vartheta_1 + 3\vartheta_2 + \eta_1 + 3\eta_2,$$

$$\alpha_{c} = \delta_1 + 2\delta_2 + 6\varepsilon_1 + 6\varepsilon_2 + 6\varepsilon_3$$
$$+ \vartheta_1 + 3\vartheta_2 + 2\eta_1 + 6\eta_2,$$

$$\alpha_{w} = 2\delta_1 + \delta_2 + 6\tau_1 + 6\tau_2 + 6\tau_3$$
$$+ 2\vartheta_1 + 6\vartheta_2 + \eta_1 + 3\eta_2,$$

$$\varepsilon = 2\delta_1 + 4\delta_2 + 15\tau_1 + 9\tau_2 + 9\tau_3 + 3\varepsilon_1 + 3\varepsilon_2 + 3\varepsilon_3$$
$$+ 5\vartheta_1 + 9\vartheta_2 + \eta_1 + 3\eta_2,$$

$$\varepsilon_{\gamma} = 4\delta_1 + 2\delta_2 + 3\tau_1 + 3\tau_2 + 3\tau_3 + 15\varepsilon_1 + 9\varepsilon_2 + 9\varepsilon_3$$
$$+ \vartheta_1 + 3\vartheta_2 + 5\eta_1 + 9\eta_2,$$

$$a_y = \delta_1 + 2\delta_2 + 3\tau_1 + 3\tau_2 + 6\tau_3 + 3\varepsilon_1 + 3\varepsilon_2 + 3\varepsilon_3$$
$$+ \vartheta_1 + 3\vartheta_2 + 2\eta_1 + 3\eta_2,$$
$$a_z = 2\delta_1 + \delta_2 + 3\tau_1 + 3\tau_2 + 3\tau_3 + 3\varepsilon_1 + 3\varepsilon_2 + 6\varepsilon_3$$
$$+ 2\vartheta_1 + 3\vartheta_2 + \eta_1 + 3\eta_2.$$

Nach Einführung dieser Werthe in die sieben Hauptformeln hat man hinreichende Mittel, um die gesuchten Anzahlen der C_3^3 zu berechnen und zugleich wegen der zahlreichen *Verificationen Rückschlüsse* über die Natur der Ausartungen und etwa zweifelhafte Coefficienten zu machen, vorausgesetzt, dass alle diejenigen zehnfachen Symbole berechnet vorliegen, deren einer Factor

$$\sigma,\ \delta_1,\ \delta_2,\ \tau_1,\ \tau_2,\ \tau_3,\ \varepsilon_1,\ \varepsilon_2,\ \varepsilon_3,\ \vartheta_1,\ \vartheta_2,\ \eta_1,\ \eta_2$$

ist und deren anderer Factor eine von den neunfachen, aus

$$\mu,\ \nu,\ \varrho,\ c,\ v,\ y,\ w,\ q,\ z$$

zusammengesetzten Bedingungen ist. Die Berechnung dieser Ausartungssymbole ist daher unser nächstes Ziel.

Da die Ausartung σ nur Hauptelemente und einen Kegelschnitt als Theilgebilde enthält, so setzen sich alle Ausartungszahlen σ aus den in §§ 19 und 20 behandelten Anzahlen zusammen. Man hat dabei nur zu beachten, in welcher Weise die Bedingungen bei einer Ausartung σ zu erfüllen sind. Dies folgt aber unmittelbar aus der oben gegebenen Beschreibung. In derselben ist schon die Ordnungsgerade mit a, der Rangpunkt mit d bezeichnet. Wir bezeichnen ferner noch die Bedingung, σ soll seinen Kegelschnitt eine gegebene Gerade schneiden lassen, mit n, und die Bedingung, σ soll seinen Kegelschnitt eine gegebene Ebene berühren lassen, mit r. Dann ist z. B. zu setzen:

$$\sigma\nu = \sigma a + \sigma n,$$
$$\sigma\nu^\alpha = \sigma(a+n)^\alpha,$$
$$\sigma\varrho^\alpha = \sigma(d+r)^\alpha,$$
$$\sigma c = \sigma v = \sigma y = \sigma d,$$
$$\sigma w = \sigma q = \sigma z = \sigma a,$$
$$\sigma w_e = \sigma q_e = \sigma z_e = \sigma a_e;$$

ferner auch:

$$\sigma a d = \sigma a_e + \sigma d^2,$$
$$\sigma a^3 d = 2\,.\,\sigma a_s d = 2\,.\,\sigma A + 2\,.\,\sigma d^2 a_e.$$

Hiernach hat es keine Schwierigkeit, alle σ enthaltenden Symbole vermittelst der in § 20 abgeleiteten Kegelschnittzahlen auszurechnen, wie aus den folgenden vier Beispielen hervorgeht.

1. *Berechnung von* $\sigma \nu^5 \varrho^4$.

$$\sigma \nu^5 \varrho^4 = \sigma (r+d)^4 (n+a)^5$$
$$= 4_0 . \sigma r^4 . [5_1 . n^4 a + 5_2 . n^3 (a_p + a_e) + 5_3 . 2 . n^2 a_s + 5_4 . 2 . n A]$$
$$+ 4_1 . \sigma r^3 . [5_0 . n^5 d + 5_1 . n^4 (d^2 + a_e) + 5_2 . n^3 (a_s + d^3 + d a_e)$$
$$+ 5_3 . 2 . n^2 (A + d^2 a_e) + 5_4 . 2 . n A d]$$
$$+ 4_2 . \sigma r^2 . [5_0 . n^5 d^2 + 5_1 . n^4 (d a_e + d^3) + 5_2 . n^3 (A + 2 d^2 a_e)$$
$$+ 5_3 . 2 . n^2 d A]$$
$$+ 4_3 . \sigma r . [5_0 . n^5 d^3 + 5_1 . n^4 d^2 a_e + 5_2 . n^3 A d]$$
$$= 4_0 . [5_1 . 64 . 2 + 5_2 . (48 . 2 + 32) + 5_3 . 2 . 24 + 5_4 . 2 . 4]$$
$$+ 4_1 . [5_0 . 104 . 2 + 5_1 . (104 + 64) + 5_2 . (24 + 48 + \tfrac{1}{2} . 64)$$
$$+ 5_3 . 2 . (\tfrac{1}{2} . 48 - 4 . 2) + 5_4 . 2 . 2]$$
$$+ 4_2 . [5_0 . 128 + 5_1 . (\tfrac{1}{2} . 104 + 28) + 5_2 . (\tfrac{1}{2} . 72 - 4 . 2 + \tfrac{1}{2} . 24)$$
$$+ 5_3 . 2 . 4]$$
$$+ 4_3 . [5_0 . 24 + 5_1 . \tfrac{1}{2} . 28 + 5_2 . 6]$$
$$= \mathbf{18816.}$$

2. *Berechnung von* $\sigma q_e \mu^2 \varrho^5$.

$$\sigma q_e \mu^2 \varrho^5 = \sigma a_e \mu^2 (r+d)^5$$
$$= 5_0 . \sigma a_e \mu^2 r^5 + 5_1 . \sigma a_e d \mu^2 r^4 + 5_2 . \sigma a_e d^2 \mu^2 r^3$$
$$= 5_0 . 4 + 5_1 . \tfrac{1}{2} . 8 + 5_2 . \tfrac{1}{2} . 2$$
$$= \mathbf{34.}$$

3. *Berechnung von* $\sigma w q z_e \varrho^5$.

$$\sigma w q z_e \varrho^5 = \sigma a a a_e (r+d)^5 = \sigma A (r+d)^5$$
$$= 5_0 . \sigma A r^5 + 5_1 . \sigma A d r^4$$
$$= 5_0 . 2 + 5_1 . 1$$
$$= \mathbf{7.}$$

4. *Berechnung von* $\sigma w y r^2 \mu \nu^3 \varrho$.

$$\sigma w y r^2 \mu \nu^3 \varrho = \sigma a d d^2 \mu (n+a)^3 (r+d)$$
$$= \sigma a d^3 \mu (n+a)^3 r$$
$$= 3_0 . \sigma a_e d^2 \mu n^3 r + 3_1 . \sigma A d \mu n^2 r$$
$$= 3_0 . \tfrac{1}{2} . 16 + 3_1 . 2$$
$$= \mathbf{14.}$$

Hierzu fügen wir noch die numerischen Werthe aller derjenigen Zahlen σ, welche *nur* elementare Bedingungen enthalten, und aller derjenigen Zahlen σ, welche ausser elementaren Bedingungen nur *eine einfache* Singularitätenbedingung, also entweder a oder d enthalten. Hinsichtlich der Anordnung dieser Zahlen innerhalb der folgenden Tabelle ist zu beachten, dass immer diejenige Zahl, welche einer mit σ multiplicirten α-fachen Bedingung *als* i^{te} *nachgesetzt ist*, die Bedingung $\nu^{10-\alpha-i}\,\varrho^{i-1}$ enthält.

Tabelle von Zahlen σ.

$\sigma\mu^3$ 42, 87, 141, 168, 141, 87, 42.
$\sigma\mu^2$ = 588, 1086, 1584, 1767, 1518, 1053, 606, 294.
$\sigma\mu$ = 4296, 7068, 9222, 9393, 7626, 5136, 3003, 1587, 768.
σ = 20040, 28344, 31356, 26994, 18816, 11190, 6054, 3051, 1464, 696.
$\sigma a\mu^3$ = 12, 27, 45, 54, 45, 27.
$\sigma a\mu^2$ = 172, 340, 508, 571, 490, 337, 190.
$\sigma a\mu$ = 1272, 2220, 2960, 3037, 2466, 1652, 955, 495.
σa 5912, 8840, 9980, 8640, 6008, 3542, 1890, 935, 440.
$\sigma d\mu^3$ = 27, 45, 54, 45, 27, 12.
$\sigma d\mu^2$ = 338, 506, 569, 488, 335, 188, 86.
$\sigma d\mu$ = 2196, 2938, 3017, 2448, 1636, 941, 483, 222.
σd = 8680, 9844, 8526, 5914, 3466, 1830, 889, 406, 184.

Es bedeutet hier z. B. die vierte Zahl hinter $\sigma a\mu$, also 3037, dass es 3037 in eine Curve σ ausgeartete cubische Plancurven mit Spitze giebt, welche ihre Ordnungsgerade eine gegebene Gerade schneiden lassen, ihre Ebene durch einen gegebenen Punkt schicken und dabei vier gegebene Gerade schneiden, sowie drei gegebene Ebenen berühren.

Die Anzahlen für die vier Ausartungen

$$\vartheta_1,\ \vartheta_2,\ \eta_1,\ \eta_2$$

lassen sich vermöge der Incidenzformeln schliesslich zurückführen auf die Symbole:

$$\vartheta_1\mu^3c^2abcv,\quad \vartheta_1\mu^3c^2abvz,\quad \vartheta_1\mu^3c^2abcz,\quad \vartheta_1\mu^3c^3abz_c,$$
$$\eta_1\mu Bdcwq,\quad \eta_1\mu Bdcqy,\quad \eta_1\mu Bdcwy,\quad \eta_1\mu Bdcy^2,$$
$$\vartheta_2\mu^3c^2abcw,\quad \eta_2\mu^3c^2abcw,$$

welche sämmtlich den Werth 1 haben, und auf Symbole, die ersichtlich den Werth 0 haben. Man beachte dabei nur, dass infolge der oben beschriebenen Eigenschaften der Ausartungen folgende Substitutionen zu machen sind:

$$\vartheta_1\nu^\alpha\varrho^\beta = \vartheta_1(a+2b)^\alpha(3c)^\beta,$$
$$\vartheta_2\nu^\alpha\varrho^\beta = \vartheta_2(a+2b)^\alpha(3c)^\beta,$$
$$\eta_1\nu^\alpha\varrho^\beta = \eta_1(3b)^\alpha(d+2c)^\beta,$$
$$\eta_2\nu^\alpha\varrho^\beta = \eta_2(3b)^\alpha(d+2c)^\beta,$$
$$\vartheta_1 w = \vartheta_1 a,\quad \vartheta_1 q = \vartheta_1 b,\quad \vartheta_1 y = \vartheta_1 c,$$
$$\vartheta_2 q = \vartheta_2 z = \vartheta_2 b,\quad \vartheta_2 v = \vartheta_2 y = \vartheta_2 c,$$
$$\eta_1 c = \eta_1 d,\quad \eta_1 v = \eta_1 c,\quad \eta_1 z = \eta_1 b,$$
$$\eta_2 v = \eta_2 y = \eta_2 c,\quad \eta_2 q = \eta_2 z = \eta_2 b.$$

Ferner z. B.:

$$\vartheta_1 a^3 b^2 = 2\,.\,\vartheta_1 a_s b_p + 2\,.\,\vartheta_1 a_s b_c$$
$$= 2\,.\,\vartheta_1 (\mu c a - \mu^2 c - c^3)(\mu b - \mu^2)$$
$$+ 2\,.\,\vartheta_1 (\mu c a - \mu^2 c - c^3)(c b - c^2);$$
$$\eta_2 d^2 c^2 = \eta_2 (d b - b_c)(c b - b_e)$$
$$= \eta_2 b^2 d c - \eta_2 b_s c - \eta_2 b_s d + \eta_2 B.$$

Die numerische Ausrechnung ersehe man aus folgenden Beispielen:

1. *Berechnung von* $\vartheta_1 \mu^2 \nu^4 c w v$.

$$\vartheta_1 \mu^2 \nu^4 c w v = \vartheta_1 \mu^2 (a + 2b)^4 b c v$$
$$= \vartheta_1 \mu^2 c v (4_1\,.\,a^4\,.\,2^1 b + 4_2\,.\,a^3\,.\,2^2 b^2 + 4_3\,.\,a^2\,.\,2^3 b^3 + 4_4\,.\,a\,.\,2^4 b^4)$$
$$= 4_2\,.\,2^2\,.\,2 + 4_3\,.\,2^3\,.\,2$$
$$= \mathbf{112}.$$

2. *Berechnung von* $\vartheta_2 \mu^2 c w_e \nu^3 \varrho$.

$$\vartheta_2 \mu^2 c w_e \nu^3 \varrho = \vartheta_2 \mu^2 c (c w - c^2)(a + 2b)^3\,.\,3^1 c$$
$$= 3^1 \vartheta_2 \mu^2 c^2 c w (a + 2b)^3$$
$$= 3^1 \vartheta_2 \mu^2 c^2 c w (3_1\,.\,2^1 a^2 b + 3_2\,.\,2^2\,.\,a b^2)$$
$$= 3^1\,.\,(3_1\,.\,2^1\,.\,2 + 3_2\,.\,2^2\,.\,2)$$
$$= \mathbf{108}.$$

3. *Berechnung von* $\eta_1 \mu \nu^4 \varrho^2 y^2$.

$$\eta_1 \mu \nu^4 \varrho^2 y^2 = \eta_1 \mu (3b)^4 (d + 2c)^2 y^2$$
$$= 3^4 \eta_1 2 \mu B (2_1\,.\,2^1\,.\,d c) y^2$$
$$= \mathbf{648}.$$

4. *Berechnung von* $\eta_2 w_p q z v c v \varrho^2$.

$$\eta_2 w_p q z v c v \varrho^2 = \eta_2 (\mu w - \mu^2) b^2 c c (3^1 c)(d + 2c)^2$$
$$= 3^1 \eta_2 \mu w c b^2 c^2 (d^2 + 2_1\,.\,2^1\,.\,d c)$$
$$= 3^1\,.\,(2 + 2_1\,.\,2^1\,.\,1)$$
$$= \mathbf{18}.$$

Hierzu fügen wir noch die numerischen Werthe einiger Zahlen ϑ und η. Wir ordnen dieselben wieder so, dass diejenige Zahl, welche einer α-fachen Bedingung als i^{te} nachgesetzt ist, die Bedingung ν $(10 - \alpha - i)$-mal und die Bedingung ϱ $(i - 1)$-mal enthält.

Tabelle von Zahlen ϑ und η.

$$\vartheta_1 \mu^3 c c v = \vartheta_1 \mu^3 c z_e = \vartheta_2 \mu^3 c c w = 18,\ 12,\ 0,\ 0.$$
$$\vartheta_1 \mu^2 c c v = \vartheta_2 \mu^2 c c w = 152,\ 108,\ 36,\ 0,\ 0.$$
$$\vartheta_1 \mu c c v = \vartheta_2 \mu c c w = 660,\ 456,\ 162,\ 0,\ 0,\ 0.$$
$$\vartheta_1 c c v = \vartheta_2 c c w = 1240,\ 720,\ 216,\ 0,\ 0,\ 0,\ 0.$$
$$\vartheta_1 \mu^3 c b c v = \vartheta_2 \mu^3 c b c w = 5,\ 3,\ 0.$$
$$\vartheta_1 \mu^2 c b c v = \vartheta_2 \mu^2 c b c w = 44,\ 30,\ 9,\ 0.$$
$$\vartheta_1 \mu c b c v = \vartheta_2 \mu c b c w = 194,\ 132,\ 45,\ 0,\ 0.$$

$$\begin{aligned}
\vartheta_1 cbcv &= \vartheta_2 cbcw = 340,\ 192,\ 54,\ 0,\ 0,\ 0.\\
\vartheta_1 \mu^2 cv &= \vartheta_2 \mu^2 cw = 240,\ 456,\ 324,\ 108,\ 0,\ 0.\\
\vartheta_1 \mu^2 acv &= \vartheta_2 \mu^2 acw = 112,\ 192,\ 144,\ 54,\ 0.\\
\vartheta_1 \mu^2 accv &= \vartheta_2 accw = 64,\ 48,\ 18,\ 0.\\
\vartheta_1 \mu c^3 cv &= \vartheta_2 \mu c^3 cw = 18,\ 0,\ 0,\ 0.
\end{aligned}$$

$$\begin{aligned}
\eta_1 \mu^3 cwq &= \eta_1 \mu^3 cy^2 = \eta_2 \mu^3 ccw = 0,\ 9,\ 15,\ 6.\\
\eta_1 \mu^2 cwq &= \eta_2 \mu^2 ccw = 0,\ 54,\ 90,\ 75,\ 32.\\
\eta_1 \mu cwq &= \eta_2 \mu ccw = 0,\ 162,\ 270,\ 225,\ 96,\ 40.\\
\eta_1 cwq &= \eta_2 ccw = 0,\ 0,\ 0,\ 0,\ 0,\ 0,\ 0^{*}.\\
\eta_1 \mu^3 bcwq &= \eta_2 \mu^3 bccw = 0,\ 3,\ 5.\\
\eta_1 \mu^2 bcwq &= \eta_2 \mu^2 bccw = 0,\ 18,\ 30,\ 25.\\
\eta_1 \mu bcwq &= \eta_2 \mu bccw = 0,\ 54,\ 90,\ 75,\ 32.\\
\eta_1 bcwq &= \eta_2 bccw = 0,\ 0,\ 0,\ 0,\ 0,\ 0.\\
\eta_1 \mu^2 wq &= \eta_2 \mu^2 cw = 0,\ 0,\ 216,\ 324,\ 264,\ 120.\\
\eta_1 \mu^2 dcwq &= \eta_2 \mu^2 dccw = 54,\ 54,\ 39,\ 18.\\
\eta_1 \mu^2 c^2 wq &= \eta_2 \mu^2 c^2 cw = 0,\ 18,\ 18,\ 7.\\
\eta_1 \mu^2 dwq &= \eta_2 \mu^2 dcw = 0,\ 108,\ 144,\ 114,\ 56.\\
\eta_1 \mu d^3 wq &= \eta_2 \mu d^3 cw = 0,\ 18,\ 12,\ 8.
\end{aligned}$$

Ebenso kann man die sämmtlichen, δ_1 enthaltenden Symbole wegen

$$\begin{aligned}
\delta_1 \nu^a &= \delta_1 (a+2b)^a\\
\delta_1 \varrho^a &= \delta_1 (d+2e)^a\\
\delta_1 c &= \delta_1 v = \delta_1 y = \delta_1 e
\end{aligned}$$

vermöge der Incidenzformeln schliesslich ausdrücken durch Symbole, welche ausser μ und c nur erste Potenzen von w, q, z, a, b, d enthalten. So kann man schliesslich alle Zahlen δ_1 auf die 24 *Stammzahlen* zurückführen, welche in der folgenden Tabelle zusammengestellt sind. Die zugleich dort beigesetzten numerischen Werthe sind vom Verfasser allmählich a posteriori erschlossen. Sie charakterisiren die Lagebeziehungen, welche bei δ_1 zwischen den fünf von c ausgehenden Strahlen a, b, w, q, z bestehen.

Tabelle der Stammzahlen bei δ_1.

$$\begin{aligned}
&\delta_1 \mu^3 c^2 dabw = \delta_1 \mu^3 c^2 dabq = \delta_1 \mu^3 c^2 dabz = 1,\\
&\delta_1 \mu^3 c^2 dawq = \delta_1 \mu^3 c^2 dawz = \delta_1 \mu^3 c^2 daqz = 1,\\
&\delta_1 \mu^3 c^2 dbwq = \delta_1 \mu^3 c^2 dbwz = \delta_1 \mu^3 c^2 dbqz = 1,\\
&\delta_1 \mu^3 c^2 dwqz = 1;
\end{aligned}$$

---

* Ueberhaupt muss jede Zahl η Null sein, zu deren Bestimmung keine die Ebene μ festlegende Bedingung gegeben ist.

$$\delta_1\mu^3cdabwq = \delta_1\mu^3cdabwz = \delta_1\mu^3cdabqz = 2,$$
$$\delta_1\mu^3cdawqz = \delta_1\mu^3cdbwqz = 2;$$
$$\delta_1\mu c^3dabwq = \delta_1\mu c^3dabwz = \delta_1\mu c^3dabqz = 2,$$
$$\delta_1\mu c^3dawqz = \delta_1\mu c^3dbwqz = 2;$$
$$\delta_1\mu^3dabwqz = 1;$$
$$\delta_1 c^3dabwqz = 1;$$
$$\delta_1\mu^2cdabwqz = 7;$$
$$\delta_1\mu c^2dabwqz = 7.$$

Von den Stammzahlen, auf welche die sämmtlichen Zahlen δ_2 in ähnlicher Weise reducirt werden können, stimmen die μ^3 als Faktor enthaltenden mit gewissen Stammzahlen der obigen Tabelle überein, weil δ_2 und δ_1 sich feld-dual entsprechen, z. B.

$$\delta_2\mu^3badecv = \delta_1\mu^3cdabwq.$$

Die Werthe der auf δ_2 bezüglichen Stammzahlen enthält die folgende Tabelle.

Tabelle der Stammzahlen bei δ_2.

$$\delta_2\mu^3b_eadec = \delta_2\mu^3b_eadev = \delta_2\mu^3b_eadey = 1,$$
$$\delta_2\mu^3b_eadcv = \delta_2\mu^3b_eadcy = \delta_2\mu^3b_eadvy = 1,$$
$$\delta_2\mu^3b_eaecv = \delta_2\mu^3b_eaecy = \delta_2\mu^3b_eaevy = 1,$$
$$\delta_2\mu^3b_eacvy = 1;$$
$$\delta_2\mu^3badecv = \delta_2\mu^3badecy = \delta_2\mu^3badevy = 2,$$
$$\delta_2\mu^3badcvy = \delta_2\mu^3baecvy = 2;$$
$$\delta_2\mu^3adecvy = 1;$$
$$\delta_2\mu b_padecvy = 3.$$

Ausserdem ist zu beachten, dass jedes auf δ_2 bezügliche Symbol gleich null ist, wenn es keine die Ebene μ bestimmende Bedingung enthält, also z. B.

$$\delta_2Badecv = 0, \quad \delta_2b_sadecvy = 0.$$

Hiermit ist nun die Berechnung der Zahlen δ_1 und δ_2 theoretisch geleistet.

Für die Ausrechnung der Zahlen δ lässt sich der Umstand benutzen, dass in der Tabelle der Stammzahlen von δ_1 resp. von δ_2 die Symbole w, q, z, resp. c, v, y beliebig mit einander vertauscht werden können. Man bezeichne daher bei δ_1 mit

$$g_1, g_2, g_3$$

bezüglich die Bedingungen, dass von den drei Strahlen w, q, z einer eine gegebene Gerade schneiden soll, dass jeder von zweien und dass jeder von allen dreien eine gegebene Gerade schneiden soll. Dann hat man von den sämmtlichen, auf δ_1 bezüglichen Symbolen nur diejenigen auszuwerthen, welche ausser den elementaren Bedingungen μ, ν, ϱ die folgenden Bedingungen enthalten:

$$\begin{array}{ccc} g_1, & g_2, & g_3, \\ c\,g_1, & c\,g_2, & c\,g_3, \\ c^2 g_1, & c^2 g_2, & c^2 g_3, \\ c^3 g_1, & c^3 g_2, & c^3 g_3. \end{array}$$

Analoges gilt für δ_2, wo man die Bedingungen

$$p_1, \; p_2, \; p_3$$

einzuführen hat, d. h. die Bedingungen, dass von den drei singulären Punkten c, e, y bezüglich einer auf einer gegebenen Ebene liegen soll, dass jeder von zweien und dass jeder von allen dreien auf einer gegebenen Ebene liegen soll.

Einige Beispiele mögen die Berechnung von Zahlen δ verdeutlichen.

1. *Berechnung von* $\delta_1 \mu \nu^5 \varrho^2 w$.

$$\begin{aligned} \delta_1 \mu \nu^5 \varrho^2 w &= \delta_1 \mu \nu^5 \varrho^2 g_1 \\ &= \delta_1 \mu (a+2b)^5 (d+2e)^2 g_1 \\ &= \delta_1 \mu d^2 g_1 (5_1 . 2^1 . a^4 b + 5_2 . 2^2 . a^3 b^2 + 5_3 . 2^3 . a^2 b^3) \\ &+ 2_1 . 2^1 . \delta_1 \mu d e g_1 (5_1 . 2^1 . a^4 b + 5_2 . 2^2 . a^3 b^2 + 5_3 . 2^3 . a^2 b^3 + 5_4 . 2^4 . a b^4) \\ &= 5_1 . 2^1 . 2 + 5_2 . 2^2 . 4 + 5_3 . 2^3 . 2 \\ &+ 2_1 . 2^1 . (5_1 . 2^1 . 2 + 5_2 . 2^2 . 4 + 5_3 . 2^3 . 4 + 5_4 . 2^4 . 2) \\ &= \mathbf{2980}. \end{aligned}$$

Dieses ist zugleich die Zahl für die Symbole $\delta_1 \mu \nu^5 \varrho^2 y$, $\delta_1 \mu \nu^5 \varrho^2 z$, $\delta_2 \mu \nu^5 \varrho^2 c$, $\delta_2 \mu \nu^5 \varrho^2 v$, $\delta_2 \mu \nu^5 \varrho^2 y$.

2. *Berechnung von* $\delta_2 \nu^2 \varrho^4 c q_e$.

$$\begin{aligned} \delta_2 \nu^2 \varrho^4 c q_e &= \delta_2 (a+2b)^2 (d+2c)^4 p_1 b_c \\ &= \delta_2 a^2 p_1 b_c (4_2 . 2^2 . d^2 c^2) \\ &= 4_2 . 2^2 . 1 \\ &= \mathbf{24}. \end{aligned}$$

3. *Berechnung von* $\delta_2 \mu^2 \nu^4 c w v$.

$$\begin{aligned} \delta_2 \mu^2 \nu^4 c w v &= \delta_2 \mu^2 (a+2b)^4 p_2 b \\ &= \delta_2 \mu^2 p_2 b (4_1 . 2^1 . a^3 b + 4_2 . 2^2 . a^2 b^2) \\ &= 4_1 . 2^1 . 2 . \delta_2 \mu^3 b_e a c p_2 + 4_2 . 2^2 . 2 . \delta_2 \mu^3 b_e a c p_2 \\ &= 4_1 . 2^1 . 2 . 1 + 4_2 . 2^2 . 2 . 1 \\ &= \mathbf{64}. \end{aligned}$$

4. *Berechnung von* $\delta_1 \nu^4 \varrho w_e q z$.

$$\begin{aligned}
\delta_1 \nu^4 \varrho w_e q z &= \delta_1 (a+2b)^4 (d+2e)(ew - e^2) qz \\
&= \delta_1 (a+2b)^4 d(ey_3 - e^2 y_2) \\
&= \delta_1 . [4_0 . 2^0 . 2A + 4_1 . 2^1 . 2 . a_s b + 4_2 . 2^2 (a_p + a_e)(b_p + b_e) \\
&\qquad + 4_3 . 2^3 . 2 . ab_s + 4_4 . 2^4 . 2 . B] d(ey_3 - e^2 y_2) \\
&= 4_0 . 2^0 . 2 . (\mu e^3 a - \mu^2 e^3) d(y_3 - ey_2) \delta_1 \\
&\quad + 4_1 . 2^1 . 2 . (\mu e^2 ab - \mu^2 e^2 b) d(y_3 - ey_2) \delta_1 \\
&\quad + 4_2 . 2^2 . [\mu^2 eab + 2\mu e^2 ab + e^3 ab - (\mu^3 e + \mu^2 e^2 + \mu e^3)(a+b) \\
&\qquad + 2\mu^2 e^3] d(y_3 - ey_2) \delta_1 \\
&\quad + 4_3 . 2^3 . 2(\mu e^2 ab - \mu^2 e^2 a) d(y_3 - ey_2) \delta_1 \\
&\quad + 4_4 . 2^4 . 2(\mu e^3 b - \mu^2 e^3) d(y_3 - ey_2) \delta_1 \\
&= 4_0 . 2^0 . 2 . (2 - 1) \\
&\quad + 4_1 . 2^1 . 2(7 - 4) - 4_1 . 2^1 . 2 . (2 - 1) \\
&\quad + 4_2 . 2^2 . [7 + 2 . 7 + 1 - (2 + 4 + 2)(1 + 1) + 2 . 1] \\
&\quad - 4_2 . 2^2 . [4 + 2 . 2 - (1 + 1)(1 + 1)] \\
&\quad + 4_3 . 2^3 . 2 . (7 - 4) - 4_3 . 2^3 . 2 . (2 - 1) \\
&\quad + 4_4 . 2^4 . 2 . (2 - 1) \\
&= 2 . 1 + 16 . (3 - 1) + 24(8 - 4) + 64(3 - 1) + 32 . 1 \\
&= \mathbf{290}.
\end{aligned}$$

5. *Berechnung von* $\delta_2 \mu^2 \nu \varrho^2 y e v w$.

$$\begin{aligned}
\delta_2 \mu^2 \nu \varrho^2 e v y w &= \delta_2 \mu^2 (a+2b)(d+2e)^2 p_3 b \\
&= \mu^2 a p_3 (2_0 . 2^0 d^2 b + 2_1 . 2^1 deb + 2_2 . 2^2 e^2 b) \delta_2 \\
&= \mu^2 a p_3 [2_0 . 2^0 (bd - b_e) b + 2_1 . 2^1 . deb + 2_2 . 2^2 (be - b_e) b] \delta_2 \\
&= 2_0 . 2^0 . a p_3 (\mu^3 bd + \mu^3 bd + Bd - \mu B) \\
&\quad + 2_1 . 2^1 a p_3 (\mu^3 de + \mu b_p de) \\
&\quad + 2_2 . 2^2 . a p_3 (\mu^3 be + \mu^3 be + Be - \mu B) \\
&= 2_0 . 2^0 . (2 + 2 + 0 - 1) \\
&\quad + 2_1 . 2^1 . (1 + 3) \\
&\quad + 2_2 . 2^2 . (2 + 2 + 0 - 1) \\
&= \mathbf{31}.
\end{aligned}$$

Hierzu fügen wir die numerischen Werthe einiger Zahlen δ mit dem Bemerken, dass auch hier die einer α-fachen Bedingung nachgesetzte i^{te} Zahl die $(i-1)^{te}$ Potenz von ϱ und die $(10 - \alpha - i)^{te}$ Potenz von ν enthält.

Tabelle von Zahlen δ.

$\delta_1 \mu^3 y_1 = \delta_2 \mu^3 p_1 = 0,\ 24,\ 78,\ 78,\ 24,\ 0.$

$\delta_1 \mu^2 y_1 = \delta_2 \mu^2 p_1 = 0,\ 240,\ 672,\ 702,\ 408,\ 120,\ 0.$

$\delta_1 \mu y_1 = \delta_2 \mu p_1 = 0,\ 1240,\ 2980,\ 3028,\ 1840,\ 640,\ 160,\ 0.$

$\delta_1 y_1 = \delta_2 p_1 = 0,\ 3360,\ 5840,\ 5020,\ 2640,\ 800,\ 160,\ 0,\ 0.$

$\delta_1 \mu^3 e g_1 = \delta_2 \mu^3 e p_1 = 0,\ 18,\ 21,\ 6,\ 0.$
$\delta_1 \mu^2 e g_1 = \delta_2 \mu^2 e p_1 = 0,\ 152,\ 188,\ 113,\ 32,\ 0.$
$\delta_1 \mu e g_1 = \delta_2 \mu e p_1 = 0,\ 660,\ 802,\ 506,\ 168,\ 40,\ 0.$
$\delta_1 e g_1 = \delta_2 e p_1 = 0,\ 1240,\ 1300,\ 714,\ 208,\ 40,\ 0,\ 0.$
$\delta_1 \mu^3 b g_1 = \delta_2 \mu^3 b p_1 = 0,\ 6,\ 21,\ 18,\ 0.$
$\delta_1 \mu^2 b g_1 = \delta_2 \mu^2 b p_1 = 0,\ 64,\ 190,\ 187,\ 88,\ 0.$
$\delta_1 \mu b g_1 = \delta_2 \mu b p_1 = 0,\ 340,\ 858,\ 848,\ 472,\ 120,\ 0.$
$\delta_1 b g_1 = \delta_2 b p_1 = 0,\ 880,\ 1560,\ 1278,\ 592,\ 120,\ 0,\ 0$
$\delta_1 \mu^3 c^2 g_1 = 0,\ 4,\ 1,\ 0.$
$\delta_1 \mu^2 c^2 g_1 = 0,\ 36,\ 26,\ 7,\ 0.$
$\delta_1 \mu c^2 g_1 = 0,\ 152,\ 116,\ 36,\ 8,\ 0.$
$\delta_1 c^2 g_1 = 0,\ 240,\ 160,\ 44,\ 8,\ 0,\ 0.$
$\delta_2 \mu^3 b_e p_1 = 0,\ 1,\ 4,\ 0.$
$\delta_2 \mu^2 b_e p_1 = 0,\ 8,\ 25,\ 18,\ 0.$
$\delta_2 \mu b_e p_1 = 0,\ 42,\ 112,\ 96,\ 24,\ 0.$
$\delta_2 b_e p_1 = 0,\ 100,\ 178,\ 120,\ 24,\ 0,\ 0.$

$\delta_1 \mu^2 w_e q = 0,\ 72,\ 111,\ 81,\ 32.$
$\delta_1 \mu^2 w_e q z = 0,\ 27,\ 45,\ 31.$
$\delta_1 \mu w_e q = 0,\ 314,\ 458,\ 338,\ 128,\ 40.$
$\delta_1 \mu w_e q z = 0,\ 126,\ 201,\ 156,\ 64.$
$\delta_1 w_e q = 0,\ 660,\ 802,\ 506,\ 168,\ 40,\ 0.$
$\delta_1 w_e q z = 0,\ 290,\ 380,\ 260,\ 104,\ 40.$
$\delta_1 \mu^2 w q z = 0,\ 90,\ 240,\ 249,\ 144.$
$\delta_1 \mu^2 w q = 0,\ 176,\ 482,\ 515,\ 320,\ 120.$
$\delta_1 \mu w q = 0,\ 900,\ 2122,\ 2180,\ 1368,\ 520,\ 160.$
$\delta_1 w q z = 0,\ 1320,\ 2252,\ 1984,\ 1128,\ 440,\ 160.$
$\delta_2 \mu^2 c w_e = 0,\ 8,\ 25,\ 18,\ 0.$
$\delta_2 \mu^2 c w_e v = 8,\ 19,\ 13,\ 0.$
$\delta_2 \mu^2 c w = 0,\ 64,\ 190,\ 187,\ 88,\ 0.$
$\delta_2 \mu^2 c v w = 64,\ 146,\ 136,\ 63,\ 0.$
$\delta_2 \mu^2 y c v w = 58,\ 64,\ 31,\ 0.$
$\delta_2 \mu^2 c w y z = 14,\ 35,\ 26,\ 0.$

Bei der Reduction der Zahlen τ_1, τ_2, τ_3 führe man die drei Bedingungen a_1, a_2, a_3 ein, welche bezüglich aussagen sollen,

dass eine der drei Ordnungsgeraden,

dass jede von zwei unter den drei Ordnungsgeraden,

dass jede der drei Ordnungsgeraden

die Bedingung erfüllt, eine gegebene Gerade zu schneiden. Beispielsweise kann man vermöge der Incidenzformeln $\tau\nu^6$ schliesslich ausdrücken durch

nämlich (p. 37): $\tau a_3\mu^2 c,\quad \tau a_3\mu c^2,\quad \tau a_2\mu^2 c^2,\quad \tau a_1\mu^3 c^2,$

$$\tau\nu^6 = 180\,.\,\tau a_3(\mu^2 c + \mu c^2) - 500\,.\,\tau a_2\mu^2 c^2 + 560\,.\,\tau a_1\mu^3 c^2.$$

Bei τ_1 hat man zu beachten, dass die eine Ordnungsgerade vor den beiden andern dadurch ausgezeichnet ist, dass w und z mit ihr zusammenfallen. Darum soll bei τ_1 a_1 resp. a_2 ausdrücken, dass eine der beiden *andern* Ordnungsgeraden, resp. jede von ihnen eine gegebene Gerade schneiden soll. Die mehrfachen, auf die Singularitäten bezüglichen Bedingungen drücke man, wie sonst, durch die entsprechenden einfachen Bedingungen und durch μ und c aus; z. B.

$$\begin{aligned}
\tau_2 w_e &= \tau_2 cw - \tau_2 c^2,\\
\tau_1 v^3 &= \tau_1(\mu vw - \mu^2 v - \mu cw + \mu^3 + \mu c^2),\\
\tau_3 cvz_s &= \tau_3 c^2(\mu cz - \mu^3 - \mu c^2)\\
&= \tau_3\mu c^3 z - \tau_3\mu^3 c^2.
\end{aligned}$$

So kann man schliesslich alle fundamentalen Anzahlen der drei Ausartungen τ_1, τ_2, τ_3 auf die *in den folgenden drei Tabellen enthaltenen Stammzahlen zurückführen.* Die dort beigesetzten numerischen Werthe sind vom Verfasser allmählich a posteriori erkannt. Sie charakterisiren die Lagebeziehungen, welche zwischen den vier Stralen von τ_1, zwischen den sechs Strahlen von τ_2 und zwischen den fünf Strahlen von τ_3 bestehen.

Tabelle der Stammzahlen bei τ_1.

$$\tau_1\mu^3 c^2 va_2 w = 1,\quad \tau_1\mu^3 c^2 va_2 q = 1,\quad \tau_1\mu^3 c^2 va_1 wq = 1,$$
$$\tau_1\mu^3 cva_2 wq = 2,\quad \tau_1\mu c^3 va_2 wq = 2.$$

Beachtenswerth ist, dass jedes der Symbole τ_1 nur dann von null verschieden sein kann, wenn es eine auf v bezügliche Bedingung enthält.

Tabelle der Stammzahlen bei τ_2.

$$\tau_2\mu^3 c^2 a_3 w = 4,\quad \tau_2\mu^3 c^2 a_3 q = 1,\quad \tau_2\mu^3 c^2 a_3 z = 2,$$
$$\tau_2\mu^3 c^2 a_2 wq = 3,\quad \tau_2\mu^3 c^2 a_2 wz = 2,\quad \tau_2\mu^3 c^2 a_2 qz = 1,$$
$$\tau_2\mu^3 c^2 a_1 wqz = 1;$$
$$\begin{aligned}
\tau_2\mu^3 ca_3 wq &= \tau_2\mu c^3 a_3 wq = 7,\\
\tau_2\mu^3 ca_3 wz &= \tau_2\mu c^3 a_3 wz = 6,\\
\tau_2\mu^3 ca_3 qz &= \tau_2\mu c^3 a_3 qz = 3,\\
\tau_2\mu^3 ca_2 wqz &= \tau_2\mu c^3 a_2 wqz = 5;\\
\tau_2\mu^3 a_3 wqz &= \tau_2 c^3 a_3 wqz = 4,\\
\tau_2\mu^2 ca_3 wqz &= \tau_2\mu c^2 a_3 wqz = 22.
\end{aligned}$$

Tabelle der Stammzahlen bei τ_3.

$$\tau_3\mu^3e^2ya_3 = 2,\quad \tau_3\mu^3c^2ya_2z = 2,\quad \tau_3\mu^3e^2ya_2w = 2,$$
$$\tau_3\mu^3e^2ya_1wz = 1;$$
$$\tau_3\mu^3eya_3z = \tau_3\mu e^3ya_3z = 6,$$
$$\tau_3\mu^3eya_3w = \tau_3\mu e^3ya_3w = 4,$$
$$\tau_3\mu^3eya_2wz = \tau_3\mu e^3ya_2wz = 4;$$
$$\tau_3\mu^3ya_3wz = \tau_3e^3ya_3wz = 2,$$
$$\tau_3\mu^2eya_3wz = \tau_3\mu e^2ya_3wz = 14.$$

Durch diese Stammzahlen berechnete der Verfasser die Zahlen der folgenden Tabelle, bei welcher wieder diejenige Zahl, welche einer α-fachen Bedingung als i^{te} nachgesetzt ist, angiebt, wie viel Curven τ diese α-fache Bedingung erfüllen, und ausserdem die Bedingung ν, eine gegebene Gerade zu schneiden, $(10 - \alpha - i)$ Mal, die Bedingung ϱ, eine gegebene Ebene zu berühren, $(i - 1)$ Mal erfüllen.

Tabelle von Zahlen τ.

$$\tau_1\mu^3v = \tau_2\mu^3q = \tfrac{1}{4}\tau_2\mu^3w = \tfrac{1}{2}\tau_2\mu^3z = \tfrac{1}{2}\tau_3\mu^3y$$
$$= 15,\ 18,\ 9,\ 0,\ 0,\ 0.$$

$$\tau_1\mu^2v = \tau_2\mu^2q = \tfrac{1}{4}\tau_2\mu^2w = \tfrac{1}{2}\tau_2\mu^2z = \tfrac{1}{2}\tau_3\mu^2y$$
$$= 180,\ 195,\ 108,\ 27,\ 0,\ 0,\ 0.$$

$$\tau_1\mu v = \tau_2\mu q = \tfrac{1}{4}\tau_2\mu w = \tfrac{1}{2}\tau_2\mu z = \tfrac{1}{2}\tau_3\mu y$$
$$= 1120,\ 1080,\ 585,\ 162,\ 0,\ 0,\ 0,\ 0.$$

$$\tau_1 v = \tau_2 q = \tfrac{1}{4}\tau_2 w = \tfrac{1}{2}\tau_2 z = \tfrac{1}{2}\tau_3 y$$
$$= 4200,\ 3360,\ 1620,\ 405,\ 0,\ 0,\ 0,\ 0,\ 0.$$

$\tau_1\mu^2cw_ev = 9,\ 3,\ 0,\ 0.$

$\tau_1\mu^2cwv = 65,\ 36,\ 9,\ 0,\ 0.$

$\tau_1\mu^2cwvy = 12,\ 3,\ 0,\ 0.$

$\tau_3\mu^2cyvw = 20,\ 6,\ 0,\ 0.$

$\tau_3\mu^2cwy = 48,\ 12,\ 0,\ 0,\ 0.$

$\tau_3\mu^2cwyz = 24,\ 6,\ 0,\ 0.$

$\tau_3\mu^3yzw = 8,\ 15,\ 9,\ 0.$

$\tau_2\mu^2cw_ev = 4,\ 0,\ 0,\ 0.$

$\tau_2\mu^2cw = 260,\ 144,\ 36,\ 0,\ 0,\ 0.$

$\tau_2\mu^2cwv = 48,\ 12,\ 0,\ 0,\ 0.$

$\tau_2\mu^2ycvw = 4,\ 0,\ 0,\ 0.$

$\tau_2\mu^2cwy = 48,\ 12,\ 0,\ 0,\ 0.$

$\tau_2\mu^2cwz = 130,\ 72,\ 18,\ 0,\ 0.$

$\tau_2\mu^2cwyz = 24,\ 6,\ 0,\ 0.$

$\tau_2\mu^3yzw = 12,\ 6,\ 0,\ 0.$

$$\tau_2 \mu^3 w_e q_e = 3,\ 0,\ 0.$$
$$\tau_2 \mu^2 w_e q_e = 27,\ 9,\ 0,\ 0.$$
$$\tau_2 \mu w_e q_e = 129,\ 48,\ 0,\ 0,\ 0.$$
$$\tau_2 w_e q_e = 305,\ 99,\ 0,\ 0,\ 0,\ 0.$$
$$\tau_2 \mu^3 w_e q = 15,\ 9,\ 0,\ 0.$$
$$\tau_2 \mu^2 w_e q = 147,\ 93,\ 27,\ 0,\ 0.$$
$$\tau_2 \mu w_e q = 755,\ 459,\ 144,\ 0,\ 0,\ 0.$$
$$\tau_2 w_e q = 2100,\ 1095,\ 297,\ 0,\ 0,\ 0,\ 0.$$

$$\tau_2 \mu^3 w q = 33,\ 48,\ 27,\ 0,\ 0.$$
$$\tau_2 \mu^2 w q = 380,\ 477,\ 288,\ 81,\ 0,\ 0.$$
$$\tau_2 \mu w q = 2280,\ 2460,\ 1431,\ 432,\ 0,\ 0,\ 0.$$
$$\tau_2 w q = 8120,\ 6840,\ 3420,\ 891,\ 0,\ 0,\ 0,\ 0.$$

$$\tau_2 \mu^3 w_e q_e z = 1,\ 0.$$
$$\tau_2 \mu^2 w_e q_e z = 9,\ 3,\ 0.$$
$$\tau_2 \mu w_e q_e z = 45,\ 18,\ 0,\ 0.$$
$$\tau_2 \mu^3 w_e q z = 5,\ 1,\ 0.$$
$$\tau_2 \mu^2 w_e q z = 51,\ 33,\ 9,\ 0.$$
$$\tau_2 \mu w_e q z = 271,\ 171,\ 54,\ 0,\ 0.$$
$$\tau_2 w_e q z = 780,\ 423,\ 117,\ 0,\ 0,\ 0.$$
$$\tau_2 \mu^3 w q z = 13,\ 18,\ 9,\ 0.$$
$$\tau_2 \mu^2 w q z = 156,\ 189,\ 108,\ 27,\ 0.$$
$$\tau_2 \mu w q z = 960,\ 1008,\ 567,\ 162,\ 0,\ 0.$$
$$\tau_2 w q z = 3480,\ 2880,\ 1404,\ 351,\ 0,\ 0,\ 0.$$

Bei der Reduction der Zahlen ε_1, ε_2, ε_3 führe man die zwei Bedingungen d_1, d_2, d_3 ein, welche bezüglich aussagen sollen, dass

einer der drei Rangpunkte,
jeder von zwei Rangpunkten,
jeder der drei Rangpunkte

auf einer gegebenen Ebene liegen soll. Bei ε_1 aber, wo der eine Rangpunkt mit c und y coincidirt, soll d_1 resp. d_2 ausdrücken, dass einer der beiden anderen Rangpunkte resp. jeder von ihnen auf einer gegebenen Ebene liegt.

Endlich reducire man wieder die mehrfachen Bedingungen auf die entsprechenden einfachen mit Hilfe der auf μ und b bezüglichen Grundbedingungen. Dann sind schliesslich alle gesuchten Anzahlen der drei Ausartungen ε_1, ε_2, ε_3 auf *die in den folgenden drei Tabellen enthaltenen Stammzahlen zurückgeführt.* Dort sind nur diejenigen fortgelassen, welche gleich null sind. Dies sind namentlich alle

Zahlen, deren Symbole keine die Ebene μ der Curve festlegende Bedingung enthalten, z. B.

$$\varepsilon_2 Bcrd_3.$$

Die in den Tabellen beigesetzten Zahlen entsprechen zum Theil den im vorigen Paragraphen angegebenen Stammzahlen der Ausartungen τ feld-dual. Die übrigen sind vom Verfasser a posteriori bestimmt. Sie charakterisiren die Lagebeziehungen, welche zwischen den vier Punkten von ε_1, zwischen den sechs Punkten von ε_2 und zwischen den fünf Punkten von ε_3 bestehen.

Tabelle der Stammzahlen bei ε_1.

$$\varepsilon_1 \mu^3 b_e q d_2 c = 1, \quad \varepsilon_1 \mu^3 b_e q d_2 r = 1, \quad \varepsilon_1 \mu^3 b_e q d_1 c r = 1,$$
$$\varepsilon_1 \mu^3 b\, q d_2 c r = 2.$$

Jedes Symbol ε_1 muss null sein, wenn es keine auf die Lage des Strahls q bezügliche Bedingung enthält.

Tabelle der Stammzahlen bei ε_2.

$$\varepsilon_2 \mu^3 b_e d_3 c = 4, \quad \varepsilon_2 \mu^2 b_e d_3 r = 1, \quad \varepsilon_2 \mu^3 b_e d_3 y = 2,$$
$$\varepsilon_2 \mu^3 b_e d_2 c r = 3, \quad \varepsilon_2 \mu^3 b_e d_2 c y = 2, \quad \varepsilon_3 \mu^3 b_e d_2 r y = 1,$$
$$\varepsilon_2 \mu^3 b_e d_1 c r y = 1;$$
$$\varepsilon_2 \mu^3 b d_3 c r = 7, \quad \varepsilon_2 \mu^3 b d_3 c y = 6, \quad \varepsilon_2 \mu^3 b d_3 r y = 3,$$
$$\varepsilon_2 \mu^3 b d_2 c r y = 5;$$
$$\varepsilon_2 \mu^3 d_3 c r y = 4;$$
$$\varepsilon_2 \mu b_p d_3 c r y = 9.$$

Tabelle der Stammzahlen bei ε_3.

$$\varepsilon_3 \mu^3 b_e z d_3 = 2, \quad \varepsilon_3 \mu^3 b_e z d_2 y = 2, \quad \varepsilon_3 \mu^3 b_e z d_2 c = 2,$$
$$\varepsilon_3 \mu^3 b_e z d_1 c y = 1;$$
$$\varepsilon_3 \mu^3 b z d_3 y = 4, \quad \varepsilon_3 \mu^3 b z d_3 c = 4, \quad \varepsilon_3 \mu^3 b z d_2 c y = 4;$$
$$\varepsilon_3 \mu^3 z d_3 c y = 2;$$
$$\varepsilon_3 \mu b_p d_3 c y = 6.$$

Man beachte, dass ein Symbol ε_3 null sein muss, wenn es keine die Lage des Strahls z feststellende Bedingung enthält.

Durch Angabe der Stammzahlen bei den Ausartungen ε ist nunmehr *die Berechnung aller Zahlen ε theoretisch geleistet.*

Da die Ausartungen ε den eingehend behandelten Ausartungen τ feld-dual entsprechen, so unterdrücken wir die Beispiele für die Berechnung der auf sie bezüglichen Anzahlen und lassen nur die numerischen Werthe einiger Symbole ε hier folgen. Wieder bezeichnet die einer α-fachen Bedingung nachgesetzte i^{te} Zahl die Zahl der Curven ε, welche diese Bedingung erfüllen, $10 - \alpha - i$ gegebene Gerade schneiden und $i - 1$ gegebene Ebenen berühren.

Tabelle von Zahlen ε.

$$\varepsilon_1\mu^3 q = \varepsilon_2\mu^3 v = \tfrac{1}{4}\varepsilon_2\mu^3 c = \tfrac{1}{2}\varepsilon_2\mu^3 y = \tfrac{1}{2}\varepsilon_3\mu^3 z = 0,\ 0,\ 0,\ 9,\ 18,\ 15.$$

$$\varepsilon_1\mu^2 q = \varepsilon_2\mu^2 v = \tfrac{1}{4}\varepsilon_2\mu^2 c = \tfrac{1}{2}\varepsilon_2\mu^2 y = \tfrac{1}{2}\varepsilon_3\mu^2 z = 0,\ 0,\ 0,\ 54,\ 108,\ 120,\ 90.$$

$$\varepsilon_1\mu q = \varepsilon_2\mu v = \tfrac{1}{4}\varepsilon_2\mu c = \tfrac{1}{2}\varepsilon_2\mu y = \tfrac{1}{2}\varepsilon_3\mu z = 0,\ 0,\ 0,\ 162,\ 324,\ 360,\ 270,\ 175.$$

$$\varepsilon_1 q = \varepsilon_2 v = \tfrac{1}{4}\varepsilon_2 c = \tfrac{1}{2}\varepsilon_2 y = \tfrac{1}{2}\varepsilon_3 z = 0,\ 0,\ 0,\ 0,\ 0,\ 0,\ 0,\ 0,\ 0.$$

$\varepsilon_1\mu^3 w_e q_e = 0,\ 0,\ 1.$

$\varepsilon_1\mu^2 w_e q_e = 0,\ 0,\ 3,\ 6.$

$\varepsilon_1\mu w_e q_e = 0,\ 0,\ 9,\ 18,\ 15.$

$\varepsilon_1 w_e q_e = 0,\ 0,\ 0,\ 0,\ 0,\ 0.$

$\varepsilon_1\mu^3 wq = 0,\ 0,\ 0,\ 3,\ 6.$

$\varepsilon_1\mu^2 wq = 0,\ 0,\ 0,\ 54,\ 108,\ 120.$

$\varepsilon_1\mu wq = 0,\ 0,\ 0,\ 162,\ 324,\ 360,\ 270.$

$\varepsilon_1 wq = 0,\ 0,\ 0,\ 0,\ 0,\ 0,\ 0,\ 0.$

$\varepsilon_1\mu w_e qz = 0,\ 0,\ 0,\ 9,\ 18.$

$\varepsilon_1\mu^2 wqz = 0,\ 0,\ 0,\ 18,\ 36.$

$\varepsilon_2\mu^3 yzw = 0,\ 0,\ 0,\ 2.$

$\varepsilon_2\mu^2 cw = 0,\ 0,\ 0,\ 72,\ 144,\ 160.$

$\varepsilon_2\mu^2 cwz = 0,\ 0,\ 0,\ 24,\ 48.$

$\varepsilon_2\mu^2 cw_e v = 0,\ 0,\ 9,\ 16.$

$\varepsilon_2\mu^2 cwv = 0,\ 0,\ 54,\ 96,\ 96.$

$\varepsilon_2\mu^2 cwy = 0,\ 0,\ 36,\ 72,\ 80.$

$\varepsilon_2\mu^2 cwyz = 0,\ 0,\ 12,\ 24.$

$\varepsilon_2\mu^2 cwvy = 0,\ 18,\ 36,\ 38.$

$\varepsilon_3\mu q_e w_e z = 0,\ 0,\ 0,\ 2.$

$\varepsilon_3\mu q w_e z = 0,\ 0,\ 0,\ 6,\ 12.$

$\varepsilon_3\mu^2 qwz = 0,\ 0,\ 0,\ 12,\ 24.$

$\varepsilon_3\mu^3 yzw = 0,\ 0,\ 6,\ 12.$

$\varepsilon_3\mu^2 yzcw = 0,\ 18,\ 30,\ 24.$

Ehe wir dazu übergehen, aus den nunmehr gewonnenen Ausartungszahlen die Anzahlen für die C_3^3 abzuleiten, wollen wir noch aus den vorstehenden Resultaten einige interessante Eigenschaften der cubischen Curve mit Spitze ablesen.

Wir erinnern uns der Methode, durch welche wir die Definitionen der Ausartungen der C_3^3 gewonnen haben. Die Ausartungen δ_2, ε_1, ε_2, ε_3, ϑ_1, η_1, η_2 entstanden als die *homographischen Bilder der allgemeinen* C_3^3 für verschiedene Lagen des Centrums S der Homographie. Die Axe der Homographie wurde dann immer zu einer Ordnungsgeraden und die von S an die allgemeine C_3^3 gezogenen Tangenten, sowie die Verbindungsstrahlen des Punktes S mit den Ecken des Singularitätendreiecks gaben Strahlen durch S, welche die Axe in den ausgezeichneten Punkten der zu erzeugenden Ausartung schnitten. Diese ausgezeichneten Punkte aber sind bei δ_2, ε_1, ε_2, ε_3 *in ihrer Lage von einander abhängig*, wie die oben angegebenen *Stammzahlen* lehren. Dieselbe Abhängigkeit muss also auch bei den durch S an die allgemeine C_3^3 gelegten Strahlen stattfinden und es fliessen daher aus den Stammzahlen jener vier Ausartungen die durch die folgenden vier Sätze ausgesprochenen *Lagebeziehungen*.

I. Wenn das Centrum S der Homographie weder auf der Curve, noch auf den Seiten ihres Singularitätendreiecks liegt, so entsteht die Ausartung ε_2. Nun ist aber:

$$\varepsilon_2\mu^3 b_e d_3 c = 4,\quad \varepsilon_2\mu^3 b_e d_3 v = 1,\quad \varepsilon_2\mu^3 b_e d_3 y = 2,$$
$$\varepsilon_2\mu^3 b_e d_2 cv = 3,\quad \varepsilon_2\mu^3 b_e d_2 cy = 2,\quad \varepsilon_2\mu^3 b_e d_2 vy = 1,$$
$$\varepsilon_2\mu^3 b_e d_1 cvy = 1.$$

Folglich gilt der Satz:

„Wenn man an eine cubische Plancurve mit Spitze von irgend einem Punkte S ihrer Ebene die drei Tangenten und die Strahlen nach der Spitze, dem Wendepunkte und dem Schnittpunkte von Wendetangente und Rückkehrtangente zieht, so erhält man sechs durch S gehende Strahlen, welche, um überhaupt so einer C_3^3 angehören zu können, in ihrer Lage derartig von einander abhängen müssen, dass *das ganze Strahlensextupel endlichdeutig bestimmt ist, sobald vier von den sechs Strahlen gegeben sind*, und zwar:

1. *vierdeutig*, sobald die drei Tangenten und der Strahl nach der Spitze gegeben sind;
2. *eindeutig*, sobald die drei Tangenten und der Strahl nach dem Wendepunkt gegeben sind;
3. *zweideutig*, sobald die drei Tangenten und der Strahl nach dem Schnittpunkt von Wendetangente und Rückkehrtangente gegeben sind;
4. *dreideutig*, sobald zwei von den drei Tangenten, der Strahl nach der Spitze und der Strahl nach dem Wendepunkte gegeben sind;

5. *zweideutig*, sobald zwei Tangenten, der Strahl nach der Spitze und der Strahl nach dem Schnittpunkt von Wendetangente und Rückkehrtangente gegeben sind;

6. *eindeutig*, sobald zwei Tangenten, der Strahl nach dem Wendepunkt und der Strahl nach dem Schnittpunkt von Wendetangente und Rückkehrtangente gegeben sind;

7. *eindeutig*, sobald eine Tangente und die drei Strahlen nach den drei Ecken des Singularitätendreiecks gegeben sind."

II. Wenn das Centrum S der Homographie auf der Curve, aber nicht in einer Ecke des Singularitätendreiecks liegt, so entsteht die Ausartung δ_2. Nun ist aber jede Stammzahl für δ_2 gleich 1, wenn die Ebene und auf ihr die doppelte Ordnungsgerade gegeben ist. Folglich gilt der Satz:

„Wenn man an eine cubische Plancurve mit Spitze von irgend einem ihrer Punkte S die in diesem Punkte berührende und die sonst noch mögliche Tangente zieht, und ausserdem S mit den drei Ecken des Singularitätendreiecks verbindet, so erhält man fünf von S ausgehende Strahlen, welche, um überhaupt in dieser Weise einer cubischen Plancurve mit Spitze angehören zu können, in ihrer Lage derartig von einander abhängen müssen, dass *das ganze Strahlenquintupel immer eindeutig bestimmt ist, sobald irgend welche drei von den fünf Strahlen gegeben sind.*"

III. Wenn das Centrum S der Homographie auf der Rückkehrtangente, aber nicht in der Spitze liegt, so entsteht die Ausartung ε_1. Nun ist aber bei ε_1 jede Stammzahl gleich 1, wenn die Ebene und die dreifache Ordnungsgerade von ε_1 gegeben ist. Folglich gilt der Satz:

„Wenn man an eine cubische Plancurve mit Spitze von irgend einem Punkte S ihrer Rückkehrtangente die beiden sonst noch möglichen Tangenten und den Strahl nach dem Wendepunkte zieht, so erhält man vier von S ausgehende Strahlen, welche, um überhaupt einer solchen Curve angehören zu können, in ihrer Lage derartig von einander abhängen müssen, dass *das ganze Strahlenquadrupel immer eindeutig bestimmt ist, sobald irgend welche drei von den vier Strahlen gegeben sind.*"

IV. Wenn das Centrum S der Homographie auf dem Verbindungsstrahle von Spitze und Wendepunkt, aber nicht in diesen Punkten selbst liegt, so entsteht die Ausartung ε_3. Nun ist aber:

$$\varepsilon_3 \mu^3 b_e z d_3 = 2, \quad \varepsilon_3 \mu^3 b_e z d_2 y = 2, \quad \varepsilon_3 \mu^3 b_e z d_2 c = 2, \quad \varepsilon_3 \mu^3 b_e z d_1 c y = 1.$$

Folglich gilt der Satz:

„Wenn man an eine cubische Plancurve mit Spitze von irgend einem Punkte S des Verbindungsstrahls der Spitze mit dem Wendepunkte die drei Tangenten zieht, und ausserdem S mit dem Schnittpunkte von Wendetangente und Rückkehrtangente verbindet, so erhält man fünf von S ausgehende Strahlen, welche, um überhaupt in dieser Weise einer solchen Curve angehören zu können, in ihrer Lage derartig von einander abhängen müssen, dass *das ganze Strahlenquintupel immer endlichdeutig bestimmt ist, sobald irgend welche drei von den fünf Strahlen gegeben sind, und zwar:*

1. *zweideutig*, sobald die drei Tangenten gegeben sind;
2. *zweideutig*, sobald zwei Tangenten und der Strahl nach dem Schnittpunkt von Wendetangente und Rückkehrtangente gegeben sind;
3. *zweideutig*, sobald zwei Tangenten und der Verbindungsstrahl von Spitze und Wendepunkt gegeben sind;
4. *eindeutig*, sobald eine Tangente, der Strahl nach dem Schnittpunkt von Wendetangente und Rückkehrtangente, und der Verbindungsstrahl von Spitze und Wendepunkt gegeben sind.“

Bei den Ausartungen ϑ_1, η_1, η_2 treten keine Lagebeziehungen der ausgezeichneten Punkte auf. Folglich treten auch bei der allgemeinen Curve keine Relationen auf, wenn der Punkt S auf der Wendetangente oder in einer Ecke des Singularitätendreiecks liegt. *Vier neue Sätze erhält man jedoch, wenn man die obigen Sätze feld-dual übersetzt.*

Um endlich die gesuchten Zahlen der C_3^3 aus den berechneten Ausartungszahlen zu gewinnen, multipliciren wir jede der sieben Gleichungen 26 bis 32 (p. 111 u. 114) mit allen möglichen neunfachen Bedingungen und substituiren dann für jede zehnfache Ausartungsbedingung die berechnete Zahl. Dann erhält man mehr Gleichungen als nöthig sind, um die Anzahlen der C_3^3 zu bestimmen und dadurch nicht nur diese Zahlen selbst, sondern eine grosse Menge von *Bestätigungen.* Bei der Berechnung ist es zweckmässig, immer diejenigen Symbole gleichzeitig zu berechnen, die sich nur durch die Exponenten von ν und ϱ unterscheiden. Die Gesammtheit der Zahlenwerthe von so zusammengehörigen Symbolen wollen wir *Zahlenreihe B* nennen, wenn B der in den Symbolen steckende, von ν und ϱ freie, gemeinsame Bedingungsfaktor ist. Im allgemeinen muss man bei einem systematischen Gange der Rechnung wegen der sechs Formeln 27 bis 32 zu jeder Anzahl der C_3^3 von ebensoviel Systemen aus gelangen, wie sie Bedingungen enthält, die auf verschiedene Ecken oder Seiten des Singularitätendreiecks Bezug haben; z. B. erhält man die Zahlenreihe

$$\mu c^2 v w_s$$

sowohl aus den Zahlenreihen $\mu c v w_s$ und $\mu^2 c v w_s$ durch die c-Formel, wie auch aus den Zahlenreihen $\mu c^2 w_s$ und $\mu^2 c^2 w_s$ durch die v-Formel, wie auch endlich aus der Zahlenreihe $\mu c^2 v w_e$ durch die w-Formel. Ausserdem kann man noch durch die σ-Formel alle übrigen Zahlen dieser Reihe finden, sobald eine derselben bekannt ist.

Die beiden folgenden Beispiele sollen verdeutlichen, wie man von bekannten Zahlenreihen zu neuen Zahlenreihen gelangt.

Erstes Beispiel.

Wir setzen als bekannt voraus die Zahlenreihe $\mu^3 y z w$, nämlich:

$$\mu^3 y z w = 22,\ 40,\ 55,\ 46,\ 22.$$

Um von dieser Zahlenreihe zu neuen gelangen zu können, haben wir die Ausartungszahlen der vier Systeme nöthig, welche definirt werden durch die Bedingungen:

$$\mu^3 y z w \nu^3,\ \mu^3 y z w \nu^2 \varrho,\ \mu^3 y z w \nu \varrho^2,\ \mu^3 y z w \varrho^3.$$

In jedem dieser vier Systeme sind gleich null die Ausartungszahlen:

$$\tau_1,\ \varepsilon_1,\ \eta_2,\ \vartheta_1,\ \vartheta_2.$$

Die acht übrigen Ausartungszahlen haben in den vier Systemen folgende Werthe:

$$\begin{aligned}
\sigma &= 1,\ 2,\ 2,\ 1;\\
\delta_1 &= 0,\ 13,\ 16,\ 6;\\
\delta_2 &= 0,\ 1,\ 4,\ 0;\\
\tau_2 &= 12,\ 6,\ 0,\ 0;\\
\tau_3 &= 8,\ 15,\ 9,\ 0;\\
\varepsilon_2 &= 0,\ 0,\ 0,\ 2;\\
\varepsilon_3 &= 0,\ 0,\ 6,\ 10;\\
\eta_1 &= 0,\ 0,\ 12,\ 18.
\end{aligned}$$

Setzt man diese Werthe in die σ-Formel:

$$\begin{aligned}
\nu + \varrho - 3\mu = {} & 2\sigma + 2\delta_1 + 2\delta_2 + 3\tau_1 + 3\tau_2 + 3\tau_3\\
& + 3\varepsilon_1 + 3\varepsilon_2 + 3\varepsilon_3 + \vartheta_1 + 3\vartheta_2 + \eta_1 + 3\eta_2,
\end{aligned}$$

so erhält man die vier bestätigenden Identitäten:

$$22+40=2.1+3.12+3.8,$$
$$40+55=2.2+2.13+2.1+3.\ 6+3.15,$$
$$55+46=2.2+2.16+2.4+3.\ 9+3.6+12,$$
$$46+22=2.1+2.\ 6+3.2+3.10+18.$$

Die Benutzung der c-Formel:

$$3c=4\nu-\varrho-6\mu-\delta_1-2\delta_2-6\varepsilon_1-6\varepsilon_2-6\varepsilon_3-\vartheta_1-3\vartheta_2-2\eta_1\quad 6\eta_2$$

giebt für jene vier Systeme:

$$3c=4.22-40 \qquad =48,$$
$$3c=4.40-55-13-2.1 \qquad =90,$$
$$3c=4.55-46-16-2.4-6.\ 6-2.12=90,$$
$$3c=4.46-22-\ 6-6.2-6.10-2.18=48.$$

Folglich ist:

$$\mu^3yzwc\nu^3\ =16,\quad \mu^3yzwc\nu^2\varrho=30,$$
$$\mu^3yzwc\nu\varrho^2=30,\quad \mu^3yzwc\varrho^3\ =16.$$

Dass die so gefundene Zahlenreihe für μ^3yzwc, nämlich:

16, 30, 30, 16

von rechts gelesen so lautet, wie von links gelesen, folgt auch aus dem Princip der Dualität.

Ferner hängt diese Zahlenreihe mit anderen Zahlenreihen zusammen durch die erste Incidenzformel. Nach dieser ist:

$$ywzc=(y^2+w_e)(c^2+z_e)$$
$$=y^2c^2+c^2w_e+y^2z_e+w_ez_e.$$

Man hat nämlich:

$$\mu^3y^2c^2=2,\ 6,\ 6,\ 4;\quad \mu^3c^2w_e=6,\ 9,\ 9,\ 6;$$
$$\mu^3y^2z_e=4,\ 9,\ 9,\ 4;\quad \mu^3w_ez_e=4,\ 6,\ 6,\ 2;$$

also durch Addition

$$\mu^3yzwc=16,\ 30,\ 30,\ 16.$$

Wir finden weiter aus jenen vier Systemen durch die w-Formel:

$$3w=4.40-22-6.12-6.8 \qquad =18,$$
$$3w=4.55-40-2.13-\ 1-6.6-6.15=27,$$
$$3w=4.46-55-2.16-\ 4-6.9-12 \qquad =27,$$
$$3w=4.22-46-2.\ 6-18 \qquad =12.$$

Damit haben wir die Zahlenreihe

$$\mu^3yzw^2=\mu^3yzw_e$$

bestimmt, nämlich:

$$\mu^3yzw_e=6,\ 9,\ 9,\ 4.$$

Die v-Formel:

$$6v = 7\varrho - \nu - 3\mu - 2\delta_1 - 4\delta_2 - 15\tau_1 - 9\tau_2 - 9\tau_3$$
$$- 3\varepsilon_1 - 3\varepsilon_2 - 3\varepsilon_3 - 5\vartheta_1 - 9\vartheta_2 - \eta_1 - 3\eta_2$$

liefert für jene vier Systeme die vier Gleichungen:

$$6v = 7.40 - 22 - 9.12 - 9.8 = 78,$$
$$6v = 7.55 - 40 - 2.13 - 4.1 - 9.\ 6 - 9.15 = 126,$$
$$6v = 7.46 - 55 - 2.16 - 4.4 - 9.\ 9 - 3.\ 6 - 12 = 108,$$
$$6v = 7.22 - 46 - 2.\ 6 - 3.2 - 3.10 - 18 = 42.$$

Folglich hat die Zahlenreihe $\mu^3 yzwv$ die Werthe:

13, 21, 18, 7.

Diese Zahlenreihe hängt wieder mit anderen Zahlenreihen durch die erste Incidenzformel zusammen, indem man $yzwv$ auf zweifache Weise zerlegen kann, nämlich entweder:

$$yzwv = yz(w_e + v^2) = yzw_e + yzv^2,$$

oder auch:

$$yzwv = (y^2 + w_e)(v^2 + z_e) = y^2v^2 + y^2z_e + w_e z_e.$$

Die Anwendung der y-Formel

$$3y = 2\varrho + \nu - 3\mu - \delta_1 - 2\delta_2 - 3\tau_1 - 3\tau_2 - 6\tau_3$$
$$- 3\varepsilon_1 - 3\varepsilon_2 - 3\varepsilon_3 - \vartheta_1 - 3\vartheta_2 - 2\eta_1 - 3\eta_2$$

giebt für die vier Systeme $\mu^3 yzw$ die vier Gleichungen:

$$3y = 2.40 + 22 - 3.12 - 6.8 = 18,$$
$$3y = 2.55 + 40 - 13 - 2.1 - 3.\ 6 - 6.15 = 27,$$
$$3y = 2.46 + 55 - 16 - 2.4 - 6.\ 9 - 3.\ 6 - 2.12 = 27,$$
$$3y = 2.22 + 46 - \ 6 - 3.2 - 3.10 - 2.18 = 12.$$

Folglich ist:

$$\mu^2 y^2 zw = 6,\ 9,\ 9,\ 4.$$

Diese Zahlenreihe ist identisch mit der schon bestimmten Zahlenreihe $\mu^3 yzw_e$, da immer:

$$\mu^3 y^2 w = \mu^3 y w_e,$$

weil Punkt y auf Strahl w liegt.

Wir wenden schliesslich auf die vier Systeme die z-Formel an:

$$3z = 2\nu + \varrho - 3\mu - 2\delta_1 - \delta_2 - 3\tau_1 - 3\tau_2 - 3\tau_3$$
$$- 3\varepsilon_1 - 3\varepsilon_2 - 6\varepsilon_3 - 2\vartheta_1 - 3\vartheta_2 - \eta_1 - 3\eta_2,$$

und erhalten die vier Gleichungen:

$$3z = 2.22 + 40 - 3.12 - 3.8 = 24,$$
$$3z = 2.40 + 55 - 2.13 - 1 - 3.6 - 3.15 = 45,$$
$$3z = 2.55 + 46 - 2.16 - 4 - 3.9 - 6.\ 6 - 12 = 45,$$
$$3z = 2.46 + 22 - 2.\ 6 - 3.2 - 6.10 - 18 = 18.$$

Daraus folgt:

$$\mu^3 y z_e w = \mu^3 z_e y^2 + \mu^3 z_e w_e = 8,\ 15,\ 15,\ 6.$$

Zweites Beispiel.

Wir gehen aus von der Zahlenreihe $w_e q z$ und betrachten daher die Systeme, welche ausser $w_e q z$ nur Potenzen von ν und ϱ zu definirenden Bedingungen haben.

In jedem dieser Systeme sind alle Ausartungszahlen ausser σ, τ_2 und δ_1 gleich null. Diese aber haben folgende Werthe:

$$\sigma w_e q z = 12,\ 24,\ 28,\ 20,\ 12,\ 7,$$
$$\tau_2 w_e q z = 780,\ 423,\ 117,\ 0,\ 0,\ 0,$$
$$\delta_1 w_e q z = 0,\ 290,\ 380,\ 260,\ 104,\ 40.$$

Diese Werthe, in die σ-Formel eingesetzt, bestätigen die als schon gefunden vorausgesetzten Zahlenreihen $w_e q z$ und $\mu w_e q z$, nämlich:

$$w_e q z = 1788,\ 1950,\ 1672,\ 1148,\ 660,\ 343,\ 165,$$
$$\mu w_e q z = 458,\ 575,\ 551,\ 416,\ 257,\ 138.$$

Aus diesen Zahlenreihen und den obigen Ausartungszahlen findet man sechs neue Zahlenreihen, z. B. durch die c-Formel:

$$c w_e q z = 818,\ 796,\ 618,\ 392,\ 217,\ 113,$$

ferner durch die w-Formel:

$$w_s q z = 444,\ 540,\ 486,\ 324,\ 168,\ 79,$$

und durch die q-Formel:

$$w_e q^2 z = 684,\ 729,\ 621,\ 432,\ 258,\ 139.$$

Noch weitere Mittel zur Berechnung der Anzahlen der C_3^3 hat der Verfasser aus dem Princip von der Erhaltung der Anzahl geschöpft (**Lit. 34**). Darauf soll jedoch hier nicht eingegangen werden.

Was die nun folgenden Tabellen der Anzahlen der cubischen Plancurve mit Spitze anbetrifft, so enthält die erste Tabelle diejenigen Zahlen, welche man nöthig hat, *um die Ausartungsanzahlen der cubischen Plancurve mit Doppelpunkt* (§ 24) *und der cubischen Raumcurve* (§ 25) *zu berechnen.* Die zweite Tabelle enthält die sämmtlichen gesuchten Zahlen bei der Voraussetzung, dass *die Ebene der Plancurve fest ist.* Die dritte Tabelle enthält namentlich solche Anzahlen, bei deren Berechnung der Verfasser die schon oben angegebenen Stammzahlen der Ausartungen durch Rückschlüsse bestimmen konnte. Auch der Berechnung derjenigen Zahlen, welche in *keiner der drei Tabellen* angeführt sind, steht sachlich kein Hinderniss entgegen, da die vorangehenden Entwickelungen die Ausrechnung *sämmtlicher* gesuchten Zahlen auf das Einmaleins reduciren.

Der besseren Uebersicht wegen sind mehrere Fundamentalzahlen sowohl in der ersten wie in der zweiten Tabelle angeführt.

Zu beachten ist, dass immer die einer α-fachen Bedingung nachgesetzte i^{te} Zahl angiebt, wieviel cubische Plancurven mit Spitze diese α-fache Bedingung erfüllen, $11-\alpha-i$ gegebene Gerade und $i-1$ gegebene Ebenen berühren.

Erste Tabelle.

Die in den §§ 24 und 25 benutzten Anzahlen.

Die Zahlenreihen sind mit Rücksicht auf die Benutzung bei der Berechnung der Zahlen γ des § 24 *geordnet.*

μ^3 = 24, 60, 114, 168, 168, 114, 60, 24,
$\mu^3 c$ = 12, 42, 96, 168, 186, 132, 72,
$\mu^3 c^2$ = 2, 8, 20, 38, 44, 32;

μ^2 = 384, 864, 1488, 2022, 2016, 1524, 924, 468, 192,
$\mu^2 c$ = 176, 536, 1082, 1688, 1844, 1496, 956, 512,
$\mu^2 c^2$ = 32, 110, 240, 400, 452, 372, 240,
$\mu^2 c^3$ = 2, 8, 20, 38, 44, 32;

μ = 3216, 6528, 10200, 12708, 12144, 9156, 5688, 3090, 1488, 624,
μc = 1344, 3576, 6388, 8852, 9108, 7264, 4706, 2688, 1392,
μc^2 = 248, 740, 1416, 2076, 2216, 1818, 1200, 696,
μc^3 = 20, 68, 144, 232, 266, 240, 168.

Die Zahlen $\nu^{10}, \nu^9\varrho, \ldots \varrho^{10}$ sind 17760, 31968, 44304, 49008, 43104, 30960, 18888, 10284, 5088, 2304, 960,

c = 6592, 14800, 22336, 25560, 22864, 16672, 10380, 5836, 3040, 1504,
c^2 = 1168, 2896, 4592, 5408, 4952, 3708, 2376, 1392, 768,
c^3 = 96, 264, 448, 556, 540, 436, 304, 208.

$\mu^3 q$ = 18, 51, 105, 168, 177, 123, 66,
$\mu^3 qc$ = 7, 25, 58, 85, 79, 52,
$\mu^3 qc^2$ = 1, 4, 10, 13, 10;

$\mu^2 q$ = 268, 670, 1228, 1771, 1846, 1453, 910, 478,
$\mu^2 qc$ = 98, 302, 613, 852, 839, 628, 382,
$\mu^2 qc^2$ = 16, 55, 120, 164, 154, 106,
$\mu^2 qc^3$ = 1, 4, 10, 13, 10;

μq = 2088, 4620, 7550, 9769, 9618, 7448, 4735, 2655, 1344,
μqc = 708, 1890, 3361, 4296, 4092, 3073, 1935, 1086,
μqc^2 = 118, 349, 660, 846, 799, 603, 384,
μqc^3 = 9, 30, 62, 79, 75, 54;

q = 10568, 20120, 28220, 30930, 26912, 19238, 11790, 6515, 3320, 1592,

qc = 3208, 7060, 10270, 11058, 9354, 6558, 4025, 2270, 1208,

qc^2 = 508, 1210, 1812, 1944, 1638, 1163, 740, 452,

qc^3 = 38, 98, 152, 162, 137, 98, 68.

$\mu^3 w$ = 72, 132, 186, 168, 96, 42, 12,

$\mu^3 wc$ = 52, 106, 166, 166, 106, 52,

$\mu^3 wc^2$ = 10, 22, 37, 40, 28;

$\mu^2 w$ = 1024, 1696, 2200, 2014, 1360, 724, 316, 100,

$\mu^2 wc$ = 656, 1184, 1666, 1662, 1244, 736, 364,

$\mu^2 wc^2$ = 136, 262, 390, 407, 316, 196,

$\mu^2 wc^3$ = 10, 22, 37, 40, 28;

μw = 7632, 11424, 13544, 11956, 8160, 4532, 2224, 954, 336,

μwc = 4320, 6912, 8680, 8184, 6036, 3640, 1962, 960,

μwc^2 = 904, 1528, 2010, 1980, 1528, 954, 528,

μwc^3 = 84, 156, 224, 241, 210, 144;

w = 36704, 48416, 50576, 41136, 26912, 14864, 7416, 3356, 1376, 512,

wc = 17536, 23728, 24688, 20292, 13728, 8016, 4268, 2108, 992,

wc^2 = 3472, 4864, 5160, 4374, 3096, 1892, 1064, 560,

wc^3 = 320, 476, 530, 486, 380, 260, 176.

$\mu^3 q_e$ = 5, 17, 38, 47, 35, 20,

$\mu^3 q_e c$ = 1, 4, 10, 13, 10;

$\mu^2 q_e$ = 66, 192, 373, 452, 387, 256, 142,

$\mu^2 q_e c$ = 14, 47, 100, 126, 110, 74,

$\mu^2 q_e c^2$ = 1, 4, 10, 13, 10;

μq_e = 460, 1150, 1945, 2220, 1876, 1255, 735, 390,

$\mu q_e c$ = 98, 281, 516, 614, 533, 363, 216,

$\mu q_e c^2$ = 9, 30, 62, 79, 75, 54;

q_e = 2040, 4164, 5678, 5650, 4402, 2850, 1649, 878, 440,

$q_e c$ = 412, 946, 1364, 1388, 1098, 727, 436, 244,

$q_e c^2$ = 38, 98, 152, 162, 137, 98, 68.

$\mu^3 w_e$ = 32, 44, 38, 20, 8, 2,

$\mu^3 w_e c$ = 28, 40, 37, 22, 10,

$\mu^3 w_e c^2$ = 6, 9, 9, 6;

$\mu^2 w_e$ = 408, 516, 454, 290, 144, 58, 16,
$\mu^2 w_e c$ = 308, 398, 370, 261, 146, 68,
$\mu^2 w_e c^2$ = 70, 94, 91, 67, 40,
$\mu^2 w_e c^3$ = 6, 9, 9, 6;
μw_e = 2728, 3148, 2674, 1734, 904, 418, 168, 54,
$\mu w_e c$ = 1772, 2054, 1812, 1262, 722, 372, 174,
$\mu w_e c^2$ = 402, 480, 440, 322, 192, 102,
$\mu w_e c^3$ = 42, 54, 54, 45, 30;
w_e = 11472, 11616, 9080, 5650, 2944, 1392, 596, 230, 80,
$w_e c$ = 5968, 5752, 4442, 2846, 1584, 808, 382, 172,
$w_e c^2$ = 1256, 1214, 962, 648, 380, 206, 104,
$w_e c^3$ = 126, 126, 108, 81, 54, 36.

$\mu^3 q w$ = 32, 71, 119, 128, 89, 47,
$\mu^3 q w c$ = 19, 49, 73, 67, 43,
$\mu^3 q w c^2$ = 3, 9, 12, 9;
$\mu^2 q w$ = 444, 864, 1288, 1349, 1050, 649, 334,
$\mu^2 q w c$ = 240, 522, 725, 697, 507, 300,
$\mu^2 q w c^2$ = 44, 107, 146, 134, 90,
$\mu^2 q w c^3$ = 3, 9, 12, 9;
$\mu q w$ = 3224, 5540, 7352, 7225, 5498, 3404, 1855, 907,
$\mu q w c$ = 1564, 2908, 3679, 3404, 2464, 1489, 803,
$\mu q w c^2$ = 296, 599, 756, 691, 503, 311,
$\mu q w c^3$ = 25, 58, 73, 67, 47;
$q w$ = 14904, 21960, 24700, 21416, 14920, 8774, 4650, 2255, 1016,
$q w c$ = 6104, 9140, 9664, 7884, 5290, 3114, 1685, 854,
$q w c^2$ = 1084, 1696, 1760, 1418, 970, 599, 356,
$q w c^3$ = 88, 148, 150, 122, 85, 58.

$\mu^3 q_e w$ = 9, 27, 36, 27, 15,
$\mu^3 q_e w c$ = 3, 9, 12, 9;
$\mu^2 q_e w$ = 104, 260, 335, 290, 191, 104,
$\mu^2 q_e w c$ = 34, 85, 109, 94, 62,
$\mu^2 q_e w c^2$ = 3, 9, 12, 9;
$\mu q_e w$ = 660, 1380, 1669, 1424, 936, 535, 275,
$\mu q_e w c$ = 212, 443, 532, 450, 293, 167,
$\mu q_e w c^2$ = 25, 58, 73, 67, 47;
$q_e w$ = 2632, 4276, 4504, 3510, 2194, 1222, 621, 294,
$q_e w c$ = 764, 1220, 1230, 932, 590, 339, 180,
$q_e w c^2$ = 88, 148, 150, 122, 85, 58.

$\mu^3 q w_e \quad = 18, 27, 27, 18, 9,$
$\mu^3 q w_e c \,= 15, 18, 15, 9,$
$\mu^3 q w_e c^2 = 3, 3, 2;$
$\mu^2 q w_e \quad = 212, 287, 281, 209, 125, 62,$
$\mu^2 q w_e c \,= 151, 175, 154, 106, 60,$
$\mu^2 q w_e c^2 = 33, 36, 30, 19,$
$\mu^2 q w_e c^3 = 3, 3, 2;$
$\mu q w_e \quad = 1326, 1623, 1507, 1100, 657, 346, 163,$
$\mu q w_e c \,= 803, 875, 748, 513, 296, 153,$
$\mu q w_e c^2 = 175, 184, 154, 106, 63,$
$\mu q w_e c^3 = 18, 18, 15, 10;$
$q w_e \quad = 5116, 5410, 4504, 3024, 1708, 871, 405, 174,$
$q w_e c \,= 2366, 2246, 1716, 1094, 617, 321, 156,$
$q w_e c^2 = 460, 418, 312, 203, 121, 70,$
$q w_e c^3 = 42, 36, 27, 18, 12.$

$\mu^3 q_e w_e \quad = 9, 9, 6, 3,$
$\mu^3 q_e w_e c \,= 3, 3, 2;$
$\mu^2 q_e w_e \quad = 81, 81, 63, 39, 20,$
$\mu^2 q_e w_e c \,= 27, 27, 21, 13,$
$\mu^2 q_e w_e c^2 = 3, 3, 2;$
$\mu q_e w_e \quad = 401, 395, 308, 191, 104, 51,$
$\mu q_e w_e c \,= 133, 130, 100, 61, 33,$
$\mu q_e w_e c^2 = 18, 18, 15, 10;$
$q_e w_e \quad = 1110, 1032, 754, 446, 237, 115, 52,$
$q_e w_e c \,= 334, 292, 204, 122, 67, 34,$
$q_e w_e c^2 = 42, 36, 27, 18, 12.$

Zweite Tabelle.

Sämmtliche Fundamentalzahlen der in *fester* Ebene liegenden cubischen Plancurve mit Spitze.

Hier sind immer alle Bedingungssymbole *zusammengefasst*, welche in Bezug auf die Bestimmung des Singularitätendreiecks dasselbe aussagen. *Fortgelassen* sind nur diejenigen Anzahlen, welche sich gemäss der ersten Incidenzformel, also nach der Analogie von

$$v w = w_e + v^2$$

durch Addition zweier der obigen Anzahlen ergeben. Da $\mu^3 g_e = \mu^3 g^2$ ist, wenn der Strahl g in der Ebene μ liegt, so konnte w^2, q^2, z^2

statt w_e, q_e, z_e gesetzt werden. Da die in fester Ebene liegende cubische Plancurve mit Spitze dual sich selbst entspricht, so konnte *folgende Anordnung* für die Zahlenreihen getroffen werden.

Die einer α-fachen Bedingung nachgesetzte i^{te} Zahl ist die Zahl derjenigen Curven, welche, in fester Ebene liegend, diese α-fache Bedingung erfüllen, dabei durch $8-\alpha-i$ in dieser Ebene gelegene, gegebene Punkte gehen und $i-1$ in dieser Ebene liegende, gegebene Gerade berühren. Dagegen ist die Zahl, welche einer α-fachen Bedingung als i^{te} *vorangeht*, die Zahl der Curven, welche, in fester Ebene liegend, diese α-fache Bedingung erfüllen, dabei durch $i-1$ in dieser Ebene liegende, gegebene Punkte gehen und $8-\alpha-i$ in dieser Ebene liegende, gegebene Gerade berühren.

Die schon von Maillard und Zeuthen **(Lit. 34)** bestimmten Elementarzahlen $\mu^3\nu^7$, $\mu^3\nu^6\varrho, \ldots \mu^3\varrho^7$ sind:

$$24,\ 60,\ 114,\ 168,\ 168,\ 114,\ 60,\ 24.$$

$$\begin{aligned}
c &= 12,\ 42,\ 96,\ 168,\ 186,\ 132,\ 72 = w,\\
v &= 66,\ 123,\ 177,\ 168,\ 105,\ 51,\ 18 = q,\\
y &= 48,\ 96,\ 150,\ 168,\ 132,\ 78,\ 36 = z.
\end{aligned}$$

$$\begin{aligned}
c^2 &= 2,\ 8,\ 20,\ 38,\ 44,\ 32 = w^2,\\
v^2 &= 20,\ 35,\ 47,\ 38,\ 17,\ 5 = q^2,\\
y^2 &= 20,\ 44,\ 74,\ 74,\ 44,\ 20 = z^2;\\
cv &= 47,\ 89,\ 128,\ 119,\ 71,\ 32 = wq,\\
cy &= 32,\ 62,\ 92,\ 92,\ 62,\ 32 = wz,\\
vy &= 59,\ 89,\ 92,\ 65,\ 35,\ 14 = qz,\\
cw &= 52,\ 106,\ 166,\ 166,\ 106,\ 52 = wc,\\
vq &= 34,\ 79,\ 139,\ 139,\ 79,\ 34 = qv,\\
yz &= 34,\ 70,\ 112,\ 112,\ 70,\ 34 = zy.
\end{aligned}$$

$$\begin{aligned}
\left.\begin{matrix} c^2z \\ cz^2 \end{matrix}\right\} &= 4,\ 10,\ 19,\ 22,\ 16 = \left\{\begin{matrix} w^2y \\ wy^2, \end{matrix}\right.\\
\left.\begin{matrix} c^2q \\ cq^2 \end{matrix}\right\} &= 1,\ 4,\ 16,\ 13,\ 10 = \left\{\begin{matrix} w^2v \\ wv^2, \end{matrix}\right.\\
\left.\begin{matrix} v^2z \\ vz^2 \end{matrix}\right\} &= 10,\ 19,\ 28,\ 22,\ 7 = \left\{\begin{matrix} q^2y \\ qy^2; \end{matrix}\right.\\
c^2w &= 10,\ 22,\ 37,\ 40,\ 28 = w^2c,\\
v^2q &= 10,\ 22,\ 37,\ 31,\ 10 = q^2v,\\
y^2z &= 10,\ 22,\ 37,\ 34,\ 16 = z^2y;
\end{aligned}$$

$$c^2v = 9,\ 18,\ 27,\ 27,\ 18 = w^2q,$$
$$c^2y = 6,\ 12,\ 18,\ 18,\ 12 = w^2z,$$
$$v^2y = 15,\ 21,\ 18,\ 9,\ 3 = q^2z,$$
$$v^2c = 17,\ 27,\ 36,\ 27,\ 9 = q^2w,$$
$$y^2c = 12,\ 30,\ 36,\ 24,\ 12 = z^2w,$$
$$y^2v = 21,\ 30,\ 27,\ 15,\ 6 = z^2q,$$
$$cvy = 33,\ 48,\ 45,\ 27,\ 12 = wqz;$$

$$\left.\begin{array}{l} c^2v^2 \\ c^2zv \\ czv^2 \\ cz^2v \end{array}\right\} = 3,\ 6,\ 9,\ 9 \quad \left\{\begin{array}{l} w^2q^2 \\ w^2yq \\ wyq^2 \\ wy^2q, \end{array}\right.$$

$$\left.\begin{array}{l} c^2y^2 \\ c^2qy \\ cqy^2 \\ cq^2y \end{array}\right\} = 2,\ 6,\ 6,\ 4 \quad \left\{\begin{array}{l} w^2z^2 \\ w^2vz \\ wvz^2 \\ wv^2z, \end{array}\right.$$

$$\left.\begin{array}{l} v^2y^2 \\ v^2wy \\ vwy^2 \\ vw^2y \end{array}\right\} = 5,\ 6,\ 3,\ 1 \quad \left\{\begin{array}{l} q^2z^2 \\ q^2cz \\ qcz^2 \\ qc^2z; \end{array}\right.$$

$$\left.\begin{array}{l} c^2zw \\ cz^2w \end{array}\right\} = 4,\ 9,\ 15,\ 14 = \left\{\begin{array}{l} w^2yc \\ wy^2c, \end{array}\right.$$

$$\left.\begin{array}{l} c^2qw \\ cq^2w \end{array}\right\} = 3,\ 9,\ 12,\ 9 = \left\{\begin{array}{l} w^2vc \\ wv^2c, \end{array}\right.$$

$$\left.\begin{array}{l} v^2zq \\ vz^2q \end{array}\right\} = 4,\ 9,\ 15,\ 11 = \left\{\begin{array}{l} q^2yv \\ qy^2v, \end{array}\right.$$

$$\left.\begin{array}{l} v^2wq \\ vw^2q \end{array}\right\} = 6,\ 9,\ 9,\ 3 = \left\{\begin{array}{l} q^2cv \\ qc^2v, \end{array}\right.$$

$$\left.\begin{array}{l} y^2wz \\ yw^2z \end{array}\right\} = 6,\ 9,\ 9,\ 4 = \left\{\begin{array}{l} z^2cy \\ zc^2y, \end{array}\right.$$

$$\left.\begin{array}{l} y^2qz \\ yq^2z \end{array}\right\} = 3,\ 9,\ 12,\ 7 = \left\{\begin{array}{l} z^2vy \\ zv^2y; \end{array}\right.$$

$$c^2w^2 = 6,\ 9,\ 9,\ 6 = w^2c^2,$$
$$v^2q^2 = 3,\ 9,\ 9,\ 3 = q^2v^2,$$
$$y^2z^2 = 4,\ 9,\ 9,\ 4 = z^2y^2;$$

$$c^2vy = 6,\ 9,\ 9,\ 6 = w^2qz,$$
$$v^2cy = 9,\ 12,\ 9,\ 3 = q^2wz,$$
$$y^2cv = 14,\ 15,\ 9,\ 4 = z^2wq.$$

$$\left.\begin{array}{l} v^2c^2q \\ v^2cq^2 \\ vzc^2q \\ vzcq^2 \\ v^2zq^2 \\ v^2zcq \\ vz^2q^2 \\ vz^2cq \end{array}\right\} = 1,\ 3,\ 3 = \left\{\begin{array}{l} q^2w^2v \\ q^2wy^2 \\ qyw^2v \\ qywv^2 \\ q^2yv^2 \\ q^2ywv \\ qy^2v^2 \\ qy^2wv, \end{array}\right.$$

$$\left.\begin{array}{l} c^2v^2w \\ c^2vw^2 \\ czv^2w \\ czvw^2 \\ c^2zw^2 \\ c^2zvw \\ cz^2w^2 \\ cz^2vw \end{array}\right\} = 2,\ 3,\ 3 = \left\{\begin{array}{l} w^2q^2c \\ w^2qc^2 \\ wyq^2c \\ wyqc^2 \\ w^2yc^2 \\ w^2yqc \\ wy^2c^2 \\ wy^2qc, \end{array}\right.$$

$$\left.\begin{array}{l} y^2v^2z \\ y^2vz^2 \\ ywv^2z \\ ywvz^2 \\ y^2wz^2 \\ y^2wvz \\ yw^2z^2 \\ yw^2vz \end{array}\right\} = 2,\ 3,\ 1^* = \left\{\begin{array}{l} z^2q^2y \\ z^2qy^2 \\ zcq^2y \\ zcqy^2 \\ z^2cy^2 \\ z^2cqy \\ zc^2y^2 \\ zc^2qy; \end{array}\right.$$

$$\left.\begin{array}{l} c^2v^2y \\ c^2zvy \\ cz^2vy \\ czv^2y \end{array}\right\} = 2,\ 3,\ 3^* = \left\{\begin{array}{l} w^2q^2z \\ w^2yqz \\ wyq^2z \\ wy^2qz, \end{array}\right.$$

$$\left.\begin{array}{l} v^2y^2c \\ v^2wyc \\ vwy^2c \\ vw^2yc \end{array}\right\} = 4,\ 3,\ 1 = \left\{\begin{array}{l} q^2z^2w \\ q^2czw \\ qcz^2w \\ qc^2zw, \end{array}\right.$$

$$\left.\begin{array}{l} y^2c^2v \\ y^2qcv \\ yqc^2v \\ yq^2cv \end{array}\right\} = 3,\ 3,\ 2 = \left\{\begin{array}{l} z^2w^2q \\ z^2vwq \\ zvw^2q \\ zv^2wq. \end{array}\right.$$

---

* Statt dieser Zahl ist in den Gött. Nachr. (1875, Maiheft, p. 386) eine falsche gedruckt.

Ist endlich das Singularitätendreieck vollständig bestimmt, so giebt es eine einzige Curve, welche dieses Dreieck als Singularitätendreieck hat und ausserdem durch einen gegebenen Punkt geht, resp. eine gegebene Gerade berührt.

Dritte Tabelle.

Sonstige Zahlen.

$\mu^2 v$ = 932, 1562, 2054, 1931, 1358, 767, 362, 134,

μv = 6888, 10380, 12382, 11039, 7650, 4348, 2195, 987, 384,

v = 32728, 43096, 44692, 35766, 22864, 12298, 6006, 2677, 1096, 424;

$\mu^2 v^2$ = 284, 452, 564, 481, 290, 129, 42,

μv^2 = 2096, 3008, 3414, 2805, 1730, 846, 363, 129,

v^2 = 9880, 12328, 12044, 8810, 4952, 2250, 918, 339, 120;

$P\mu$ = 312, 684, 1146, 1518, 1512, 1182, 744, 396,

P = 2064, 3936, 5736, 6642, 6096, 4584, 2916, 1686, 912,

P^2 = 240, 504, 804, 1014, 1008, 840, 564.

$\mu^2 wqz$ = 172, 340, 508, 535, 418, 257,

μwqz = 1272, 2220, 2960, 2929, 2250, 1412, 775,

wqz = 5912, 8840, 9980, 8640, 6008, 3542, 1890, 935;

$\mu^2 w_e qz$ = 72, 99, 99, 75, 45,

$\mu w_e qz$ = 458, 575, 551, 416, 257, 138,

$w_e qz$ = 1788, 1950, 1672, 1148, 660, 343, 165;

$\mu^2 w_e q_e z$ = 27, 27, 21, 13,

$\mu w_e q_e z$ = 135, 135, 108, 69, 38,

$w_e q_e z$ = 378, 360, 270, 162, 87, 43.

$\mu^2 c^3 qwr$ = 4, 6, 5,

$\mu c^3 qwr$ = 26, 36, 33, 25;

$\mu^2 c w_e v$ = 99, 121, 100, 58, 22,

$\mu^2 cwr$ = 496, 700, 741, 569, 325, 136,

$\mu^2 cyrw$ = 244, 277, 217, 124, 52,

$\mu^2 cwz$ = 280, 516, 734, 715, 510, 280,

$\mu^2 cwy$ = 456, 706, 732, 551, 322, 156,

$\mu^2 cwyz$ = 184, 302, 308, 218, 214.

§ 24.

Anzahlen für cubische Plancurven mit Doppelpunkt (Lit. 34).

Nach derselben Methode, wie in § 23 die Anzahlen der C_3^3 berechnet sind, kann man auch die Anzahlen der cubischen Plancurve vierten Ranges C_3^4 bestimmen. Da die Methode in § 23 ausführlich erläutert ist, so wird hier die Mittheilung der Resultate genügen. Wir bezeichnen auch hier

mit μ die Bedingung, dass die Ebene der C_3^4 durch einen gegebenen Punkt gehen soll,

mit ν die Bedingung, dass sie eine gegebene Gerade schneiden soll,

mit ϱ die Bedingung, dass sie eine gegebene Ebene berühren soll.

Die Bedingung P, dass sie durch einen gegebenen Punkt gehen soll, ergiebt sich dann nach den Incidenzformeln (pag. 40) aus

$$P = \mu\nu - 3 . \mu^2,$$

und die Bedingung T, dass sie eine gebene Gerade berühren soll, aus

$$T = \mu^2\varrho - 4 . \mu^3.$$

Was die Singularitäten der C_3^4 angeht, so bezeichnen wir mit

b ihren Doppelpunkt,

p jede ihrer beiden Doppelpunktstangenten,

f jede ihrer drei Wendetangenten,

v jeden ihrer drei Wendepunkte,

u jeden der drei Schnittpunkte zweier Wendetangenten,

s den Wendepunktsstrahl, d. h. den Strahl, auf welchem die drei Wendepunkte liegen.

Demgemäss ist z. B. (pag. 39):

$$b^3 = \mu b^2 - \mu^2 b + \mu^3,$$
$$F = \mu^2 f_e - 3 . \mu^3,$$
$$V = \mu v_g - \mu^2 v + 3 . \mu^3.$$

Von *Ausartungen* der C_3^4 hat der Verfasser, zum grösseren Theil durch homographische Abbildung, zum kleinern Theil durch Rückschlüsse aus berechneten Anzahlen, die folgenden aufgefunden.

1. Die schon von Maillard und Zeuthen erkannte *Ausartung* χ. Sie besteht aus einem Ordnungskegelschnitt k und einer Ordnungsgeraden a, welche k in zwei verschiedenen Punkten schneidet, von denen der eine b der Doppelpunkt, der andere e ein zweifacher Rangpunkt ist. Der Kegelschnitt k ist natürlich zugleich Rangkegel-

schnitt. Die Kegelschnitttangente in b ist die eine, die Ordnungsgerade die andere Doppelpunktstangente. Die drei Wendetangenten fallen sämmtlich in die Kegelschnitttangente, welche in c berührt, so dass die drei Wendepunkte in c coincidiren.

2. Die auch schon von Maillard und Zeuthen erkannte *Ausartung* γ hat als Ordnungscurve eine Curve k *dritter Ordnung dritten Ranges*. Ihre Tangenten sind die Tangenten dieser Curve und die Strahlen des Strahlbüschels, welcher seinen Scheitel in der Spitze c der Curve hat. Der Doppelpunkt von γ fällt mit c und die beiden Doppelpunktstangenten mit der Rückkehrtangente q von k zusammen. Von den drei Wendetangenten fällt die eine mit der Wendetangente w von k und die beiden andern fallen mit q zusammen, so dass ein Wendepunkt in den Wendepunkt v von k fällt, zwei Wendepunkte mit c zusammenfallen und der Wendepunktsstrahl s zu der Verbindungsgeraden z von c und v wird. Von den drei Punkten u fällt der eine in c und die beiden andern fallen in den Schnittpunkt y von w und q. Man beachte, dass für das Theilgebilde k von γ die Bezeichnungen des § 23 beibehalten sind.

3. *Die Ausartung* τ besteht aus drei Ordnungsgeraden a, welche sich in einem vierfachen Rangpunkte e schneiden. Die drei Wendetangenten f, die beiden Doppelpunktstangenten p und der Wendepunktsstrahl s sind sechs durch e gehende, untereinander und von den Ordnungsgeraden verschiedene Strahlen, so dass der Doppelpunkt b, die drei Wendepunkte v und die drei Punkte u in e coincidiren. *Die ganze Ausartung ist endlichdeutig bestimmt, sobald fünf von den neun Strahlen durch e gegeben sind.* Bezeichnet man mit a_2 resp. a_3 die Bedingungen, dass von den Ordnungsgeraden zwei resp. drei verschiedene, zwei resp. drei gegebene Gerade schneiden, und bezeichnet man ferner mit f_2 resp. f_3 die analogen Bedingungen für die drei Wendetangenten, so kann man *die Stammzahlen* in folgender Weise angeben:

$$\tau\mu^3 e^2 a_3 f_2 = 9, \quad \tau\mu^3 e^2 a_2 f_3 = 9,$$
$$\tau\mu^3 e a_3 f_3 = 27, \quad \tau\mu e^3 a_3 f_3 = 54.$$

4. *Die Ausartung* δ hat folgende Definition. δ besteht aus einer einfachen Ordnungsgeraden a und einer zweifachen Ordnungsgeraden g, welche sich in einem dreifachen Rangpunkte e schneiden. Auf g liegt ein einfacher Rangpunkt d. Die drei Wendetangenten f, die beiden Doppelpunktstangenten p und die Wendepunktsgerade s sind sechs Strahlen durch e, welche unter einander und von a und g verschieden sind, so dass b, die drei v und die drei u in e coinci-

diren. *Das ganze Strahlenoctupel durch e ist endlichdeutig bestimmt, sobald vier von den acht Strahlen gegeben sind.* Diese Lagebeziehung wird durch gewisse Stammzahlen ckarakterisirt, von denen der Verfasser die folgenden bestimmt hat. f_2 und f_3 haben dieselbe Bedeutung wie bei τ.

$$\delta\mu^3c^2agf_2=3,\quad \delta\mu^3c^2gf_3=1,\quad \delta\mu^3c^2af_3=4,\quad \delta\mu^3eagf_3=7,$$
$$\delta\mu c^3agf_3=16.$$

5. *Die Ausartung* ζ besteht aus einer dreifachen Ordnungsgeraden g, auf welcher zwei zweifache Rangpunkte liegen, von denen der eine zugleich Doppelpunkt ist. Letzterer soll daher b, der andere Rangpunkt c heissen. Durch b gehen die beiden Doppelpunktstangenten p und zwei Wendetangenten f, welche vier Strahlen unter einander und von g verschieden sind, so dass im Punkte b zugleich zwei Punkte v und ein Punkt u liegen. Die dritte Wendetangente geht durch e und ist von g verschieden, so dass der dritte Punkt v mit c coincidirt. Diese dritte Wendetangente schneidet die beiden anderen in den beiden anderen Punkten u. Der Strahl s coincidirt mit g. *Das durch b gehende Strahlenquintupel ist endlichdeutig bestimmt, sobald drei von den fünf Strahlen gegeben sind, und zwar eindeutig, wenn g und die beiden f gegeben sind.*

6. *Die Ausartung* $\varkappa$ besteht aus einer zweifachen Ordnungsgeraden g und einer einfachen Ordnungsgeraden a, welche sich in einem vierfachen Rangpunkte c schneiden. Der Doppelpunkt b ist ein von c verschiedener Punkt auf g, so dass die beiden Doppelpunktstangenten p mit g coincidiren. Die drei Wendetangenten f und die Wendepunktsgerade s sind vier durch c gehende, unter einander und von a und g verschiedene Strahlen, so dass die drei Punkte v und die drei Punkte u in c coincidiren. *Das Strahlensextupel durch c ist endlichdeutig bestimmt, sobald vier von den sechs Strahlen gegeben sind*, und zwar ist, wenn f_2 und f_3 dieselbe Bedeutung wie bei δ haben, genau wie dort:

$$\varkappa\mu^3c^2agf_2=3,\quad \varkappa\mu^3c^2gf_3=1,\quad \varkappa\mu^3c^2af_3=4,\quad \varkappa\mu^3eagf_3=7.$$

7. *Die Ausartung* ζ' besteht aus einer dreifachen Ordnungsgeraden g, auf welcher zwei zweifache Rangpunkte c und c' liegen. Durch c geht eine nicht mit g zusammenfallende Wendetangente, ebenso durch c'. Die dritte Wendetangente fällt mit g zusammen, ihr Wendepunkt ist ein von c und c' verschiedener Punkt auf g; die beiden anderen Wendepunkte müssen mit c und c' coincidiren, ebenso zwei von den drei Punkten u. Der Doppelpunkt b ist ein

von den drei übrigen ausgezeichneten Punkten verschiedener Punkt auf g, so dass die beiden Doppelpunktstangenten mit g coincidiren. *Das Punktquadrupel auf g ist endlichdeutig bestimmt, wenn von den vier Punkten drei gegeben sind, und zwar eindeutig, sowohl wenn c, c', b, wie auch, wenn c, c', v gegeben sind.*

8. *Die Ausartung* ε besteht aus einer dreifachen Ordnungsgeraden g, auf welcher vier einfache Rangpunkte d liegen. Die drei Wendepunkte v, die drei Punkte u und der Doppelpunkt b sind sieben unter einander und von den vier Rangpunkten d verschiedene Punkte, so dass die drei f, die beiden p und der Strahl s mit g coincidiren. *Die elf auf g liegenden Punkte sind in ihrer Lage derartig von einander abhängig, dass ihre Gesammtheit endlichdeutig bestimmt ist, sobald fünf von ihnen gegeben sind.* Von den Zahlen, welche diese Abhängigkeit charakterisiren, hat der Verfasser nur die folgenden bestimmt. d_3 resp. d_4 bezeichne, dass von den vier Rangpunkten drei resp. vier verschiedene auf gegebenen Ebenen liegen sollen.

$$\varepsilon\mu^3 g_e d_4 b = 12, \quad \varepsilon\mu^3 g_e d_4 v = 12, \quad \varepsilon\mu^3 g_e d_3 bv = 18, \quad \varepsilon\mu^3 g d_4 bv = 60.$$

9. *Die Ausartung* ϑ besteht aus einer einfachen Ordnungsgeraden a und einer zweifachen Ordnungsgeraden g, welche sich in einem zweifachen Rangpunkte c schneiden. Auf g liegen zwei einfache Rangpunkte d, die drei Punkte v, die drei Punkte u und der Doppelpunkt b, so dass in g die drei f, die beiden p und s coincidiren. *Die zehn auf g liegenden Punkte sind in ihrer Lage derartig von einander abhängig, dass ihre Gesammtheit endlichdeutig bestimmt ist, wenn vier von ihnen gegeben sind.* Von den Zahlen, welche diese Abhängigkeit charakterisiren, hat der Verfasser die folgenden bestimmt. d_2 resp. d_1 bezeichne, dass jeder der beiden einfachen Rangpunkte resp. dass einer von ihnen auf einer gegebenen Ebene liege.

$$\vartheta\mu^3 g_e c d_2 b = 1, \quad \vartheta\mu^3 g_e c d_2 v = 2, \quad \vartheta\mu^3 g_e c d_1 bv = 2,$$
$$\vartheta\mu^3 g_e d_2 bv = 1, \quad \vartheta\mu^3 g c d_2 bv = 5.$$

10. *Die Ausartung* η' besteht aus einer dreifachen Ordnungsgeraden g, auf welcher ein doppelter Rangpunkt c und zwei einfache Rangpunkte d liegen. Durch c geht eine nicht mit g zusammenfallende Wendetangente, so dass in c ein Wendepunkt liegt. Die beiden anderen Wendepunkte sind zwei von den Rangpunkten verschiedene Punkte auf g, so dass in g zwei Wendetangenten coincidiren. Von den drei Punkten u fallen also zwei in c und einer liegt auf g, verschieden von den anderen ausgezeichneten Punkten.

Auch der Doppelpunkt liegt auf g, ohne mit einem der eben erwähnten Punkte zu coincidiren. Hiernach müssen auch der Strahl s und die beiden p mit g coincidiren. *Die sieben ausgezeichneten Punkte liegen auf g derartig, dass ihre Gesammtheit durch vier von ihnen endlichdeutig bestimmt wird, z. B. dreideutig, wenn der doppelte Rangpunkt, die beiden einfachen Rangpunkte und der Doppelpunkt gegeben ist.*

11. *Die Ausartung* δ' besteht aus einer einfachen Ordnungsgeraden a und einer doppelten Ordnungsgeraden g, welche sich in einem dreifachen Rangpunkte c schneiden. Ausserdem liegen auf g, getrennt von einander, der einfache Rangpunkt d, der Doppelpunkt b, einer der drei Punkte u und ein Punkt r_2, welcher zwei Wendepunkte in sich vereinigt, so dass in g zwei Wendetangenten coincidiren. Die dritte Wendetangente coincidirt mit a und ihr Wendepunkt r ist ein von c verschiedener Punkt auf ihr. Die beiden p fallen mit g, die beiden anderen u mit c zusammen. Der Strahl s verbindet r_2 mit r. *Die Gesammtheit der fünf auf g liegenden ausgezeichneten Punkte wird durch drei von ihnen endlichdeutig bestimmt, z. B. eindeutig, wenn c, d, b, r gegeben ist.*

12. *Die Ausartung* ψ besteht aus drei einfachen, sich in drei verschiedenen Punkten schneidenden Ordnungsgeraden. Von diesen drei Schnittpunkten sind zwei zweifache Rangpunkte, sie mögen c und c' heissen, der dritte Schnittpunkt ist der Doppelpunkt b, so dass die beiden p in die beiden b anliegenden Ordnungsgeraden fallen. Auf der dritten, c und c' verbindenden Ordnungsgeraden g liegen getrennt von einander die drei Punkte r und die drei Punkte u, so dass sowohl die drei f, als auch der Strahl s mit g coincidiren. *Die Gesammtheit der acht auf g liegenden Punkte ist durch drei von ihnen endlichdeutig bestimmt, z. B. eindeutig, wenn c, c' und einer der drei Punkte r gegeben ist.*

13. *Die Ausartung* η besteht aus einer dreifachen Ordnungsgeraden g, auf welcher ein zweifacher Rangpunkt c, zwei einfache Rangpunkte d und ein Wendepunkt r liegen, so dass eine Wendetangente mit g zusammenfällt. Die beiden anderen Wendetangenten und die beiden Doppelpunktstangenten sind Strahlen durch c, so dass in c der Doppelpunkt, zwei Wendepunkte und die drei Punkte u vereinigt liegen. Der Wendepunktsstrahl s coincidirt also mit g. *Das ganze Gebilde ist eindeutig bestimmt, wenn die Lage der Ordnungsgeraden, der Rangpunkte und der beiden nicht mit g coincidirenden Wendetangenten gegeben ist.*

Jedes der eben für die 13 Ausartungen angegebenen Symbole bezeichnet zugleich die einfache Bedingung, welche eine C_3^4 dadurch erfüllt, dass sie in der beschriebenen Weise ausartet. Die mit denselben Buchstaben bezeichneten, also nur durch das Stricheln derselben unterschiedenen Ausartungen, stimmen im Ort ihrer Punkte und ihrer Tangenten genau überein. Diejenigen Systeme, zu deren Bestimmung ausser den Bedingungen μ, ν, ϱ *nur* Wendetangentenbedingungen gegeben sind, enthalten von den 13 Ausartungen nur folgende sechs:

$$\chi,\ \gamma,\ \tau,\ \delta,\ \eta,\ \zeta.$$

Die besprochenen 13 Ausartungen sind ferner die einzigen, welche in *solchen* einstufigen Systemen vorkommen, aus denen die unten zusammengestellten Anzahlen hervorgehen können. Für solche Systeme hat der Verfasser 23 Formeln abgeleitet, welche die 13 Ausartungsbedingungen einerseits mit den neun Bedingungen

$$\mu,\ \nu,\ \varrho,\ b,\ f,\ p,\ v,\ u,\ s$$

andererseits verbinden. Wir lassen die 23 Formeln hier folgen, führen aber von den 13 Ausartungsbedingungen nur χ und γ ein, und fassen die übrigen 11, der Kürze wegen, durch Symbole α zusammen. Zur Erläuterung der Entstehung dieser Formeln geben wir nur an, welche *Coincidenzen* bei jeder Formel gesucht werden, und denken uns bei diesen Angaben die Ebene des vorausgesetzten einstufigen Curvensystems als *fest.*

Formeltabelle für die C_3^4.

1. Die Bestimmung der Zahl der Curven, bei denen der Doppelpunkt b auf einer Wendetangente f liegt, giebt:

$$3b + f = 3\mu + 3\gamma + \alpha_1.$$

2. Die Bestimmung der Zahl der Curven, bei denen ein v auf einem p liegt, giebt:

$$2v + 3p = 6\mu + \chi + 6\gamma + \alpha_2.$$

3. Die Bestimmung der Zahl der Curven, bei denen ein u auf einem p liegt, giebt:

$$2u + 3p = 6\mu + \chi + 5\gamma + \alpha_3.$$

4. Die Bestimmung der Zahl der Curven, bei denen b auf s liegt, giebt:

$$s + b = \mu + \gamma + \alpha_4.$$

5. Die Bestimmung der Zahl der Curven, bei denen ein u auf s liegt, giebt:

$$3s + u = 3\mu + 2\chi + \gamma + \alpha_5.$$

---

6. Die Bestimmung der Zahl der Curven, bei denen von den Schnittpunkten mit einer beliebigen Geraden zwei zusammenfallen, giebt:

$$4\nu = \varrho + 6\mu + 2b + \alpha_6.$$

7. Die Bestimmung der Zahl der Curven, bei denen von den vier Tangenten aus einem beliebigen Punkte zwei zusammenfallen, giebt:

$$6\varrho = \nu + 3f + \chi + \alpha_7.$$

8. Die Bestimmung der Zahl der Curven, bei denen zwei Wendetangenten zusammenfallen, giebt:

$$4f = 6\mu + 2u + 2\chi + \gamma + \alpha_8.$$

9. Die Bestimmung der Zahl der Curven, bei denen zwei Wendepunkte zusammenfallen, giebt:

$$4v = 6s + 2\chi + 3\gamma + \alpha_9.$$

10. Die Bestimmung der Zahl der Curven, bei denen zwei Eckpunkte des Wendetangentendreiseits zusammenfallen, giebt:

$$4u = 2f + 2\chi + \gamma + \alpha_{10}.$$

11. Die Bestimmung der Zahl der Curven, bei denen die beiden Doppelpunktstangenten zusammenfallen, giebt:

$$2p = 2\mu + 2b + \gamma + \alpha_{11}.$$

---

12. Die Bestimmung der Zahl der Curven, bei denen von den Tangenten aus einem beliebigen Punkte eine durch den Doppelpunkt geht, giebt:

$$\varrho + 4b = 2p + \gamma + \alpha_{12}.$$

13. Die Bestimmung der Zahl der Curven, bei denen von den Schnittpunkten mit einer beliebigen Geraden einer auf einer Wendetangente liegt, giebt:

$$3\nu + 3f = 9\mu + 3v + \alpha_{13}.$$

14. Die Bestimmung der Zahl der Curven, bei denen von den Schnittpunkten mit einer beliebigen Geraden einer auf einer Doppelpunktstangente liegt, giebt:

$$2\nu + 3p = 6\mu + 6b + \chi + \alpha_{14}.$$

15. Die Bestimmung der Zahl der Curven, bei denen von den Tangenten aus einem beliebigen Punkte eine einen Punkt u enthält, giebt:

$$3\varrho + 4u = 4\chi + 2f + \gamma + \alpha_{15}.$$

16. Die Bestimmung der Zahl der Curven, bei denen von den Schnittpunkten mit einer beliebigen Geraden einer auf der Wendepunktsgeraden s liegt, giebt:

$$\nu + 3s = 3\mu + v + \alpha_{16}.$$

17. Die Bestimmung der Zahl der Curven, bei denen der Strahl s mit einem Strahl f zusammenfällt, giebt:

$$3s + f = 3\mu + v + \chi + \alpha_{17}.$$

---

18. Die Bestimmung der Zahl der Curven, bei denen auf einer aus einem beliebigen Punkte gezogenen Tangente der Berührungspunkt mit dem dritten Schnittpunkte zusammenfällt, giebt:

$$\varrho + 3\nu = 4\mu + f + p + \alpha_{18}.$$

19. Die Bestimmung der Zahl der Curven, bei denen auf der Verbindungsgeraden eines beliebigen Punktes mit dem Doppelpunkte dieser letztere mit dem dritten Schnittpunkte zusammenfällt, giebt:

$$b + \nu = \mu + p + \alpha_{19}.$$

20. Die Bestimmung der Zahl der Curven, bei denen die Tangente eines auf einer beliebigen Geraden erzeugten Schnittpunktes mit einer der beiden andern von diesem Schnittpunkte ausgehenden Tangenten zusammenfällt, giebt:

$$2\nu + 3\varrho = 6\mu + 2v + \alpha_{20}.$$

21. Die Bestimmung der Zahl der Curven, bei denen eine Wendetangente zusammenfällt mit einer der beiden andern Tangenten, die von dem Schnittpunkte der Wendetangente und einer beliebigen Geraden ausgehen, giebt:

$$2f + 3\varrho = 6\mu + 2v + 2\chi + \alpha_{21}.$$

22. Die Bestimmung der Zahl der Curven, bei denen die beiden anderswo berührenden Tangenten, welche von einem Schnittpunkte mit einer beliebigen Geraden ausgehen, zusammenfallen, giebt:

$$2\nu + 2\varrho = 6\mu + 2b + 2\chi + \alpha_{22}.$$

23. Die Bestimmung der Zahl der Curven, bei denen die beiden, von dem Schnittpunkte einer Wendetangente mit einer beliebigen Geraden ausgehenden und von dieser Wendetangente verschiedenen Tangenten zusammenfallen, giebt:

$$2f + 6\varrho = 6\mu + 6u + \alpha_{23}.$$

Wie die 23 Symbole α von den oben definirten Ausartungsbedingungen abhängen, mögen die folgenden drei Beispiele verdeutlichen:

$$\alpha_1 = 3.\tau + 3.\delta + 2.\zeta + 1.\zeta' + 3.\varepsilon + 3.\vartheta + 0.\psi + 1.\delta' + 2.\eta' + 0.\varkappa,$$

$$\alpha_7 = 12.\tau + 6.\delta + 3.\zeta + 6.\zeta' + 0.\varepsilon + 1.\vartheta + 2.\psi + 2.\delta' + 3.\eta' + 12.\varkappa,$$

$$\alpha_{12} = 4.\tau + 3.\delta + 2.\zeta + 0.\zeta' + 0.\varepsilon + 0.\vartheta + 0.\psi + 0.\delta' + 0.\eta' + 0.\varkappa.$$

Aus diesen 23 Formeln erhält man mit 15 Bestätigungen acht Hauptformeln, welche jede der acht Bedingungen

als Function von $\chi, \gamma, b, f, p, v, u, s$

μ, ν, ϱ und $\tau, \delta, \zeta, \zeta', \varepsilon, \vartheta, \psi, \delta', \eta', \varkappa$

darstellen. Diese acht Hauptformeln sind:

1) $$3\varrho - 2\nu = 2\chi + 6\tau + 3\delta + 2\vartheta + 4\psi + 1\delta' + 6\varkappa,$$

2) $$2\nu - 4\mu = \gamma + 2\tau + 2\delta + 6\eta + 2\zeta + 4\zeta' + 4\varepsilon + 2\vartheta + 1\delta' + 4\eta' + 2\varkappa,$$

3) $$2\nu - \tfrac{1}{2}\varrho - 3\mu = b + \tfrac{1}{2}\delta + 3\eta + \zeta + 3\zeta' + 3\varepsilon + 1\vartheta + \tfrac{1}{2}\delta' + 3\eta' + 1\varkappa,$$

4) $$\tfrac{3}{2}\varrho = f + 3\tau + \tfrac{3}{2}\delta + 2\eta + 1\zeta + 2\zeta' + \tfrac{1}{2}\delta' + 1\eta' + 3\varkappa,$$

5) $$3\nu - \tfrac{1}{2}\varrho - 4\mu = p + 1\tau + \tfrac{3}{2}\delta + 6\eta + 2\zeta + 4\zeta' + 4\varepsilon + 1\vartheta + \tfrac{1}{2}\delta' + 4\eta' + 1\varkappa,$$

6) $$\nu + \tfrac{3}{2}\varrho - 3\mu = v + 3\tau + \tfrac{3}{2}\delta + 3\eta + 1\zeta + 3\zeta' + 3\varepsilon + 2\vartheta + 1\psi + \tfrac{3}{2}\delta' + 3\eta' + 3\varkappa,$$

7) $$\tfrac{3}{2}\varrho - \mu = u + 2\tau + \tfrac{1}{2}\delta + 1\eta + 1\zeta + 2\zeta' + 1\varepsilon + 1\vartheta + 1\psi + \tfrac{1}{2}\delta' + 1\eta' + 2\varkappa,$$

8) $$\tfrac{1}{2}\varrho = s + 1\tau + \tfrac{1}{2}\delta + \tfrac{1}{2}\delta' + 1\varkappa.$$

Mit Hilfe dieser Formeln kann man zu sehr vielen Anzahlen der C_3^4 gelangen, vorausgesetzt, dass für sehr viele Systeme die dreizehn Ausartungsanzahlen berechnet vorliegen. Die Berechnung der Ausartungssymbole geschieht nach derselben Methode wie bei der C_3^3 in § 23. Man braucht dazu bei den γ enthaltenden Symbolen die Anzahlen des § 23, bei den χ enthaltenden Symbolen die Anzahlen des § 20; z. B.

$$\gamma\nu^6\varrho^4 = \gamma\nu^6(\varrho + c)^4,$$

wo die Bedingungen ν, ϱ, c rechts vom Gleichheitszeichen auf diejenige cubische Plancurve mit Spitze zu beziehen sind, welche als Theilgebilde der Ausartung γ auftritt. Also ist

$$\gamma\nu^6\varrho^4 = 43104 + 4_1 . 25560 + 4_2 . 4592 + 4_3 . 264 = 173952.$$

Ferner ist $\chi\nu^6\varrho^4 = \chi(n+a)^6(r+2c)^4$, wo n, a, r, c auf den Kegelschnitt von χ zu beziehen sind, und n resp. r bedeuten, dass derselbe eine gegebene Gerade schneide resp. eine gegebene Ebene berühre. Demnach ergiebt sich aus den Zahlen des § 20:

$$\chi\nu^6\varrho^4 = 153984.$$

Es folgen nun einige Tabellen von *Ausartungsanzahlen*, und zwar namentlich von solchen, aus denen die vom Verfasser berechneten, auf die C_3^4 bezüglichen Anzahlen hervorgehen. *In jeder Reihe bezeichnet die einer α-fachen Bedingung nachgesetzte i^{te} Zahl die Anzahl derjenigen Ausartungen, welche diese Bedingung erfüllen, $i-1$ gegebene Ebenen berühren und $11-\alpha-i$ gegebene Gerade schneiden.*

Tabelle von Zahlen χ.

$\chi\mu^3$ = 42, 114, 260, 480, 588, 422, 144, 0.
$\chi\mu^2$ = 672, 1652, 3424, 5840, 7264, 6452, 3952, 1344, 0.
$\chi\mu$ = 5640, 12568, 23632, 36864, 44040, 39820, 26968, 13452, 4224, 0.
χ = 31320, 62160, 103328, 141792, 153984, 130960, 86560, 44088, 16072, 3984, 0.

$\chi\mu^3 f$ = 171, 390, 720, 882, 633, 216, 0.
$\chi\mu^2 f$ = 2478, 5136, 8760, 10896, 9678, 5928, 2016, 0.
$\chi\mu f$ = 18852, 35448, 55296, 66060, 59730, 40452, 20178, 6336, 0.
χf = 93240, 160992, 212688, 230976, 196440, 129840, 66132, 24108, 5976, 0.

$\chi\mu^3 f_e$ = 60, 108, 126, 87, 27, 0.
$\chi\mu^2 f_e$ = 777, 1290, 1536, 1320, 783, 252, 0.
$\chi\mu f_e$ = 5292, 8034, 9240, 8118, 5364, 2592, 774, 0.
χf_e = 22860, 30492, 32064, 26580, 17154, 8460, 2922, 684, 0.

$\chi\mu^3 c f_e$ = 12, 18, 12, 3, 0.
$\chi\mu^2 c f_e$ = 165, 240, 216, 126, 36, 0.
$\chi\mu c f_e$ = 1128, 1500, 1368, 888, 405, 108, 0.
$\chi c f_e$ = 4662, 5334, 4500, 2832, 1314, 402, 84, 0.

$\chi\mu^3 c b^2$ = 6, 12, 20, 33, 36.
$\chi\mu^3 b v$ = 87, 168, 312, 420, 330, 132.
$\chi\mu^3 b^2 v$ = 18, 36, 72, 108, 108.
$\chi\mu^3 b v_g$ = 18, 30, 48, 36, 12.
$\chi\mu^3 b^2 v_g$ = 3, 6, 12, 12.
$\chi\mu^3 p$ = 69, 212, 492, 894, 1115, 894, 432.

Tabelle von Zahlen γ.

$\gamma\mu^3$ = 24, 72, 200, 480, 960, 1424, 1512, 1200.
$\gamma\mu^2$ = 384, 1040, 2592, 5600, 10240, 14744, 17440, 16512, 12800.
$\gamma\mu$ = 3216, 7872, 17600, 34112, 56320, 76896, 87152, 83520, 70032, 52320.
γ = 17760, 38560, 75072, 124800, 173952, 203840, 204320, 179712, 142720, 105312, 75520.
$\gamma\mu^3 f_e$ = 42, 108, 216, 312, 324, 252.
$\gamma\mu^2 f_e$ = 540, 1236, 2256, 3216, 3672, 3420, 2616.
$\gamma\mu f_e$ = 3648, 7416, 12216, 16368, 18216, 17208, 14256, 10536.
γf_e = 15552, 26736, 37056, 42816, 42336, 36792, 28896, 21096, 14976.
$\gamma\mu^3 f^2$ = 180, 504, 1188, 1962, 2214, 1800.
$\gamma\mu^2 f^2$ = 2592, 6480, 13728, 22284, 27864, 27432, 21600.
$\gamma\mu f^2$ = 19440, 43392, 82200, 124932, 152748, 153900, 132732, 100080.
γf^2 = 93312, 180000, 289632, 383520, 420408, 390312, 317880, 236952, 169920.
$\gamma\mu^3 b f_e$ = 30, 54, 75, 75, 54.
$\gamma\mu^2 b f_e$ = 336, 564, 780, 873, 792, 576.
$\gamma\mu b f_e$ = 1968, 3036, 3966, 4344, 4032, 3258, 2316.
$\gamma b f_e$ = 6792, 8976, 10116, 9798, 8316, 6342, 4476, 3096.
$\gamma\mu^3 f_e f_e$ = 36, 48, 48, 36.
$\gamma\mu^3 f_e f$ = 54, 144, 240, 270, 216.
$\gamma\mu^3 b f$ = 66, 168, 342, 507, 528, 396.
$\gamma\mu^3 b^2 f_e$ = 6, 9, 9, 6.
$\gamma\mu^3 b f_e f_e$ = 12, 12, 8.
$\gamma\mu^3 b^2 f_e f$ = 6, 6, 4.
$\gamma\mu^3 b v$ = 51, 114, 204, 276, 267, 186.
$\gamma\mu^3 b^2 v$ = 9, 18, 27, 27, 18.
$\gamma\mu^3 b v_g$ = 15, 30, 48, 54, 45.
$\gamma\mu^3 b^2 v_g$ = 3, 6, 9, 9.
$\gamma\mu f_e^3$ = 162, 216, 216, 162.
γf_e^3 = 1188, 1260, 1044, 756, 522.

Tabelle von Zahlen τ.

$\frac{1}{5}\tau\mu^3 f^2$ = 15, 24, 16, 0, 0, 0.
$\frac{1}{5}\tau\mu^2 f^2$ = 180, 260, 192, 64, 0, 0, 0.
$\frac{1}{5}\tau\mu f^2$ = 1120, 1440, 1040, 384, 0, 0, 0, 0.

$\frac{1}{9}\tau f^2$ = 4200, 4480, 2880, 960, 0, 0, 0, 0, 0.
$\tau\mu^2 f_e^3$ = 9, 0, 0.
$\tau\mu f_e^3$ = 81, 0, 0, 0.
τf_e^3 = 297, 0, 0, 0, 0.

Bezeichnet f_3 die Bedingung, dass von den drei Wendetangenten auf τ **jede** eine gegebene Gerade schneide, so hat man:

$\tau\mu^3 f_3$ = 135, 216, 144, 0, 0. Ferner ist:
$\tau\mu^3 f_e^2$ = 9, 0, 0, 0.
$\tau\mu^3 f_e f$ = 54, 36, 0, 0, 0.
$\tau\mu^3 f_e^2 f$ = 9, 0, 0.
$\tau\mu^3 b^2 f^2$ = 9, 0, 0, 0.
$\tau\mu^2 b^2 f^2$ = 108, 36, 0, 0, 0.
$\tau\mu b^2 f^2$ = 585, 216, 0, 0, 0, 0.
$\tau b^2 f^2$ = 1620, 540, 0, 0, 0, 0, 0.
$\tau\mu^2 b^3 f^2$ = 9, 0, 0, 0.
$\tau\mu b^3 f^2$ = 54, 0, 0, 0, 0.
$\tau b^3 f^2$ = 135, 0, 0, 0, 0, 0.
$\tau\mu^2 b^3 f^3$ = 9, 0, 0.
$\tau\mu b^3 f^3$ = 81, 0, 0, 0.
$\tau b^3 f^3$ = 297, 0, 0, 0, 0.

Tabelle von Zahlen δ.

$\frac{1}{3}\delta\mu^3 f^2$ = 0, 24, 114, 153, 54, 0.
$\frac{1}{3}\delta\mu^2 f^2$ = 0, 240, 976, 1374, 1032, 360, 0.
$\frac{1}{3}\delta\mu f^2$ = 0, 1240, 4300, 5890, 4632, 1890, 540, 0.
$\frac{1}{3}\delta f^2$ = 0, 3360, 8320, 9640, 6552, 2340, 540, 0, 0.
$\frac{1}{3}\delta\mu^3 c f^2$ = 0, 18, 29, 9, 0.
$\frac{1}{3}\delta\mu^2 c f^2$ = 0, 152, 260, 203, 66, 0.
$\frac{1}{3}\delta\mu c f^2$ = 0, 660, 1106, 908, 342, 90, 0.
$\frac{1}{3}\delta c f^2$ = 0, 1240, 1780, 1266, 420, 90, 0, 0.
$\frac{1}{3}\delta\mu^3 c^2 f^2$ = 0, 4, 1, 0.
$\frac{1}{3}\delta\mu^2 c^2 f^2$ = 0, 36, 34, 10, 0.
$\frac{1}{3}\delta\mu c^2 f^2$ = 0, 152, 152, 51, 12, 0.
$\frac{1}{3}\delta c^2 f^2$ = 0, 240, 208, 62, 12, 0, 0.
$\delta\mu^2 f_e^3$ = 0, 6, 1.
$\delta\mu f_e^3$ = 0, 72, 18, 1.
δf_e^3 = 0, 234, 63, 12, 0.
$\delta\mu^3 f_e f$ = 0, 54, 87, 27, 0.

$\delta\mu^3 f_c f_e = 0, 12, 3, 0.$
$\delta\mu^3 f_c f_e f = 0, 6, 1.$
$\delta\mu^3 f_3 = 0, 72, 243, 243, 54.$

Tabelle von Zahlen η.

$\eta\mu^3 f^2 = 0, 0, 0, 54, 144, 150.$
$\eta\mu^2 f^2 = 0, 0, 0, 324, 864, 1260, 1200.$
$\eta\mu f^2 = 0, 0, 0, 972, 2592, 3780, 3600, 2940.$
$\eta f^2 = 0, 0, 0, 0, 0, 0, 0, 0, 0.$
$\eta c\mu^3 f^2 = 0, 0, 9, 27, 27.$
$\eta c\mu^2 f^2 = 0, 0, 54, 162, 246, 230.$
$\eta c\mu f^2 = 0, 0, 162, 486, 738, 690, 550$
$\eta c^2\mu^3 f^2 = 0, 0, 3, 3.$
$\eta c^2\mu^2 f^2 = 0, 0, 18, 36, 34.$
$\eta c^2\mu f^2 = 0, 0, 54, 108, 102, 80.$
$\eta\mu^2 f_e^3 = 0, 0, 3.$
$\eta\mu f_e^3 = 0, 0, 18, 18.$
$\eta f_e^2 = 0, 0, 27, 27, 21.$
$\eta\mu^3 f_3 = 0, 0, 0, 54, 144.$

Tabelle von Zahlen ζ.

$\frac{1}{6}\zeta\mu^3 f^3 = 0, 0, 36, 72, 48.$
$\frac{1}{6}\zeta\mu^2 f^3 = 0, 0, 216, 432, 480, 320.$
$\frac{1}{6}\zeta\mu f^3 = 0, 0, 648, 1296, 1440, 960, 640.$
$\frac{1}{6}\zeta f^3 = 0, 0, 0, 0, 0, 0, 0, 0.$
$\frac{1}{3}\zeta\mu^3 f_e^3 = 3, 2.$
$\frac{1}{3}\zeta\mu^2 f_e^3 = 18, 18, 12.$
$\frac{1}{3}\zeta\mu f_e^3 = 54, 54, 36, 24.$
$\zeta\mu^3 f_e^2 f = 18, 30, 20.$
$\zeta\mu^3 b f_e^2 f = 6, 4.$
$\zeta\mu^3 f_e^3 s = 3.$
$\zeta\mu^3 c f_e^3 = 3.$

Tabelle von sonstigen Ausartungszahlen.

$\frac{1}{12}\varepsilon\mu^3 b = 0, 0, 0, 0, 9, 30, 45.$
$\varepsilon\mu^3 b v = 0, 0, 0, 162, 504, 690.$
$\varepsilon\mu^2 b^2 v = 0, 0, 0, 54, 156.$
$\varepsilon\mu^3 b v_g = 0, 0, 0, 54, 132.$
$\varepsilon\mu^3 b^2 v_g = 0, 0, 0, 18.$
$\varepsilon\mu^3 b f = 0, 0, 0, 0, 108, 360.$

$\vartheta\mu^3 b \quad = 0, 0, 24, 126, 219, 150, 0.$
$\vartheta\mu^3 bv \quad = 0, 48, 198, 321, 219, 0.$
$\vartheta\mu^3 b^2 v \quad = 0, 12, 49, 57, 0.$
$\vartheta\mu^3 bv_g \quad = 0, 12, 48, 51, 0.$
$\vartheta\mu^3 bf \quad = 0, 0, 18, 99, 144, 0.$
$\delta'\mu^3 bv \quad = 0, 24, 114, 153, 54, 0.$
$\delta'\mu^3 bv_g \quad = 0, 12, 52, 81, 54.$
$\delta'\mu^3 b^2 v_g = 0, 4, 19, 36.$
$\psi\mu^3 bv \quad = 30, 84, 132, 168, 96, 0.$
$\psi\mu^3 b^2 v \quad = 6, 18, 36, 48, 48.$
$\psi\mu^3 bv_g \quad = 12, 30, 52, 48, 0.$
$\psi\mu^3 b^2 v_g = 3, 8, 16, 24.$
$\zeta'\mu^3 bf_e^3 \quad = 3.$
$\varkappa\mu^3 f_e f_e fb = 6, 0.$

Mit Hilfe dieser Ausartungsanzahlen bestimmte der Verfasser alle diejenigen Anzahlen der C_3^4, welche man nöthig hat, um zu Anzahlen *für die cubische Raumcurve* (§ 25) zu gelangen. Von sonstigen Anzahlen der C_3^4 hat der Verfasser nur wenige berechnet, und diese hauptsächlich nur, um sich über die Eigenschaften gewisser Ausartungen der C_3^4 a posteriori Kenntniss zu verschaffen, z. B. der Ausartungen ε und ϑ. Diese sonstigen Anzahlen, welche man zur Berechnung der Elementarzahlen der cubischen Raumcurve *nicht* nöthig hat, sind in der zweiten der folgenden Tabellen zusammengestellt. Dort ist auch die Bedingung ϱ_g mit berücksichtigt, welche ausspricht, dass die C_3^4 eine gegebene Ebene auf einer gegebenen Geraden berühre. Die Anordnung der Zahlen in diesen Tabellen ist im Einklang mit der Anordnung in den früheren Tabellen. *Jede einer α-fachen Bedingung nachgesetzte i^{te} Zahl bedeutet also die Anzahl derjenigen Curven C_3^4, welche diese α-fachen Bedingungen erfüllen, $i-1$ gegebene Ebenen berühren und $12-\alpha-i$ gegebene Gerade schneiden.*

Tabelle I.

Die Elementarzahlen und die Wendetangentenanzahlen der C_3^4.

$\mu^3 = 12, 36, 100, 240, 480, 712, 756, 600, 400.$
$\mu^2 = 216, 592, 1496, 3280, 6080, 8896, 10232, 9456, 7200, 4800.$
$\mu = 2040, 5120, 11792, 23616, 40320, 56240, 64040, 60672, 49416,$
35760, 23840.

Die Zahlen ν^{11}, $\nu^{10}\varrho$, $\nu^9\varrho^2 \ldots \varrho^{11}$ sind:
12960, 29520, 61120, 109632, 167616, 214400, 230240, 211200, 170192, 124176, 85440, 56960.

$\mu^3 f$ = 54, 150, 360, 720, 1068, 1134, 900, 600.
$\mu^2 f$ = 888, 2244, 4920, 9120, 13344, 15348, 14184, 10800, 7200.
μf = 7680, 17688, 35424, 60480, 84360, 96060, 91008, 74124, 53640, 35760.
f = 44280, 91680, 164448, 251424, 321600, 345360, 316800, 255288, 186264, 128160, 85440.
$\mu^3 f_e$ = 21, 54, 108, 156, 162, 126, 84.
$\mu^2 f_e$ = 312, 726, 1344, 1920, 2160, 1962, 1476, 984.
μf_e = 2448, 5160, 8796, 12024, 13428, 12528, 10080, 7236, 4824.
f_e = 12672, 23688, 36120, 45456, 48024, 43452, 34608, 25020, 17136, 11424.

$\mu^3 f^2$ = 225, 540, 1080, 1602, 1701, 1350, 900.
$\mu^2 f^2$ = 3366, 7380, 13680, 20016, 23022, 21276, 16200, 10800.
μf^2 = 26532, 53136, 90720, 126540, 144090, 136512, 111186, 80460, 53640.
f^2 = 137520, 246672, 377136, 482400, 518040, 475200, 382932, 279396, 192240, 128160.
$\mu^3 f f_e$ = 81, 162, 234, 243, 189, 126.
$\mu^2 f f_e$ = 1089, 2016, 2880, 3240, 2943, 2214, 1476.
$\mu f f_e$ = 7740, 13194, 18036, 20142, 18792, 15120, 10854, 7236.
$f f_e$ = 35532, 54180, 68184, 72036, 65178, 51912, 37530, 25704, 17136.
$\mu^3 f_e^2$ = 27, 36, 36, 27, 18.
$\mu^2 f_e^2$ = 324, 432, 468, 414, 306, 204.
μf_e^2 = 2061, 2664, 2880, 2628, 2079, 1476, 984.
f_e^2 = 8226, 9936, 10224, 9072, 7110, 5076, 3456, 2304.

$\mu^3 f^3$ = 405, 864, 1458, 1755, 1494, 1050.
$\mu^2 f^3$ = 6210, 12420, 20448, 25974, 25542, 20160, 13800.
μf^3 = 49464, 91620, 142380, 177318, 178740, 150714, 111060, 74580.
f^3 = 256608, 429624, 608400, 707760, 683316, 563868, 416664, 288360, 192240.
$\mu^3 f^2 f_e$ = 81, 162, 216, 189, 135.
$\mu^2 f^2 f_e$ = 1269, 2340, 3150, 3177, 2532, 1754.
$\mu f^2 f_e$ = 10071, 17064, 22320, 23130, 19665, 14496, 9754.
$f^2 f_e$ = 51030, 77256, 93564, 92070, 75978, 55890, 38556, 27504.
$\mu^3 f f_e^2$ = 27, 36, 30, 21.
$\mu^2 f f_e^2$ = 324, 432, 432, 342, 238.

$\mu f f_e^2$ = 2241, 2988, 3150, 2673, 1956, 1316.
$f f_e^2$ = 10044, 12636, 12672, 10386, 7560, 5184, 3456.
$\mu^3 f_e^3$ = 9, 6, 4.
$\mu^2 f_e^3$ = 81, 72, 54, 37.
μf_e^3 = 486, 486, 396, 282, 189.
f_e^3 = 1863, 1836, 1458, 1035, 702, 468.

$\mu^3 f^4$ = 405, 864, 1188, 1053, 756.
$\mu^2 f^4$ = 7290, 14364, 21096, 23004, 19080, 13440.
μf^4 = 65450, 114840, 165168, 186498, 169398, 130230, 89520.
f^4 = 349596, 568080, 760680, 822132, 732864, 565056, 401220, 281520.
$\mu^3 f^5$ = 405, 540, 450, 315.
$\mu^2 f^5$ = 7290, 12420, 15120, 12960, 9240.
μf^5 = 66690, 114840, 149400, 149400, 120300, 84490.
f^5 = 382320, 616680, 776880, 775800, 642240, 475320, 326780.
$\mu^3 f^6$ = 135, 90, 60.
$\mu^2 f^6$ = 5670, 7020, 5760, 4020.
μf^6 = 61830, 90540, 99720, 82800, 58620.
f^6 = 382320, 568080, 647280, 583560, 450720, 314520.
$\mu^2 f^7$ = 1890, 1260, 840.
μf^7 = 41580, 47880, 38640, 26880.
f^7 = 328860, 415800, 408240, 325080, 227920.
μf^8 = 13860, 9240, 6160.
f^8 = 196560, 206640, 162960, 112840.
f^9 = 65520, 43680, 29120.

Wegen der Anwendung bei der cubischen Raumcurve mögen noch die Zahlen μP, P, P^2 hier Platz finden, welche aus den Elementarzahlen durch die Formel:

$$P = \mu\nu - 3\mu^2$$

resultiren.

μP = 180, 484, 1196, 2560, 4640, 6760, 7964, 7656, 6000.
P = 1392. 2344, 7304, 13776, 22080, 29552, 33344, 32304, 27816, 21360.
P^2 = 144, 376, 896, 1840, 3200, 4624, 5696, 5856.

Tabelle II.

Sonstige Anzahlen der C_3^4.

$\mu^3 b$ = 6, 22, 80, 240, 604, 1046, 1212, 1000.
$\mu^3 p$ = 18, 58, 180, 480, 1084, 1758, 1968, 1600.

$\mu^3 r$ = 66, 186, 460, 960, 1548, 1846, 1656, 1200.
$\mu^3 u$ = 54, 150, 360, 720, 1068, 1134, 900, 600.
$\mu^3 s$ = 18, 50, 120, 240, 356, 378, 300, 200.
$\mu^3 b^2$ = 1, 4, 16, 52, 142, 256, 304.
$\mu^3 r_g$ = 18, 50, 120, 240, 356, 378, 300.
$\mu^3 p_e$ = 5, 18, 64, 188, 354, 430, 368.
$\mu^3 s_e$ = 25, 60, 120, 178, 189, 150, 100.
$\mu^3 \varrho_g$ = 10, 28, 68, 136, 196, 200, 148.
$\mu^3 b r$ = 39, 142, 392, 894, 1411, 1484, 1092.
$\mu^3 b^2 r$ = 7, 28, 82, 199, 322, 352.
$\mu^3 b r_g$ = 11, 40, 108, 236, 319, 246.
$\mu^3 b^2 r_g$ = 2, 8, 24, 59, 92.
$\mu^3 b f$ = 33, 120, 360, 906, 1569, 1818, 1500.
$\mu^3 b^2 f$ = 6, 24, 78, 213, 384, 456.
$\mu^3 b f_e$ = 15, 54, 138, 231, 261, 210.
$\mu^3 b^2 f_e$ = 3, 12, 33, 57, 66.
$\mu^3 b f f_e$ = 81, 180, 276, 297, 234.
$\mu^3 b^2 f f_e$ = 18, 42, 66, 72.
$\mu^3 b f_e^2$ = 36, 48, 48, 36.
$\mu^3 b^2 f_e^2$ = 9, 12, 12.
$\mu^3 b f_e^3$ = 6, 4.
$\mu^3 b^2 f_e^3$ = 1.
$\mu^3 v f_e^3$ = 9, 6.
$\mu^3 s f_e^3$ = 3, 2.
$\mu^3 b v f_e^3$ = 3.
$\mu^3 p_e f_e^3$ = 2.
$\mu^3 b s f_e^3$ = 2.
$\mu^3 v^2 f_e^3$ = 6.
$\mu^3 p v f_e^3$ = 6.
$\mu^3 s v f_e^3$ = 3.
$\mu^3 s p f_e^3$ = 2.
$\mu^3 s_e f_e^3$ = 1.
$\mu^3 \varrho_g f_e$ = 15, 30, 42, 42, 30.
$\mu^3 \varrho_g b^2$ 1, 4, 13, 34, 70.
$\mu^3 \varrho_g^2$ = 8, 20, 42, 68, 56.
$\mu^2 n$ = 876, 1908, 4820, 8880, 12864, 14636, 13428, 10200, 6800.
μn = 7464, 17096, 33928, 57200, 78280, 87164, 80776, 64668, 46440, 30960.
n = 42240, 86560, 152656, 227808, 281280, 289120, 252760, 194616, 136848, 92400, 61600.

$\mu^3 u f_e$ = 81, 162, 234, 243, 189, 126.
$\mu^2 u f_e$ = 1068, 1962, 2772, 3084, 2781, 2088, 1392.
$\mu u f_e$ = 7428, 12468, 16692, 18222, 16632, 13158, 9378, 6252.
$u f_e$ = 33084, 49020, 59388, 60012, 51750, 39384, 27450, 18468, 12312.

In § 24 ist gezeigt, wie man aus den Stammzahlen der Ausartungen der C_3^3 und der Erzeugungsweise dieser Ausartungen *die Gradzahlen von Gleichungen* gewinnen kann, welche die Lage der Punkte, der Tangenten und der Ecken und Seiten des Singularitätendreiecks der C_3^3 von einander abhängig machen. Ebenso gewinnt man aus den oben mitgetheilten Stammzahlen der Ausartungen der C_3^4 die Gradzahlen gewisser Beziehungen für diese Curve. Von diesen Gradzahlen folgen hier einige.

1. *Die Erzeugungsweise und die Stammzahlen der Ausartung* τ *führen zu dem Satze:*

„Wenn man die drei Schnittpunkte mit einer cubischen Plancurve vierten Ranges auf irgend einer Geraden ihrer Ebene bestimmt und ausserdem die drei Schnittpunkte mit den drei Wendetangenten, so erhält man auf dieser Geraden sechs Punkte, welche, um überhaupt so einer C_3^4 angehören zu können, in ihrer Lage derartig von einander abhängen müssen, dass *die Gesammtheit der sechs Punkte endlichdeutig bestimmt ist, sobald fünf von ihnen gegeben sind,* und zwar

a) *neundeutig,* sobald drei Curvenschnittpunkte und zwei Wendetangentenschnittpunkte,

b) *auch neundeutig,* sobald zwei Curvenschnittpunkte und drei Wendetangentenschnittpunkte gegeben sind."

2. *Die Erzeugungsweise und die Stammzahlen der Ausartung* δ *führen zu dem Satze:*

„Wenn man auf einer Tangente einer C_3^4 den Berührungspunkt, den dritten Curvenschnittpunkt und die drei Schnittpunkte mit den drei Wendetangenten bestimmt, so erhält man auf dieser Geraden fünf Punkte, welche, um überhaupt so einer C_3^4 angehören zu können, in ihrer Lage derartig von einander abhängen müssen, dass *ihre Gesammtheit durch vier von ihnen endlichdeutig bestimmt ist,* und zwar

a) *dreideutig,* wenn der Berührungspunkt, der dritte Curvenschnittpunkt und zwei Wendetangentenschnittpunkte gegeben sind,

b) *eindeutig*, wenn der Berührungspunkt und die drei Wendetangentenschnittpunkte gegeben sind,

c) *vierdeutig*, wenn der dritte Curvenschnittpunkt und die drei Wendetangentenschnittpunkte gegeben sind."

3. *Die Erzeugungsweise und die Stammzahlen der Ausartung* ε *führen zu folgendem Satze:*

„Wenn man an eine C_3^4 von irgend einem Punkte ihrer Ebene die vier Tangenten, den Strahl nach dem Doppelpunkt und die Strahlen nach den drei Wendepunkten zieht, so erhält man acht Strahlen, welche, um überhaupt so einer C_3^4 angehören zu können, in ihrer Lage derartig von einander abhängen müssen, dass *ihre Gesammtheit durch fünf von ihnen endlichdeutig bestimmt ist,* und zwar

a) *12-deutig*, wenn die vier Tangenten und der Strahl nach dem Doppelpunkte gegeben sind,

b) *12-deutig*, wenn die vier Tangenten und ein Wendepunktsstrahl gegeben sind,

c) *18-deutig*, wenn drei Tangenten, der Doppelpunktsstrahl und ein Wendepunktsstrahl gegeben sind."

Auch für die punkt-allgemeine cubische Plancurve sechsten Ranges C_3^6 hat der Verfasser einige Anzahlen bestimmt, z. B. die auch von Maillard und Zeuthen berechneten zehn Symbole

$$\mu^3 \nu^n \varrho^{9-n},$$

wo μ, ν, ϱ für die C_3^6 dieselben Bedingungen bedeuten, wie für die C_3^3 und die C_3^4. Es ist nämlich:

$$\mu^3\nu^9 = 1, \quad \mu^3\nu^8\varrho = 4, \quad \mu^3\nu^7\varrho^2 = 16, \quad \mu^3\nu^6\varrho^3 = 64,$$
$$\mu^3\nu^5\varrho^4 = 256, \quad \mu^3\nu^4\varrho^5 = 976, \quad \mu^3\nu^3\varrho^6 = 3424, \quad \mu^3\nu^2\varrho^7 = 9766,$$
$$\mu^3\nu\varrho^8 = 21004, \quad \mu^3\varrho^9 = 33616.$$

Unter den Ausartungen der C_3^6 befindet sich natürlich auch eine, welche aus einer C_3^4 besteht, in deren Doppelpunkt ein zweifacher Rangpunkt fällt. Den Ausartungen ε_2 bei der C_3^3 und ε bei der C_3^4 entspricht bei der C_3^6 eine Ausartung, welche aus einer dreifachen Ordnungsgeraden besteht, auf der sechs einfache Rangpunkte und die neun Wendepunkte liegen. Die Stammzahlen dieser Ausartung führen zu dem folgenden Satze:

„Wenn man an eine cubische Plancurve sechsten Ranges C_3^6 von irgend einem Punkte ihrer Ebene aus die sechs Tangenten und die Strahlen nach den neun Wendepunkten zieht, so erhält man

15 Strahlen, welche, um überhaupt so einer C_3^6 angehören zu können, in ihrer Lage derartig von einander abhängen müssen, dass *ihre Gesammtheit durch sechs von ihnen endlichdeutig bestimmt ist,* und zwar:

a) *eindeutig*, wenn die sechs Tangenten,

b) *120-deutig*, wenn fünf Tangenten und ein Wendepunktsstrahl gegeben sind."

§ 25.

Anzahlen für cubische Raumcurven (Lit. 35).

Die cubische Raumcurve C_3 entspricht dual sich selbst, hat die Constantenzahl 12 und ist *dritter Ordnung*, *vierten Ranges*, *dritter Klasse*, d. h. ihre Punkte und ihre Schmiegungsebenen bilden einen einstufigen Ort dritten Grades und ihre Tangenten einen einstufigen Ort vierten Grades. Ferner bilden ihre *Doppelsecanten*, d. h. die Strahlen, welche zwei von ihren Punkten enthalten, eine Congruenz mit dem Feldrang drei und dem Bündelrang eins, und entsprechend ihre *Doppelaxen*, d. h. die Strahlen, welche in zwei von ihren Schmiegungsebenen liegen, eine Congruenz mit dem Feldrang eins und dem Bündelrang drei. Endlich bilden ihre *Schmiegungsstrahlen*, d. h. die Strahlen derjenigen Strahlbüschel, deren Scheitel Curvenpunkte und deren Ebenen die zugehörigen Schmiegungsebenen sind, eine Congruenz vom Bündelrang drei und vom Feldrang drei. Demgemäss definiren wir für die C_3 die folgenden einfachen Bedingungen:

1. ν, dass sie eine gegebene Gerade schneide,
2. ϱ, dass sie eine gegebene Ebene berühre,
3. β, dass sie eine ihrer Doppelsecanten einem gegebenen Strahlbüschel zuweise,
4. σ, dass sie einen ihrer Schmiegungsstrahlen einem gegebenen Strahlbüschel zuweise,
5. ν', dass sie eine ihrer Schmiegungsebenen durch eine gegebene Gerade schicke,
6. ϱ', dass sie eine ihrer Tangenten durch einen gegebenen Punkt schicke,
7. β', dass sie eine ihrer Doppelaxen einem gegebenen Strahlbüschel zuweise.

Dazu fügen wir noch die drei mehrfachen Bedingungen:

8. P, dass die C_3 durch einen gegebenen Punkt gehe,

9. P', dass sie eine gegebene Ebene *osculire*, d. h. sie zur Schmiegungsebene habe,

10. T, dass sie eine gegebene Gerade berühre.

Wir streben nun nach der numerischen Bestimmung aller zwölffachen Bedingungssymbole, welche keine anderen Bedingungen zu Faktoren haben, als

$$\nu,\ \varrho,\ \nu',\ \varrho',\ P,\ P',\ T.$$

Wir setzen daher für die folgenden Formeln voraus, dass die einstufigen Systeme, auf welche sie sich beziehen, durch keine andern als solche Bedingungen definirt werden. In derartigen Systemen treten keine andern als die folgenden elf Ausartungen auf, welche man, bis auf ϑ und ϑ', durch die schon bei den Ausartungen der C_3^3 und C_3^4 in §§ 23 und 24 angewandte Methode der homographischen Abbildung erzeugen kann. Bei der Beschreibung dieser elf Ausartungen sind die in § 21 eingeführten Termini *Ordnungsgerade*, *Klassenaxe*, *Rangbüschel*, *Rangpunkt*, *Rangebene* etc. benutzt.

1. *Die Ausartung* λ besteht aus einer ebenen Ordnungscurve k dritten Grades, welche zugleich Rangcurve vierten Grades ist, also einen Doppelpunkt besitzt. Die Schmiegungsebenen von λ bilden drei Ebenenbüschel, deren Axen die drei Wendetangenten der Curve k sind. Zur Berechnung der λ enthaltenden Symbole hat man daher die Kenntniss der Anzahlen der cubischen Plancurve mit Doppelpunkt nöthig. Beschränkt man sich auf die

$$\nu,\ \varrho,\ \nu',\ \varrho',\ P,\ P',\ T$$

enthaltenden Symbole, so reichen die Anzahlen aus, welche in der ersten Tabelle von § 24 (pag. 157) zusammengestellt sind.

2. *Die Ausartung* λ' entspricht λ dual. Die numerischen Werthe der λ' enthaltenden Symbole sind also mit den numerischen Werthen gewisser λ enthaltenden Symbole identisch. Zur Berechnung der letzteren reicht die Tabelle auf pag. 157 flg. aus.

3. *Die Ausartung* $\varkappa$ besteht aus einer ebenen Ordnungscurve k dritten Grades mit Spitze. Die Tangenten von k sind auch Tangenten von $\varkappa$, $\varkappa$ ist also Rangcurve dritten Grades. Dazu kommt aber noch ein Rangbüschel, dessen Ebene durch die Rückkehrtangente von k geht, ohne mit der Ebene von k zusammenzufallen und dessen Scheitel die Spitze von k ist. $\varkappa$ besitzt ferner eine doppelte Klassenaxe, die mit der Rückkehrtangente von k zusam-

menfällt, und eine einfache Klassenaxe, die mit der Wendetangente von k identisch ist.

4. *Die Ausartung* $\varkappa'$ entspricht $\varkappa$ dual. Die Werthe der $\varkappa$ und $\varkappa'$ enthaltenden Symbole folgen aus den Anzahlen des § 23.

5. *Die Ausartung* ω besteht aus einem Ordnungskegelschnitt k und einer Ordnungsgeraden g, welche diesen Kegelschnitt k schneidet, ohne aber in seiner Ebene zu liegen. k ist zugleich Rangkegelschnitt. Dazu kommt ein doppelter Rangbüschel, dessen Scheitel der Schnittpunkt p von k und g ist und dessen Ebene durch g und durch die Tangente h geht, welche den Kegelschnitt k in p berührt. Diese Tangente ist dreifache Klassenaxe.

6. *Die Ausartung* ω' entspricht ω dual. Die Werthe der ω und ω' enthaltenden Symbole ergeben sich aus den in § 20 zusammengestellten Kegelschnittanzahlen.

7. *Die Ausartung* ϑ besteht aus einem Ordnungskegelschnitt k und einer denselben berührenden Ordnungsgeraden g. k ist zugleich Rangkegelschnitt. Dazu kommen zwei einfache Rangbüschel, deren Ebenen beide durch g gehen, aber von einander und von der Kegelschnittebene verschieden sind. Der gemeinsame Scheitel dieser beiden Rangbüschel ist der Berührungspunkt der Ordnungsgeraden g und des Kegelschnitts k. g ist zugleich dreifache Klassenaxe.

8. *Die Ausartung* ϑ' entspricht ϑ dual. Die Werthe der ϑ und ϑ' enthaltenden Symbole lassen sich vermöge der Incidenzformeln leicht auf die Anzahlen des § 20 zurückführen.

9. *Die Ausartung* δ besteht aus einer doppelten Ordnungsgeraden g und einer einfachen Ordnungsgeraden h, welche g in p schneidet. Der Tangentenort von δ ist in einen zweifachen und zwei einfache Rangbüschel zerfallen. Der Scheitel des zweifachen Rangbüschels ist der Punkt p, seine Ebene die Verbindungsebene von g und h. Die Scheitel der beiden einfachen Rangbüschel liegen auf g, ihre Ebenen gehen durch g, sind aber von einander und von der Ebene des zweifachen Rangbüschels verschieden. Die doppelte Ordnungsgerade ist zugleich dreifache Klassenaxe.

10. *Die Ausartung* δ' entspricht δ dual. Da die Theilgebilde von δ und δ' nur Hauptelemente sind, so bietet die Berechnung der δ und δ' enthaltenden Symbole keine Schwierigkeit, namentlich nicht, wenn man die Incidenzformeln hinreichend verwerthet.

11. *Die sich selbst dual entsprechende Ausartung* η besteht aus einer dreifachen Ordnungsgeraden g, die zugleich dreifache Klassen-

axe ist. Der Tangentenort von η ist in vier einfache Rangbüschel zerfallen, deren Scheitel

$$p_1, p_2, p_3, p_4$$

auf g liegen, und deren Ebenen

$$e_1, e_2, e_3, e_4$$

durch g gehen, so dass immer ein Punkt p und eine Ebene e mit gleichem Index einem und demselben Rangbüschel angehören. Die numerische Berechnung der η enthaltenden Symbole lässt sich mit Hilfe der Incidenzformeln auf *drei Stammzahlen* reduciren. Die Werthe derselben erkannte der Verfasser durch Rückschlüsse aus berechneten Anzahlen mit Hilfe einer Bemerkung des Herrn Zeuthen bei Gelegenheit des Berichtes, den derselbe über die Preisschrift des Verfassers in den Kopenhagener Akademieabhandlungen 1875 (**Lit. 36**) publicirt hat. Diese drei Stammzahlen sind folgende:

$$\eta G p_1 e_1 p_2 e_2 p_3 e_3 p_4 = 4,$$
$$\eta G p_1 e_1 p_2 e_2 p_3 e_3 e_4 = 4,$$
$$\eta g_s p_1 e_1 p_2 e_2 p_3 e_3 p_4 e_4 = 16.$$

Bei der Ausartung η sind also die vier auf der Ordnungsgeraden liegenden Rangpunkte und die vier durch dieselben gehenden Rangebenen in ihrer Lage von einander abhängig, und zwar so, dass sieben dieser acht Hauptelemente das achte vierdeutig bestimmen. Hieraus konnte der Verfasser wegen der homographischen Transformation der allgemeinen C_3 in eine Ausartung η den folgenden Satz schliessen:

„*Construirt man auf einer beliebigen Geraden des Raumes die vier Schnittpunkte und die vier Schnittebenen derjenigen vier Tangenten, welche einer gegebenen cubischen Raumcurve angehören und die beliebige Gerade schneiden, so sind diese vier Schnittpunkte und diese vier Schnittebenen in ihrer Lage derartig von einander abhängig, dass sieben unter ihnen den achten Punkt resp. die achte Ebene vierdeutig bestimmen.*“

Ist nun zur Bestimmung einer Raumcurve die Bedingung T^4 gegeben, dass sie vier gegebene Gerade zu Tangenten haben soll, so enthält jede der beiden Geraden, welche diese vier gegebenen Geraden schneiden, von der gesuchten Curve vier Tangentenpunkte und vier Tangentenebenen. Für diese aber braucht die eben ausgesprochene Lagebeziehung im allgemeinen nicht erfüllt zu sein. Es ist also

$$T^4 = 0,$$

d. h. *es giebt im allgemeinen keine Raumcurve, welche vier willkürlich gegebene Gerade zu Tangenten hat.* Sind aber drei Tangenten gegeben, so kann man ∞^3 Gerade finden, deren jede mit den drei Tangenten zusammen ein Tangentenquadrupel einer cubischen Raumcurve bestimmt. Man construire nämlich die ∞^1 Geraden, welche die drei Tangenten schneiden, betrachte jeden Punkt auf jeder dieser Geraden als Tangentenpunkt und construire zu ihm die nach dem obigen Satze ihm zugehörige Tangentenebene, sowie die ∞^1 Strahlen, welche durch ihn gehen und in dieser Tangentenebene liegen. Dadurch erhält man ∞^3 Strahlen, welche ∞^2 Strahlbüschel so zusammensetzen, dass immer vier Strahlbüschel denselben Scheitel haben. Daraus folgt:

„*Diejenigen Strahlen des Raumes, welche mit drei gegebenen Strahlen zusammen ein Tangentenquadrupel einer cubischen Raumcurve zusammensetzen können, bilden einen Strahlencomplex vom vierten Grade.*“

Zu demselben Resultate gelangte Voss in den Math. Ann. Bd. XIII pag. 169 auf anderem Wege (Lit. 37).

Jedes von den elf Symbolen, welche oben für die elf Ausartungen der C_3 eingeführt sind, bezeichnet zugleich die einfache Bedingung, welche eine Curve C_3 dadurch erfüllt, dass sie in der angegebenen Weise ausartet. Zwischen den elf Ausartungsbedingungen

$$\lambda,\ \varkappa,\ \omega,\ \vartheta,\ \delta,\ \eta,\ \delta',\ \vartheta',\ \omega',\ \varkappa',\ \lambda'$$

und den oben definirten einfachen Bedingungen

$$\nu,\ \varrho,\ \beta,\ \sigma,\ \beta',\ \varrho',\ \nu'$$

bestehen eine Reihe von Gleichungen, welche für alle einstufigen Systeme giltig sind, deren definirende Bedingung keine anderen Faktoren enthält, als

$$\nu,\ \varrho,\ \nu',\ \varrho',\ P,\ P',\ T.$$

Vermittelst dieser Gleichungen kann man jede der Bedingungen

$$\nu,\ \varrho,\ \beta,\ \sigma,\ \beta',\ \varrho',\ \nu'$$

durch die elf Ausartungsbedingungen ausdrücken. Man findet diese Gleichungen, analog wie die Gleichungen in den §§ 23 und 24, indem man bei einem einstufigen Curvensysteme zwei Punkte, zwei Tangenten, zwei Schmiegungsebenen, einen Punkt und eine Tangente, eine Tangente und eine Doppelsecante und so fort zusammenfasst und auf die so gebildeten Systeme von Hauptelementenpaaren die Coincidenzformeln des III. Abschnittes anwendet. Aus den so gewonnenen Gleichungen ergeben sich dann die für unsere Zwecke wichtigen vier Hauptformeln:

1) $$\nu = \tfrac{3}{2}\lambda + \tfrac{3}{2}\varkappa + \tfrac{1}{2}\omega + \tfrac{5}{2}\vartheta + 2\delta + 3\eta + 3\delta' + \tfrac{9}{2}\vartheta' + \tfrac{3}{2}\omega' + \tfrac{3}{2}\varkappa' + \tfrac{3}{2}\lambda',$$

2) $$\varrho = 1\lambda + 1\varkappa + 1\omega + 3\vartheta + 2\delta + 2\eta + 2\delta' + 3\vartheta' + 1\omega' + 2\varkappa' + 3\lambda',$$

3) $$\nu' = \tfrac{3}{2}\lambda + \tfrac{3}{2}\varkappa + \tfrac{3}{2}\omega + \tfrac{9}{2}\vartheta + 3\delta + 3\eta + 2\delta' + \tfrac{5}{2}\vartheta' + \tfrac{1}{2}\omega' + \tfrac{3}{2}\varkappa' + \tfrac{3}{2}\lambda',$$

4) $$\varrho' = 3\lambda + 2\varkappa + 1\omega + 3\vartheta + 2\delta + 2\eta + 2\delta' + 3\vartheta' + 1\omega' + 1\varkappa' + 1\lambda'.$$

Vermittelst dieser vier Hauptformeln kann man eine grosse Menge von Anzahlen der C_3' bestimmen, wenn die Werthe der Ausartungssymbole berechnet vorliegen. Diese Werthe aber ergeben sich aus den Anzahlen für Hauptelemente, Kegelschnitte (§ 20), cubische Plancurven mit Spitze (§ 23), cubische Plancurven mit Doppelpunkt (§ 24) gemäss den obigen Beschreibungen. Dies ist aus den folgenden Beispielen ersichtlich, wo die Symbole *rechts vom Gleichheitszeichen* auf die *Theilgebilde* zu beziehen sind.

Beispiele für die Berechnung der Ausartungsanzahlen.

$$\lambda P^2 P'^2 \nu'^2 \varrho = (\mu\nu - 3\mu^2)^2 f_e^2 f^2 \varrho = (\mu^2\nu^2\varrho - 6\mu^3\nu\varrho)(f_e^3 + 5\mu f f_e^2)$$
$$= 72 + 5.36 - 6.6$$
$$= \mathbf{216},$$

$$\lambda P'^4 \nu^3 = \nu^3 f_e^4 = \nu^3 (6\mu^2 f_e^3 - 6\mu^3 f f_e^2)$$
$$= 6.81 - 6.27$$
$$= \mathbf{324},$$

$$\lambda \nu^{11} = \nu^{11} = \mathbf{12960},$$

$$\lambda \nu^{10}\nu' = \nu^{10} f = \mathbf{44280},$$

$$\lambda \nu^9 \nu'^2 = \nu^9 f^2 = \mathbf{137520},$$

$$\lambda \nu^8 \nu'^3 = \nu^8 f^3 = \mathbf{256608},$$

$$\lambda \nu^7 \nu'^4 = \nu^7 f^4 = \nu^7 (6 f^2 f_e - 3 f_e^2 - 22\mu f f_e + 6\mu f^3 + 30\mu^2 f_e - 21\mu^2 f^2 + 54\mu^3 f)$$
$$= \mathbf{349596},$$

$$\lambda \nu^2 \nu'^9 = \nu^2 f^9 = \nu^2 (7280\mu^3 f_e^3) = 7280.9$$
$$= \mathbf{65520},$$

$$\lambda \varrho^{11} = \mathbf{56960},$$

$$\lambda \varrho^{10}\varrho' = 4\mu\varrho^{10} = 4.23840 = \mathbf{95360},$$

$$\lambda \varrho^9 \varrho'^2 = 4^2\mu^2\varrho^9 = 16.4800 = \mathbf{76800},$$

$$\lambda \varrho^8 \varrho'^3 = 4^3\mu^3\varrho^8 = 64.400 = \mathbf{25600},$$

$$\lambda \nu^3 \varrho^3 \nu'^3 \varrho'^2 = 16\mu^2\nu^3\varrho^3 f^3 = 16.25974 = \mathbf{415584}.$$

$$\varkappa P^3 \varrho^3 \varrho'^2 = \mu^3 \nu^3 q (\varrho^3 + 3\varrho^2 c + 3\varrho c^2)$$
$$= 168 + 3.58 + 3.4 = \mathbf{354},$$
$$\varkappa \nu^{10} \varrho' = \nu^{10} = \mathbf{17760},$$
$$\varkappa \nu^9 \varrho \varrho' = \nu^9 (\varrho + c) = 31968 + 6592$$
$$= \mathbf{38560},$$
$$\varkappa \nu^8 \varrho^2 \varrho' = \nu^8 (\varrho + c)^2 = 44304 + 2_1 . 14800 + 1168$$
$$= \mathbf{75072},$$
$$\varkappa \nu^7 \varrho^3 \varrho' = \nu^7 (\varrho + c)^3 = 49008 + 3_1 . 22336 + 3_2 . 2896 + 96$$
$$= \mathbf{124800},$$
$$\varkappa \nu^6 \varrho^4 \varrho' = \nu^6 (\varrho + c)^4 = 43104 + 4_1 . 25560 + 4_2 . 4592 + 4_3 . 264$$
$$= \mathbf{173952},$$
$$\varkappa \varrho^{10} \varrho' = (\varrho + c)^{10} = 960 + 10_1 . 1504 + 10_2 . 768 + 10_3 . 208$$
$$= \mathbf{75520},$$
$$\varkappa P' \nu^4 \varrho^4 \varrho' = (2 q_e + w_e)(\varrho + c)^4 \nu^4$$
$$= 2 . (4402 + 4_1 . 1388 + 4_2 . 152)$$
$$+ (2944 + 4_1 . 2846 + 4_2 . 962 + 4_3 . 126)$$
$$= 2 . 10866 + 20604 = \mathbf{42336},$$
$$\varkappa \nu' \varrho^4 \varrho'^6 = 6_3 . 3^3 (\mu^3 \varrho^4 q_e w + 4_1 . \mu^3 \varrho^3 c q_e w)$$
$$= 540 . (15 + 4 . 9) = \mathbf{27540},$$
$$\varkappa T^2 \varrho^3 \varrho'^2 = 2_1 . 2_1 . 3^1 \mu^3 \varrho (\varrho + c)^3 c q_e = 12 \mu^3 \varrho^4 c q_e$$
$$= \mathbf{120},$$
$$\varkappa \nu \nu' \varrho^5 \varrho'^4 = (324 \mu^3 \nu q + 108 \mu^3 \nu w + 132 \mu^2 \nu q_e + 54 \mu^2 \nu q w$$
$$+ 12 \mu \nu q_e w)(\varrho^5 + 5_1 \varrho^4 c + 5_2 . \varrho^3 c^2 + 5_3 \varrho^2 c^3)$$
$$= \mathbf{721296},$$
$$\varkappa \varrho^6 \varrho'^5 = (5_3 . 3^3 \mu^3 q + 5_2 . 3^2 \mu^2 q_e)(\varrho^6 + 6_1 . \varrho^5 c + 6_2 . \varrho^4 c^2)$$
$$= 270 (66 + 6_1 . 52 + 6_2 . 10) + 90 . (142 + 6_1 . 74 + 6_2 . 10)$$
$$= \mathbf{208800}.$$

$$\omega P^5 \nu = 5_2 . 1_0 . 1 = \mathbf{10},$$
$$\omega P^5 \varrho = 5_2 . 1_0 . 2^0 . 2 = \mathbf{20},$$
$$\omega P^5 \nu' = 1_1 . 3^1 . 5_2 . \tfrac{1}{2} . 2 = \mathbf{30},$$
$$\omega P^5 \varrho' = 1_0 . 2^0 . 2^1 . 5_2 . \tfrac{1}{2} . 2 = \mathbf{20},$$
$$\omega T^2 \varrho^2 \varrho'^2 \nu = 1_1 . 2_1 . 2^1 . 2_1 . 2^1 . 2^1 . 2_0 . 2^0 . 1 = \mathbf{32},$$
$$\omega P^2 \varrho^7 = 2_2 . (7_0 . 2^0 . 8 + 7_1 . 2^1 . 4)$$
$$+ 2_1 . (7_1 . 2^1 . 4 . 2 + 7_2 . 2^2 . 8 + 7_3 . 2^3 . 8)$$
$$= \mathbf{6112},$$
$$\omega P \varrho^4 \varrho'^5 = 1_1 . 5_3 . 2^3 . 2^2 . (4_0 . 2^0 . 1 + 4_1 . 2^1 . 1)$$
$$= \mathbf{2880},$$
$$\omega \nu^{11} = 11_4 . 2 . 92 + 11_3 . 2 . 92 . 2 = \mathbf{121440},$$

$$\omega\nu^{10}\varrho \quad 1_0.2^0.(10_4.2.116+10_3.2.116.2)$$
$$+1_1.2^1.(10_4.2.18+10_3.2.92+10_2.92.2)$$
$$=\mathbf{180240}\ \text{(cf. pag. 100).}$$

$$\vartheta P^3\nu\varrho'^1 = 4_0.2^0(4_1+\tfrac{1}{2}.4^2).3_0.1_0.2$$
$$=\mathbf{14},$$
$$\vartheta P'\varrho^7\varrho'^2 = 1_1.3^1.2_0.2^0.(7_0.2^0.4+7_1.2^1.\tfrac{1}{2}.8+7_2.2^2.\tfrac{1}{2}.4)$$
$$=\mathbf{684},$$
$$\vartheta T^2\varrho^4\varrho' = 2_1.1_0.2^0.(4_0.2^0.4+4_1.2^1.2)=\mathbf{40},$$
$$\vartheta P'\nu'\varrho^4\varrho'^4 = 1_1.3^1.1_1.3^1.(4_2.2^2+4_1.2^1.3).(4_0.2^0.1+4_1.2^1.1)$$
$$=\mathbf{3888},$$
$$\vartheta\varrho^8\varrho'^3 = 3_1.2^1.(8_1.2^1.6.2+8_2.2^2.12+8_3.2^3.6)$$
$$+3_0.2^0.3.[8_0.2^0.4.2+8_1.2^1.(8+4)+8_2.2^2.(\tfrac{1}{2}.8+4)$$
$$+8_3.2^3.\tfrac{1}{2}.4]$$
$$=\mathbf{31320}.$$

$$\delta T^3\nu^2 = 3_1.2^1.(2_1.2^1+2_0.2^0).2=\mathbf{60},$$
$$\delta T^3\nu\varrho = 3_1.2^1.1_0.2^0.(1_1.2^1+1_0.2^0.2)=\mathbf{24},$$
$$\delta P^3\nu'\varrho^2\varrho'^2 = 2_0.2^0.2_0.2^0.2.1_1.3^1.3_1.2^1=\mathbf{36},$$
$$\delta\nu\nu'\varrho^5\varrho'^4 = 1_0.2^0.1_1.3^1.2.(4_2.2^2+4_1.2^1.3).[5_3.2^3+5_2.2^2.3.2$$
$$+5_1.2^1(4+3.2)]$$
$$=\mathbf{120960}.$$

$$\eta T^2\varrho^3\varrho'\nu = 1_1.3^1.2.(3.2+3.2).4=\mathbf{288},$$
$$\eta P\nu\varrho^4\varrho'^4 = 1_1.3^1.1_1.3^1.4!.(6.4+6.4+16)$$
$$=\mathbf{13824},$$
$$\eta P\varrho^3\varrho'^6 = 1_1.3^1.4!.\frac{6!}{2!2!2!2!}.4=\mathbf{13680},$$
$$\eta P\varrho^5\varrho'^4 = 1_1.3^1.4!.[(10+15).4+10.6.4+10.16]$$
$$=\mathbf{36000},$$
$$\eta\nu^2\varrho^5\varrho'^4 = 2_2.3^2.4!.[(10+15.2).4+6.10.2.4+10.(12+16)]$$
$$=\mathbf{198720}.$$

Die δ', ϑ', ω', $\varkappa'$, λ' enthaltenden Symbole berechnet man am bequemsten dadurch, dass man sie dual umformt und die so entstehenden, δ, ϑ, ω, $\varkappa$, λ enthaltenden Symbole ausrechnet.

Eine grosse Menge von Ausartungssymbolen hat den Werth null. Dazu gehören z. B. alle, welche

$$\varkappa,\ \vartheta,\ \delta,\ \eta,\ \delta',\ \vartheta',\ \omega',\ \varkappa',\ \lambda'$$

und ausserdem *nur* die Bedingungen

$$P,\ \nu,\ \varrho$$

enthalten; ferner alle Symbole, welche

$$\varkappa,\ \vartheta,\ \delta,\ \eta,\ \delta',\ \vartheta',\ \varkappa'$$

und ausserdem nur die Bedingungen

$$P,\ P',\ \nu,\ \nu'$$

enthalten; ferner alle Symbole, welche

$$\omega,\ \delta$$

und ausserdem keine der beiden Bedingungen

$$P \text{ und } \nu$$

enthalten; endlich alle Symbole, welche

$$\eta,\ \delta,\ \vartheta,\ \varkappa$$

und ausserdem keine der beiden Bedingungen

$$\varrho' \text{ und } T$$

enthalten. Aus den Beschreibungen der Ausartungen geht ausserdem hervor, dass kein einstufiges System existirt, in welchem *alle* Ausartungsanzahlen gleich null wären, aber auch keins, in welchem η, λ, λ' alle drei von null verschieden wären. Dabei ist wieder zu beachten, dass wir überhaupt nur von *solchen* einstufigen Systemen sprechen, deren definirende Bedingung keine andern Faktoren enthält, als

$$\nu,\ \nu',\ \varrho,\ \varrho',\ P,\ P',\ T.$$

Wir stellen nun bei einer Reihe von einstufigen Systemen die Anzahlen für die in ihnen vorhandenen Ausartungen zusammen, indem wir die definirende Bedingung jedes Systems voranschreiben und alle Ausartungszahlen fortlassen, welche gleich null sind. Daraus erhalten wir dann vermittelst der Formeln 1, 2, 3, 4 viele Anzahlen für die cubische Raumcurve, und zwar meist mit mehreren Bestätigungen.

I. Die definirende Bedingung jedes Systems enthält P^5. In diesen Systemen sind nur die ω von null verschieden; nämlich:

$$\omega P^5\nu = 10,\quad \omega P^5\varrho = 20,\quad \omega P^5\nu' = 30,\quad \omega P^5\varrho' = 20.$$

Daraus folgt für die cubische Raumcurve:

$$P^5\nu^2 = 5,\quad P^5\nu\varrho = 10,\quad P^5\varrho^2 = 20,\quad P^5\nu\nu' = 15,\quad P^5\nu\varrho' = 10,$$
$$P^5\varrho\nu' = 30,\quad P^5\varrho\varrho' = 20,\quad P^5\nu'^2 = 45,\quad P^5\nu'\varrho' = 30,\quad P^5\varrho'^2 = 20.$$

II. Die definirende Bedingung jedes Systems enthält P^4 und ausserdem keine andern Bedingungen als ν, ν', ϱ, ϱ'. Unter den möglichen zwanzig Systemen giebt es zehn, in denen nur ω von null verschieden ist, vier, in denen nur λ', und sechs, in denen nur ω und λ' von null verschieden sind; nämlich:

Definirende Bedingung	ω	Definirende Bedingung	ω	λ'
$P^4\nu^3$	60	$P^4\nu\nu'^2$	216	108
$P^4\nu^2\varrho$	120	$P^4\nu\nu'\varrho'$	144	72
$P^4\nu^2\nu'$	180	$P^4\nu\varrho'^2$	96	48
$P^4\nu^2\varrho'$	120	$P^4\varrho\nu'^2$	432	216
$P^4\nu\varrho^2$	240	$P^4\varrho\nu'\varrho'$	288	144
$P^4\nu\varrho\nu'$	360	$P^4\varrho\varrho'^2$	192	96
$P^4\nu\varrho\varrho'$	240	$P^4\nu'^3$	0	324
$P^4\varrho^3$	480	$P^4\nu'^2\varrho'$	0	216
$P^4\varrho^2\nu'$	720	$P^4\nu'\varrho'^2$	0	144
$P^4\varrho^2\varrho'$	480	$P^4\varrho'^3$	0	96

Daraus resultiren mit vielen Bestätigungen die folgenden Anzahlen für die C_3:

$P^4\nu^3 = 30$	$P^4\nu\varrho^3 = 240$	$P^4\varrho^4 = 480$	$P^4\nu'^4 = 486$
$P^4\nu^3\varrho = 60$	$P^4\nu\varrho^2\nu' = 360$	$P^4\varrho^3\nu' = 720$	$P^4\nu'^3\varrho' = 324$
$P^4\nu^3\nu' = 90$	$P^4\nu\varrho^2\varrho' = 240$	$P^4\varrho^3\varrho' = 480$	$P^4\nu'^2\varrho'^2 = 216$
$P^4\nu^3\varrho' = 60$	$P^4\nu\varrho\nu'^2 = 540$	$P^4\varrho^2\nu'^2 = 1080$	$P^4\nu'\varrho'^3 = 144$
$P^4\nu^2\varrho^2 = 120$	$P^4\nu\varrho\nu'\varrho' = 360$	$P^4\varrho^2\nu'\varrho' = 720$	$P^4\varrho'^4 = 96$
$P^4\nu^2\varrho\nu' = 180$	$P^4\nu\varrho\varrho'^2 = 240$	$P^4\varrho^2\varrho'^2 = 480$	
$P^4\nu^2\varrho\varrho' = 120$	$P^4\nu\nu'^3 = 486$	$P^4\varrho\nu'^3 = 972$	
$P^4\nu^2\nu'^2 = 270$	$P^4\nu\nu'^2\varrho' = 324$	$P^4\varrho\nu'^2\varrho' = 648$	
$P^4\nu^2\nu'\varrho' = 180$	$P^4\nu\nu'\varrho'^2 = 216$	$P^4\varrho\nu'\varrho'^2 = 432$	
$P^4\nu^2\varrho'^2 = 120$	$P^4\nu\varrho'^3 = 144$	$P^4\varrho\varrho'^3 = 288$	

III. Die definirende Bedingung jedes Systems enthält P^3 und ausserdem keine andern Bedingungen als ν, ϱ, ϱ'. Es sind einundzwanzig Systeme möglich. Nur η, ϑ', δ', ω' sind in allen einundzwanzig Systemen gleich null. Die Werthe der sieben übrigen Ausartungssymbole ergeben sich aus der folgenden Tabelle.

Definirende Bedingung	δ	ϑ	ω	$\varkappa$	λ	$\varkappa'$	λ'
$P^3\nu^5$	0	0	344	0	12	0	0
$P^3\nu^4\varrho$	0	0	604	0	36	0	0
$P^3\nu^4\varrho'$	0	0	688	24	0	0	0
$P^3\nu^3\varrho^2$	0	0	980	0	100	0	0
$P^3\nu^3\varrho\varrho'$	0	0	1208	72	0	0	0
$P^3\nu^3\varrho'^2$	0	42	740	18	0	0	156
$P^3\nu^2\varrho^3$	0	0	1440	0	240	0	0
$P^3\nu^2\varrho^2\varrho'$	0	0	1960	200	0	0	0
$P^3\nu^2\varrho\varrho'^2$	0	114	1384	58	0	0	192
$P^3\nu^2\varrho'^3$	0	36	400	5	0	0	507
$P^3\nu\varrho^4$	0	0	1920	0	480	0	0
$P^3\nu\varrho^3\varrho'$	0	0	2880	480	0	0	0
$P^3\nu\varrho^2\varrho'^2$	48	236	2304	156	0	0	192
$P^3\nu\varrho\varrho'^3$	0	102	768	18	0	216	696
$P^3\nu\varrho'^4$	0	14	0	0	0	0	660
$P^3\varrho^5$	0	0	2664	0	712	0	0
$P^3\varrho^4\varrho'$	0	0	3840	960	0	0	0
$P^3\varrho^3\varrho'^2$	252	354	3072	354	0	0	256
$P^3\varrho^2\varrho'^3$	36	216	1008	46	0	1026	592
$P^3\varrho\varrho'^4$	0	42	0	0	0	522	756
$P^3\varrho'^5$	0	0	0	0	0	0	468

Hieraus resultiren mit vielen Bestätigungen unter andern die folgenden Anzahlen für die C_3:

$P^3\nu^6 = 190$
$P^3\nu^5\varrho = 356$
$P^3\nu^5\varrho' = 380$
$P^3\nu^4\varrho^2 = 640$
$P^3\nu^4\varrho\varrho' = 712$
$P^3\nu^4\varrho'^2 = 736$
$P^3\nu^3\varrho^3 = 1080$
$P^3\nu^3\varrho^2\varrho' = 1280$
$P^3\nu^3\varrho\varrho'^2 = 1352$
$P^3\nu^3\varrho'^3 = 1058$

$P^3\nu^2\varrho^4 = 1680$
$P^3\nu^2\varrho^3\varrho' = 2160$
$P^3\nu^2\varrho^2\varrho'^2 = 2360$
$P^3\nu^2\varrho\varrho'^3 = 2034$
$P^3\nu^2\varrho'^4 = 1025$
$P^3\nu\varrho^5 = 2400$
$P^3\nu\varrho^4\varrho' = 3360$
$P^3\nu\varrho^3\varrho'^2 = 3840$
$P^3\nu\varrho^2\varrho'^3 = 3612$

$P^3\nu\varrho\varrho'^4 = 2022$
$P^3\nu\varrho'^5 = 702$
$P^3\varrho^6 = 3376$
$P^3\varrho^5\varrho' = 4800$
$P^3\varrho^4\varrho'^2 = 5760$
$P^3\varrho^3\varrho'^3 = 5602$
$P^3\varrho^2\varrho'^4 = 3438$
$P^3\varrho\varrho'^5 = 1404$
$P^3\varrho'^6 = 468$

IV. Die definirende Bedingung jedes Systems enthält P^3 und ausserdem keine andern, als die beiden Bedingungen ν und ν'. In jedem der sechs möglichen Systeme sind die Zahlen $\varkappa$, ϑ, δ, η, δ', ϑ', ω', $\varkappa'$ gleich null. Für ω, λ, λ' erhält man:

Definirende Bedingung	ω	λ	λ'
$P^3\nu^5$	344	12	0
$P^3\nu^4\nu'$	906	54	0
$P^3\nu^3\nu'^2$	1152	225	351
$P^3\nu^2\nu'^3$	810	405	1053
$P^3\nu\nu'^4$	0	405	1863
$P^3\nu'^5$	0	405	1863

Daraus folgen für die C_3 die Anzahlen

$P^3\nu^6 = 190$, $P^3\nu^5\nu' = 534$, $P^3\nu^4\nu'^2 = 1440$,
$P^3\nu^3\nu'^3 = 2592$, $P^3\nu^2\nu'^4 = 3402$, $P^3\nu\nu'^5 = 3402$, $P^3\nu'^6 = 3402$.

V. Die definirende Bedingung jedes Systems enthält P^3 und ausserdem nur noch die Bedingungen ν' und ϱ'. In jedem der sechs möglichen Systeme sind ω, ϑ, δ, η, δ', ϑ', ω', $\varkappa'$ gleich null. Für λ, λ', $\varkappa$ erhält man die Zahlen der folgenden Tabelle:

Definirende Bedingung	λ	λ'	$\varkappa$
$P^3\nu'^5$	405	1863	0
$P^3\nu'^4\varrho'$	0	1836	216
$P^3\nu'^3\varrho'^2$	0	1458	54
$P^3\nu'^2\varrho'^3$	0	1035	9
$P^3\nu'\varrho'^4$	0	702	0
$P^3\varrho'^5$	0	468	0

Daraus folgen für die C_3 die Anzahlen:

$P^3\nu'^6 = 3402$, $P^3\nu'^5\varrho' = 3078$, $P^3\nu'^4\varrho'^2 = 2268$,
$P^3\nu'^3\varrho'^3 = 1566$, $P^3\nu'^2\varrho'^4 = 1053$, $P^3\nu'\varrho'^5 = 702$, $P^3\varrho'^6 = 468$.

VI. Die definirende Bedingung jedes Systems enthält P^4P'. Unter den vier möglichen Systemen sind zwei, in welchen nur ω von null verschieden ist. In den beiden andern ist nur λ' von null verschieden; nämlich:

Definirende Bedingung	ω	λ'
$P^4P'\nu$	54	0
$P^4P'\varrho$	108	0
$P^4P'\nu'$	0	54
$P^4P'\varrho'$	0	36

Daraus resultiren die folgenden zehn Anzahlen für die C_3:

$P^4P'\nu^2 = 27$	$P^4P'\varrho^2 = 108$	$P^4P'\nu'^2 = 81$
$P^4P'\nu\varrho = 54$	$P^4P'\varrho\nu' = 162$	$P^4P'\nu'\varrho' = 54$
$P^4P'\nu\nu' = 81$	$P^4P'\varrho\varrho' = 108$	$P^4P'\varrho'^2 = 36$
$P^4P'\nu\varrho' = 54$		

VII. Die definirende Bedingung jedes Systems enthält $P^3P'^2$. In allen vier Systemen sind die acht Ausartungsanzahlen ω, ϑ, δ, η, δ', ϑ', ω', $\varkappa'$ gleich null. Die übrigen haben folgende Werthe:

Definirende Bedingung	λ	λ'	$\varkappa$
$P^3P'^2\nu$	27	27	0
$P^3P'^2\varrho$	36	36	0
$P^3P'^2\nu'$	27	27	0
$P^3P'^2\varrho'$	0	36	36

Hieraus ergeben sich für die C_3 die folgenden zehn Anzahlen:

$P^3P'^2\nu^2 = 81$	$P^3P'^2\varrho^2 = 144$	$P^3P'^2\nu'^2 = 81$
$P^3P'^2\nu\varrho = 108$	$P^3P'^2\varrho\nu' = 108$	$P^3P'^2\nu'\varrho' = 108$
$P^3P'^2\nu\nu' = 81$	$P^3P'^2\varrho\varrho' = 144$	$P^3P'^2\varrho'^2 = 108$
$P^3P'^2\nu\varrho' = 108$		

VIII. Die definirende Bedingung jedes Systems enthält P oder P^2 und ausserdem keine andern Bedingungen als ν und ϱ. In diesen Systemen sind nur ω und λ von null verschieden; nämlich:

Definirende Bedingung	ω	λ	Definirende Bedingung	ω	λ
$P^2\nu^7$	2192	144	$P\nu^8\varrho$	23856	3344
$P^2\nu^6\varrho$	3544	376	$P\nu^7\varrho^2$	32488	7304
$P^2\nu^5\varrho^2$	5152	896	$P\nu^6\varrho^3$	38256	13776
$P^2\nu^4\varrho^3$	6576	1840	$P\nu^5\varrho^4$	37824	22080
$P^2\nu^3\varrho^4$	7232	3200	$P\nu^4\varrho^5$	31152	29552
$P^2\nu^2\varrho^5$	6992	4624	$P\nu^3\varrho^6$	21376	33344
$P^2\nu\varrho^6$	6144	5696	$P\nu^2\varrho^7$	12528	32304
$P^2\varrho^7$	6112	5856	$P\nu\varrho^8$	6216	27816
$P\nu^9$	15552	1392	$P\varrho^9$	3984	21360

Daraus folgen für die C_3 die $9+11$ Anzahlen:

$P^2\nu^8$	$= 1312$	$P\nu^9\varrho$	$= 16944$
$P^2\nu^7\varrho$	$= 2336$	$P\nu^8\varrho^2$	$= 27200$
$P^2\nu^6\varrho^2$	$= 3920$	$P\nu^7\varrho^3$	$= 39792$
$P^2\nu^5\varrho^3$	$= 6048$	$P\nu^6\varrho^4$	$= 52032$
$P^2\nu^4\varrho^4$	$= 8416$	$P\nu^5\varrho^5$	$= 59904$
$P^2\nu^3\varrho^5$	$= 10432$	$P\nu^4\varrho^6$	$= 60704$
$P^2\nu^2\varrho^6$	$= 11616$	$P\nu^3\varrho^7$	$= 54720$
$P^2\nu\varrho^7$	$= 11840$	$P\nu^2\varrho^8$	$= 44832$
$P^2\varrho^8$	$= 11968$	$P\nu\varrho^9$	$= 34032$
$P\nu^{10}$	$= 9864$	$P\varrho^{10}$	$= 25344$

IX. Die definirende Bedingung jedes Systems enthält $P\varrho'^4$ und ausserdem nur ϱ und ϱ' oder $\nu\varrho^4$. In den sieben möglichen Systemen sind λ, δ', ω' gleich null. Die Werthe der acht übrigen Ausartungsanzahlen sind folgende:

Defin. Beding.	η	δ	ϑ	ϑ'	ω	$\varkappa$	$\varkappa'$	λ'
$P\varrho'^9$	0	0	0	0	0	0	0	11424
$P\varrho'^8\varrho$	0	0	0	0	0	0	14976	19296
$P\varrho'^7\varrho^2$	0	0	0	684	0	0	70044	15744
$P\varrho'^6\varrho^3$	12960	6600	7700	5670	0	0	104766	5376
$P\varrho'^5\varrho^4$	30240	22080	24510	12348	2880	7830	71136	0
$P\varrho'^4\varrho^5$	36000	31080	29712	7290	12672	43704	22950	0
$P\varrho'^4\nu\varrho^4$	13824	30900	34776	3888	35904	39438	51390	0

Hieraus gewinnt man mit Bestätigungen folgende Anzahlen für die C_3:

$P\varrho'^{10} = 11424$	$P\varrho'^7\varrho^3 = 189372$	$P\varrho'^4\varrho^6 = 347442$
$P\varrho'^9\varrho = 34272$	$P\varrho'^6\varrho^4 = 304890$	$P\nu\varrho'^5\varrho^4 = 383562$
$P\varrho'^8\varrho^2 = 87840$	$P\varrho'^5\varrho^5 = 368196$	$P\nu\varrho'^4\varrho^5 = 395514$

X. In dem Systeme, dessen definirende Bedingung P^4T ist, hat man nur ω von null verschieden, nämlich $\omega = 8$, woraus für die C_3 folgt:

$$P^4T\nu = 4, \quad P^4T\varrho = 8, \quad P^4T\nu' = 12, \quad P^4T\varrho' = 8.$$

XI. In dem Systeme, dessen definirende Bedingung PT^3 ist, hat man nur δ von null verschieden, nämlich $\delta = 6$, woraus für die C_3 folgt:

$$PT^3\nu = 12, \quad PT^3\varrho = 12, \quad PT^3\nu' = 18, \quad PT^3\varrho' = 12.$$

XII. Die definirende Bedingung jedes Systems enthält T^3 und ausserdem nur ν, ϱ, ν', ϱ'. In den zehn möglichen Systemen sind λ, $\varkappa$, ω, ϑ, ϑ', ω', $\varkappa'$, λ' gleich null. η, δ, δ' haben folgende Werthe:

Defin. Beding.	η	δ	δ'	Defin. Beding.	η	δ	δ'
$T^3\nu^2$	0	60	0	$T^3\varrho\nu'$	24	0	24
$T^3\nu\varrho$	24	24	0	$T^3\varrho\varrho'$	32	0	0
$T^3\nu\nu'$	0	36	36	$T^3\nu'^2$	0	0	60
$T^3\nu\varrho'$	24	24	0	$T^3\nu'\varrho'$	24	0	24
$T^3\varrho^2$	32	0	0	$T^3\varrho'^2$	32	0	0

Hieraus folgen für die C_3 die 20 Anzahlen:

$T^3\nu^3 = 120$	$T^3\nu\varrho\nu' = 144$	$T^3\varrho^3 = 64$	$T^3\varrho\varrho'^2 = 64$
$T^3\nu^2\varrho = 120$	$T^3\nu\varrho\varrho' = 96$	$T^3\varrho^2\nu' = 96$	$T^3\nu'^3 = 120$
$T^3\nu^2\nu' = 180$	$T^3\nu\nu'^2 = 180$	$T^3\varrho^2\varrho' = 64$	$T^3\nu'^2\varrho' = 120$
$T^3\nu^2\varrho' = 120$	$T^3\nu\nu'\varrho' = 144$	$T^3\varrho\nu'^2 = 120$	$T^3\nu'\varrho'^2 = 96$
$T^3\nu\varrho^2 = 96$	$T^3\nu\varrho'^2 = 96$	$T^3\varrho\nu'\varrho' = 96$	$T^3\varrho'^3 = 64$

XIII. Die definirende Bedingung jedes Systems enthält T^2 und ausserdem nur ϱ, ϱ' oder $\nu\varrho^3\varrho'$ oder $\nu\varrho^2\varrho'^2$. Man hat dann für alle diese Systeme λ, δ', ω', λ' gleich null; ausserdem:

Definirende Bedingung	η	δ	ϑ	ϑ'	ω	$\varkappa$	$\varkappa'$
$T^2\varrho^5$	0	0	0	0	0	608	0
$T^2\varrho^4\varrho'$	368	0	40	0	0	360	0
$T^2\varrho^3\varrho'^2$	560	0	68	44	0	120	0
$T^2\varrho^2\varrho'^3$	560	0	44	68	0	0	120
$T^2\varrho\varrho'^4$	368	0	0	40	0	0	360
$T^2\varrho'^5$	0	0	0	0	0	0	608
$T^2\varrho^3\varrho'\nu$	288	176	84	0	80	484	0
$T^2\varrho^2\varrho'^2\nu$	384	264	128	48	32	156	108

Daraus folgen für die C_3 die Anzahlen:

$T^2\varrho^6 = 608$	$T^2\varrho\varrho'^5 = 1216$	$T^2\nu\varrho^3\varrho'^2 = 2228$
$T^2\varrho^5\varrho' = 1216$	$T^2\varrho'^6 = 608$	$T^2\nu\varrho^2\varrho'^3 = 2276$
$T^2\varrho^4\varrho'^2 = 1576$	$T^2\nu\varrho^5 = 912$	$T^2\nu\varrho\varrho'^4 = 1824$
$T^2\varrho^3\varrho'^3 = 1696$	$T^2\nu\varrho^4\varrho' = 1744$	$T^2\nu\varrho'^5 = 912$
$T^2\varrho^2\varrho'^4 = 1576$		

XIV. Die definirende Bedingung enthält nur die Bedingungen ν und ϱ. ω und λ haben die folgenden Werthe, die übrigen neun Ausartungsanzahlen sind in allen Systemen gleich null.

Definirende Bedingung	ω	λ	Definirende Bedingung	ω	λ
ν^{11}	121440	12960	$\nu^5\varrho^6$	113120	230240
$\nu^{10}\varrho$	180240	29520	$\nu^4\varrho^7$	53120	211200
$\nu^9\varrho^2$	236160	61120	$\nu^3\varrho^8$	18064	170192
$\nu^8\varrho^3$	265664	109632	$\nu^2\varrho^9$	3984	124176
$\nu^7\varrho^4$	247744	167616	$\nu\varrho^{10}$	0	85440
$\nu^6\varrho^5$	187520	214400	ϱ^{11}	0	56960

Daraus resultiren mit Bestätigungen die folgenden Anzahlen für die C_3:

$\nu^{12} = 80160$	$\nu^5\varrho^7 = 343360$
$\nu^{11}\varrho = 134400$	$\nu^4\varrho^8 = 264320$
$\nu^{10}\varrho^2 = 209760$	$\nu^3\varrho^9 = 188256$
$\nu^9\varrho^3 = 297280$	$\nu^2\varrho^{10} = 128160$
$\nu^8\varrho^4 = 375296$	$\nu\varrho^{11} = 85440$
$\nu^7\varrho^5 = 415360$	$\varrho^{12} = 56960$
$\nu^6\varrho^6 = 401920$	

XV. Die definirende Bedingung jedes Systems enthält nur ν und ν'. Von den zwölf möglichen Systemen erhält man sechs aus den sechs andern durch duale Umformung. In den sechs ν^6 enthaltenden Systemen haben ω, λ, λ' die nachstehenden Werthe. Die Anzahlen für die acht übrigen Ausartungen sind in allen Systemen null.

Definirende Bedingung	ω	λ	λ'
ν^{11}	121440	12960	0
$\nu^{10}\nu'$	270360	44280	0
$\nu^9\nu'^2$	334800	137520	65520
$\nu^8\nu'^3$	254016	256608	196560
$\nu^7\nu'^4$	86184	349596	328860
$\nu^6\nu'^5$	0	382320	382320

Hieraus folgen für die C_3 die Anzahlen:

$$\begin{array}{ll|l} \nu^{12} = \nu'^{12} & = 80160 & \nu^8\nu'^4 = \nu^4\nu'^8 = 1060776 \\ \nu^{11}\nu' = \nu\nu'^{11} & = 201600 & \nu^7\nu'^5 = \nu^5\nu'^7 = 1146960 \\ \nu^{10}\nu'^2 = \nu^2\nu'^{10} & = 471960 & \nu^6\nu'^6 = 1146960 \\ \nu^9\nu'^3 = \nu^3\nu'^9 & = 806760 & \end{array}$$

XVI. Die definirenden Bedingungen der Systeme sind ν^{11}, $\nu^{10}\varrho'$, $\nu^9\varrho'^2$, $\nu^8\varrho'^3$. ϑ, ω, $\varkappa$, λ, λ' haben die nachfolgenden Werthe; δ, η, δ', ϑ', ω', $\varkappa'$ sind null.

Definirende Bedingung	ϑ	ω	$\varkappa$	λ	λ'
ν^{11}	0	121440	0	12960	0
$\nu^{10}\varrho'$	0	242880	17760	8160	0
$\nu^9\varrho'^2$	20040	318240	29864	3456	29120
$\nu^8\varrho'^3$	43512	303168	31200	768	112840

Daraus folgen für die C_3 die Anzahlen:

$$\begin{array}{l|l|l} \nu^{12} = 80160 & \nu^{10}\varrho'^2 = 302880 & \nu^8\varrho'^4 = 611248 \\ \nu^{11}\varrho' = 160320 & \nu^9\varrho'^3 = 477576 & \end{array}$$

XVII. Die definirenden Bedingungen der Systeme sind $\nu^3\varrho'^8$, $\nu^2\varrho'^9$, $\nu\varrho'^{10}$, ϱ'^{11}. Nur λ' ist von null verschieden, und zwar:

$$\lambda'\nu^3\varrho'^8 = 192240, \quad \lambda'\nu^2\varrho'^9 = 128160,$$
$$\lambda'\nu\varrho'^{10} = 85440, \quad \lambda'\varrho'^{11} = 56960.$$

Daraus folgen für die C_3 die Anzahlen:

$$\varrho'^{12} = 56960, \quad \nu\varrho'^{11} = 85440, \quad \nu^2\varrho'^{10} = 128160,$$
$$\nu^3\varrho'^9 = 192240, \quad \nu^4\varrho'^8 = 288360.$$

XVIII. In jedem der Systeme, welche durch die Bedingungen $\nu\varrho^{10}$, $\nu\varrho^9\varrho'$, $\nu\varrho^8\varrho'^2$, $\nu\varrho^7\varrho'^3$, $\nu\varrho^6\varrho'^4$ definirt werden, ist δ', ω', λ' null. Die übrigen acht Ausartungsanzahlen haben die nachstehenden Werthe:

Defin. Beding.	η	δ	ϑ	ϑ'	ω	$\varkappa$	$\varkappa'$	λ
$\nu\varrho^{10}$	0	0	0	0	0	0	0	85440
$\nu\varrho^9\varrho'$	0	0	0	0	7968	105312	0	143040
$\nu\varrho^8\varrho'^2$	0	0	7624	0	41760	467880	0	115200
$\nu\varrho^7\varrho'^3$	120960	35280	58380	0	84768	735204	0	38400
$\nu\varrho^6\varrho'^4$	311040	115200	153284	32400	90240	603144	27540	0

Dazu fügen wir noch das System, dessen definirende Bedingung $\nu\nu'\varrho^5\varrho'^4$ ist. In diesem ist λ und λ' null. Die übrigen neun Ausartungsanzahlen sind:

$\eta = 198720$, $\delta = 120960$, $\delta' = 120960$, $\vartheta = 170256$, $\vartheta' = 151140$, $\omega = 74880$, $\omega' = 17280$, $\varkappa = 721296$, $\varkappa' = 235980$.

Aus den betrachteten sechs Systemen ergeben sich für die C_3 die Anzahlen:

$$\begin{array}{l|l}
\nu\varrho^{11} = \nu'\varrho'^{11} = 85440 & \nu\varrho'^{11} = \nu'\varrho^{11} = 85440 \\
\nu\varrho^{10}\varrho' = \nu'\varrho'^{10}\varrho = 256320 & \nu\varrho\varrho'^{10} = \nu'\varrho'\varrho^{10} = 256320 \\
\nu\varrho^9\varrho'^2 = \nu'\varrho'^9\varrho^2 = 647712 & \nu\varrho^2\varrho'^9 = \nu'\varrho'^2\varrho^9 = 655680 \\
\nu\varrho^8\varrho'^3 = \nu'\varrho'^8\varrho^3 = 1345992 & \nu\varrho^3\varrho'^8 = \nu'\varrho'^3\varrho^8 = 1408632 \\
\nu\varrho^7\varrho'^4 = \nu'\varrho'^7\varrho^4 = 2157996 & \nu\varrho^4\varrho'^7 = \nu'\varrho'^4\varrho^7 = 2278764 \\
\nu\varrho^6\varrho'^5 = \nu'\varrho'^6\varrho^5 = 2733600 & \nu\varrho^5\varrho'^6 = \nu'\varrho'^5\varrho^6 = 2802000 \\
\nu\nu'\varrho^6\varrho'^4 = \nu\nu'\varrho'^6\varrho^4 = 3082644 & \nu\nu'\varrho^5\varrho'^5 = 3567960
\end{array}$$

XIX. Die definirende Bedingung jedes Systems enthält keine anderen Bedingungen, als ϱ und ϱ'. Von den zwölf möglichen Systemen entsprechen sechs den übrigen sechs dual. In den sechs ϱ^6 enthaltenden Systemen sind ω, δ, δ', ω', λ' null. η, ϑ, ϑ', $\varkappa$, $\varkappa'$, λ haben folgende Werthe:

Defin. Beding.	η	ϑ	ϑ'	$\varkappa$	$\varkappa'$	λ
ϱ^{11}	0	0	0	0	0	56960
$\varrho^{10}\varrho'$	0	0	0	75520	0	95360
$\varrho^9\varrho'^2$	0	3984	0	348368	0	76800
$\varrho^8\varrho'^3$	127680	31320	0	564168	0	25600
$\varrho^7\varrho'^4$	369600	86844	26460	475344	0	0
$\varrho^6\varrho'^5$	542400	127200	93000	208800	37800	0

Daraus folgen mit Bestätigungen für die C_3 die Anzahlen:

$$\begin{array}{l|l}
\varrho^{12} = \varrho'^{12} = 56960 & \varrho^8\varrho'^4 = \varrho^4\varrho'^8 = 1554456 \\
\varrho^{11}\varrho' = \varrho\varrho'^{11} = 170880 & \varrho^7\varrho'^5 = \varrho^5\varrho'^7 = 2029800 \\
\varrho^{10}\varrho'^2 = \varrho^2\varrho'^{10} = 437120 & \varrho^6\varrho'^6 = 2200800 \\
\varrho^9\varrho'^3 = \varrho^3\varrho'^9 = 939088 &
\end{array}$$

Die nunmehr durch viele Beispiele erläuterte Methode der Bestimmung von Anzahlen der cubischen Raumcurve befähigt uns *nicht*, *solche* Anzahlen zu berechnen, deren Symbole *nur* aus vielfachen Bedingungen zusammengesetzt sind, wie z. B. P^5P'. Das

Princip von der Erhaltung der Anzahl liefert uns jedoch noch hinreichende Mittel, um nicht bloss die oben berechneten Anzahlen zu bestätigen, sondern auch die wenigen noch unerledigten Symbole zu berechnen. Mit Rücksicht hierauf wollen wir noch zwei wichtige, aus dem Princip von der Erhaltung der Anzahl folgende Formeln zweiter Dimension erwähnen. Zu diesem Zwecke fügen wir den anfangs definirten zehn Bedingungen noch hinzu:

11. die zweifache Bedingung B, dass die Curve eine gegebene Doppelsecante habe,
12. die zweifache Bedingung ϱ_g, dass sie eine gegebene Ebene in einem Punkte einer auf der Ebene gegebenen Geraden berühre.

Man lege die beiden gegebenen Geraden der Bedingung ν^2 derartig unendlich nahe, dass sie sich schneiden. Dann wird ν^2 erfüllt erstens einmal von jeder Raumcurve, die durch den Schnittpunkt geht, zweitens zweimal von jeder Raumcurve, die den Coincidenzstrahl als Doppelsecante hat, drittens einmal von jeder Raumcurve, die die Ebene der coincidirenden Strahlen so berührt, dass der Berührungspunkt auf dem Coincidenzstrahle liegt, viertens von jeder ausgearteten Raumcurve, die eine vielfache Ordnungsgerade durch den Coincidenzstrahl schickt. Demgemäss erhält man die Formel:

$$\nu^2 = P + 2 . B + \varrho_g + 2 . \delta g + 6 . \eta g + 6 . \delta' g + 6 . \vartheta' g + 2 . \omega' g + \varkappa' g,$$

wo jedes der sechs aus g und δ, η, δ', ϑ', ω', $\varkappa'$ gebildeten Symbole die zweifache Bedingung bedeutet, dass die C_3 zu einer Ausartung δ, η, δ', ϑ', ω', $\varkappa'$ wird, welche ihre *vielfache* Ordnungsgerade eine gegebene Gerade schneiden lässt.

Legt man ferner die beiden Ebenen der Bedingung ϱ^2 unendlich nahe, so erhält man:

$$\varrho^2 = 3 . P' + \varrho_g + \omega c + 2 . \vartheta c + \delta c + 3 . \delta' c$$
$$+ 6 . \vartheta' c + 3 . \omega' c + 6 . \varkappa' c + 12 . \lambda' c,$$

wo jedes der acht aus c und Ausartungssymbolen gebildeten Symbole die zweifache Bedingung bedeutet, dass die C_3 zu einer Ausartung ω, ϑ, δ, δ', ϑ', ω', $\varkappa'$, λ' wird, welche einen *vielfachen* Rangpunkt auf eine gegebene Ebene wirft.

Gleichungen zweiter und höherer Dimension für die C_3 erhält man auch durch Anwendung der Coincidenzformeln höherer Dimension (Abschnitt III). Doch hat sich der Verfasser mit der Ableitung von Anzahlen der C_3 aus solchen Formeln höherer Dimension nur sehr oberflächlich beschäftigt.

Anzahlen für cubische Raumcurven hat auch Herr **Sturm** in zwei Abhandlungen des Crelle'schen Journals (Bd. 79 pag. 99 und Bd. 80 pag. 128) **[Lit. 38]** auf rein geometrischem Wege bestimmt. Um diese Anzahlen angeben zu können, haben wir zu den bis jetzt für die C_3 eingeführten zwölf Bedingungen noch folgende hinzuzufügen:

13. die Bedingung Q, dass die C_3 einen Strahl eines gegebenen Strahlbüschels zur Tangente habe,
14. die Bedingung ϱ_p, dass sie eine gegebene Ebene in einem gegebenen Punkte berühre,
15. die Bedingung, dass sie eine Tangente durch einen gegebenen Punkt schicke, während der Berührungspunkt auf einer gegebenen Ebene liegt, eine Bedingung, welche nach der Incidenzformel II (§ 7) gleich $P+Q$ ist (cf. § 8, pag. 26),
16. die Bedingung P'_g, dass sie eine gegebene Ebene in einem Punkte einer auf der Ebene gegebenen Geraden osculire,
17. die Bedingung P'_p, dass sie eine gegebene Ebene in einem gegebenen Punkte osculire.

Folgende Anzahlen sind sowohl oben durch die Ausartungsanzahlen, wie auch von Herrn **Sturm** bestimmt:

$P^5\nu^2 = 5$, $P^5\nu\varrho = 10$, $P^5\nu\varrho' = 10$, $P^5\varrho^2 = 20$, $P^5\varrho\varrho' = 20$, $P^5\varrho'^2 = 20$,
$P^4T\nu = 4$, $P^4T\varrho = 8$, $P^4T\varrho' = 8$,
$P^4\nu^4 = 30$, $P^4\nu^3\varrho = 60$, $P^4\nu^3\varrho' = 60$, $P^4\nu^2\varrho^2 = 120$, $P^4\nu^2\varrho\varrho' = 120$,
$P^4\nu\varrho^3 = 240$, $P^4\nu\varrho^2\varrho' = 240$, $P^4P'\nu^2 = 27$, $P^4P'\nu\varrho = 54$.

Alle diese Anzahlen gehen aus Systemen hervor, in denen nur ω von null verschieden ist.

Ausserdem hat Herr **Sturm** in Bd. 79 des Crelle'schen Journals noch folgende Anzahlen bestimmt:

$P^6 = 1$, $P^5P' = 6$, $P^5\varrho_g = 2$, $P^5Q = 6$, $P^5(P+Q) = 7$, $P^5B = 1$,
$P^4\varrho_p\nu = 3$, $P^4\varrho_p\varrho = 6$, $P^4P'_p = 2$,
$P^4B\nu^2 = 4$, $P^4B\nu\varrho = 8$, $P^4B\nu\varrho' = 8$, $P^4B\varrho^2 = 16$,
$P^4B\varrho\varrho' = 16$, $P^4B\varrho'^2 = 16$,
$P^4B^2 = 0$, $P^4BP' = 3$, $P^4B\varrho_g = 3$, $P^4BQ = 4$*, $P^4B(P+Q) = 5$,
$P^4\nu^2\varrho_g = 17$, $P^4\nu\varrho\varrho_g = 34$, $P^4\varrho^2\varrho_g = 68$, $P^4\nu^2Q = 28$,
$P^4\nu\varrho Q = 56$, $P^4\nu^2(P+Q) = 33$, $P^4\nu\varrho(P+Q) = 66$,
$P^4\nu P'_g = 9$, $P^4P'\varrho_g = 15$, $P^4P'_g\varrho = 18$;

ferner in Bd. 80 des Crelle'schen Journals:

---

* In der Tabelle in Crelle's Journal Bd. 79 pag. 139 steht irrthümlich 2 statt 4.

$P^3B^3 = 1$, $P^2B^4 = 1$, $PB^5 = 1$, $B^6 = 6$,
$P^3B^2\nu^2 = 4$, $P^2B^3\nu^2 = 6$, $PB^4\nu^2 = 9$, $B^5\nu^2 = 20$,
$P^3B^2\nu\varrho = 8$, $P^2B^3\nu\varrho = 12$, $PB^4\nu\varrho = 18$, $B^5\nu\varrho = 40$,
$P^3B^2\varrho^2 = 16$, $P^2B^3\varrho^2 = 24$, $PB^4\varrho^2 = 36$, $B^5\varrho^2 = 80$,
$P^3B^2P' = 3$, $P^2B^3P' = 6$, $PB^4P' = 6$, $B^5P' = 21$,
$P^3B^2\varrho_g = 2$, $P^2B^3\varrho_g = 3$, $PB^4\varrho_g = 6$, $B^5\varrho_g = 7$.

Mehrere dieser Zahlen sind durch die zuletzt angegebenen beiden Formeln zweiter Dimension von einander abhängig; z. B. ergiebt die Formel für ν^2 nach Substitution der Sturm'schen Zahlen

1. für das durch P^5 definirte zweistufige System:
$$5 = 1 + 2.1 + 2,$$
2. für das durch P^4B definirte System:
$$4 = 1 + 2.0 + 3,$$
3. für das durch P^3B^2 definirte System:
$$4 = 0 + 2.1 + 2,$$
4. für das durch P^2B^3 definirte System:
$$6 = 1 + 2.1 + 3,$$
5. für das durch PB^4 definirte System:
$$9 = 1 + 2.1 + 6,$$
6. für das durch B^5 definirte System:
$$20 = 1 + 2.6 + 7.$$

In diesen sechs Systemen hatten die Ausartungssymbole der angewandten Formel sämmtlich den Werth null. Wendet man aber auf dieselben sechs Systeme die Formel für ϱ^2 an, so ergiebt sich in den sechs Fällen beziehungsweise:

$$20 = 3.6 + 2 + 0,$$
$$16 = 3.3 + 3 + 4,$$
$$16 = 3.3 + 2 + 5,$$
$$24 = 3.6 + 3 + 3,$$
$$36 = 3.6 + 6 + 12,$$
$$80 = 3.21 + 7 + 10,$$

wo die letzten Zahlen der rechten Seiten die Werthe von ωe in den sechs Systemen sind.

Durch die in diesem Paragraphen berücksichtigten Bedingungen lassen sich viele andere auf die cubische Raumcurve bezügliche Bedingungen ausdrücken. Daher sind die berechneten Anzahlen die

Quelle für viele andere Anzahlen. Z. B. ergiebt sich *die Zahl N der zwölf gegebene Flächen zweiten Grades berührenden cubischen Raumcurven* vermöge der in § 14 am Schluss von Nr. 1 (pag. 57) angegebenen Formel aus den hier unter Nr. XIV berechneten Anzahlen auf folgende Weise:

$$N = (2 \cdot \nu + 2 \cdot \varrho)^{12} = 2^{12} \cdot (\nu^{12} + 12_1 \cdot \nu^{11} \varrho + 12_2 \cdot \nu^{10} \varrho^2 + \ldots + \varrho^{12})$$
$$= 2^{12} \cdot (80160 + 12_1 \cdot 134400 + 12_2 \cdot 209760 + 12_3 \cdot 297280$$
$$+ 12_4 \cdot 375296 + 12_5 \cdot 415360 + 12_6 \cdot 401920 + 12_7 \cdot 343360$$
$$+ 12_8 \cdot 264320 + 12_9 \cdot 188256 + 12_{10} \cdot 128160$$
$$+ 12_{11} \cdot 85440 + 56960)$$
$$= 5819539783680.$$

§ 26.

Anzahlen für Plancurven vierter Ordnung in fester Ebene.

Herr Zeuthen hat in den Berichten der Kopenhagener Akademie (Naturw. og math. Afd. 10 Bd. IV, 1873) **[Lit. 39]** für Plancurven n^{ter} Ordnung in fester Ebene eine Reihe von Ausartungen besprochen und Formeln erster Dimension zwischen Ausartungsbedingungen und sonstigen Bedingungen aufgestellt. Diese Formeln sind dann vom Verfasser auf Plancurven im Raume erweitert (Math. Ann. Bd. 13, pag. 443). In der genannten Abhandlung hat dann Herr Zeuthen auch *Anzahlen* für die in fester Ebene befindlichen Plancurven *vierter* Ordnung aus deren Ausartungsanzahlen berechnet. Die Symbole der berechneten Anzahlen setzen sich fast sämmtlich aus den beiden elementaren Bedingungen ν und ϱ zusammen, von denen

ν bedeutet, dass die Curve in fester Ebene durch einen auf dieser Ebene gegebenen Punkt gehe,

ϱ bedeutet, dass die Curve in fester Ebene eine auf dieser Ebene liegende Gerade berühre.

Systeme, deren definirende Bedingung nur ν und ϱ enthält, werden *Elementarsysteme* genannt. Die in den Elementarsystemen der Curven vierter Ordnung auftretenden Ausartungen hat Herr Zeuthen sämmtlich beschrieben. Beispielsweise zählen wir hier die Ausartungen auf, welche in den Elementarsystemen der *punktallgemeinen Curve vierter Ordnung zwölften Ranges* auftreten.

1. *Die Ausartung* α besteht aus einer Curve vierten Grades mit einem Doppelpunkt, der Doppelpunkt ist zweifacher Rangpunkt.

2. *Die Ausartung* ξ besteht aus einem Kegelschnitt und einer doppelten Ordnungsgeraden, welche den Kegelschnitt in zwei zweifachen Rangpunkten schneidet und sechs einfache Rangpunkte enthält.

3. *Die Ausartung* η besteht aus einem Kegelschnitt und einer doppelten Ordnungsgeraden, welche den Kegelschnitt in einem dreifachen Rangpunkte berührt und sieben einfache Rangpunkte enthält.

4. *Die Ausartung* ζ besteht aus einer doppelten und zwei einfachen Ordnungsgeraden, welche alle drei einen gemeinsamen Punkt haben, der vierfacher Rangpunkt wird. Die doppelte Ordnungsgerade enthält ferner acht einfache Rangpunkte.

5. *Die Ausartung* $\varkappa$ besteht aus zwei zweifachen Ordnungsgeraden, welche sich in einem dreifachen Rangpunkte schneiden und von denen die eine sechs, die andere drei einfache Rangpunkte enthält.

6. *Die Ausartung* λ besteht aus einer dreifachen und einer einfachen Ordnungsgeraden, welche sich in einem zweifachen Rangpunkte schneiden. Die dreifache Ordnungsgerade enthält zehn einfache Rangpunkte. Die elf Rangpunkte sind in ihrer Lage auf der dreifachen Ordnungsgeraden derartig von einander abhängig, dass der zweifache Rangpunkt und neun einfache Rangpunkte den zehnten 1552-deutig bestimmen und dass die zehn einfachen Rangpunkte den zweifachen 3280-deutig bestimmen.

7. *Die Ausartung* ν besteht aus einer vierfachen Ordnungsgeraden, auf welcher zwölf einfache Rangpunkte liegen. Die zwölf Rangpunkte sind in ihrer Lage auf der vierfachen Ordnungsgeraden derartig von einander abhängig, dass elf unter ihnen den zwölften 451440-deutig bestimmen.

8. *Die Ausartung* ϑ besteht aus einem doppelten Ordnungskegelschnitt, der zugleich doppelter Rangkegelschnitt ist und acht einfache Rangpunkte enthält.

Die Ausartungen λ und ν kann man gerade so wie die Ausartungen der cubischen Plancurven in §§ 23 und 24 durch homographische Abbildung aus der allgemeinen Curve erzeugen, indem man das Centrum der Homographie erstens in einen beliebigen Punkt der Curve, zweitens in einen beliebigen Punkt ihrer Ebene legt. Deshalb führen die bei λ und ν angegebenen *Stammzahlen* zu den folgenden Sätzen für die allgemeine Curve:

Legt man durch einen beliebigen Punkt einer punkt-allgemeinen Plancurve vierter Ordnung C_4^{12} *erstens die in ihm berührende Tangente, zweitens die übrigen zehn Tangenten, so sind diese elf Strahlen, damit sie überhaupt so einer* C_4^{12} *angehören können, derartig von einander abhängig, dass die erstgenannte Tangente und neun von den andern*

Tangenten die zehnte 1552-deutig bestimmen, und dass die zehn zuletztgenannten Tangenten die zuerstgenannte Tangente 3280-deutig bestimmen.

*Legt man an eine punkt-allgemeine Curve vierter Ordnung C_4^{12} von einem beliebigen Punkte ihrer Ebene aus die zwölf Tangenten, so sind diese zwölf Strahlen, damit sie überhaupt so einer C_4^{12} angehören können, derartig von einander abhängig, dass elf von ihnen die zwölfte 451440-deutig bestimmen**.

Das Symbol jeder der oben beschriebenen acht Ausartungen bezeichne zugleich die einfache Bedingung, welche eine C_4^{12} dadurch erfüllt, dass sie in der angegebenen Weise ausartet. Dadurch entstehen acht Ausartungsbedingungen. Zwischen diesen und den Bedingungen ν und ϱ lassen sich viele Gleichungen aufstellen, aus denen Herr Zeuthen mit Bestätigungen die folgenden beiden Formeln erhält:

$$6 . \nu - \varrho = 2 . \xi + 3 . \eta + 4 . \zeta + 3 . \varkappa + 6 . \lambda + 12 . \nu + 2 . \vartheta,$$

und

$$27 . \nu = \alpha + 20 . \xi + 32 . \eta + 46 . \zeta + 24 . \varkappa + 45 . \lambda + 72 . \nu + 14 . \vartheta.$$

Wir stellen nun für *mehrere Sorten von Plancurven vierter Ordnung* die wichtigsten der von Herrn Zeuthen berechneten Anzahlen zusammen.

I. Die Curve hat einen dreifachen Punkt, hat also in fester Ebene die Constantenzahl 10. Für sie ist:

$\nu^{10} = 60$	$\nu^7\varrho^3 = 5496$	$\nu^4\varrho^6 = 151008$	$\nu\varrho^9 = 560688$
$\nu^9\varrho = 288$	$\nu^6\varrho^4 = 19728$	$\nu^3\varrho^7 = 301032$	$\varrho^{10} = 546120$
$\nu^8\varrho^2 = 1332$	$\nu^5\varrho^5 = 59940$	$\nu^2\varrho^8 = 464976$	

II. Die Curve besitzt drei Doppelpunkte, hat also in fester Ebene die Constantenzahl 11. Für sie ist:

$\nu^{11} = 620$	$\nu^8\varrho^3 = 21776$	$\nu^5\varrho^6 = 295544$	$\nu^2\varrho^9 = 783584$
$\nu^{10}\varrho = 2184$	$\nu^7\varrho^4 = 59424$	$\nu^4\varrho^7 = 505320$	$\nu\varrho^{10} = 728160$
$\nu^9\varrho^2 = 7200$	$\nu^6\varrho^5 = 143040$	$\nu^3\varrho^8 = 699216$	$\varrho^{11} = 581904$

III. Die Curve besitzt zwei Doppelpunkte, hat also in fester Ebene die Constantenzahl 12. Es bezeichne b jeden der beiden Doppelpunkte, also b auch die Bedingung, dass einer von ihnen auf einer in der festen Ebene gegebenen Geraden liege, b_g die Bedingung, dass ein Doppelpunkt gegeben ist.

* Die algebraische Herleitung dieser Gradzahl einer gewissen Gleichung wird durch die gegenwärtige Preisaufgabe der königl. dänischen Akademie verlangt.

$\nu^{12} = 225$	$b\nu^{11} = 170$	$b_g\nu^{10} = 20$
$\nu^{11}\varrho = 1010$	$b\nu^{10}\varrho = 832$	$b_g\nu^{9}\varrho = 102$
$\nu^{10}\varrho^{2} = 4396$	$b\nu^{9}\varrho^{2} = 3972$	$b_g\nu^{8}\varrho^{2} = 508$
$\nu^{9}\varrho^{3} = 18432$	$b\nu^{8}\varrho^{3} = 18336$	$b_g\nu^{7}\varrho^{3} = 2448$
$\nu^{8}\varrho^{4} = 73920$	$b\nu^{7}\varrho^{4} = 81312$	$b_g\nu^{6}\varrho^{4} = 11328$
$\nu^{7}\varrho^{5} = 280560$	$b\nu^{6}\varrho^{5} = 342240$	$b_g\nu^{5}\varrho^{5} = 49620$
$\nu^{6}\varrho^{6} = 994320$	$b\nu^{5}\varrho^{6} = 1350952$	$b_g\nu^{4}\varrho^{6} = 203272$
$\nu^{5}\varrho^{7} = 3230956$	$b\nu^{4}\varrho^{7} = 4908332$	$b_g\nu^{3}\varrho^{7} = 765288$
$\nu^{4}\varrho^{8} = 9409052$	$b\nu^{3}\varrho^{8} = 16076136$	$b_g\nu^{2}\varrho^{8} = 2599328$
$\nu^{3}\varrho^{9} = 23771160$	$b\nu^{2}\varrho^{9} = 45412832$	$b_g\nu\varrho^{9} = 7567088$
$\nu^{2}\varrho^{10} = 50569520$	$b\nu\varrho^{10} = 106132960$	$b_g\varrho^{10} = 18037920$
$\nu\varrho^{11} = 89120080$	$b\varrho^{11} = 201239472$	
$\varrho^{12} = 128996216$		

IV. Die Curve hat einen Doppelpunkt, der b heissen soll. Die Constantenzahl ist 13.

$b^2\nu^{11} = 1$	$b\nu^{12} = 9$	$\nu^{13} = 27$
$b^2\nu^{10}\varrho = 6$	$b\nu^{11}\varrho = 52$	$\nu^{12}\varrho = 144$
$b^2\nu^{9}\varrho^{2} = 36$	$b\nu^{10}\varrho^{2} = 300$	$\nu^{11}\varrho^{2} = 760$
$b^2\nu^{8}\varrho^{3} = 216$	$b\nu^{9}\varrho^{3} = 1728$	$\nu^{10}\varrho^{3} = 3960$
$b^2\nu^{7}\varrho^{4} = 1296$	$b\nu^{8}\varrho^{4} = 9936$	$\nu^{9}\varrho^{4} = 20304$
$b^2\nu^{6}\varrho^{5} = 7728$	$b\nu^{7}\varrho^{5} = 56688$	$\nu^{8}\varrho^{5} = 101952$
$b^2\nu^{5}\varrho^{6} = 45382$	$b\nu^{6}\varrho^{6} = 318000$	$\nu^{7}\varrho^{6} = 498336$
$b^2\nu^{4}\varrho^{7} = 258112$	$b\nu^{5}\varrho^{7} = 1729898$	$\nu^{6}\varrho^{7} = 2352720$
$b^2\nu^{3}\varrho^{8} = 1379412$	$b\nu^{4}\varrho^{8} = 8888960$	$\nu^{5}\varrho^{8} = 10632444$
$b^2\nu^{2}\varrho^{9} = 6732832$	$b\nu^{3}\varrho^{9} = 41976108$	$\nu^{4}\varrho^{9} = 45442800$
$b^2\nu\varrho^{10} = 27850500$	$b\nu^{2}\varrho^{10} = 172056352$	$\nu^{3}\varrho^{10} = 181059912$
$b^2\varrho^{11} = 91446048$	$b\nu\varrho^{11} = 580054968$	$\nu^{2}\varrho^{11} = 653188288$
	$b\varrho^{12} = 1563293916$	$\nu\varrho^{12} = 2054961360$
		$\varrho^{13} = 5474784888$

V. Die Curve besitzt keinen Doppelpunkt, ist also punktallgemein oder zwölften Ranges und hat die Constantenzahl 14.

$\nu^{14} = 1$	$\nu^{6}\varrho^{8} = 1668096$
$\nu^{13}\varrho = 6$	$\nu^{5}\varrho^{9} = 9840040$
$\nu^{12}\varrho^{2} = 36$	$\nu^{4}\varrho^{10} = 56481396$
$\nu^{11}\varrho^{3} = 216$	$\nu^{3}\varrho^{11} = 308389896$
$\nu^{10}\varrho^{4} = 1296$	$\nu^{2}\varrho^{12} = 1530345504$
$\nu^{9}\varrho^{5} = 7776$	$\nu\varrho^{13} = 6533946576$
$\nu^{8}\varrho^{6} = 46656$	$\varrho^{14} = 23011191144$
$\nu^{7}\varrho^{7} = 279600$	

§ 27.

Anzahlen für die lineare Congruenz (Lit. 40).

Die Gesammtheit der ∞^2 Strahlen, welche zwei Gerade g und h zugleich schneiden, nennen wir eine *lineare Congruenz C*. Dieselbe hat den Bündelrang 1 und den Feldrang 1. Sie besitzt zwei Ausartungen:

1. die Ausartung ε, welche dadurch entsteht, dass die beiden erzeugenden Axen g und h unendlich nahe liegen, ohne im allgemeinen sich zu schneiden;
2. die Ausartung σ, welche dadurch entsteht, dass die beiden erzeugenden Axen g und h sich schneiden, ohne im allgemeinen unendlich nahe zu liegen.

Um die ∞^2 Strahlen einer ausgearteten Congruenz ε zu erhalten, legen wir durch eine der beiden unendlich nahen Axen, etwa durch g, eine Ebene v, diese schneidet h in einem einzigen Punkte V, weil ja g und h, obgleich unendlich nahe, nicht in einer und derselben Ebene sich befinden. Der durch den Coincidenzstrahl g gelegten Ebene v ist also in dieser Weise ein ganz bestimmter Punkt V auf eben diesem Strahle g zugeordnet, so dass jeder in v liegende und durch V gehende Strahl beide Axen schneidet. Die ∞^2 Strahlen der Congruenz bilden also ∞^1 Strahlbüschel, deren Scheitel auf dem Coincidenzstrahl g liegen und deren Ebenen durch g gehen. Da die Scheitel die Schnitte der Ebenen eines Ebenenbüschels mit einer Geraden sind, so ist die Reihe der Scheitel der Reihe der Ebenen projectiv*. Die ∞^2 Strahlen einer ausgearteten Congruenz σ werden gebildet erstens durch die Strahlen des Strahlenbündels, dessen Scheitel der Schnittpunkt p der beiden Strahlen g und h ist, zweitens durch die Strahlen des Strahlenfeldes, dessen Ebene die Schnittebene e der beiden Strahlen g und h ist.

Ausser den beiden Bedingungen ε und σ, welche aussprechen, dass die Congruenz zu einer Ausartung ε resp. σ wird, und den auf g und h bezüglichen Bedingungen, definiren wir für die Congruenz C noch die beiden folgenden Bedingungen:

die einfache Bedingung β, dass die Congruenz C einen ihrer Strahlen in einem gegebenen Strahlbüschel habe, und

* Dieses Gebilde ε würde in derjenigen Geometrie von fünf Dimensionen, welche statt des Punktes oder des Strahls (Liniengeometrie) den *Strahlbüschel* als Raumelement auffasst, eine fundamentale Rolle spielen (cf. pag. 9).

die zweifache Bedingung B, dass die Congruenz einen gegebenen Strahl enthalte.

Wir erinnern uns nun, dass wir die beiden Gleichungen, welche zwischen

$$\varepsilon,\ \sigma,\ g,\ h,\ \beta$$

bestehen, schon in § 15 abgeleitet haben, nur dass wir dort diese Bedingungen nicht eigentlich der linearen Congruenz, sondern dem aus g und h bestehenden Strahlenpaare zugewiesen haben. Wir entnehmen also dem § 15 (pag. 58) die Gleichungen:

1) $$\sigma + \varepsilon = \beta,$$

2) $$\varepsilon = g + h - \beta,$$

woraus folgt:

3) $$g + h = \sigma + 2 . \varepsilon,$$

4) $$2 . \beta = g + h - \sigma.$$

Ferner haben wir gemäss den Definitionen von ε und σ

5) $$\varepsilon h = \varepsilon g,$$

6) $$\sigma\beta = \sigma p + \sigma e,$$

7) $$\sigma B = \sigma p^2 + \sigma e^2.$$

Endlich ist nach den Incidenzformeln (§ 12, pag. 41 Nr. 13):

8) $$B = \beta g - g^2$$

und

9) $$B = \beta h - h^2.$$

Man kann nun die σ enthaltenden Ausartungssymbole sehr leicht direct aus den axiomatischen Anzahlen berechnen, z. B.

$$\begin{aligned}
\sigma(g+h)^7 &= 35\sigma g^4 h^3 + 35\sigma g^3 h^4 \\
&= 140\sigma G h_s + 140\sigma g_s H = \mathbf{280}, \\
\sigma g_e h \beta^4 &= \sigma g_e h (p+e)^4 = 6 . \sigma g_e h p^2 e^2 + 4 . \sigma g_e h p e^3 \\
&= 10 . \sigma g_e h p e^3 = \mathbf{10}, \\
\sigma g h \beta B^2 &= \sigma g h (p+e)(p^2+e^2)^2 = 2 . \sigma g h (p+e) . p^2 e^2 \\
&= 2 . \sigma g h p^3 e^2 + 2 . \sigma g h p^2 e^3 = \mathbf{4}.
\end{aligned}$$

Von den ε enthaltenden Symbolen wissen wir, dass diejenigen gleich null zu setzen sind, welche eine mehr als vierfache auf g und h bezügliche Bedingung enthalten, weil ja bei ε der Strahl h dem Strahle g unendlich nahe liegt.

Aus den Zahlen σ und aus denjenigen Zahlen ε, welche gleich null sind, lassen sich aber, vermöge der obigen Formeln, die Anzahlen der linearen Congruenz leicht berechnen. Dabei braucht man von zwei sich dual entsprechenden Symbolen oder von zwei Symbolen, die durch Vertauschung von g und h in einander übergehen, natürlich nur das eine zu berechnen. Wir haben also nur die im Folgenden angeführten einstufigen Systeme zu behandeln. Der Kürze wegen ist jedes System nach der dasselbe definirenden, siebenfachen Bedingung benannt.

1. Im Systeme Gh_s ist bekannt: $\varepsilon = 0$, $\sigma = 1$, $g = 0$, $h = 1$; also ergiebt sich auf zweifache Weise, nämlich sowohl aus Formel 1 wie aus Formel 2 die Zahl:

$$Gh_s\beta = 1.$$

2. Im Systeme $Gh_e\beta$ ist bekannt: $\varepsilon = 0$, $\sigma = 1$, $g = 0$, $h = 1$; also:

$$Gh_e\beta^2 = 1, \text{ ebenso } Gh_p\beta^2 = 1.$$

3. Im Systeme $Gh\beta^2$ ist bekannt: $\varepsilon = 0$, $\sigma = 2$, $g = 0$, $h = 1 + 1$; also:

$$Gh\beta^3 = 2.$$

4. Im Systeme $G\beta^3$ ist bekannt: $\sigma = 0$, $g = 0$, $h = 2$; also (Formel 4):

$$G\beta^4 = 1.$$

5. Im Systeme $g_s h_s \beta$ ist bekannt: $\varepsilon = 0$, $\sigma = 2$, $g = 1$, $h = 1$; also:

$$g_s h_s \beta^2 = 2.$$

6. Im Systeme $g_s h_e \beta^2$ ist bekannt: $\varepsilon = 0$, $\sigma = 3$, $g = 1$, $h = 2$; also:

$$g_s h_e \beta^3 = 3, \text{ ebenso } g_s h_p \beta^3 = 3.$$

7. Im Systeme $g_s h \beta^3$ ist bekannt: $\sigma = 6$, $g = 2$, $h = 6$; also:

$$g_s h \beta^4 = 7.$$

8. Im Systeme $g_s \beta^4$ ist bekannt: $\sigma = 0$, $g = 1$, $h = 7$; also:

$$g_s \beta^5 = 4.$$

9. Im Systeme $g_e h_e \beta^3$ ist bekannt: $\sigma = 4$, $g = 3$, $h = 3$; also:

$$g_e h_e \beta^4 = 5, \text{ ebenso } g_p h_p \beta^4 = 5.$$

10. Im Systeme $g_e h_p \beta^3$ ist bekannt: $\sigma = 6$, $g = 3$, $h = 3$; also:

$$g_e h_p \beta^4 = 6.$$

11. Im Systeme $g_e h \beta^4$ ist bekannt: $\sigma = 10$, $g = 7$, $h = 5 + 6$; also:

$$g_e h \beta^5 = 14, \text{ ebenso } g_p h \beta^5 = 14.$$

12. Im Systeme $g_e \beta^5$ ist bekannt: $\sigma = 0$, $g = 4$, $h = 14$; also:

$$g_e \beta^6 = 9, \text{ ebenso } g_p \beta^6 = 9.$$

13. Im Systeme $gh\beta^5$ ist bekannt: $\sigma = 20$, $g = 28$, $h = 28$; also:

$$gh\beta^6 = 38.$$

14. Im Systeme $g\beta^6$ ist bekannt: $\sigma=0$, $g=18$, $h=38$; also:

$$g\beta^7=28.$$

15. Im Systeme β^7 ist bekannt: $\sigma=0$, $g=28$, $h=28$; also:

$$\beta^8=28.$$

Ebenso kann man diejenigen Systeme behandeln, deren definirende Bedingung auch B enthält. Die aus solchen Systemen hervorgehenden Anzahlen kann man ausserdem auch direct durch die Formeln 8 und 9 finden. Man findet so:

$$Bg_sh_s=1,\ BGh_e=BGh_p=0,\ B\beta Gh=0,\ B\beta g_sh_e=1,$$
$$B\beta^2G=0,\ B\beta^2g_sh=2,\ B\beta^2g_ph_p=B\beta^2g_eh_e=2,\ B\beta^2g_eh_p=2,$$
$$B\beta^3g_s=1,\ B\beta^3g_eh=5,\ B\beta^4g_p=3,\ B\beta^4gh=14,$$
$$B\beta^5g=10,\ B\beta^6=10.$$
$$B^2G=0,\ B^2g_sh=0,\ B^2g_eh_e=1,\ B^2g_eh_p=1,$$
$$B^2\beta g_s=0,\ B^2\beta g_eh=2,\ B^2\beta^2g_p=1,\ B^2\beta^2gh=6,$$
$$B^2\beta^3g=4,\ B^2\beta^4=4.$$
$$B^3g_p=0,\ B^3gh=4,\ B^3\beta g=2,\ B^3\beta^2=2,\ B^4=2.$$

Bei jeder Congruenz, welche eine achtfache Bedingung erfüllt, die *keine* auf g oder h bezügliche Bedingung enthält, kann man jede der beiden erzeugenden Axen als Strahl g resp. h auffassen. Deshalb müssen die numerischen Werthe derartiger achtfacher Bedingungen *halbirt* werden, wenn man die Unterscheidung von g und h fallen lässt. Es folgen also z. B. aus den Resultaten $\beta^8=28$, $B\beta^6=10$ die nachstehenden Sätze:

„*Es giebt vierzehn lineare Congruenzen, welche in jedem von acht gegebenen Strahlbüscheln einen Strahl besitzen.*

Es giebt fünf lineare Congruenzen, welche einen gegebenen Strahl und ausserdem sechs in gegebenen Strahlbüscheln liegende Strahlen enthalten."

Wir führen noch die Bedingung f ein, welche verlangt, dass die lineare Congruenz *irgend eine* ihrer beiden erzeugenden Axen eine gegebene Gerade schneiden lässt. Dann ist also immer

$$f=g+h.$$

Vermittelst dieser Gleichung ergeben sich die Werthe der f enthaltenden Symbole aus den oben angegebenen Zahlen, z. B.

$$\begin{aligned} f^4\beta^4 &= (g+h)^4\beta^4=g^4\beta^4+4g^3h\beta^4+6g^2h^2\beta^4+4gh^3\beta^4+h^4\beta^4\\ &=2.G\beta^4+8.g_sh\beta^4+6.g_eh_e\beta^4+6.g_eh_p\beta^4\\ &\quad+6.g_ph_e\beta^4+6.g_ph_p\beta^4+8.gh_s\beta^4+2.H\beta^4\\ &=4.1+16.7+12.5+12.6\\ &=248.\end{aligned}$$

$$f^2 B\beta^4 = (g+h)^2 B\beta^4 = g_e B\beta^4 + g_p B\beta^4 + 2 \,.\, gh\, B\beta^4 + h_e B\beta^4 + h_p B\beta^4$$
$$= 4 \,.\, 3 + 2 \,.\, 14 = \mathbf{40}.$$

Bei der Berechnung der oben abgeleiteten Zahlen ergeben sich auch die Werthe der ε enthaltenden Symbole. Von diesen sind die folgenden von null verschieden.

$$\varepsilon\beta^3 G = 1,\ \varepsilon\beta^4 g_s = 4,\ \varepsilon\beta^5 g_e = \varepsilon\beta^5 g_p = 9,\ \varepsilon\beta^6 g = 28,\ \varepsilon\beta^7 = 28,$$
$$\varepsilon B\beta^2 g_s = 1,\ \varepsilon B\beta^3 g_e = \varepsilon B\beta^3 g_p = 3,\ \varepsilon B\beta^4 g = 10,\ \varepsilon B\beta^5 = 10,$$
$$\varepsilon B^2\beta g_e = \varepsilon B^2\beta g_p = 1,\ \varepsilon B^2\beta^2 g = 4,\ \varepsilon B^2\beta^3 = 4,$$
$$\varepsilon B^3 g = 2,\ \varepsilon B^3\beta = 2.$$

Aus jeder dieser Anzahlen folgt wegen der ∞^1 in ε liegenden Strahlbüschel (cf. die oben gegebene Definition) ein Satz, welcher sich auf eine gerade Punktreihe und einen ihr *projectiven* Ebenenbüschel mit gemeinsamem Träger bezieht; z. B. ergeben die ersten von den eben zusammengestellten Anzahlen die Sätze:

„*Gegeben sind im Raume drei Ebenen und in jeder ein Punkt. Dann hat jede Gerade die Eigenschaft, die drei Ebenen in drei Punkten zu schneiden, die beziehungsweise projectiv sind den drei Ebenen, welche die Gerade mit den drei gegebenen Punkten verbinden.*

Gegeben sind im Raume vier Ebenen und in jeder ein Punkt. Dann giebt es einen Complex vierten Grades von Geraden, welche die Eigenschaft haben, die vier Ebenen in vier Punkten so zu schneiden, dass diese vier Punkte den vier Ebenen projectiv sind, welche die Gerade mit den vier gegebenen Punkten verbinden.

Gegeben sind im Raume fünf Ebenen und in jeder ein Punkt. Dann giebt es eine Congruenz vom Feldrang 9 und vom Bündelrang 9, so dass jede Gerade dieser Congruenz die Eigenschaft hat, die fünf Ebenen in fünf Punkten zu schneiden, die den fünf Ebenen projectiv sind, welche die Gerade mit den fünf gegebenen Punkten verbinden.

Gegeben sind im Raume sechs Ebenen und in jeder ein Punkt. Dann giebt es eine Linienfläche achtundzwanzigsten Grades, so dass jede Gerade dieser Linienfläche die Eigenschaft hat, die sechs Ebenen in sechs Punkten zu schneiden, die den sechs Ebenen projectiv sind, welche die Gerade mit den sechs gegebenen Punkten verbinden.

Gegeben sind im Raume sieben Ebenen und in jeder ein Punkt. Dann giebt es achtundzwanzig Gerade, welche die Eigenschaft haben, die sieben Ebenen in sieben Punkten zu schneiden, die den sieben Ebenen projectiv sind, welche die Gerade mit den sieben gegebenen Punkten verbinden.“

Behandelt man das Gebilde ε *um seiner selbst willen*, also abgesehen von seinem Zusammenhange mit der linearen Congruenz und mit alleiniger Rücksicht auf die Projectivität, so erhält man die obigen Anzahlen aus den Anzahlen seiner Ausartung $\varepsilon\sigma$ (cf. § 15), für welche man dann folgende Definition auszusprechen hätte:

„Die Ausartung $\varepsilon\sigma$ besteht aus einem Strahle, welcher Träger einer geraden Punktreihe und eines Ebenenbüschels ist, so dass eine *ausgeartete Projectivität* zwischen den Punkten und den Ebenen stattfindet, d. h. es ist jedem beliebigen Punkte eine und dieselbe *(singuläre)* Ebene und jeder beliebigen Ebene ein und derselbe *(singuläre)* Punkt zuzuordnen (§ 28)."

Die Ausartungsbedingung $\varepsilon\sigma$ ist dann mit den beiden Bedingungen $\varepsilon\beta$ und εg durch die Gleichung verbunden, welche sich aus Formel 4 durch Multiplication mit ε ergiebt, nämlich:

$$2.\beta\varepsilon - 2.g\varepsilon = \varepsilon\sigma \text{ (§ 15, Formel 22).}$$

Die oben angegebenen Anzahlen der linearen Congruenz können dazu benutzt werden, um alle Formeln des § 15 zu controliren; z. B. ergiebt sich aus der Formel 31 des § 15 durch Multiplication mit β^4 und Ersetzung der Symbole durch Anzahlen:

$$0+0+0+0+2.4+18 = 1+7+5+5+7+1.$$

Bei der linearen Congruenz existiren übrigens zwischen den fünffachen, aus β und g zusammengesetzten Symbolen allgemeine Gleichungen von demselben Character, wie die in § 16 für die Flächen zweiten Grades aufgestellten allgemeinen Gleichungen zwischen den aus μ, ν, ϱ zusammengesetzten Bedingungen. Um solche Gleichungen abzuleiten, entnehmen wir dem § 15 die Formel 33:

$$\varepsilon\sigma pe + \varepsilon Bg + 4.\varepsilon g_s = G + g_s h + g_p h_p + g_e h_e + g h_s + H,$$

und multipliciren dieselbe mit der Gleichung 2 dieses Paragraphen:

$$g + h - \beta = \varepsilon.$$

Dann kommt:

$$\varepsilon\sigma pe(2.g - \beta) + 2.\varepsilon Bg^2 - \varepsilon B\beta + 8.\varepsilon G - 4.\varepsilon\beta g_s$$
$$= G\varepsilon + G\varepsilon + G\varepsilon + G\varepsilon + G\varepsilon + G\varepsilon$$

oder

$$\varepsilon\sigma pe(2.g - \beta) = \varepsilon B\beta - 2.\varepsilon Bg^2 + 4.\varepsilon\beta g_s - 2.\varepsilon G.$$

Nun ist wegen der Gleichungen 6 und 7:

$$\varepsilon\sigma pe = \tfrac{1}{2}\varepsilon\sigma\beta^2 - \tfrac{1}{2}.\varepsilon\sigma B$$

und, wie schon oben angegeben ist:

$$\varepsilon\sigma = 2.\beta\varepsilon - 2.g\varepsilon;$$

also auch:

$$\varepsilon\sigma p e = (\beta^2 - B)(\beta - g)\,\varepsilon.$$

Führt man dies oben ein, so kommt:

$$(2\,.\,g - \beta)(\beta^2 - B)(\beta - g)\,\varepsilon = \varepsilon B\beta - 2\,.\,\varepsilon B g^2 + 4\,.\,\varepsilon\beta g_s - 2\,.\,\varepsilon G$$

oder

$$(\beta^2 - B)(3\beta g - \beta^2 - 2g^2) = \varepsilon B\beta - 2\,.\,\varepsilon B g^2 + 4\,.\,\varepsilon\beta g_s - 2\,.\,\varepsilon G.$$

Ersetzt man nun überall B durch $\beta g - g^2$ (Formel 8), so erhält man schliesslich:

$$\varepsilon\beta^4 - 4\,.\,\varepsilon\beta^3 g + 7\,.\,\varepsilon\beta^2 g^2 - 6\,.\,\varepsilon\beta g^3 + 3\,.\,\varepsilon g^4 = 0$$

oder

$$\varepsilon(\beta^2 - \beta g + g^2)(\beta^2 - 3\,.\,\beta g + 3\,.\,g^2) = 0.$$

Ersetzt man jetzt umgekehrt $\beta g - g^2$ durch B, so kommt:

$$\varepsilon(\beta^2 - B)(\beta^2 - 3B) = 0.$$

Aus dieser Gleichung für das Gebilde ε erhält man eine Gleichung für die lineare Congruenz, indem man die Gleichung 2 mit $(\beta^2 - B)(\beta^2 - 3B)$ multiplicirt und die eben gefundene Gleichung anwendet. Dann kommt:

$$(g + h - \beta)(\beta^2 - B)(\beta^2 - 3B) = 0.$$

Multiplicirt man aber die Gleichung 1 mit $(\beta^2 - B)(\beta^2 - 3B)$, so kommt, da $\sigma(\beta^2 - B)(\beta^2 - 3B)$ null wird:

$$\beta(\beta^2 - B)(\beta^2 - 3B) = 0$$

oder

$$\beta^5 - 4\beta^3 B + 3\beta B^2 = 0.$$

Diese Formel kann man leicht durch die berechneten Anzahlen controliren. Multiplicirt man sie z. B. mit β^3 und ersetzt die Symbole durch Anzahlen, so erhält man:

$$28 - 4\,.\,10 + 3\,.\,4 = 0.$$

§ 28.

Anzahlen für die Gebilde, welche aus zwei Geraden bestehen, deren Punkte oder Ebenen einander projectiv sind (Lit. 41).

Im vorigen Paragraphen erkannten wir, dass das Gebilde ε aus einer geraden Punktreihe und einem ihr *projectiven* Ebenenbüschel mit demselben Träger bestand und dass als Ausartung von ε das Gebilde $\varepsilon\sigma$ aufzufassen war, welches aus einem Strahle g mit einem ihm incidenten Punkte p und einer ihm incidenten Ebene e bestand, so dass bei der Projectivität *jedem* Punkte auf g die Ebene e und *jeder* Ebene durch g der Punkt p zuzuordnen ist. Man konnte nun durch Vermittelung der Gleichung

$$2.\beta\varepsilon - 2.g\varepsilon = \varepsilon\sigma$$

aus den leicht zu bestimmenden, $\varepsilon\sigma$ enthaltenden Symbolen zu den ε und g oder β enthaltenden Symbolen gelangen. Gerade so lassen sich nun aber auch alle Gebilde behandeln, welche *aus zwei einander projectiven, einstufigen Grundgebilden mit beliebig liegenden Trägern* zusammengesetzt sind. Die dabei resultirenden Anzahlen lösen die *Probleme der Projectivität*, welche zum Theil von Herrn Sturm in den Bänden I und VI der Math. Ann. durch synthetisch-geometrische Betrachtungen gelöst sind. Geht man dann von den Gebilden, welche aus zwei projectiven einstufigen Grundgebilden bestehen, zu den Gebilden über, welche aus zwei projectiven *zweistufigen* Grundgebilden zusammengesetzt sind, so gelangt man zu Problemen (hier in den §§ 31 und 32 behandelt), von denen ein kleiner Theil von Herrn Sturm in Band X der Math. Ann. gelöst ist, ein anderer grösserer Theil jedoch (die Probleme der *Correlation*) von Herrn Hirst in den Proceed. London Math. Soc. Band V und VIII und von Herrn Sturm in Band XII der Math. Ann. aus *Ausartungsanzahlen* berechnet ist. Bei der analogen Behandlung des Gebildes, welches aus dem Punktraume und dem eindeutig darauf bezogenen Ebenenraume besteht, beabsichtigt Herr Hirst, die Symbolik des Verfassers zu verwerthen.

Hier soll zunächst das Gebilde Γ von der Constantenzahl 11 behandelt werden, welches aus zwei Geraden g und h besteht, von denen die erste, g, *Träger einer geraden Punktreihe*, die zweite, h, *Träger einer dazu projectiven Ebenenreihe* ist. Um die Ausartung dieses Gebildes deutlich zu erkennen, denken wir uns ausser den beiden, in beliebiger Lage befindlichen Geraden g und h eine dritte Gerade l, welche beide schneidet, und zwar h in q. Dann projicirt der Ebenenbüschel durch h die Punktreihe auf l derartig, dass jeder Ebene durch h der Punkt q auf l entspricht, dass aber der Verbindungsebene c von h und l jeder Punkt auf l entspricht. Projicirt man daher weiter die Punktreihe in l auf die Gerade g durch irgend einen in der Ebene von l und g liegenden Strahlbüschel, so entspricht dem Punkte q in l ein bestimmter Punkt p auf g, also durch Vermittelung von l jeder Ebene durch h ein bestimmter Punkt p auf g, aber der besonderen Ebene c durch h jeder Punkt auf g. Die so gewonnene Ausartung der beiden projectiv auf einander bezogenen einstufigen Grundgebilde hat also folgende Definition:

Die Ausartung η des Gebildes Γ besteht aus einer Geraden g, auf welcher ein *singulärer Punkt* p liegt, und einer Geraden h, durch welche eine *singuläre Ebene e* geht, so dass jedem beliebigen Punkte in g die Ebene e und jeder beliebigen Ebene durch h der Punkt p zuzuordnen ist. Die Constantenzahl dieser Ausartung η ist also gleich

$$(4+1)+(4+1),$$

also um 1 kleiner als die Constantenzahl des allgemeinen Gebildes Γ. Γ erfüllt also eine einfache Bedingung, wenn es zu einer Ausartung η wird. Diese einfache Bedingung heisse auch η.

Ausser den einfachen Bedingungen

$$g, h, \eta$$

definiren wir noch die einfache Bedingung ζ, welche verlangt, dass eine gegebene Ebene g in einem Punkte schneidet, welcher projectiv entspricht der Ebene, welche durch h und einen gegebenen Punkt geht. *Durch die Bedingung ζ werden also sowohl ein Punkt, als auch eine zugeordnete Ebene als gegeben betrachtet.* Zwischen den vier einfachen Bedingungen

$$g, h, \eta, \zeta$$

besteht nun eine allgemeingiltige Gleichung, welche wir jetzt ableiten wollen. Wir setzen ein einstufiges System von Gebilden Γ voraus und nehmen zwei Punkte A und B willkürlich an. Verbindet man dann die Gerade h jedes der ∞^1 Gebilde Γ mit den Punkten A und B durch Ebenen, so entsprechen in jedem Gebilde Γ diesen beiden Ebenen zwei Punkte auf der zugehörigen Geraden g. Je zwei solche Punkte fassen wir zu einem Punktepaar zusammen und wenden auf das erhaltene einstufige System von Punktepaaren die Coincidenzformel erster Dimension für Punktepaare (§ 13) an; dann haben wir für das Symbol p des § 13 ζ, für das Symbol q des § 13 auch ζ und für das Symbol g des § 13 g einzusetzen. Das Coincidenzsymbol ε wird erfüllt erstens von jedem Γ, bei welchem die Punkte A und B mit h in derselben Ebene liegen, d. h. welches die Bedingung h erfüllt, zweitens von jedem Γ, bei welchem zwei verschiedenen Ebenen durch h ein und derselbe Punkt auf g entspricht, d. h. welches die Ausartungsbedingung η erfüllt; also hat man:

$$\zeta+\zeta-g=h+\eta$$

oder

1) $$2.\zeta=g+h+\eta.$$

Hat man daher alle Symbole berechnet, welche η und ausserdem eine aus ζ und Grundbedingungen von g und h zusammengesetzte

Bedingung enthalten, so kann man vermittelst dieser Formel zu den Werthen aller aus g, h, ζ zusammengesetzten elffachen Symbole gelangen. Man hat nur mit *denjenigen* einstufigen Systemen zu beginnen, deren definirende Bedingung GH als Faktor enthält, weil für diese die Zahlen g und h gleich null sind. Dann hat man zu den Systemen $g_s H$ und $G h_s$, von diesen zu den Systemen $g_e H$, $g_p H$, $g_s h_s$ und so fort überzugehen. Analog gelangten wir bei den Plancurven (§§ 20, 23 und 24) von den Werthen der μ^3 enthaltenden Symbole zu den Werthen der μ^2 enthaltenden Symbole und so fort.

Was die Berechnung der Ausartungsanzahlen η angeht, so haben wir nur zu beachten, dass eine Ausartung η die Bedingung ζ auf *zweierlei* Weise erfüllen kann, erstens dadurch, dass die Ebene der Bedingung ζ die Gerade g in dem singulären Punkte p schneidet, zweitens dadurch, dass der Punkt der Bedingung ζ auf der durch h gehenden singulären Ebene e liegt; also ist:

2) $$\eta\zeta = \eta p + \eta e.$$

Diese Beziehung führt die Ausartungsanzahlen η *auf die axiomatischen Anzahlen des Raumes* zurück. Es ergiebt sich sehr leicht, dass alle η enthaltenden Symbole den Werth 0 haben, mit Ausnahme von:

$$\eta GH\zeta^2 = \eta GH(p+e)^2 = \eta GHp^2 + 2\,.\,\eta GHpe + \eta GHe^2$$
$$= 0 + 2\,.\,1 + 0 = \mathbf{2},$$
$$\eta g_s H\zeta^3 = \eta g_s H(p+e)^3 = 3_1\,.\,\eta g_s Hp^2 e = \mathbf{3},$$
$$\eta g_p H\zeta^4 = 4_1\,.\,\eta g_p Hp^3 e = \mathbf{4},$$
$$\eta g_s h_s \zeta^4 = 4_2 = \mathbf{6},$$
$$\eta g_s h_e \zeta^5 = 5_2 = \mathbf{10},$$
$$\eta g_p h_e \zeta^6 = 6_3 = \mathbf{20}.$$

Daraus folgen durch die Formel 1 die in der folgenden Tabelle stehenden Werthe von ζ, wobei immer die Werthe von g und h aus schon berechneten Anzahlen folgen. Die definirende zehnfache Bedingung steht links voran. Wegen des dualen Verhaltens des Ebenenbüschels durch h und der geraden Punktreihe auf g haben immer identische Werthe zwei solche Symbole, welche durch duale Umwandlung und gleichzeitige Vertauschung von g und h aus einander hervorgehen, z. B.

$$g_p h_s \zeta^6 \text{ und } g_s h_e \zeta^6;$$

es konnten deshalb mehrere Systeme fortgelassen werden.

Tabelle der Systeme.

	η	g	h	ζ
$GH\zeta^2$	2	0	0	1
$Gh_s\zeta^3$	3	0	1	2
$Gh_e\zeta^4$	4	0	2	3
$G_p\zeta^4$	0	0	2	1
$g_s h_s\zeta^4$	6	2	2	5
$Gh\zeta^5$	0	0	$3+1$	2
$g_s h_e\zeta^5$	10	3	5	9
$g_s h_p\zeta^5$	0	1	5	3
$G\zeta^6$	0	0	2	1
$g_s h\zeta^6$	0	2	$9+3$	7
$g_e h_e\zeta^6$	0	9	3	6
$g_e h_p\zeta^6$	0	3	3	3
$g_p h_e\zeta^6$	20	9	9	19
$g_s\zeta^7$	0	1	7	4
$g_e h\zeta^7$	0	7	$6+3$	8
$g_p h\zeta^7$	0	7	$6+19$	16
$g_e\zeta^8$	0	4	8	6
$g_p\zeta^8$	0	4	16	10
$gh\zeta^8$	0	$8+16$	$16+8$	24
$g\zeta^9$	0	$6+10$	24	20
ζ^{10}	0	20	20	20

Die *vielfachen* Bedingungen kann man vermöge der Incidenzformeln leicht auf die aus g, h, ζ zusammengesetzten Bedingungen zurückführen. Bezeichnet z. B. x die Bedingung, dass einer der Punkte in g auf einer gegebenen *Geraden* liegen soll, während die projectiv zugeordnete Ebene durch einen gegebenen Punkt gehen soll, so hat man nach der Incidenzformel I:

3) $$x = g\zeta - g_e,$$

also z. B.: $x\zeta^9 = g\zeta^{10} - g_e\zeta^9 = 20 - 6 = 14,$

$$x^2\zeta^7 = g^2\zeta^9 - 2 \,.\, g_s\zeta^8 + G\zeta^7 = (6+10) - 2\,.\,4 + 1 = 9.$$

Wendet man auf das aus den beiden Strahlen g und h bestehende Strahlenpaar die Coincidenzformeln des § 15 an, so erhält man aus den einundzwanzig oben abgeleiteten Zahlen eine Reihe von neuen Zahlen. Dabei beachte man, dass nur *volle* Coincidenzen der Strahlen g und h stattfinden können, d. h., dass g und h immer derartig coincidiren, dass sie sich schneiden und ihr Schnittpunkt sowohl, wie ihre Schnittebene *unbestimmt* werden. Also folgt z. B. aus der Formel 5 des § 15, dass die Bedingung, die beiden Axen g und h sollen sich schneiden, gleich

$$g+h$$

ist. Ferner folgen aus den Formeln 34 bis 38 des § 15 die Sätze:

1. Diejenigen Strahlen des Raumes, auf welchen vier gegebene Ebenen vier Schnittpunkte, und vier gegebene, zugeordnete Punkte vier Verbindungsebenen so bestimmen, dass die vier Verbindungsebenen den vier Schnittpunkten projectiv sind, bilden einen Complex vom Grade:

$$Gh_s\zeta^4+g_sH\zeta^4=2+2=4.$$

2. Diejenigen Strahlen, auf welchen fünf gegebene Ebenen fünf Schnittpunkte bestimmen, die projectiv sind den fünf Verbindungsebenen mit fünf gegebenen, zugeordneten Punkten, bilden eine Congruenz mit dem Feldrang:

$$\zeta^5(Gh_e+g_sh_s+g_eH)=3+5+1=9,$$

und dem Bündelrang:

$$\zeta^5(Gh_p+g_sh_s+g_pH)=1+5+3=9.$$

3. Diejenigen Strahlen, auf welchen sechs gegebene Ebenen sechs Schnittpunkte bestimmen, die projectiv sind den sechs Verbindungsebenen mit sechs gegebenen, zugeordneten Punkten, bilden eine Linienfläche vom Grade:

$$\zeta^6(Gh+g_sh_p+g_sh_e+g_ph_s+g_eh_s+gH)=2+3+9+9+3+2=28.$$

Diejenigen Strahlen des Raumes, auf welchen sieben gegebene Ebenen sieben Schnittpunkte bestimmen, die projectiv sind den sieben Verbindungsebenen mit sieben gegebenen, zugeordneten Punkten, sind vorhanden in der Anzahl:

$$\zeta^7(G+g_sh+g_ph_p+g_eh_e+gh_s+H)=1+7+6+6+7+1=28.$$

Die eben berechneten Anzahlen sind nichts anderes als die Anzahlen:

$$\varepsilon\beta^4g_s,\ \varepsilon\beta^5g_e,\ \varepsilon\beta^5g_p,\ \varepsilon\beta^6g,\ \varepsilon\beta^7$$

des § 27.

Wir betrachten jetzt zweitens das Gebilde Γ' mit der Constantenzahl 11, welches aus zwei Geraden g und h besteht, *welche beide Träger von projectiven Ebenenbüscheln sind.* Denkt man sich eine Gerade l, welche g und h schneidet, und projicirt die gerade

Punktreihe auf l sowohl vermittelst der Ebenen durch g, wie auch vermittelst der Ebenen durch h, so erhält man die folgende Ausartung des Gebildes Γ':

„*Die Ausartung η besteht aus einer Geraden g, durch welche eine singuläre Ebene f geht, und einer Geraden h, durch welche eine singuläre Ebene e geht, so dass jeder Ebene durch g die Ebene e, und jeder Ebene durch h die Ebene f zuzuordnen ist. Indem Γ' zu einer Ausartung η wird, erfüllt es eine einfache Bedingung, welche wir auch mit η bezeichnen.*"

Zu den einfachen Bedingungen g, h, η fügen wir noch die einfache Bedingung ζ, welche aussprechen soll, dass durch g und einen gegebenen Punkt eine Ebene geht, welche projectiv entspricht einer Ebene, die durch h und einen zweiten gegebenen Punkt geht. Durch ζ sind also zwei Punkte gegeben, von denen der eine g, der andere h zuzuordnen ist.

Um eine Gleichung zwischen den vier einfachen Bedingungen

$$g, \ h, \ \eta, \ \zeta$$

zu erhalten, setzen wir ein einstufiges System von Gebilden Γ' voraus und nehmen zwei Punkte A und B willkürlich an. Verbindet man bei jedem der ∞^1 Gebilde Γ' h mit A und B durch zwei Ebenen, so gehören diesen beiden Ebenen für jedes Γ' zwei Ebenen durch g zu. Je zwei solche Ebenen fassen wir zu einem Ebenenpaar zusammen. Auf das erhaltene einstufige System von Ebenenpaaren wenden wir dann die Coincidenzformel erster Dimension für Ebenenpaare an. Dann bekommen wir, ähnlich wie oben bei Γ:

$$\zeta + \zeta - g = h + \eta$$

oder

4) $$2 . \zeta = g + h + \eta.$$

Hiernach kann man, ebenso wie oben, alle elffachen aus g, h, ζ zusammengesetzten Symbole bestimmen, sobald die η enthaltenden Symbole berechnet sind. Da aber der Ebenenbüschel aus der geraden Punktreihe durch duale Umformung hervorgeht, so stimmt bei unserem Γ' der Werth jedes η enthaltenden Symbols mit dem Werthe desjenigen auf Γ bezüglichen Symbols überein, welches aus dem erstgenannten Symbole dadurch hervorgeht, dass man die auf g bezügliche Bedingung dual umformt, die übrigen Bedingungen aber unverändert lässt. Da ferner auch Gleichung 4 aus Gleichung 1 hervorgeht, indem man alle Bedingungen unverändert lässt, nur g dual umformt, d. h. auch unverändert lässt, so ist der Werth jedes Symbols für unser Gebilde Γ' gleich dem Werthe desjenigen Symbols für Γ, welches dadurch entsteht, dass man die auf g bezügliche Bedingung dual umformt, die übrigen Bedingungen unverändert lässt. Wir können daher die Zahlen für Γ' aus der Tabelle der Zahlen für Γ unmittelbar ablesen und erhalten dadurch:

$$GH\zeta^3 = 1,\quad Gh_s\zeta^4 = 2,\quad Gh_e\zeta^5 = 3,\quad Gh_p\zeta^5 = 1,\quad g_sh_s\zeta^5 = 5,$$
$$Gh\zeta^6 = 2,\quad g_sh_e\zeta^6 = 9,\quad g_sh_p\zeta^6 = 3,$$
$$G\zeta^7 = 1,\quad g_sh\zeta^7 = 7,\quad g_ph_e\zeta^7 = 6,\quad g_ph_p\zeta^7 = 3,\quad g_eh_e\zeta^7 = 19,$$
$$g_s\zeta^8 = 4,\quad g_ph\zeta^8 = 8,\quad g_eh\zeta^8 = 16,$$
$$g_p\zeta^9 = 6,\quad g_e\zeta^9 = 10,\quad gh\zeta^9 = 24,\quad g\zeta^{10} = 20,\quad \zeta^{11} = 20.$$

Jedem von den eben angegebenen Symbolen ist jetzt dasjenige gleich, welches aus ihm durch Vertauschung von g und h hervorgeht, z. B. $g_eh_s\zeta^6 = 9$, $g_ph_s\zeta^6 = 3$. Die eben berechneten Zahlen sind schon von Herrn Sturm in seinen „Problemen der räumlichen Projectivität" (Math. Ann. Bd. VI) auf anderem Wege gefunden.

Wendet man auf das aus g und h gebildete Strahlenpaar wieder die Coincidenzformeln 34 bis 38 des § 15 an, so erhält man die Sätze:

1. Diejenigen Strahlen des Raumes, welche, mit vier gegebenen Punkten verbunden, Ebenen liefern, die projectiv sind den vier Verbindungsebenen mit vier anderen gegebenen, zugeordneten Punkten, bilden einen Complex vom Grade

$$Gh_s + g_sH = 2 + 2 = 4.$$

2. Diejenigen Strahlen des Raumes, welche, mit fünf gegebenen Punkten verbunden, Ebenen liefern, die projectiv sind den fünf Verbindungsebenen mit fünf anderen gegebenen, zugeordneten Punkten, bilden eine Congruenz vom Feldrang:

$$Gh_e + g_sh_s + g_eH = 3 + 5 + 3 = 11,$$

und vom Bündelrang:

$$Gh_p + g_sh_s + g_pH = 1 + 5 + 1 = 7.$$

3. Diejenigen Strahlen des Raumes, welche, mit sechs gegebenen Punkten verbunden, Ebenen liefern, die projectiv sind den sechs Verbindungsebenen mit sechs anderen gegebenen, zugeordneten Punkten, bilden eine Linienfläche vom Grade

$$Gh + g_sh_e + g_sh_p + g_eh_s + g_ph_s + gH = 2 + 9 + 3 + 9 + 3 + 2 = 28.$$

Es giebt im Raume

$$G + g_sh + g_eh_e + g_ph_p + gh_s + H = 1 + 7 + 19 + 3 + 7 + 1 = 38$$

Strahlen, welche, mit sieben gegebenen Punkten verbunden, sieben Ebenen liefern, die projectiv sind den sieben Verbindungsebenen mit sieben anderen gegebenen, zugeordneten Punkten.

Die letztgenannten Anzahlen leitete der Verfasser schon in den Math. Ann. Bd. 10, pag. 89 aus den Sturm'schen Anzahlen ab.

§ 29.

Anzahlen für das Gebilde, welches aus einem Ebenenbüschel und einem ihm projectiven Strahlbüschel besteht (Lit. 41).

Wir betrachten das Gebilde Γ, welches aus einem Ebenenbüschel mit dem Träger g und einem Strahlbüschel mit dem Scheitel p und der Ebene e so zusammengesetzt ist, dass die Strahlen des Strahlbüschels den Ebenen des Ebenenbüschels projectiv sind. Die Constantenzahl dieses Gebildes ist $4+5+3=12$. Für seine Ausartung ζ gewinnen wir durch Projectionen der einstufigen Grundgebilde auf einander, analog wie in § 28, die folgende Definition:

Die Ausartung δ besteht aus einer Geraden g, durch welche eine singuläre Ebene f geht, und einem Strahlbüschel, der den Scheitel p, die Ebene e und einen singulären Strahl k besitzt, so dass *jeder* Ebene durch g der Strahl k und *jedem* Strahle des Strahlbüschels die Ebene f entspricht. Indem ein Gebilde Γ zu einer Ausartung δ wird, erfüllt es eine einfache Bedingung, die wir auch mit δ bezeichnen.

Zu den einfachen Bedingungen:

$$g, p, e, \delta$$

fügen wir noch die einfache Bedingung ζ, welche ausspricht, dass durch g und einen gegebenen Punkt eine Ebene geht, die projectiv ist dem Strahle, welcher, in dem Strahlbüschel (p, e) liegend, eine gegebene Gerade schneidet. *Durch ζ werden also ein Punkt und eine Gerade als gegeben vorausgesetzt.* Um die Gleichung abzuleiten, die zwischen den fünf Bedingungen:

$$g, p, e, \delta, \zeta$$

besteht, setzen wir ein einstufiges System von Gebilden Γ voraus, nehmen willkürlich zwei Punkte A und B an und verbinden in jedem der ∞^1 Gebilde Γ g mit A und B durch zwei Ebenen. Die diesen beiden Ebenen entsprechenden Strahlen des zugeordneten Strahlbüschels fassen wir als Strahlenpaar zusammen und wenden auf das erhaltene einstufige System von Strahlenpaaren die Coincidenzformel 21 des § 15 an. Dann erhalten wir:

$$\zeta + \zeta - p - e = g + \delta$$

oder

$$2 . \zeta = p + e + g + \delta.$$

Vermittelst dieser Formel können wir, indem wir so verfahren wie in § 28, alle aus p, e, g, ζ zusammengesetzten zwölffachen Symbole berechnen, sobald die δ enthaltenden Ausartungssymbole berechnet vorliegen. Diese Ausartungssymbole aber bestimmen sich wieder sehr leicht durch Combinationszahlen. Es ist nämlich, analog der Gleichung 2 des § 28:

$$\delta\zeta = f\zeta + k\zeta;$$

z. B.

$$\delta p e G \zeta^5 = \delta p e G (f+k)^5 = 5_4 . \delta p e G f k^4 = 5_4 . 2 = \mathbf{10},$$

$$\delta \widehat{pe} g_e \zeta^6 = \delta \widehat{pe} g_e (f+k)^6 = 6_3 . \delta \widehat{pe} k^3 g_e f^3 = 6_3 . 2 = \mathbf{40}.$$

So erhält man nach und nach die in der folgenden Tabelle unter ζ zusammengestellten Anzahlen aus den unter δ stehenden Ausartungsanzahlen und den schon berechneten, unter p, e, g stehenden Anzahlen. Die definirenden Bedingungen der betrachteten einstufigen Systeme sind links vorangestellt. Viele Systeme konnten jedoch fortgelassen werden, weil der Werth jedes zwölffachen auf Γ bezüglichen Symbols identisch ist mit dem Werthe desjenigen zwölffachen Symbols, welches entsteht, indem man die Strahlbüschelbedingung dual umformt, die übrigen Bedingungen aber unverändert lässt.

Tabelle der Systeme.

	δ	p	e	g	ζ
$p^3e^2G\zeta^2$	2	0	0	0	1
$p^3eG\zeta^3$	3	0	1	0	2
$p^3e^2g_s\zeta^3$	3	0	0	1	2
$p^3G\zeta^4$	0	0	2	0	1
$\widehat{pe}G\zeta^4$	8	2	2	0	6
$p^3eg_s\zeta^4$	6	0	2	2	5
$p^3e^2g_e\zeta^4$	4	0	0	2	3
$p^3e^2g_p\zeta^4$	0	0	0	2	1
$p^2G\zeta^5$	0	1	1 + 6	0	4
$peG\zeta^5$	10	1 + 6	1 + 6	0	12
$p^3g_s\zeta^5$	0	0	5	1	3
$\widehat{pe}g_s\zeta^5$	20	5	5	6	18
$p^3eg_e\zeta^5$	10	0	3	5	9

	δ	p	e	g	ζ
$p^3eg_p\zeta^5$	0	0	1	5	3
$p^3e^2g\zeta^5$	0	0	0	3 + 1	2
$pG\zeta^6$	0	4	12	0	8
$p^2g_s\zeta^6$	0	3	21	4	14
$peg_s\zeta^6$	30	21	21	12	42
$p^3g_e\zeta^6$	0	0	9	3	6
$p^3g_p\zeta^6$	0	0	3	3	3
$\widehat{pe}g_e\zeta^6$	40	9	9	18	38
$\widehat{pe}g_p\zeta^6$	0	3	3	18	12
$p^3eg\zeta^6$	0	0	2	12	7
$p^3e^2\zeta^6$	0	0	0	2	1
$G\zeta^7$	0	8	8	0	8
$pg_s\zeta^7$	0	14	42	8	32
$p^2g_e\zeta^7$	0	6	44	14	32
$p^2g_p\zeta^7$	0	3	15	14	16
$peg_e\zeta^7$	70	44	44	42	100
$peg_p\zeta^7$	0	15	15	42	36
$p^3g\zeta^7$	0	0	7	9	8
$\widehat{pe}g\zeta^7$	0	7	7	50	32
$p^3e\zeta^7$	0	0	1	7	4
$g_s\zeta^8$	0	32	32	8	36
$pg_e\zeta^8$	0	32	100	32	82
$pg_p\zeta^8$	0	16	36	32	42
$p^2g\zeta^8$	0	8	40	48	48
$peg\zeta^8$	0	40	40	136	108
$p^3\zeta^8$	0	0	4	8	6
$\widehat{pe}\zeta^8$	0	4	4	32	20
$g_e\zeta^9$	0	82	82	36	100
$g_p\zeta^9$	0	42	42	36	60
$pg\zeta^9$	0	48	108	124	140
$p^2\zeta^9$	0	6	26	48	40
$pe\zeta^9$	0	26	26	108	80
$g\zeta^{10}$	0	140	140	160	220
$p\zeta^{10}$	0	40	80	140	130
ζ^{11}	0	130	130	220	240

Die eben berechneten 48 Anzahlen sind zugleich auch die Anzahlen für das dual transformirte Gebilde Γ', welches aus einer geraden Punktreihe mit dem Träger g und einem Strahlbüschel besteht, dessen Strahlen den Punkten auf g projectiv sind. Bezeichnet man die Bedingungen für dieses Gebilde ebenso wie für Γ, so ist der Werth jedes Symbols für Γ gleich dem Werthe desjenigen auf Γ' bezüglichen Symbols, welches entsteht, wenn man die auf g bezügliche Bedingung dual umformt und die übrigen unverändert lässt.

§ 30.

Anzahlen für das Gebilde, welches aus zwei projectiven Strahlbüscheln besteht (Lit. 41).

Wir betrachten das Gebilde Γ mit der Constantenzahl 13, welches aus zwei Strahlbüscheln mit den Scheiteln p und p' und den Ebenen e und e' so zusammengesetzt ist, dass die Strahlen des einen Strahlbüschels den Strahlen des anderen projectiv sind. Für Γ finden wir, analog wie in den §§ 28 und 29, durch Projectionen eine Ausartung γ mit folgender Definition:

Die Ausartung γ besteht aus einem Strahlbüschel, der den Scheitel p, die Ebene e und den singulären Strahl k hat, und aus einem zweiten Strahlbüschel mit dem Scheitel p', der Ebene e' und dem singulären Strahl k', so dass *jedem* Strahle des ersten Strahlbüschels der Strahl k' im zweiten Strahlbüschel und umgekehrt *jedem* Strahle des zweiten Strahlbüschels der Strahl k im ersten Strahlbüschel projectiv zuzuordnen ist. Indem Γ zu einer Ausartung γ wird, erfüllt es eine einfache Bedingung, die wir auch mit γ bezeichnen.

Wir definiren ferner die einfache Bedingung ζ, welche aussprechen soll, dass zwei gegebene Gerade von entsprechenden Strahlen der beiden Strahlbüschel geschnitten werden sollen. Um die Gleichung abzuleiten, die zwischen den sechs einfachen Bedingungen

$$\gamma,\ p,\ e,\ p',\ e',\ \zeta$$

besteht, setzen wir ein einstufiges System von Gebilden Γ voraus und nehmen zwei Gerade a und b willkürlich an. In jedem der ∞^1 Gebilde Γ ziehen wir dann zu den beiden Strahlen, welche durch p gehen, in e liegen und a resp. b schneiden, die entsprechenden Strahlen in dem zweiten Strahlbüschel mit dem Scheitel p' und der Ebene e'. Die beiden so construirten Strahlen jedes in dem einstufigen Systeme liegenden Gebildes Γ fassen wir zu einem Strahlenpaare zusammen, und wenden dann auf das erhaltene, einstufige System von Strahlenpaaren die Coincidenzformel 21 des § 15 an. Dabei beachten wir, dass das Coincidenzsymbol erfüllt wird erstens von jedem Gebilde Γ, welches die Ausartungsbedingung γ erfüllt, zweitens aber auch von jedem Gebilde, bei welchem ein Strahl, der dem Strahlbüschel (p, e) angehört, a und b zugleich schneidet, d. h. welches die Bedingung

$$p + e$$

erfüllt, da ja immer (§ 6) $g^2 = g_e + g_p$ ist. Wir erhalten also die folgende Gleichung:

$$\zeta + \zeta - p' - e' = \gamma + p + e$$

oder

$$1) \qquad 2 . \zeta = \gamma + p + e + p' + e'.$$

Vermittelst dieser Formel finden wir durch dasselbe Verfahren wie in den §§ 28 und 29 die Werthe der auf Γ bezüglichen Symbole aus den Werthen der γ enthaltenden Ausartungssymbole. Die letzteren sind wieder grösstentheils null, die wenigen von null verschiedenen sind Producte einer Combinationszahl mit 1 oder 2, mit 2, weil es zwei Gerade giebt, die vier gegebene Gerade schneiden. So erhält man nach und nach die in der folgenden Tabelle unter ζ zusammengestellten Anzahlen. Die definirenden Bedingungen der betrachteten einstufigen Systeme sind wieder links vorangestellt. Die ihnen zugehörigen Zahlen p, e, p', e' sind immer schon aus voranstehenden Systemen bekannt. Viele Systeme konnten fortgelassen werden, weil der Werth jedes dreizehnfachen Symbols identisch ist mit den Werthen aller derjenigen Symbole, welche entstehen, wenn man die auf p, e oder die auf p', e' oder die auf p, e, p', e' bezügliche Bedingung dual umformt und alles übrige unverändert lässt.

Tabelle der Systeme.

	γ	p	e	p'	e'	ζ
$p^3e^2p'^3e'^2\zeta^2$	2	0	0	0	0	1
$p^3e^2p'^3e'\zeta^3$	3	0	0	0	1	2
$p^3e^2p'^3\zeta^4$	0	0	0	0	2	1
$p^3e^2\widehat{p'e'}\zeta^4$	8	0	0	2	2	6
$p^3e\,p'^3e'\zeta^4$	6	0	2	0	2	5
$p^3e^2p'^2\zeta^5$	0	0	0	1	1 + 6	4
$p^3e^2p'e'\zeta^5$	10	0	0	7	7	12

	γ	p	e	p'	e'	ζ
$p^3 e p'^3 \zeta^5$	0	0	1	0	5	3
$p^3 e \overset{\frown}{p'e'} \zeta^5$	20	0	6	5	5	18
$p^3 e^2 p' \zeta^6$	0	0	0	4	12	8
$p^3 e p'^2 \zeta^6$	0	0	4	3	21	14
$p^3 e p' e' \zeta^6$	30	0	12	21	21	42
$p^3 p'^3 \zeta^6$	0	0	3	0	3	3
$p^3 \overset{\frown}{p'e'} \zeta^6$	0	0	18	3	3	12
$\overset{\frown}{pe} \overset{\frown}{p'e'} \zeta^6$	80	18	18	18	18	76
$p^3 e^2 \zeta^7$	0	0	0	8	8	8
$p^3 e p' \zeta^7$	0	0	8	14	42	32
$p^3 p'^2 \zeta^7$	0	0	14	3	15	16
$p^3 p' e' \zeta^7$	0	0	42	15	15	36
$\overset{\frown}{pe} p'^2 \zeta^7$	0	14	14	12	88	64
$\overset{\frown}{pe} p' e' \zeta^7$	140	42	42	88	88	200
$p^3 e \zeta^8$	0	0	8	32	32	36
$p^3 p' \zeta^8$	0	0	32	16	36	42
$\overset{\frown}{pe} p' \zeta^8$	0	32	32	64	200	164
$p^2 p'^2 \zeta^8$	0	16	80	16	80	96
$p^2 p' e' \zeta^8$	0	36	236	80	80	216
$p e p' e' \zeta^8$	280	236	236	236	236	612
$p^3 \zeta^9$	0	0	36	42	42	60
$\overset{\frown}{pe} \zeta^9$	0	36	36	164	164	200
$p^2 p' \zeta^9$	0	42	206	96	216	280
$p e p' \zeta^9$	0	206	206	216	612	620
$p^2 \zeta^{10}$	0	60	260	280	280	440
$p e \zeta^{10}$	0	260	260	620	620	880
$p p' \zeta^{10}$	0	280	620	280	620	900
$p \zeta^{11}$	0	440	880	900	900	1560
ζ^{12}	0	1560	1560	1560	1560	3120

Zur Verdeutlichung sprechen wir einige von den erhaltenen 36 Anzahlen in Worten aus.

1. Aus $p^3 e^2 \zeta^8 = 8$ folgt:

Es seien zwei Gruppen von je acht Geraden gegeben, so dass achtmal zwei Geraden einander zugeordnet sind. Dann gehören jedem Strahlbüschel des Raumes acht Strahlbüschel derartig zu, dass die acht Strahlen, welche, in dem einen Strahlbüschel liegend, die acht Geraden der einen Gruppe schneiden, projectiv sind den acht Strahlen, welche, in dem anderen Strahlbüschel liegend, die acht Geraden der anderen Gruppe schneiden.

2. Aus $p^2 p'^2 \zeta^9 = 96$ folgt:

Es seien zwei Gruppen von je neun Geraden gegeben, so dass neunmal zwei Gerade einander zugeordnet sind, und ausserdem sei eine Gerade a gegeben. Man denke sich in jedem der ∞^3 Strahlbüschel, die ihren Scheitel auf a haben, die neun Strahlen gezogen, welche die neun Geraden der einen Gruppe schneiden. Dann giebt es ∞^2 Strahlbüschel, in denen neun Strahlen liegen, welche die neun zugeordneten Geraden der anderen Gruppe schneiden und zugleich den erstgenannten neun Strahlen projectiv sind. Die Scheitel dieser ∞^2 Strahlbüschel bilden eine Fläche von der sechsundneunzigsten Ordnung.

3. Aus $\zeta^{13} = 3120$ folgt:

Es seien zwei Gruppen von je dreizehn Geraden gegeben, so dass dreizehnmal zwei Gerade einander zugeordnet sind. Dann giebt es im Raume 3120 mal zwei Strahlbüschel, welche je dreizehn Strahlen von folgender Beschaffenheit besitzen. Die dreizehn Strahlen des einen Büschels schneiden die dreizehn Geraden der ersten gegebenen Gruppe, und die dreizehn Strahlen des anderen Büschels schneiden die dreizehn Geraden der anderen Gruppe, so dass immer zwei Strahlen, welche zugeordnete Gerade schneiden, sich projectiv entsprechen.

§ 31.

Anzahlen für das aus zwei collinearen Bündeln bestehende Gebilde (Lit. 42).

Die Anzahlen für zwei projective Grundgebilde *zweiter* Stufe lassen sich in ähnlicher Weise aus ihren Ausartungsanzahlen berechnen, wie die Anzahlen für zwei projective Grundgebilde *erster* Stufe in den vorhergehenden Paragraphen berechnet sind. Zunächst behandeln wir das Gebilde Γ mit der Constantenzahl 14, welches aus zwei in allgemeiner Lage befindlichen *collinearen Bündeln* B und B' mit den Scheiteln p und p' besteht. Zwei solche collineare Bündel erhält man z. B. in den Punkten C und C', wenn man zwei Ebenen e und e' und einen Punkt S annimmt, dann jedem Punkte A auf e denjenigen Punkt A' auf e' zuordnet, in welchem e' von dem Verbindungsstrahl AS geschnitten wird, und die so zugeordneten Punkte A und A' mit C und C' verbindet. Dadurch wird jedem Strahle durch C ein bestimmter Strahl durch C' und auch jeder Ebene durch C eine bestimmte Ebene durch C' zugeordnet, und zwar so, dass, wenn ein Strahl durch C in einer gewissen Ebene liegt, der zugeordnete Strahl auch in der zugeordneten Ebene liegt. Einen Strahl des einen Bündels und eine Ebene des andern Bündels nennen wir demgemäss *conjugirt*, wenn der dem Strahle entsprechende Strahl in der Ebene liegt oder, was dasselbe ist, wenn die der Ebene entsprechende Ebene durch den Strahl geht. Nimmt man specieller S in der Ebene e an, so gehört jedem *Punkte* A auf e ein Punkt A' auf der Schnittgeraden l von e und e' an, so dass jedem Strahle durch C ein Strahl durch C' zugehört, welcher l schneidet. Umgekehrt gehört jedem beliebigen Strahle durch C' ein und derselbe Strahl durch C zu, nämlich der Verbindungsstrahl CS. Einer beliebigen Ebene durch C entspricht ein Strahl auf e, diesem der Strahl l auf e' und diesem endlich die Verbindungsebene von C' mit l. Umgekehrt aber entspricht einer beliebigen Ebene durch C' eine Ebene durch C, welche auch durch S geht. Dabei sind die Ebenen durch den Strahl CS *perspectiv* den Punkten auf l, und diese wieder *perspectiv* den Strahlen des Strahlbüschels, welcher C' zum Scheitel hat und in der Verbindungsebene von C' mit l liegt. Also sind die Strahlen des letztgenannten Strahlbüschels *projectiv* den Ebenen durch den Strahl CS. Wir erhalten demgemäss eine Ausartung unseres Gebildes Γ mit folgender Definition:

Die Ausartung $\varkappa$ ist aus zwei collinearen Bündeln mit den Scheiteln p und p' zusammengesetzt, so dass durch p ein singulärer Strahl g, durch p' eine singuläre Ebene e' geht. Jeder Ebene durch p entspricht im allgemeinen nur die Ebene e', jedem Strahle durch p' nur der Strahl g. Jeder Ebene durch g aber entsprechen die sämmtlichen ∞^1 Ebenen, welche durch einen ganz bestimmten, zugeordneten Strahl auf e' gehen, und jedem Strahle auf e' die sämmtlichen ∞^1 Strahlen, welche in einer bestimmten, zugeordneten Ebene durch g liegen. Dabei sind die ∞^1 Ebenen durch g projectiv den ∞^1 Strahlen des Strahlbüschels, der mit dem Scheitel p' in der Ebene e' liegt. Die Constantenzahl von $\varkappa$ ist also $3+3+2+2+3=13$. Diese Zahl ist um 1 grösser als die Constantenzahl des in § 29 behandelten Gebildes, weil nach Festlegung der Träger des Strahlbüschels und des dazu projectiven Ebenenbüschels noch eine einfache Bedingung erforderlich ist, um auf dem Träger g des Ebenenbüschels den Scheitel p festzulegen. Indem ein Gebilde Γ zu einem Gebilde $\varkappa$ ausartet, erfüllt es eine *einfache* Bedingung, welche wir auch mit $\varkappa$ bezeichnen.

Bei der Erzeugung von $\varkappa$ hatten wir den Punkt S auf die Ebene e gelegt. Legen wir zweitens S auf die Ebene e', so erhalten wir eine zweite Ausartung $\varkappa'$, die sich von $\varkappa$ nur dadurch unterscheidet, dass nicht durch p, sondern durch p' ein singulärer Strahl geht, der nun g' heissen soll, und dass nicht durch p', sondern durch p eine singuläre Ebene geht, die nun e heissen soll. Die Bedingung, welche Γ dadurch erfüllt, dass es in ein Gebilde $\varkappa'$ ausartet, bezeichnen wir auch mit $\varkappa'$.

Zu den bisher eingeführten einfachen Bedingungen

$$p,\ p',\ \varkappa,\ \varkappa'$$

fügen wir noch die beiden einfachen Bedingungen ζ und ζ'. ζ bezeichne die Bedingung, dass von zwei entsprechenden Strahlen der durch p gehende eine gegebene Gerade schneide, der durch p' gehende einen gegebenen Punkt enthalte oder, was ganz dasselbe ist, dass von zwei entsprechenden Ebenen die durch p gehende eine gegebene Gerade enthalte, die durch p' gehende einen gegebenen Punkt enthalte. ζ' bezeichne diejenige Bedingung, welche aus der eben definirten hervorgeht, wenn man p statt p' und p' statt p setzt. Zwischen den sechs Bedingungen

$$p,\ p',\ \varkappa,\ \varkappa',\ \zeta,\ \zeta'$$

bestehen zwei Gleichungen, welche wir jetzt ableiten wollen. Wir setzen ein einstufiges System von Gebilden Γ voraus und nehmen zwei feste Punkte A und B an, welche wir bei jedem der ∞^1 Gebilde Γ mit dem Scheitel p' verbinden. Den beiden Verbindungsstrahlen entsprechen dann in jedem Gebilde Γ zwei Strahlen durch p, welche wir als ein Strahlenpaar auffassen. Auf das entstandene einstufige System solcher Strahlenpaare wenden wir wieder die Coincidenzformel 21 des § 15 an. Dann ist das Symbol σg dieser Formel gleich ζ, das Symbol σh auch gleich ζ, das Symbol σp gleich p, das Symbol σe der Formel aber gleich ζ' zu setzen, weil σe von jedem Gebilde Γ erfüllt wird, bei welchem der durch p und durch den Punkt der Bedingung σe gehende Strahl einem Strahle entspricht, der durch p' geht und den Verbindungsstrahl AB schneidet. Endlich ist für das Coincidenzsymbol $\varepsilon\sigma$ die Bedingung $\varkappa$ einzusetzen, weil bei jeder Ausartung $\varkappa$ den beiden durch p' und A und B gehenden Strahlen ein und derselbe Strahl durch p entspricht, nämlich der singuläre Strahl g; also erhalten wir:

$$\zeta + \zeta - p - \zeta' = \varkappa$$

oder

1) $$2 . \zeta = \zeta' + p + \varkappa.$$

Indem wir dieselbe Betrachtung wiederholen, aber bei jedem gestrichelten Symbole den Strich fortlassen, bei jedem nichtgestrichelten ihn hinzusetzen, erhalten wir die zweite Formel, nämlich:

2) $$2.\zeta' = \zeta + p' + \varkappa'.$$

Aus 1) und 2) folgen durch Elimination von ζ' und ζ:

3) $$3.\zeta = 2.\varkappa + \varkappa' + 2.p + p'$$

und

4) $$3.\zeta' = 2.\varkappa' + \varkappa + 2.p' + p.$$

Vermittelst dieser Formeln finden wir alle vierzehnfachen, aus p, p', ζ, ζ' zusammengesetzten, auf Γ bezüglichen Symbole, wenn wir erstens immer von denjenigen Symbolen, welche auf p und p' bezügliche Bedingungen *höherer* Dimension enthalten, auf diejenigen Symbole übergehen, welche derartige Bedingungen *niederer* Dimension enthalten, und wenn wir zweitens die Werthe der $\varkappa$ und $\varkappa'$ enthaltenden Ausartungssymbole kennen. Diese Werthe aber gehen, *gemäss der Definition von $\varkappa$ und $\varkappa'$*, unmittelbar aus den Anzahlen hervor, welche in § 29 berechnet sind. Demgemäss erhält man folgende Regeln.

1. Ein $\varkappa$ enthaltendes Ausartungssymbol ist gleich null zu setzen, wenn es keine auf p bezügliche Bedingung enthält, weil sich dann der Scheitel p von $\varkappa$ nicht bestimmen lässt. Ferner erfüllt $\varkappa$ die Bedingungen p^2 resp. p^3 dadurch, dass es seinen singulären Strahl g eine gegebene Gerade schneiden lässt resp. durch einen gegebenen Punkt schickt.

2. Ein p' erfüllendes $\varkappa$ besitzt seinen Scheitel p' auf einer gegebenen Ebene.

3. $\varkappa$ kann die Bedingung ζ sowohl dadurch erfüllen, dass es seinen singulären Strahl g eine gegebene Gerade schneiden lässt, wie auch dadurch, dass es seine singuläre Ebene e' durch einen gegebenen Punkt schickt.

4. $\varkappa$ erfüllt die Bedingung ζ' dadurch, dass es eine durch den singulären Strahl gelegte Ebene durch einen gegebenen Punkt schickt, während der auf der singulären Ebene projectiv zugeordnete Strahl eine gegebene Gerade schneidet (cf. die Bedingung ζ des § 29).

5. Jedes $\varkappa'$ enthaltende Symbol ist gleich demjenigen $\varkappa$ enthaltenden Symbole, welches aus ihm entsteht, indem man bei den gestrichelten Buchstaben den Strich fortlässt, bei den nichtgestrichelten ihn hinzusetzt.

Hiernach kann man die Werthe der Ausartungssymbole sehr leicht aus den Anzahlen des § 29 zusammensetzen; z. B.:

$$\varkappa p \zeta^4 \zeta'^8 = 4_1 . 8 + 4_2 . 48 + 4_3 . 64 + 4_4 . 16,$$

wo die Zahl 8 gleich dem Symbole $e^3 g \zeta^8$ des § 29, die Zahl 48 gleich dem $e^2 g^2 \zeta^8$, die Zahl 64 gleich dem $e g^3 \zeta^8$ und die Zahl 16 gleich dem $g^4 \zeta^8$ des § 29 ist;

$$\varkappa p^2 p'^2 \zeta^5 \zeta'^4 = 5_2 . 4 + 5_3 . 8,$$

wo die Zahl 4 gleich dem $g p^2 e^3 g^2 \zeta^4$ des § 29 ist und die Zahl 8 gleich dem $g p^2 e^2 g^3 \zeta^4$ des § 29 ist.

In der folgenden Tabelle stehen voran die definirenden Bedingungen der betrachteten einstufigen Systeme, dann folgen die Ausartungsanzahlen mit kurzem Hinweis auf ihre Entstehung, dann die aus vorher behandelten Systemen bekannten Zahlen p und p', endlich die durch die Formeln 3 und 4 sich ergebenden Zahlen ζ und ζ', wobei zu beachten ist, dass der Werth jedes sowohl ζ als auch ζ' enthaltenden Symbols auf *zweifache* Weise sich ergiebt.

Tabelle der Systeme.

	$\varkappa$	$\varkappa'$	p	p'	ζ	ζ'
$p^3 p'^3 \zeta^7$	0	3	0	0	1	2
$p^3 p'^3 \zeta^6 \zeta'$	0	3 + 3	0	0	2	4
$p^3 p'^3 \zeta^5 \zeta'^2$	0	1 + 2 . 5 + 1	0	0	4	8
$p^3 p'^3 \zeta^4 \zeta'^3$	6 . 1	3 . 2 + 3 . 2	0	0	8	10

	$\varkappa$	$\varkappa'$	p	p'	ζ	ζ'
$p^3 p'^2 \zeta^8$	0	8	0	1	3	6
$p^3 p'^2 \zeta^7 \zeta'$	0	7 + 9	0	2	6	12
$p^3 p'^2 \zeta^6 \zeta'^2$	0	2 + 2 . 12 + 6	0	4	12	24
$p^3 p'^2 \zeta^5 \zeta'^3$	10 . 1	3 . 4 + 3 . 10 + 2	0	8	24	38
$p^3 p'^2 \zeta^4 \zeta'^4$	4 . 2 + 6 . 4	6 . 4 + 4 . 4	0	10	38	44
$p^3 p'^2 \zeta^3 \zeta'^5$	1 + 3 . 10 + 3 . 7	20	0	8	44	36
$p^3 p'^2 \zeta^2 \zeta'^6$	6 + 2 . 21 + 4	0	0	4	36	20
$p^3 p'^2 \zeta \zeta'^7$	15 + 14	0	0	2	20	11
$p^3 p'^2 \zeta'^8$	16	0	0	1	11	6

	$\varkappa$	$\varkappa'$	p	p'	ζ	ζ'
$p^3 p' \zeta^9$	0	6	0	3	3	6
$p^3 p' \zeta^8 \zeta'$	0	$4+8$	0	6	6	12
$p^3 p' \zeta^7 \zeta'^2$	0	$1+2.7+9$	0	12	12	24
$p^3 p' \zeta^6 \zeta'^3$	0	$3.2+3.12+6$	0	24	24	48
$p^3 p' \zeta^5 \zeta'^4$	10.2	$6.4+4.10+2$	0	38	48	76
$p^3 p' \zeta^4 \zeta'^5$	$4.5+6.7$	$10.4+5.4$	0	44	76	90
$p^3 p' \zeta^3 \zeta'^6$	$3+3.21+3.12$	15.2	0	36	90	78
$p^3 p' \zeta^2 \zeta'^7$	$15+2.42+8$	0	0	20	78	49
$p^3 p' \zeta \zeta'^8$	$36+32$	0	0	11	49	30
$p^3 p' \zeta'^9$	42	0	0	6	30	18

	$\varkappa$	$\varkappa'$	p	p'	ζ	ζ'
$p^2 p'^2 \zeta^9$	0	48	3	6	20	37
$p^2 p'^2 \zeta^8 \zeta'$	0	$40+48$	6	11	37	68
$p^2 p'^2 \zeta^7 \zeta'^2$	0	$14+2.59+28$	12	20	68	124
$p^2 p'^2 \zeta^6 \zeta'^3$	20.2	$2+3.24+3.42+8$	24	36	124	184
$p^2 p'^2 \zeta^5 \zeta'^4$	$10.4+10.8$	$4.4+6.20+4.14$	38	44	184	210

	$\varkappa$	$\varkappa'$	p	p'	ζ	ζ'
$p^3 \zeta^{10}$	0	0	0	3	1	2
$p^3 \zeta^9 \zeta'$	0	0	0	6	2	4
$p^3 \zeta^8 \zeta'^2$	0	0	0	12	4	8
$p^3 \zeta^7 \zeta'^3$	0	0	0	24	8	16
$p^3 \zeta^6 \zeta'^4$	0	0	0	48	16	32
$p^3 \zeta^5 \zeta'^5$	10.1	0	0	76	32	54
$p^3 \zeta^4 \zeta'^6$	$4.3+6.4$	0	0	90	54	72
$p^3 \zeta^3 \zeta'^7$	$3+3.14+3.8$	0	0	78	72	75
$p^3 \zeta^2 \zeta'^8$	$16+2.32+8$	0	0	49	75	62
$p^3 \zeta \zeta'^9$	$42+36$	0	0	30	62	46
$p^3 \zeta'^{10}$	60	0	0	18	46	32

	$\varkappa$	$\varkappa'$	p	p'	ζ	ζ'
$p^2p'\zeta^{10}$	0	40	3	20	22	41
$p^2p'\zeta^9\zeta'$	0	26 + 48	6	37	41	76
$p^2p'\zeta^8\zeta'^2$	0	8 + 2 . 40 + 48	12	68	76	140
$p^2p'\zeta^7\zeta'^3$	0	1+3.14+3.59+28	24	124	140	256
$p^2p'\zeta^6\zeta'^4$	20 . 4	4.2+6.24+4.42+8	48	184	256	384
$p^2p'\zeta^5\zeta'^5$	10 . 10 + 10 . 14	10.4+10.20+5.14	76	210	384	452
$p^2p'\zeta^4\zeta'^6$	4.12+6.42+4.24	20 . 4 + 15 . 8	90	184	452	418
$p^2p'\zeta^3\zeta'^7$	7+3.59+3.84+16	35 . 2	78	124	418	306
$p^2p'\zeta^2\zeta'^8$	40 + 2 . 136 + 64	0	49	68	306	187
$p^2p'\zeta\zeta'^9$	108 + 124	0	30	37	187	112
$p^2p'\zeta'^{10}$	140	0	18	20	112	66

	$\varkappa$	$\varkappa'$	p	p'	ζ	ζ'
$p^2\zeta^{11}$	0	0	1	22	8	15
$p^2\zeta^{10}\zeta'$	0	0	2	41	15	28
$p^2\zeta^9\zeta'^2$	0	0	4	76	28	52
$p^2\zeta^8\zeta'^3$	0	0	8	140	52	96
$p^2\zeta^7\zeta'^4$	0	0	16	256	96	176
$p^2\zeta^6\zeta'^5$	20 . 2	0	32	384	176	280
$p^2\zeta^5\zeta'^6$	10 . 6 + 10 . 8	0	54	452	280	366
$p^2\zeta^4\zeta'^7$	4 . 9 + 6 . 28 + 4 . 16	0	72	418	366	392
$p^2\zeta^3\zeta'^8$	8 + 3 . 48 + 3 . 64 + 16	0	75	306	392	349
$p^2\zeta^2\zeta'^9$	48 + 2 . 124 + 72	0	62	187	349	268
$p^2\zeta\zeta'^{10}$	140 + 160	0	46	112	268	190
$p^2\zeta'^{11}$	220	0	32	66	190	128

	$\varkappa$	$\varkappa'$	p	p'	ζ	ζ'
$pp'\zeta^{11}$	0	130	22	66	80	138
$pp'\zeta^{10}\zeta'$	0	80 + 140	41	112	138	235
$pp'\zeta^9\zeta'^2$	0	26 + 2 . 108 + 124	76	187	235	394
$pp'\zeta^8\zeta'^3$	0	4+3.40+3.136+64	140	306	394	648
$pp'\zeta^7\zeta'^4$	35 . 4	4.7+6.59+4.84+16	256	418	648	900
$pp'\zeta^6\zeta'^5$	20 . 10 + 15 . 14	10.12+10.42+5.24	384	452	900	1006

	$\varkappa$	$\varkappa'$	p	p'	ζ	ζ'
$p\zeta^{12}$	0	0	8	80	32	56
$p\zeta^{11}\zeta'$	0	0	15	138	56	97
$p\zeta^{10}\zeta'^2$	0	0	28	235	97	166
$p\zeta^9\zeta'^3$	0	0	52	394	166	280
$p\zeta^8\zeta'^4$	0	0	96	648	280	464
$p\zeta^7\zeta'^5$	35.2	0	176	900	464	682
$p\zeta^6\zeta'^6$	$20.6+15.8$	0	280	1006	682	844
$p\zeta^5\zeta'^7$	$10.9+10.28+5.16$	0	366	900	844	872
$p\zeta^4\zeta'^8$	$4.8+6.48+4.64+16$	0	392	648	872	760
$p\zeta^3\zeta'^9$	$6+3.48+3.124+72$	0	349	394	760	577
$p\zeta^2\zeta'^{10}$	$40+2.140+160$	0	268	235	577	406
$p\zeta\zeta'^{11}$	$130+220$	0	190	138	406	272
$p\zeta'^{12}$	240	0	128	80	272	176

	$\varkappa$	$\varkappa'$	p	p'	ζ	ζ'
ζ^{13}	0	0	32	176	80	128
$\zeta^{12}\zeta'$	0	0	56	272	128	200
$\zeta^{11}\zeta'^2$	0	0	97	406	200	303
$\zeta^{10}\zeta'^3$	0	0	166	577	303	440
$\zeta^9\zeta'^4$	0	0	280	760	440	600
$\zeta^8\zeta'^5$	0	0	464	872	600	736
$\zeta^7\zeta'^6$	0	0	682	844	736	790

Beispielsweise fassen wir einige der Anzahlresultate in Worte.

1. Aus $p^3\zeta^{11}=1$ folgt:

Sind ein Ebenenbündel und in ihm elf Ebenen gegeben, so giebt es einen einzigen Punkt, welcher, mit elf den Ebenen zugeordneten Punkten verbunden, elf Strahlen liefert, die den elf Ebenen *conjugirt* sind.

2. Aus $p^3\zeta'^{11}=32$ folgt:

Sind ein Bündel und in ihm elf Strahlen gegeben, so giebt es 32 Bündel, deren elf conjugirte Ebenen durch elf den elf Strahlen zugeordnete Strahlen gehen.

3. Aus $\zeta^7\zeta'^7=790$ folgt:

Sind einerseits eine Gruppe von sieben Punkten und sieben Strahlen, andererseits eine Gruppe von sieben Strahlen und sieben Punkten gegeben, so dass immer ein Punkt der einen Gruppe einem Strahle der anderen zugeordnet ist, so giebt es 790 Paare von Bündeln von solcher Beschaffenheit, dass die durch die gegebenen Punkte und Strahlen der einen Gruppe gehenden sieben Strahlen und sieben Ebenen des *einen* Bündels *conjugirt* sind den sieben Ebenen und sieben Strahlen, welche durch die zugeordneten Strahlen und Punkte gehen und dem *anderen* Bündel angehören.

Ebenso wie die oben behandelten Systeme lassen sich auch diejenigen Systeme behandeln, deren definirende Bedingung die beiden *zweifachen* Bedingungen enthält, welche aussprechen, dass zwei entsprechende Ebenen der beiden collinearen Bündel durch gegebene Gerade gehen, resp. dass zwei entsprechende Strahlen der beiden Bündel durch gegebene Punkte gehen. Die Werthe der Symbole, welche ausser den auf p und p' bezüglichen Bedingungen *nur* solche doppelten Bedingungen enthalten, kann man durch die obigen Formeln *nicht* gewinnen. Doch ergeben sich nicht bloss *diese* Symbole, sondern *alle* solche, doppelte Bedingungen enthaltenden Symbole aus den oben berechneten Ausartungsanzahlen und den Anzahlen für das allgemeine Gebilde Γ durch gewisse Formeln *zweiter* Dimension, die man leicht aus dem Principe von der Erhaltung der Anzahl gewinnen kann (cf. die analogen Formeln 9 bis 12 in § 32). Einige von den Symbolen, welche ausser den auf p und p' bezüglichen Bedingungen *nur* solche doppelte Bedingungen enthalten, berechnete übrigens schon Sturm auf anderem Wege in seinem „Problem der Collineation" (Math. Ann. Bd. 10, pag. 117 bis 136).

Wendet man auf das aus p und p' bestehende Punktepaar die Formeln 15 bis 17 des § 13 (pag. 46) an, so ergeben sich aus den obigen Anzahlen eine Reihe von neuen Resultaten, aus denen wir beispielsweise zwei herausgreifen.

1. Aus $p^3 p'^2 \zeta^9 + p^2 p'^3 \zeta^9 = 3 + 6 = 9$ folgt:

Sind neun Strahlen und ihnen zugeordnet neun Punkte gegeben, so giebt es ∞^2 Bündel von der Beschaffenheit, dass immer die nach den neun Strahlen gehenden Ebenen jedes Bündels collinear conjugirt sind den neun Strahlen, die, in demselben Bündel liegend, nach den neun Punkten gehen. Die Scheitel dieser Bündel bilden eine Fläche neunten Grades.

2. Aus $p^3 \zeta^{11} + p^2 p' \zeta^{11} + p p'^2 \zeta^{11} + p'^3 \zeta^{11} = 1 + 22 + 66 + 32 = 121$ folgt:

Wenn elf Strahlen und ihnen zugeordnet elf Punkte gegeben sind, so giebt es im Raume 121 Punkte, welche, mit den elf Strahlen und den elf Punkten verbunden, elf Ebenen und elf Strahlen liefern, die collinear conjugirt sind.

§ 32.

Anzahlen für das aus zwei correlativen Bündeln bestehende Gebilde (Lit. 42).

Die Anzahlen für dieses Gebilde hat schon Herr Sturm in einer ausführlichen Abhandlung (Math. Ann. Bd. 12, pag. 254 bis 368) aus Ausartungsanzahlen berechnet, nachdem Herr Hirst für das dual entsprechende, aus zwei correlativen Ebenen bestehende Gebilde diejenigen Symbole berechnet hatte, bei denen die beiden Ebenen als gegeben angesehen werden. Trotzdem berechnet der Verfasser die nur einfache Bedingungen enthaltenden Symbole hier noch einmal, weil die Methode und die Resultate durch die Symbolik des Verfassers *durchsichtiger* erscheinen möchten.

Unser Gebilde Γ ist aus zwei Bündeln B und B' mit den Scheiteln p und p' so zusammengesetzt, dass immer jedem Strahle des einen Bündels eine Ebene des anderen und umgekehrt entspricht. Man kann sich dieses Gebilde durch perspective Zuordnungen ebenso erzeugen, wie in § 31 das aus zwei collinearen Bündeln bestehende Gebilde, nur dass man dabei in der einen der vermittelnden Ebenen das Punktfeld und das Strahlenfeld, etwa durch polare Verwandtschaft in Bezug auf einen Kegelschnitt, eindeutig zuzuordnen hat. Man erhält dann die beiden folgenden Ausartungen des Gebildes Γ.

1. Die Ausartung π besteht aus zwei Bündeln B und B' mit den Scheiteln p und p', welche beide singuläre Strahlen enthalten, die wir g und g' nennen. Einer Ebene in B entspricht im allgemeinen der Strahl g' in B', einer Ebene in B' der Strahl g in B. Jeder g enthaltenden Ebene in B aber entsprechen ∞^1 Strahlen in B', welche in einer bestimmten zugeordneten g' enthaltenden Ebene liegen. Dadurch erhält man zwei projective Ebenenbüschel in B und B', welche die singulären Strahlen g und g' zu Trägern haben. Die Constantenzahl eines aus zwei projectiven Ebenenbüscheln (§ 28) bestehenden Gebildes ist $4+4+3$. Die Festlegung der beiden Scheitel p und p' erfordert zwei Bedingungen; also ist die Constantenzahl von π gleich 13. Indem also Γ zu einer Ausartung π wird, erfüllt es eine *einfache* Bedingung, die wir auch π nennen.

2. Die Ausartung λ besteht aus zwei Bündeln B und B' mit den Scheiteln p und p', welche beide singuläre Ebenen e und e' enthalten. Einem beliebigen Strahle in B entspricht im allgemeinen in B' die Ebene e', einem Strahle in B' die Ebene e in B. Jedoch entsprechen jedem in e liegenden Strahle des Bündels B ∞^1 Ebenen in B', welche durch einen bestimmten zugeordneten, in e' liegenden Strahl g gehen. Dadurch erhält man zwei projective Strahlbüschel in B und B', deren Ebenen e und e' sind. Die Constantenzahl eines aus zwei projectiven Strahlbüscheln bestehenden Gebildes (§ 30) ist aber $5+5+3$; so gross ist also auch die Constantenzahl von λ. Indem Γ zu einer Ausartung λ wird, erfüllt es demnach eine *einfache* Bedingung, die wir auch λ nennen.

Es fragt sich nun, was für einfache Bedingungen wir sonst noch zu definiren haben. Da die Bestimmung einer Ebene oder eines Strahles in einem gegebenen Bündel eine *zweifache* Bedingung erfordert, so spricht man eine zweifache Bedingung aus, wenn man verlangt, dass ein gegebener Strahl des einen Bündels einer gegebenen Ebene des anderen Bündels entspricht, oder genauer, dass ein durch einen gegebenen Punkt gehender, dem einen Bündel angehöriger Strahl einer Ebene entspricht, die dem anderen Bündel angehört und durch eine gegebene Gerade geht. Diese zweifache Bedingung bezeichnen wir mit η resp. η', je nachdem der Strahl in dem Bündel B oder B' liegen soll. Eine einfache Bedingung legen wir also unserem Gebilde auf, wenn wir verlangen, dass ein Strahl, der, in dem einen Bündel liegend, durch einen gegebenen Punkt geht, einer Ebene entsprechen soll, die, in dem anderen Bündel liegend, durch einen gegebenen Punkt geht. Nennen wir zwei Strahlen der beiden Bündel *conjugirt*, wenn die dem einen entsprechende Ebene durch den anderen geht, und zwei Ebenen *conjugirt*, wenn der Strahl, welcher der einen entspricht, in der anderen liegt, so können wir die eben genannte Bedingung, welche μ heissen soll, auch so aussprechen:

Die Bedingung μ verlangt, dass zwei durch zwei gegebene Punkte gehende Strahlen der beiden Bündel conjugirt sind.

Analog erhalten wir die Bedingung ν, welche verlangt, dass zwei durch zwei gegebene Gerade gehende Ebenen conjugirt sind.

Zwischen den sechs einfachen Bedingungen

$$p,\ p',\ \pi,\ \lambda,\ \mu,\ \nu$$

bestehen zwei Gleichungen, welche wir jetzt ableiten wollen. Wir setzen ein einstufiges System von Gebilden Γ voraus, nehmen willkürlich zwei Punkte C und D an und ziehen in jedem der ∞^1 Gebilde die dem Bündel B' angehörigen, durch C und D gehenden Strahlen. Ihnen entsprechen immer zwei Ebenen des Bündels B. So erhalten wir ein einstufiges System von Ebenenpaaren, auf welches wir die Coincidenzformel erster Dimension (pag. 49) $e+f-h=\varepsilon$ für Ebenenpaare anwenden. Dabei ist für e und für f μ zu setzen. Aber aus dem Symbol h wird ν, weil h erfüllt wird von jedem Γ, welches zwei conjugirte Ebenen enthält, von denen die B angehörige durch die Gerade der Bedingung h geht, die B' angehörige aber durch den Verbindungsstrahl CD geht. Das Coincidenzsymbol ε kann nur dann erfüllt werden, wenn Γ in B' eine Ebene besitzt, welche zwei *verschiedenen* Ebenen durch B entspricht, d. h. wenn Γ die Bedingung λ erfüllt; wir erhalten also:

$$\mu+\mu-\nu=\lambda$$

oder

1) $$2.\mu-\nu=\lambda.$$

Um die zweite Gleichung abzuleiten, setzen wir wieder ein einstufiges System von Gebilden Γ voraus und nehmen zwei sich schneidende Gerade c und d willkürlich an. Durch diese legen wir bei jedem der ∞^1 Gebilde die beiden dem Bündel B' angehörigen Ebenen. Die diesen Ebenen entsprechenden Strahlen im Bündel B fassen wir als Strahlenpaar zusammen. So erhalten wir ein einstufiges System solcher Strahlenpaare, auf welches wir die Coincidenzformel 21 des § 15 anzuwenden haben. Dabei ist für σg und σh ν, für σp p einzusetzen. Aber σe wird erfüllt, wenn in B der Strahl nach dem Punkte der Bedingung σe entsprechend ist dem Strahle, der in B' nach dem Schnittpunkte von c und d geht, d. h. wenn Γ μ erfüllt. Das Coincidenzsymbol $\varepsilon\sigma$ wird erfüllt, erstens, wenn zwei *verschiedenen* Ebenen in B' eine und dieselbe Ebene in B entspricht, zweitens aber auch, wenn die Schnittebene von c und d eine Ebene des Bündels B' ist, d. h. wenn Γ die Bedingung p' erfüllt; demgemäss erhalten wir:

$$\nu+\nu-p-\mu=\pi+p'$$

oder

2) $$2.\nu-\mu=p+p'+\pi.$$

Eliminirt man ν resp. μ aus den Gleichungen 1 und 2, so erhält man:

3) $$3.\mu=p+p'+\pi+2.\lambda,$$

4) $$3.\nu=2.p+2.p'+2.\pi+\lambda.$$

Vermittelst dieser Gleichungen kann man die Werthe aller vierzehnfachen, aus p, p', μ, ν zusammengesetzten Symbole finden, sobald man die Werthe der π und λ enthaltenden Ausartungssymbole kennt. Diese aber lassen sich bei genauer Berücksichtigung der Definitionen von π und λ sehr leicht durch die in den §§ 28 und 30 berechneten Anzahlen ausdrücken. Man findet nämlich aus den Definitionen von π und λ:

5) $\pi\mu = \pi\zeta$,

6) $\pi\nu = \pi g + \pi g'$,

7) $\lambda\mu = \lambda c + \lambda c'$,

8) $\lambda\nu = \lambda\zeta$,

wo die Bedingung ζ bei π angiebt, dass durch die singulären Axen g und g' projectiv zugeordnete Ebenen nach gegebenen Punkten gehen, bei λ aber angiebt, dass in den beiden singulären Ebenen c und c' projectiv zugeordnete Strahlen liegen, die zwei gegebene Gerade schneiden. Man beachte ferner noch, dass jedes π enthaltende Symbol gleich null zu setzen, wenn es nicht pp' als Faktor enthält. In den folgenden Beispielen zur Berechnung sind die Symbole rechts vom Gleichheitszeichen auf die in den §§ 28 und 30 behandelten Gebilde zu beziehen. Statt des h in § 28 ist immer g' gesetzt.

1) $\pi p^2 p'^3 \mu^6 \nu^2 = g g'_p \zeta^6 (g + g')^2 = g^3 g'_p \zeta^6 + 2 . g^2 g'_s \zeta^6 + g G' \zeta^6$
$= 2 . g_s g'_p \zeta^6 + 2 . g_e g'_s \zeta^6 + 2 . g_p g'_s \zeta^6 + g G' \zeta^6$
$= 2 . 3 + 2 . 9 + 2 . 3 + 2 = \mathbf{32}$;

2) $\pi p p' \mu^5 \nu^6 = \zeta^5 (g + g')^6 = 6_2 . g^4 g'^2 \zeta^5 + 6_3 . g^3 g'^3 \zeta^5$
$+ 6_4 . g^2 g'^4 \zeta^5 = 30 . G (g'_e + g'_p) \zeta^5 + 80 . g_s g'_s \zeta^5$
$+ 30 (g_e + g_p) G' \zeta^5 = 30 . (3 + 1) + 80 . 5 + 30 . (3 + 1)$
$= \mathbf{640}$;

3) $\lambda p^3 \mu^2 \nu^8 = p^3 (c + c')^2 \zeta^8 = 8 + 2 . 32 + 16 = \mathbf{88}$;

4) $\lambda \mu^4 \nu^9 = (c + c')^4 \zeta^9 = 4_1 c^3 c' \zeta^9 + 4_2 . c^2 c'^2 \zeta^9 + 4_3 . c c'^3 \zeta^9$
$= 4_1 . 42 + 4_2 . 96 + 4_3 . 42 = \mathbf{912}$.

In der folgenden Tabelle stehen voran die definirenden Bedingungen der betrachteten einstufigen Systeme. Dann folgen die berechneten Ausartungsanzahlen, dann die aus vorher behandelten Systemen bekannten Zahlen p und p'. Endlich enthalten die beiden letzten Columnen die durch die Formeln 3 und 4 berechneten Zahlen μ und ν, wobei zu beachten ist, dass jedes μ *und* ν enthaltende Symbol auf doppelte Weise entsteht.

	π	λ	p	p'	μ	ν
$p^3p'^3\mu^7$	3	0	0	0	1	2
$p^3p'^3\mu^6\nu$	3 + 3	0	0	0	2	4
$p^3p'^3\mu^5\nu^2$	1+2.5+1	0	0	0	4	8
$p^3p'^3\mu^4\nu^3$	3.2 + 3.2	6.1	0	0	8	10

	π	λ	p	p'	μ	ν
$p^3p'^2\mu^8$	8	0	0	1	3	6
$p^3p'^2\mu^7\nu$	7 + (6 + 3)	0	0	2	6	12
$p^3p'^2\mu^6\nu^2$	2 + 2.12 + 6	0	0	4	12	24
$p^3p'^2\mu^5\nu^3$	3.4+3.10+2	10.1	0	8	24	38
$p^3p'^2\mu^4\nu^4$	6.4 + 4.4	6.4 + 4.2	0	10	38	44
$p^3p'^2\mu^3\nu^5$	10.2	3.7+3.10+1	0	8	44	36
$p^3p'^2\mu^2\nu^6$	0	4 + 2.21 + 6	0	4	36	20
$p^3p'^2\mu\nu^7$	0	14 + 15	0	2	20	11
$p^3p'^2\nu^8$	0	16	0	1	11	6

	π	λ	p	p'	μ	ν
$p^3p'\mu^9$	6	0	0	3	3	6
$p^3p'\mu^8\nu$	4 + 8	0	0	6	6	12
$p^3p'\mu^7\nu^2$	1 + 2.7 + 9	0	0	12	12	24
$p^3p'\mu^6\nu^3$	3.2+3.12+6	0	0	24	24	48
$p^3p'\mu^5\nu^4$	6.4+4.10+2	10.2	0	38	48	76
$p^3p'\mu^4\nu^5$	10.4 + 5.4	6.7 + 4.5	0	44	76	90
$p^3p'\mu^3\nu^6$	15.2	3.12+3.21+3	0	36	90	78
$p^3p'\mu^2\nu^7$	0	8 + 2.42 + 15	0	20	78	49
$p^3p'\mu\nu^8$	0	32 + 36	0	11	49	30
$p^3p'\nu^9$	0	42	0	6	30	18

	π	λ	p	p'	μ	ν
$p^2p'^2\mu^9$	24	0	3	3	10	20
$p^2p'^2\mu^8\nu$	24 + 24	0	6	6	20	40
$p^2p'^2\mu^7\nu^2$	14 + 2.34 + 14	0	12	12	40	80

	π	λ	p	p'	μ	ν
$p^2p'^2\mu^6\nu^3$	4+3.24+3.24+4	20.1	24	24	80	140
$p^2p'^2\mu^5\nu^4$	4.8+6.20+4.8	10.4+10.4	38	38	140	200
$p^2p'^2\mu^4\nu^5$	10.8+10.8	4.7+6.20+4.7	44	44	200	224
$p^2p'^2\mu^3\nu^6$	20.4	4+3.42+3.42+4	36	36	224	188
$p^2p'^2\mu^2\nu^7$	0	28+2.103+28	20	20	188	114
$p^2p'^2\mu\nu^8$	0	80+80	11	11	114	68
$p^2p'^2\nu^9$	0	96	6	6	68	40

	π	λ	p	p'	μ	ν
$p^3\mu^{10}$	0	0	0	3	1	2
$p^3\mu^9\nu$	0	0	0	6	2	4
$p^3\mu^8\nu^2$	0	0	0	12	4	8
$p^3\mu^7\nu^3$	0	0	0	24	8	16
$p^3\mu^6\nu^4$	0	0	0	48	16	32
$p^3\mu^5\nu^5$	0	10.1	0	76	32	54
$p^3\mu^4\nu^6$	0	6.4+4.3	0	90	54	72
$p^3\mu^3\nu^7$	0	3.8+3.14+3	0	78	72	75
$p^3\mu^2\nu^8$	0	8+2.32+16	0	49	75	62
$p^3\mu\nu^9$	0	36+42	0	30	62	46
$p^3\nu^{10}$	0	60	0	18	46	32

	π	λ	p	p'	μ	ν
$p^2p'\mu^{10}$	20	0	3	10	11	22
$p^2p'\mu^9\nu$	16+24	0	6	20	22	44
$p^2p'\mu^8\nu^2$	8+2.24+24	0	12	40	44	88
$p^2p'\mu^7\nu^3$	2+3.14+3.34+14	0	24	80	88	176
$p^2p'\mu^6\nu^4$	4.4+6.24+4.24+4	20.2	48	140	176	312
$p^2p'\mu^5\nu^5$	10.8+10.20+5.8	10.7+10.10	76	200	312	454
$p^2p'\mu^4\nu^6$	20.8+15.8	4.12+6.42+4.21	90	224	454	524
$p^2p'\mu^3\nu^7$	35.4	8+3.84+3.103+14	78	188	524	465
$p^2p'\mu^2\nu^8$	0	64+2.236+80	49	114	465	314
$p^2p'\mu\nu^9$	0	206+216	30	68	314	206
$p^2p'\nu^{10}$	0	280	18	40	206	132

	π	λ	p	p'	μ	ν
$p^2\mu^{11}$	0	0	1	11	4	8
$p^2\mu^{10}\nu$	0	0	2	22	8	16
$p^2\mu^9\nu^2$	0	0	4	44	16	32
$p^2\mu^8\nu^3$	0	0	8	88	32	64
$p^2\mu^7\nu^4$	0	0	16	176	64	128
$p^2\mu^6\nu^5$	0	20.1	32	312	128	236
$p^2\mu^5\nu^6$	0	10.4 + 10.6	54	454	236	372
$p^2\mu^4\nu^7$	0	4.8 + 6.28 + 4.15	72	524	372	484
$p^2\mu^3\nu^8$	0	8 + 3.64 + 3.80 + 16	75	465	484	512
$p^2\mu^2\nu^9$	0	72 + 2.206 + 96	62	314	512	444
$p^2\mu\nu^{10}$	0	260 + 280	46	206	444	348
$p^2\nu^{11}$	0	440	32	132	348	256

	π	λ	p	p'	μ	ν
$pp'\mu^{11}$	20	0	11	11	14	28
$pp'\mu^{10}\nu$	20 + 20	0	22	22	28	56
$pp'\mu^9\nu^2$	16 + 2.24 + 16	0	44	44	56	112
$pp'\mu^8\nu^3$	8 + 3.24 + 3.24 + 8	0	88	88	112	224
$pp'\mu^7\nu^4$	2+4.14+6.34+4.14+2	0	176	176	224	448
$pp'\mu^6\nu^5$	5.4+10.24+10.24+5.4	20.5	312	312	448	796
$pp'\mu^5\nu^6$	15.8+20.20+15.8	10.21 + 10.21	454	454	796	1172
$pp'\mu^4\nu^7$	35.8 + 35.8	4.42+6.103+4.42	524	524	1172	1390
$pp'\mu^3\nu^8$	70.4	32+3.236+3.236+32	465	465	1390	1300
$pp'\mu^2\nu^9$	0	206 + 2.612 + 206	314	314	1300	964
$pp'\mu\nu^{10}$	0	620 + 620	206	206	964	688
$pp'\nu^{11}$	0	900	132	132	688	476

	π	λ	p	p'	μ	ν
$p\mu^{12}$	0	0	4	14	6	12
$p\mu^{11}\nu$	0	0	8	28	12	24
$p\mu^{10}\nu^2$	0	0	16	56	24	48
$p\mu^9\nu^3$	0	0	32	112	48	96
$p\mu^8\nu^4$	0	0	64	224	96	192

	π	λ	p	p'	μ	ν
$p\mu^7\nu^5$	0	0	128	448	192	384
$p\mu^6\nu^6$	0	20.3	236	796	384	708
$p\mu^5\nu^7$	0	10.14 + 10.15	372	1172	708	1126
$p\mu^4\nu^8$	0	4.32 + 6.80 + 4.36	484	1390	1126	1500
$p\mu^3\nu^9$	0	36+3.206+3.216+42	512	1300	1500	1656
$p\mu^2\nu^{10}$	0	260 + 2.620 + 280	444	964	1656	1532
$p\mu\nu^{11}$	0	880 + 900	348	688	1532	1284
$p\nu^{12}$	0	1560	256	476	1284	1008

	π	λ	p	p'	μ	μ'
μ^{13}	0	0	6	6	4	8
$\mu^{12}\nu$	0	0	12	12	8	16
$\mu^{11}\nu^2$	0	0	24	24	16	32
$\mu^{10}\nu^3$	0	0	48	48	32	64
$\mu^9\nu^4$	0	0	96	96	64	128
$\mu^8\nu^5$	0	0	192	192	128	256
$\mu^7\nu^6$	0	0	384	384	256	512
$\mu^6\nu^7$	0	20.3	708	708	512	964
$\mu^5\nu^8$	0	10.16 + 10.16	1126	1126	964	1608
$\mu^4\nu^9$	0	4.42 + 6.96 + 4.42	1500	1500	1608	2304
$\mu^3\nu^{10}$	0	60+3.280+3.280+60	1656	1656	2304	2808
$\mu^2\nu^{11}$	0	440 + 2.900 + 440	1532	1532	2808	2936
$\mu\nu^{12}$	0	1560 + 1560	1284	1284	2936	2752
ν^{13}	0	3120	1008	1008	2752	2384

Von diesen Anzahlen sind gewisse mit Anzahlen des in § 31 behandelten Gebildes identisch. Jedes p^3 enthaltende Symbol dieses Paragraphen hat nämlich denselben Werth, wie dasjenige Symbol des § 31, welches aus ihm hervorgeht, indem man p und p' unverändert lässt und ζ statt μ, ζ' statt ν setzt.

Ausser den obigen Symbolen hat Herr Sturm auch noch alle diejenigen berechnet, welche die oben definirten mehrfachen Bedingungen η und η' enthalten. Man erhält diese Anzahlen auf demselben Wege, wie die obigen, durch Behandlung derjenigen Systeme, deren definirende Bedingungen auch η und η' enthalten. Doch kann man sie auch aus den schon berechneten Anzahlen vermittelst mehrerer Formeln *zweiter Dimension* erhalten. Um diese Formeln durch das Princip von der Erhaltung der Anzahl abzuleiten, setzen wir ein zweistufiges System von Gebilden Γ voraus, nehmen zwei Punkte C' und D' willkürlich an, denen wir zwei *zusammenfallende* Punkte C und D zuordnen. Die Bedingung μ^2, dass zwei durch C' und D' gehende Strahlen des Bündels B' den durch C und D gehenden Strahlen in B conjugirt sind, erfüllt dann erstens jedes Γ, bei welchem die durch C' und D' gehende Ebene des Bündels B' dem Strahle entspricht, der, in B liegend, nach den zusammengefallenen Punkten C und D geht, zweitens auch jedes Γ, welches zwei singuläre Ebenen e und e' hat und dabei e durch die zusammenfallenden Punkte C und D schickt. Also ist:

$$9)\qquad \mu^2 = \eta + \lambda c,$$

also auch:

$$10)\qquad \mu^2 = \eta' + \lambda c'.$$

Nehmen wir ferner zwei sich schneidende Strahlan c' und d' an und ihnen zugeordnet zwei zusammenfallende Strahlen c und d; dann wird die Bedingung ν^2, die durch c' und d' gehenden Ebenen des Bündels B' sollen den Ebenen conjugirt sein, die im Bündel B nach c und d gehen, erstens erfüllt von jedem Γ, bei welchem die durch c und d gehende Ebene im Bündel B dem Strahle entspricht, welcher, in B' liegend, nach dem Schnittpunkte von c' und d' geht, zweitens auch von jedem Γ, bei welchem die Schnittebene von c' und d' conjugirt ist zu der Ebene, die in B nach c und d geht, d. h. von jedem Γ, welches die Bedingung $\nu p' - p'^2$ erfüllt, drittens von jedem Γ, welches zu einer Ausartung π wird und dabei den singulären Strahl g durch die Gerade schickt, in der c und d vereinigt sind, viertens endlich von jedem Γ, welches seinen Scheitel p auf c und d hat. Wir erhalten also:

$$11)\qquad \nu^2 = \eta' + \nu p' + \pi g - p'^2 + p^2,$$

$$12)\qquad \nu^2 = \eta + \nu p + \pi g' - p^2 + p'^2.$$

Addirt man sowohl 9 und 10, wie auch 11 und 12, substituirt $\lambda\mu$ für $\lambda c + \lambda c'$ gemäss Formel 7, $\pi\nu$ für $\pi g + \pi g'$ gemäss Formel 8, $2\mu - \nu$ für λ nach Formel 1, $2\nu - \mu - p - p'$ für π nach Formel 2, so kommt beide Male dasselbe Resultat, nämlich

$$13)\qquad \mu\nu = \eta + \eta',$$

was auch direct abgeleitet werden konnte. Vermittelst dieser Formeln erhält man z. B.

1) $\eta\nu^{12} = \mu^2\nu^{12} - \lambda\nu^{12}c = 2936 - 1560 = \mathbf{1376}$

oder auch

$$\eta\nu^{12} = \nu^{14} - \nu^{13}p - \pi\nu^{12}g' + \nu^{12}p^2 - \nu^{12}p'^2 = 2384 - 1008 - 0 = \mathbf{1376}.$$

2) $\eta' pp' \mu^7\nu^3 = pp'\mu^9\nu^3 - \lambda\mu^7\nu^3c' = 112 - 0 = \mathbf{112}$

oder auch

$$\eta' pp' \mu^7\nu^3 = pp'\mu^7\nu^5 - pp'^2\mu^7\nu^4 - \pi pp'\mu^7\nu^3 g + pp'^3\mu^7\nu^3 - p^3p'\mu^7\nu^3$$
$$= 448 - 176 - (2 + 3.14 + 3.34 + 14) = \mathbf{112}.$$

3) $\eta\eta' pp' \mu^5\nu^3 = \eta' pp'\mu^7\nu^3 - \lambda\eta' pp'\mu^5\nu^3 c = 112 - 0 = \mathbf{112}$,

ebenso

$$\eta^2 pp'\mu^5\nu^3 = 112 \text{ und } \eta'^2 pp'\mu^5\nu^3 = 112.$$

Diese drei Resultate können wieder controlirt werden durch Formel 13, nämlich

$$(\mu\nu)^2 pp'\mu^5\nu^3 = (\eta^2 + 2 . \eta\eta' + \eta'^2)\mu^5\nu^3$$

oder

$$448 = 112 + 2 . 112 + 112.$$

Ausser den hier und im vorigen Paragraphen besprochenen Gebilden kann man noch zwei *andere* Gebilde durch Zusammensetzung zweier projectiver, *zweistufiger* Grundgebilde erzeugen, und die auf sie bezüglichen Anzahlen aus Ausartungsanzahlen berechnen. Es sind dies die folgenden:

1. Das Gebilde, welches aus einem Bündel B und einer Ebene E' so zusammengesetzt ist, dass jedem Strahle in B ein Punkt auf E', jeder Ebene durch B ein Strahl auf E' projectiv zugeordnet ist. Die eine Ausartung dieses Gebildes besteht aus zwei projectiven Strahlbüscheln, die andere aus einem Ebenenbüschel in B und einer dazu projectiven geraden Punktreihe in E'. Die Ausartungsanzahlen hängen also von den in den §§ 28 und 30 berechneten Anzahlen ab.

2. Das Gebilde, welches aus einem Bündel B und einer Ebene E' so zusammengesetzt ist, dass jedem Strahle in B ein Strahl auf E' und jeder Ebene in B ein Punkt auf E' entspricht. Die eine Ausartung dieses Gebildes besitzt einen Strahlbüschel und einen dazu projectiven Ebenenbüschel, die andere eine gerade Punktreihe und einen dazu projectiven Strahlbüschel. Die Ausartungsanzahlen bestimmen sich also aus den in § 29 berechneten Anzahlen.

Die Anzahlen für die vier Gebilde, in denen zwei *zweistufige* Grundgebilde projectiv zugeordnet sind, hängen also durch ihre Ausartungen von den Anzahlen der Gebilde ab, in denen zwei *einstufige* Grundgebilde projectiv sind. Gerade so kann man aus den

Anzahlen für die Gebilde, in denen *zweistufige* Grundgebilde projectiv sind, die Ausartungsanzahlen und damit auch die übrigen Anzahlen für solche Gebilde berechnen, bei welchen *dreistufige* Grundgebilde eindeutig zugeordnet sind. Ist dies der Punktraum und der Ebenenraum, so erhält man ein Gebilde, dessen Anzahlen Herr Hirst in einer Abhandlung berechnet hat, die nächstens erscheinen wird (**Lit. 42**).

Die vielen in diesem Abschnitt berechneten Anzahlen sind vermittelst der Ausartungen schliesslich durch die axiomatischen Anzahlen des Raumes ausgedrückt. Ausser den hier mitgetheilten Zahlen hat man bisher kaum Anzahlen durch die Chasles-Zeuthensche Reduction bestimmt. Doch steht nichts im Wege, systematisch zu *immer complicirteren Gebilden* vorzuschreiten, z. B. zu der *Cayleyschen Regelfläche* (**Lit. 39**) und den übrigen Flächen dritter Ordnung, zu den *Complexen zweiten Grades*, zu den *Clebsch'schen Connexen*, zu den höheren Collineationen und Correlationen, bei denen die Elemente der Grundgebilde nicht eindeutig, sondern α-β-deutig auf einander bezogen sind (**Lit. 41**) und so weiter.

Vielleicht versucht es die analytische Geometrie im Sinne von Salmon-Fiedler und Clebsch-Lindemann, *mit ihren Mitteln* in das durch diesen Abschnitt eröffnete Fragengebiet allmählich einzudringen. Namentlich stellen die Resultate dieses Abschnittes bezüglich der *Ausartungen* der Gebilde an die analytische Geometrie die wichtige Forderung, die analytisch-geometrische Darstellung eines Gebildes so einzurichten, dass die wichtigsten *Ausartungen* dieses Gebildes daraus ersichtlich sind. Beispielsweise stellt § 25 das Problem, *die Natur von jeder der elf Ausartungen der cubischen Raumcurve algebraisch zu erkennen.* Ferner wäre es interessant, wenn es gelänge, die grösseren *Stammzahlen* der Ausartungen in den §§ 23, 24 und 26 auch algebraisch abzuleiten (cf. das Preisthema der Kopenhag. Akademie, 1878, hier pag. 186).

Fünfter Abschnitt.

Die mehrfachen Coincidenzen.

§ 33.

Coincidenz von Schnittpunkten einer Geraden mit einer Fläche (Lit. 43).

Eine Fläche F_n n^{ter} Ordnung hat mit jeder Geraden g n Punkte gemein. Bezeichnet man irgend einen dieser n Punkte mit p_1, irgend einen zweiten mit p_2, irgend einen dritten mit p_3 und so fort bis p_n, so ist nach der Coincidenzformel erster Dimension für Punktepaare (§ 13) die Bedingung ε_2, dass zwei solche Schnittpunkte *coincidiren*, von den drei Bedingungen p_1, p_2, g abhängig durch die Gleichung:

$$\varepsilon_2 = p_1 + p_2 - g.$$

Multipliciren wir diese Gleichung z. B. mit g_s, so kommt:

$$\varepsilon_2 g_s = p_2 g_s + p_1 g_s - G.$$

Wendet man dann die Incidenzformel III in § 7 an, so erhält man:

$$\varepsilon_2 g_s = (G + p_1{}^3 g) + (G + p_2{}^3 g) - G$$

oder

$$\varepsilon_2 g_s = G + p_1{}^3 g + p_2{}^3 g.$$

Jedes der Symbole rechts lässt sich jetzt aus der Definition der F_n bestimmen. G bedeutet, wie oft sich auf einer gegebenen Geraden ein Punkt der F_n mit irgend einem andern Punkt der F_n zusammenstellen lässt, wobei in jedem Paare sowohl der eine wie der andere Punkt als erster des Paares aufzufassen ist. Also ist, gemäss der Definition der F_n:

$$G = n(n-1).$$

Die Symbole $p_1{}^3 g$ und $p_2{}^3 g$ sind gleich null zu setzen, weil ein beliebig gegebener Punkt nicht auf der zu Grunde liegenden Fläche zu liegen braucht. Also ergiebt sich:

$$\varepsilon_2 g_s = n(n-1).$$

Dies heisst in Worten:

Jeder Strahlbüschel des Raumes besitzt n(n—1) Strahlen, von denen jeder zwei zusammenfallende Punkte der F_n *enthält.*

Setzen wir also, wie dies auch im Folgenden immer geschehen soll, die F_n *punkt-allgemein*, d. h. ohne Doppelcurve etc. voraus, so können wir das erhaltene Resultat auch so aussprechen:

Jeder Strahlbüschel des Raumes besitzt n(n—1) Tangenten einer F_n oder, was dasselbe ist, *die Tangenten einer* F_n *bilden einen Complex vom Grade n(n—1).*

Natürlich konnten wir oben statt p_1 und p_2 irgend welche zwei verschiedene von den n Symbolen p schreiben. Es steht nun aber auch nichts im Wege, die Bedingung, dass p_1 und p_2 coincidiren, mit denjenigen Bedingungen zusammenzusetzen, welche aussprechen, dass p_2 und p_3 oder p_5 und p_6 coincidiren und so fort. Man gelangt so zu allen möglichen Anzahlen, welche sich auf *mehrfache und mehrpunktige Berührung* einer Fläche durch eine Gerade beziehen; z. B. erhält man für die zweifache Bedingung, dass ausser p_1 und p_2 auch noch zwei andere Punkte, etwa p_3 und p_4 coincidiren sollen, bei Anwendung derselben Coincidenzformel:

$$\varepsilon_2 p_3 + \varepsilon_2 p_4 - \varepsilon_2 g,$$

wobei nur zu beachten ist, dass man ε_2 nicht durch p_3 oder p_4, sondern durch irgend welche zwei *andere* Symbole p auszudrücken hat. Man erhält also für die Bedingung, dass eine Gerade mit einer Fläche an zwei verschiedenen Stellen zwei zusammenfallende Schnittpunkte hat:

$$(p_1 + p_2 - g)(p_3 + p_4 - g).$$

Eine solche Gerade nennt man eine *Doppeltangente.* Da nun in *jedem der beiden* Berührungspunkte die Coincidenz von p_1 und p_2 resp. p_3 und p_4 gedacht werden kann, so erhalten wir, wenn wir die Bedingung, dass eine Gerade Doppeltangente einer F_n ist, mit ε_{22} bezeichnen:

$$2 . \varepsilon_{22} = (p_1 + p_2 - g)(p_3 + p_4 - g)$$

oder

$$2 . \varepsilon_{22} = p_1 p_3 + p_1 p_4 + p_2 p_3 + p_2 p_4 - g p_1 - g p_2 - g p_3 - g p_4 + g_e + g_p.$$

Von den zehn Symbolen der rechten Seiten bedeuten dann die vier ersten *ganz dasselbe*, nämlich dass eine Gerade g mit einer F_n zwei auf gegebenen Ebenen liegende *verschiedene* Schnittpunkte habe. Ebenso bedeuten die vier folgenden Symbole ganz dasselbe, nämlich dass eine Gerade g eine gegebene Gerade schneide und dabei einen Schnittpunkt mit der F_n auf der gegebenen Ebene habe. Ueberhaupt ist jedes aus i Faktoren p mit i verschiedenen Indices bestehende Symbol gleich jedem anderen Symbol, das aus i Faktoren p mit verschiedenen Indices zusammengesetzt ist. Multipliciren wir nun die obige Gleichung mit g_e, so kommt:

$$2 \,.\, \varepsilon_{22} g_e = 4 \,.\, p_1 p_3 g_e - 4 \,.\, p_1 g_s + G = 4 \,.\, p_1 p_3 g_e - 4 \,.\, p_1^3 g - 3 \,.\, G.$$

Da jetzt die Symbole *vierfache* Bedingungen darstellen und der Strahl die Constantenzahl 4 hat, so repräsentiren die Symbole Anzahlen, die wir berechnen wollen.

Um $p_1 p_3 g_e$ zu bestimmen, beachten wir, dass auf der Ebene der Bedingung g_e sowohl die Ebene von p_1 wie auch die Ebene von p_3 n Punkte der F_n ausschneidet. Man erhält also n^2 Verbindungsstrahlen der ersten n Punkte mit den zweiten n Punkten. Aber auf jedem dieser Verbindungsstrahlen kann man jeden der $n-2$ übrigen Punkte als p_2 und jeden der $n-3$ dann noch übrigen Punkte als p_4 ansehen; also ist:

$$p_1 p_3 g_e = n^2 (n-2)(n-3).$$

Für $p_1^3 g$ ergiebt sich wieder null. Um G zu bestimmen, beachten wir, dass auf der Geraden der Bedingung G jeder der n Schnittpunkte als p_1, jeder sonstige als p_2, jeder der $n-2$ dann noch übrigen Punkte als p_3, jeder der $n-3$ dann noch restirenden Punkte als p_4 aufgefasst werden muss; also kommt:

$$2 \,.\, \varepsilon_{22} g_e = 4 \,.\, n^2 (n-2)(n-3) - 4 \,.\, 0 - 3 \,.\, n(n-1)(n-2)(n-3)$$
$$= n(n-2)(n-3)(4n-3n+3)$$

oder

$$\varepsilon_{22} g_e = \tfrac{1}{2} \,.\, n(n-2)(n-3)(n+3).$$

Soviel Doppeltangenten liegen also in jedem ebenen Schnitte der Fläche n^{ter} Ordnung.

Analog erhalten wir für die Bedingung ε_3, dass auf einer Geraden von den n Schnittpunkten mit der F_n sowohl die Punkte p_1 und p_2, wie auch die Punkte p_2 und p_3 coincidiren sollen,

$$(p_1 + p_2 - g)(p_2 + p_3 - g)$$

oder

$$p_1 p_2 + p_1 p_3 + p_2 p_3 + p_2^2 - g(p_1 + p_3) - 2 \,.\, g p_2 + g_e + g_p.$$

Also ist:

$$\varepsilon_3 g_e = 3 \,.\, p_1 p_2 g_e + p_1^2 g_e - p_1^3 g - p_3^3 g - 2 \,.\, p_2^3 g - 4 \,.\, G + G.$$

Hier sind $p_1 p_2 g_e = n^2 (n-2)$, $G = n(n-1)(n-2)$, die übrigen Symbole gleich null zu setzen; also ist:

$$\varepsilon_3 g_e = 3 \,.\, n^2 (n-2) - 3 \,.\, n(n-1)(n-2)$$
$$= 3n(n-2).$$

Dies ist also *die Zahl der in einer gegebenen Ebene liegenden Haupttangenten der F_n, d. h. derjenigen Tangenten, welche dreipunktig berühren.*

Um auch alle übrigen, auf die mehrfachen und mehrpunktigen Tangenten bezüglichen Anzahlen zu gewinnen, definiren wir das Symbol

$$\varepsilon_{iklm},$$

wo i, k, l, m nur geschrieben wird, wenn es grösser als 1 ist. Es bezeichne dieses Symbol die Bedingung, dass eine Gerade von ihren n Schnittpunkten mit F_n an einer Stelle i, an einer zweiten Stelle k, an einer dritten l, an einer vierten m Punkte *vereinige.* Da es für eine Gerade eine einfache Bedingung ist, zwei Schnittpunkte mit F_n zu vereinigen, so sind ε_2 eine einfache Bedingung, ε_3 und ε_{22} zweifache, ε_4, ε_{32}, ε_{222} dreifache, ε_5, ε_{42}, ε_{33}, ε_{332}, ε_{2222} vierfache Bedingungen. Bedingungen von noch höherer Dimension lassen sich nicht aufstellen, weil die Gerade die Constantenzahl 4 hat. Wir bezeichnen ferner bei ε_2, ε_3, ε_4 den Berührungspunkt beziehungsweise mit b_2, b_3, b_4, bei ε_{32} den Punkt, wo dreipunktige Berührung stattfindet, mit b_3, den Punkt, wo zweipunktige Berührung stattfindet, mit b_2. Bei ε_{22} nennen wir zur Unterscheidung b_2 irgend einen der beiden Berührungspunkte, c_2 dann den andern. Bei ε_{222} bezeichnen wir irgend einen der drei Berührungspunkte mit b_2. Natürlich bedeuten diese Symbole b_2, b_3, b_4, c_2 auch die zugehörigen Bedingungen, also z. B. $\varepsilon_{32}b_3$, dass eine Gerade eine Fläche *drei-zweipunktig* berühre, und dabei den Punkt, wo dreipunktige Berührung stattfindet, auf einer gegebenen Ebene habe, ferner $\varepsilon_{22}b_2^2$, dass eine Gerade Doppeltangente sei und dabei den einen Berührungspunkt auf einer gegebenen Geraden besitze, d. h. n-mal die Bedingung, dass eine Gerade in einem gegebenen Punkte der F_n berühre und ausserdem die F_n noch an einer andern Stelle berühre. Wir drücken nun mit Benutzung der eingeführten Symbole die zu berechnenden, auf die ε bezüglichen vierfachen Bedingungen, durch gewisse leicht zu ermittelnde, auf g und die n Schnittpunkte bezügliche Bedingungen aus. Dabei lassen wir aber erstens diejenigen Symbole fort, welche gleich null sind, und zweitens diejenigen, welche sich nach den Incidenzformeln (§ 7) leicht als die Summe zweier anderen erkennen lassen, wie z. B.

$$\varepsilon_3 b_3 g = \varepsilon_3 b_3^2 + \varepsilon_3 g_e,$$

$$\varepsilon_2 b_2 c_2 g = \varepsilon_2 b_2 g_e + \varepsilon_2 b_2 c_2^2 = \varepsilon_2 c_2 g_e + \varepsilon_2 b_2^2 c_2,$$

$$\varepsilon_2 b_2 g_p = \varepsilon_2 b_2^3 + 2 \,.\, \varepsilon_2 g_s = 2 \,.\, \varepsilon_2 g_s.$$

Tabelle der Tangentenanzahlen.

1) $\varepsilon_2 g_s$, 2) $\varepsilon_2 b_2 g_e$;
3) $\varepsilon_3 g_e$, 4) $\varepsilon_3 g_p$, 5) $\varepsilon_3 b_3^2$;
6) $\varepsilon_{22} g_e$, 7) $\varepsilon_{22} g_p$, 8) $\varepsilon_{22} b_2^2$, 9) $\varepsilon_{22} b_2 c_2$;
10) $\varepsilon_4 g$, 11) $\varepsilon_4 b_4$;
12) $\varepsilon_{32} g$, 13) $\varepsilon_{32} b_3$, 14) $\varepsilon_{32} b_2$;
15) $\varepsilon_{222} g$, 16) $\varepsilon_{222} b_2$;
17) ε_5, 18) ε_{42}, 19) ε_{33}, 20) ε_{322}, 21) ε_{2222}.

Für diese 21 Anzahlen erhält man nach der oben auseinandergesetzten Methode die folgenden Formeln. Dabei sind rechts zur Vereinfachung die Incidenzformeln angewandt und diejenigen Symbole fortgelassen, welche gleich null sind. Schliesslich ergeben sich dann die auf die ε bezüglichen Bedingungen als Functionen von nur fünf auf p und g bezüglichen Bedingungen, nämlich von:

$$p_1 p_2 p_3 p_4, \quad p_1^2 p_2 p_3, \quad p_1^2 p_2^2, \quad g_e p_1 p_2, \quad G.$$

Tabelle der Formeln.

1) $\varepsilon_2 g_s = (p_1 + p_2 - g) g_s = G,$

2) $\varepsilon_2 b_2 g_e = (p_1 + p_2 - g) p_1 g_e = (p_1 + p_2 - g) p_2 g_e$
$= p_1 p_2 g_e - G,$

3) $\varepsilon_3 g_e = (p_1 + p_2 - g)(p_1 + p_3 - g) g_e = 3 . p_1 p_2 g_e - 4 . p_1 g_s + G$
$= 3 . p_1 p_2 g_e - 3 . G,$

4) $\varepsilon_3 g_p = (p_1 + p_2 - g)(p_1 + p_3 - g) g_p = p_1^2 g_p + 3 . p_1 p_2 g_p$
$- 4 . p_1 g_s + G = G + 3 . p_1 g_s - 4 . G + G = G,$

5) $\varepsilon_3 b_3^2 = (p_1 + p_2 - g)(p_1 + p_3 - g) p_1^2 = p_2 p_3 p_1^2 - g p_3 p_1^2$
$- g p_2 p_1^2 + g^2 p_1^2 = p_1^2 p_2 p_3 - 2 . p_1^2 p_2^2 + G;$

6) $2 . \varepsilon_{22} g_e = (p_1 + p_2 - g)(p_3 + p_4 - g) g_e = 4 . p_1 p_2 g_e - 4 . p_1 g_s + G$
$= 4 . p_1 p_2 g_e - 3 . G,$

7) $2 . \varepsilon_{22} g_p = (p_1 + p_2 - g)(p_3 + p_4 - g) g_p = 4 . p_1 p_3 g_p - 4 . p_1 g_s + G$
$= 4 . p_1 p_3 g_p - 3 . G = 4 p_1 g_s - 3 G = G;$

8) $\varepsilon_{22} b_2^2 = (p_1 + p_2 - g)(p_3 + p_4 - g) p_1^2 = 2 . p_1^2 p_2 p_3 - 3 . p_1^2 g p_3$
$+ g^2 p_1^2 = 2 . p_1^2 p_2 p_3 - 3 . p_1^2 p_2^2 + G,$

9) $\varepsilon_{22} b_2 c_2 = (p_1 + p_2 - g)(p_3 + p_4 - g) p_1 p_3 = p_1^2 p_3^2 + 2 . p_1^2 p_3 p_4$
$+ p_1 p_2 p_3 p_4 - 2 . g p_1^2 p_3 - 2 . g p_1 p_2 p_3 + g_e p_1 p_3$
$+ g_p p_1 p_3$
$= p_1^2 p_2^2 + 2 . p_1^2 p_2 p_3 + p_1 p_2 p_3 p_4 - 2 . p_1^2 p_2^2 - 2 . g_e p_1 p_2$
$- 2 . p_1^2 p_2 p_3 + g_e p_1 p_2 + G$
$= p_1 p_2 p_3 p_4 - p_1^2 p_2^2 - g_e p_1 p_2 + G;$

$$
\begin{aligned}
10)\qquad \varepsilon_4 g &= (p_1+p_2-g)(p_1+p_3-g)(p_1+p_4-g)g \\
&= 3\,.\,p_1^2p_2g + 4\,.\,p_1p_2p_3g - 3\,.\,g^2p_1^2 - 9g^2p_1p_2 \\
&\qquad + 6\,.\,g^3p_1 - g^4 \\
&= 3\,.\,p_1^2p_2^2 + 4\,.\,p_1^2p_2p_3 + 4\,.\,p_1p_2g_e - 3\,.\,G - 9\,.\,g_ep_1p_2 \\
&\qquad - 9\,.\,G + 6\,.\,2\,.\,G - 2\,.\,G \\
&= 3\,.\,p_1^2p_2^2 + 4\,.\,p_1^2p_2p_3 - 5p_1p_2g_e - 2\,.\,G;
\end{aligned}
$$

$$
\begin{aligned}
11)\qquad \varepsilon_4 b_4 &= (p_1+p_2-g)(p_1+p_3-g)(p_1+p_4-g)p_1 \\
&= 3\,.\,p_1^2p_2p_3 + p_1p_2p_3p_4 - 6\,.\,gp_1^2p_2 - 3\,.\,gp_1p_2p_3 \\
&\qquad + 3\,.\,g^2p_1^2 + 3g^2p_1p_2 - g^3p_1 \\
&= p_1p_2p_3p_4 + 3\,.\,p_1^2p_2p_3 - 6\,.\,p_1^2p_2^2 - 3\,.\,p_1^2p_2p_3 \\
&\qquad - 3\,.\,g_ep_1p_2 + 3\,.\,G + 3\,.\,g_ep_1p_2 + 3G - 2\,.\,G \\
&= p_1p_2p_3p_4 - 6\,.\,p_1^2p_2^2 + 4G;
\end{aligned}
$$

$$
\begin{aligned}
12)\qquad \varepsilon_{32} g &= (p_1+p_2-g)(p_1+p_3-g)(p_4+p_5-g)g \\
&= 2\,.\,p_1^2g + 6\,.\,p_1p_2p_3g - g^2p_1^2 - 11g^2p_1p_2 + 6\,.\,g^3p_1 - g^4 \\
&= 2\,.\,p_1^2p_2^2 + 6p_1p_2g_e + 6\,.\,p_1^2p_2p_3 - G - 11g_ep_1p_2 \\
&\qquad - 11G + 6\,.\,2G - 2G \\
&= 6\,.\,p_1^2p_2p_3 + 2\,.\,p_1^2p_2^2 - 5p_1p_2g_e - 2\,.\,G,
\end{aligned}
$$

$$
\begin{aligned}
13)\qquad \varepsilon_{32} b_3 &= (p_1+p_2-g)(p_1+p_3-g)(p_4+p_5-g)p_1 \\
&= 4\,.\,p_1^2p_2p_3 + 2\,.\,p_1p_2p_3p_4 - 6\,.\,gp_1^2p_2 - 5\,.\,gp_1p_2p_3 \\
&\qquad + 2\,.\,g^2p_1^2 + 4\,.\,g^2p_1p_2 - g^3p_1 \\
&= 2\,.\,p_1p_2p_3p_4 + 4\,.\,p_1^2p_2p_3 - 6p_1^2p_2^2 - 5p_1^2p_2p_3 \\
&\qquad - 5g_ep_1p_2 + 2\,.\,G + 4\,.\,g_ep_1p_2 + 4\,.\,G - 2\,.\,G \\
&= 2\,.\,p_1p_2p_3p_4 - p_1^2p_2p_3 - 6\,.\,p_1^2p_2^2 - g_ep_1p_2 + 4G,
\end{aligned}
$$

$$
\begin{aligned}
14)\qquad \varepsilon_{32} b_2 &= (p_1+p_2-g)(p_1+p_3-g)(p_4+p_5-g)p_4 \\
&= p_1^2p_2^2 + 4\,.\,p_1^2p_2p_3 + 3p_1p_2p_3p_4 - 5gp_1^2p_2 - 7gp_1p_2p_3 \\
&\qquad + g^2p_1^2 + 5\,.\,g^2p_1p_2 - g^3p_1 \\
&= 3\,.\,p_1p_2p_3p_4 + 4\,.\,p_1^2p_2p_3 + p_1^2p_2^2 - 5p_1^2p_2^2 - 7p_1^2p_2p_3 \\
&\qquad - 7g_ep_1p_2 + G + 5\,.\,g_ep_1p_2 + 5G - 2\,.\,G \\
&= 3\,.\,p_1p_2p_3p_4 - 3\,.\,p_1^2p_2p_3 - 4\,.\,p_1^2p_2^2 - 2\,.\,g_ep_1p_2 + 4\,.\,G;
\end{aligned}
$$

$$
\begin{aligned}
15)\ 3!\,\varepsilon_{222} g &= (p_1+p_2-g)(p_3+p_4-g)(p_5+p_6-g)g \\
&= 8\,.\,p_1p_2p_3g - 12\,.\,p_1p_2g^2 + 6p_1g^3 - g^4 \\
&= 8\,.\,p_1^2p_2p_3 + 8\,.\,p_1p_2g_e - 12p_1p_2g_e - 12G + 6\,.\,2G - 2G \\
&= 8\,.\,p_1^2p_2p_3 - 4p_1p_2g_e - 2G;
\end{aligned}
$$

$$
\begin{aligned}
16)\ 2\,.\,\varepsilon_{222} b_2 &= (p_1+p_2-g)(p_3+p_4-g)(p_5+p_6-g)p_1 \\
&= 4\,.\,p_1^2p_2p_3 + 4\,.\,p_1p_2p_3p_4 - 4\,.\,gp_1^2p_2 - 8\,.\,gp_1p_2p_3 \\
&\qquad + g^2p_1^2 + 5\,.\,g^2p_1p_2 - g^3p_1 \\
&= 4\,.\,p_1^2p_2p_3 + 4\,.\,p_1p_2p_3p_4 - 4\,.\,p_1^2p_2^2 - 8\,.\,p_1^2p_2p_3 \\
&\qquad - 8\,.\,g_ep_1p_2 + G + 5\,.\,g_ep_1p_2 + 5\,.\,G - 2\,.\,G \\
&= 4\,.\,p_1p_2p_3p_4 - 4\,.\,p_1^2p_2p_3 - 4\,.\,p_1^2p_2^2 - 3\,.\,g_ep_1p_2 + 4\,.\,G;
\end{aligned}
$$

17) $\quad \varepsilon_5 = (p_1 + p_2 - g)(p_1 + p_3 - g)(p_1 + p_4 - g)(p_1 + p_5 - g)$

$$= 6 . p_1^2 p_2 p_3 + 5 . p_1 p_2 p_3 p_4 - 12 . g p_1^2 p_2 - 16 . g p_1 p_2 p_3$$
$$+ 6 . g^2 p_1^2 + 18 . g^2 p_1 p_2 - 8 . g^3 p_1 + g^4$$
$$= 5 . p_1 p_2 p_3 p_4 + 6 . p_1^2 p_2 p_3 - 12 . p_1^2 p_2^2 - 16 . p_1^2 p_2 p_3$$
$$- 16 . g_e p_1 p_2 + 6 . G + 18 . g_e p_1 p_2 + 18 . G$$
$$- 8 . 2 . G + 2 . G$$
$$- 5 . p_1 p_2 p_3 p_4 - 10 . p_1^2 p_2 p_3 - 12 . p_1^2 p_2^2 + 2 . g_e p_1 p_2 + 10 . G ;$$

18) $\quad \varepsilon_{12} = (p_1 + p_2 - g)(p_1 + p_3 - g)(p_1 + p_4 - g)(p_5 + p_6 - g)$

$$= 6 . p_1^2 p_2 p_3 + 8 . p_1 p_2 p_3 p_4 - 9 . g p_1^2 p_2 - 22 . g p_1 p_2 p_3$$
$$+ 3 . g^2 p_1^2 + 21 . g^2 p_1 p_2 - 8 . g^3 p_1 + g^4$$
$$- 10 . p_1 p_2 p_3 p_4 + 6 . p_1^2 p_2 p_3 - 9 . p_1^2 p_2^2 - 22 . p_1^2 p_2 p_3$$
$$- 22 g_e p_1 p_2 + 3 . G + 21 . g_e p_1 p_2 + 21 . G$$
$$- 8 . 2 G + 2 G$$
$$= 8 . p_1 p_2 p_3 p_4 - 16 . p_1^2 p_2 p_3 - 9 . p_1^2 p_2^2 - g_e p_1 p_2 + 10 . G ;$$

19) $\quad 2 . \varepsilon_{33} = (p_1 + p_2 - g)(p_1 + p_3 - g)(p_4 + p_5 - g)(p_1 + p_6 - g)$

$$= p_1^2 p_2^2 + 6 . p_1^2 p_2 p_3 + 9 . p_1 p_2 p_3 p_4 - 8 . g p_1^2 p_2$$
$$- 24 . g p_1 p_2 p_3 + 2 . g^2 p_1^2 + 22 . g^2 p_1 p_2$$
$$- 8 . g^3 p_1 + g^4$$
$$= 9 p_1 p_2 p_3 p_4 + 6 . p_1^2 p_2 p_3 + p_1^2 p_2^2 - 8 . p_1^2 p_2^2 - 24 . p_1^2 p_2 p_3$$
$$- 24 . g_e p_1 p_2 + 2 . G + 22 . g_e p_1 p_2 + 22 . G$$
$$- 8 . 2 . G + 2 . G$$
$$= 9 . p_1 p_2 p_3 p_4 - 18 . p_1^2 p_2 p_3 - 7 . p_1^2 p_2^2 - 2 . g_e p_1 p_2 + 10 . G ;$$

20) $\quad 2 . \varepsilon_{322} = (p_1 + p_2 - g)(p_1 + p_3 - g)(p_1 + p_5 - g)(p_6 + p_7 - g)$

$$= 4 . p_1^2 p_2 p_3 + 12 . p_1 p_2 p_3 p_4 - 4 . p_1^2 p_2 g - 28 p_1 p_2 p_3 g$$
$$+ p_1^2 g^2 + 23 . g^2 p_1 p_2 - 8 . g^3 p_1 + g^4$$
$$= 4 . p_1^2 p_2 p_3 + 12 . p_1 p_2 p_3 p_4 - 4 . p_1^2 p_2^2 - 28 . p_1^2 p_2 p_3$$
$$- 28 . g_e p_1 p_2 + G + 23 . g_e p_1 p_2 + 23 . G$$
$$- 8 . 2 . G + 2 . G$$
$$12 . p_1 p_2 p_3 p_4 - 24 . p_1^2 p_2 p_3 - 4 . p_1^2 p_2^2 - 5 . g_e p_1 p_2$$
$$+ 10 . G ;$$

21) $\quad 4! \varepsilon_{2222} = (p_1 + p_2 - g)(p_3 + p_4 - g)(p_5 + p_6 - g)(p_7 + p_8 - g)$

$$= 16 . p_1 p_2 p_3 p_4 - 32 . g p_1 p_2 p_3 + 24 . g^2 p_1 p_2 - 8 . g^3 p_1 + g_4$$
$$= 16 . p_1 p_2 p_3 p_4 - 32 . p_1^2 p_2 p_3 - 32 . g_e p_1 p_2 + 24 . g_e p_1 p_2$$
$$+ 24 . G - 8 . 2 . G + 2 . G$$
$$= 16 . p_1 p_2 p_3 p_4 - 32 . p_1^2 p_2 p_3 - 8 . g_e p_1 p_2 + 10 . G .$$

Durch diese Formeln sind die Zahlen ε *direct* als Functionen der fünf *Stammzahlen*

$$p_1 p_2 p_3 p_4, \quad p_1^2 p_2 p_3, \quad g_e p_1 p_2, \quad p_1^2 p_2^2, \quad G$$

dargestellt. Diese fünf Stammzahlen aber können leicht aus der Definition der Fläche n^{ter} Ordnung gewonnen werden.

1. Das Symbol G bedeutet, wenn es sich um i Schnittpunkte handelt, die Zahl der Variationen i^{ter} Klasse ohne Wiederholung, gebildet aus den n Schnittpunkten einer gegebenen Geraden mit der Fläche, ist also gleich $n(n-1)(n-2)\ldots(n-i+1)$.

2. Um $p_1^2 p_2^2$ zu bestimmen, verbinden wir jeden der n Schnittpunkte auf der Geraden der Bedingung p_1^2 mit jedem der n Schnittpunkte auf der Geraden der Bedingung p_2^2. Es entstehen n^2 Verbindungslinien; also ist bei zwei Punkten $p_1^2 p_2^2$ gleich n^2, bei drei Punkten gleich $n^2(n-2)$, bei i Punkten gleich $n^2(n-2)(n-3)\ldots(n-i+1)$.

3. Um $g_e p_1 p_2$ zu bestimmen, suchen wir auf der Ebene von g_e die n Schnittpunkte mit der Ebene von p_1 und die n Schnittpunkte mit der Ebene von p_2, verbinden jeden Schnittpunkt aus der einen Gruppe mit jedem aus der anderen Gruppe. Dadurch erhalten wir, dass $g_e p_1 p_2$ bei zwei Punkten gleich n^2, bei i Punkten gleich $n^2(n-2)(n-3)\ldots(n-i+1)$ zu setzen ist.

4. Um $p_1^2 p_2 p_3$ zu bestimmen, suchen wir zunächst die n Schnittpunkte der Fläche mit der Geraden der Bedingung p_1^2. Wir haben dann noch zu berechnen, wieviel von jedem dieser Punkte ausgehende Gerade einen Schnittpunkt auf der Ebene von p_2 einen anderen Schnittpunkt auf der Ebene von p_3 haben, d. h. wieviel Gerade die Bedingung $g_p p_2 p_3$ erfüllen. Für dieses Symbol können wir nach den Incidenzformeln setzen $g_s p_3 + p_2^3 p_3 = G + p_3^3 g + p_2^3 p_3$. Nun sind $p_3^3 g$ und $p_2^3 p_3$ gleich null, $G = n(n-1)$; also ist $p_1^2 p_2 p_3$ gleich $n^2(n-1)$, also bei i Punkten gleich $n^2(n-1)(n-3)\ldots(n-i+1)$.

5. Um $p_1 p_2 p_3 p_4$ zu bestimmen, berechnen wir zunächst $g p_2 p_3 p_4$. Dieses Symbol ist gleich $g_e p_3 p_4 + p_2^2 p_3 p_4$, also mit Benutzung von 3 und 4 gleich $n^2(n-2) + n^2(n-1) = n^2(2n-3)$. Nun aber bedeutet $g p_2 p_3 p_4$ den Grad der Linienfläche, welcher von allen Geraden gebildet wird, die auf den drei gegebenen Ebenen der drei Bedingungen p_2, p_3, p_4 drei *verschiedene* Schnittpunkte haben. Diese Linienfläche hat demnach mit der Fläche F_n nach den Bezout'schen Sätzen (§ 13) ∞^1 Punkte gemein, von denen in einer gegebenen Ebene $n^3(2n-3)$ liegen. Unter diesen Punkten fallen nach 4 $n^2(n-1)$ zugleich auf die Ebene von p_2, $n^2(n-1)$ zugleich auf die Ebene von p_3 und $n^2(n-1)$ zugleich auf die Ebene von p_4. Die Zahl der übrigen ist der Werth des gesuchten Symbols $p_1 p_2 p_3 p_4$; also ist bei vier Punkten:

$$p_1 p_2 p_3 p_4 = 2n^4 - 3n^3 - 3n^2(n-1)$$

und bei i Punkten gleich $n^2(2n^2 - 6n + 3)(n-4)\ldots(n-i+1)$.

Für $n = 3$ ergiebt dies die Zahl 27 derjenigen Geraden, welche mit einer Fläche dritten Grades *auf vier gegebenen Ebenen vier verschiedene Schnittpunkte haben, d. h. die Zahl 27 der auf der Fläche liegenden Geraden.*

Setzen wir nun die eben berechneten Werthe der fünf Stammzahlen in die Formeln ein, welche oben mit Hilfe der Incidenzformeln abgeleitet sind, so gelangen wir zu den folgenden Resultaten:

1) $\varepsilon_2 g_s = n(n-1)$,

2) $\varepsilon_2 b_2 g_e = n$,

3) $\varepsilon_3 g_e = 3 \cdot n(n-2)$,

4) $\varepsilon_3 g_p = n(n-1)(n-2)$,

5) $\varepsilon_3 b_3^{\,2} = 2 \cdot n$,

6) $\varepsilon_{22} g_e = \frac{1}{2} \cdot n(n-2)(n-3)(n+3)$,

7) $\varepsilon_{22} g_p = \frac{1}{2} \cdot n(n-1)(n-2)(n-3)$,

8) $\varepsilon_{22} b_2^{\,2} = n(n-3)(n+2)$,

9) $\varepsilon_{22} b_2 c_2 = n(n^3 - 2n^2 + 2n - 6)$,

10) $\varepsilon_4 g = 2n(n-3)(3n-2)$,

11) $\varepsilon_4 b_4 = n(11n - 24)$,

12) $\varepsilon_{32} g = n(n-3)(n-4)(n^2 + 6n - 4)$,

13) $\varepsilon_{32} b_3 = n(n-4)(3n^2 + 5n - 24)$,

14) $\varepsilon_{32} b_2 = n(n-2)(n-4)(n^2 + 2n + 12)$,

15) $\varepsilon_{222} g = \frac{1}{3} \cdot n(n-3)(n-4)(n-5)(n^2 + 3n - 2)$,

16) $\varepsilon_{222} b_2 = \frac{1}{2} \cdot n(n-2)(n-4)(n-5)(n^2 + 5n + 12)$,

17) $\varepsilon_5 = 5 \cdot n(n-4)(7n-12)$,

18) $\varepsilon_{42} = 2 \cdot n(n-4)(n-5)(n+6)(3n-5)$,

19) $\varepsilon_{33} = \frac{1}{2} \cdot n(n-4)(n-5)(n^3 + 3n^2 + 29n - 60)$,

20) $\varepsilon_{322} = \frac{1}{2} \cdot n(n-4)(n-5)(n-6)(n^3 + 9n^2 + 20n - 60)$,

21) $\varepsilon_{2222} = \frac{1}{12} \cdot n(n-4)(n-5)(n-6)(n-7)(n^3 + 6n^2 + 7n - 30)$.

Beispielsweise fassen wir einige dieser Resultate in Worte:

9. *Zieht man in jedem Punkte eines ebenen Schnittes einer Fläche n^{ter} Ordnung eine in ihm und noch anderswo berührende Tangente, so bilden die anderen Berührungspunkte eine Curve vom Grade* $n(n^3 - 2n^2 + 2n - 6)$.

11. *Die Berührungspunkte der eine Fläche n^{ten} Grades vierpunktig berührenden Tangenten bilden eine Curve vom Grade* $n(11n - 24)$.

15. *Die dreifachen Tangenten einer Fläche n^{ten} Grades bilden eine Linienfläche vom Grade*

$$\tfrac{1}{3} \,.\, n(n-3)(n-4)(n-5)(n^2+3n-2).$$

17. *Eine Fläche n^{ten} Grades besitzt* $5 \,.\, n(n-4)(7n-12)$ *Punkte, in denen eine Tangente fünfpunktig berühren kann.*

18. *Eine Fläche n^{ten} Grades besitzt*

$$2 \,.\, n(n-4)(n-5)(n+6)(3n-5)$$

vierpunktig berührende Tangenten, welche noch anderswo zweipunktig berühren.

21. *An eine Fläche n^{ten} Grades lassen sich*

$$\tfrac{1}{12} \,.\, n(n-4)(n-5)(n-6)(n-7)(n^3+6n^2+7n-30)$$

vierfache Tangenten legen.

Es bietet keine Schwierigkeit dar, den 21 Formeln noch diejenigen hinzuzufügen, welche auf die Bedingungen Bezug nehmen, dass ein *einfacher* Schnittpunkt der mehrfachen und mehrpunktigen Tangenten auf einer gegebenen Ebene resp. einer gegebenen Geraden liegen soll. Dies verdeutlichen die folgenden Beispiele.

22. *Der Grad der Curve derjenigen Punkte, von welchen sich anderswo berührende dreifache Tangenten ziehen lassen, ist gleich* $\tfrac{1}{6}$ *von*

$$\begin{aligned}
& p_1(p_2+p_3-g)(p_4+p_5-g)(p_6+p_7-g) \\
&= 8 \,.\, p_1p_2p_3p_4 - 12 \,.\, gp_1p_2p_3 + 6 \,.\, g^2p_1p_2 - g^3p_1 \\
&= 8 \,.\, p_1p_2p_3p_4 - 12 \,.\, g_ep_1p_2 - 12 \,.\, p_1^2p_2p_3 + 6 \,.\, g_ep_1p_2 + 6 \,.\, G - 2 \,.\, G \\
&= 8 \,.\, p_1g_2p_3p_4 - 12 \,.\, p_1^2p_2p_3 - 6 \,.\, g_ep_1p_2 + 4 \,.\, G \\
&= 8 \,.\, n^2(2n^2-6n+3)(n-4)(n-5)(n-6) \\
&\qquad - 12 \,.\, n^2(n-1)(n-3)(n-4)(n-5)(n-6) \\
&\qquad - 6 \,.\, n^2(n-2)(n-3)(n-4)(n-5)(n-6) \\
&\qquad + 4 \,.\, n(n-1)(n-2)(n-3)(n-4)(n-5)(n-6) \\
&= 2 \,.\, n(n-4)(n-5)(n-6)(n^3+3n^2-2n-12).
\end{aligned}$$

23. *Die Zahl derjenigen Haupttangenten, welche, von einem gegebenen Punkte der Fläche ausgehend, anderswo berühren, ist gleich* $\dfrac{1}{n}$ *von*

$$\begin{aligned}
& p_1^2(p_2+p_3-g)(p_2+p_4-g) \\
&= p_1^2p_1^2 + 3 \,.\, p_1^2p_2p_3 - 4 \,.\, gp_1^2p_2 + p_1^2g^2 \\
&= p_1^2p_2^2 + 3 \,.\, p_1^2p_2p_3 + 4 \,.\, p_1^2p_2^2 + G \\
&= 3 \,.\, p_1^2p_2p_3 - 3 \,.\, p_1^2p_2^2 + G \\
&= 3n^2(n-1)(n-3) - 3 \,.\, n^2(n-2)(n-3) + n(n-1)(n-2)(n-3) \\
&= n(n-3)(n^2+2).
\end{aligned}$$

24. *Die Zahl derjenigen Tangenten, welche auf drei gegebenen Ebenen drei verschiedene einfache Schnittpunkte haben, ist gleich*

$$p_1p_2p_3(p_4+p_5-g) = 2\,.\,p_1p_2p_3p_4 - g_1p_1p_2p_3$$
$$= 2\,.\,p_1p_2p_3p_4 - p_1^2p_2p_3 - g_e p_1p_2$$
$$= 2\,.\,n^2(2n^2-6n+3)(n-4) - n^2(n-1)(n-3)(n-4)$$
$$- n^2(n-2)(n-3)(n-4)$$
$$= n^2(n-4)(2n^2-3n-3).$$

Absichtlich ist jedes dieser Abzählungsresultate *direct* aus den fünf Stammzahlen und damit aus der *Definition* der Fläche n^{ten} Grades abgeleitet, da der Verfasser zeigen wollte, wie selbst diejenigen Resultate, welche durch die herkömmliche rein algebraische Methode bisher nicht gewonnen werden konnten (cf. Salmon-Fiedler, Raum, II. Th., II. Aufl., Art. 465, letzte Zeile), z. B. die Zahl der fünfpunktigen Tangenten, sich ohne fremde Hilfsmittel naturgemäss aus dem Begriff des zweistufigen Punktsystems ergeben, sobald man nur den Bedingungskalkül anwendet.

Freilich können auch die Resultate *stufenweise* abgeleitet werden, z. B. aus den Anzahlen für die *Tangenten* die Anzahlen für die *Haupttangenten und Doppeltangenten*, aus diesen die Anzahlen für die *vierpunktigen*, *drei-zweipunktigen* und *dreifachen Tangenten*, aus diesen dann die Anzahlen für die *fünfpunktigen*, *vier-zweipunktigen*, *drei-dreipunktigen*, *drei-zwei-zweipunktigen* und *vierfachen Tangenten*. Beispielsweise folgt aus den drei Zahlen $\varepsilon_{32}b_3$, $\varepsilon_{32}b_2$, $\varepsilon_{32}g$ die Zahl ε_5 bei Anwendung der Coincidenzformel 1 des § 13 ohne Weiteres, nämlich:

$$\varepsilon_5 = \varepsilon_{32}b_3 + \varepsilon_{32}b_2 - \varepsilon_{32}g$$
$$= n(n-4)(3n^2+5n-24) + n(n-2)(n-4)(n^2+2n+12)$$
$$- n(n-3)(n-4)(n^2+6n-4)$$
$$= n(n-4)(35n-60) = 5\,.\,n(n-4)(7n-12).$$

Um noch andere Formeln aufzustellen, welche die späteren der oben berechneten Anzahlen ε auf frühere zurückführen, ist es nützlich, den folgenden Satz zu benutzen, welcher direct aus den Bezoutschen Sätzen folgt:

„*Wenn eine Gerade, welche F_n an einer Stelle α-punktig, an einer anderen Stelle β-punktig berührt u. s. w., eine Regelfläche vom Grade ν erzeugt, so ist:*

$$n\,.\,\nu = 1\,.\,\nu_1 + \alpha\,.\,\nu_\alpha + \beta\,.\,\nu_\beta + \ldots,$$

wo ν_1, ν_α, $\nu_\beta, \ldots$ die Ordnungen der Curven sind, welche bezüglich von *den einfachen Schnittpunkten, den Stellen α-punktiger Berührung, den Stellen β-punktiger Berührung u. s. w. gebildet werden.“*

Um diesen Satz auf unsere Zahlen ε anwenden zu können, setzen wir noch fest, dass b_1 bei einem Symbole ε immer jeden *einfachen* Schnittpunkt der betreffenden Tangente bedeuten soll. Dann haben wir nach dem eben ausgesprochenen Satze:

$$n\,.\,(\varepsilon_3 g^2) = 3\,.\,\varepsilon_3 b_3 g + 1\,.\,\varepsilon_3 b_1 g,$$
$$n\,.\,(\varepsilon_3 b_3 g) = 3\,.\,\varepsilon_3 b_3{}^2 + 1\,.\,\varepsilon_3 b_3 b_1,$$
$$n\,.\,(\varepsilon_{22} g^2) = 2\,.\,(\varepsilon_{22} g b_2) + 1\,.\,\varepsilon_{22} g b_1,$$
$$n\,.\,(\varepsilon_{22} b_2 g) = 2\,.\,\varepsilon_{22} b_2{}^2 + 2\,.\,\varepsilon_{22} b_2 c_2 + 1\,.\,\varepsilon_{22} b_2 b_1,$$
$$n\,.\,(\varepsilon_4 g) = 4\,.\,\varepsilon_4 b_4 + 1\,.\,\varepsilon_4 b_1,$$
$$n\,.\,(\varepsilon_{32} g) = 3\,.\,\varepsilon_{32} b_3 + 2\,.\,\varepsilon_{32} b_2 + 1\,.\,\varepsilon_{32} b_1,$$
$$n\,.\,(\varepsilon_{222} g) = 2\,.\,\varepsilon_{222} b_2 + 1\,.\,\varepsilon_{222} b_1.$$

Mit Hilfe dieser Formeln kann man die auf b_1 bezüglichen Symbole leicht aus den in den ersten 21 Formeln berechneten Symbolen bestimmen, z. B. das in 22 berechnete Symbol $\varepsilon_{222} b_1$ als

$$n\,.\,(\varepsilon_{222} g) - 2\,.\,\varepsilon_{222} b_2$$
$$= \tfrac{1}{3} n^2 (n-3)(n-4)(n-5)(n^2+3n-2)$$
$$\qquad - 2\,.\,\tfrac{1}{2} n (n-2)(n-4)(n-5)(n^2+5n+12)$$
$$= \tfrac{1}{3}\,.\,n(n-4)(n-5)(n^4 - 11n^2 + 6n - 3n^3 - 9n^2 - 6n + 72)$$
$$= \tfrac{1}{3} n (n-4)(n-5)(n-6)(n^3 + 3n^2 - 2n - 12).$$

Bei Anwendung der *Coincidenzformel erster Dimension* für Punktepaare ist man hiernach im Stande, die Zahlen

$$\varepsilon_5,\ \varepsilon_{42},\ \varepsilon_{33},\ \varepsilon_{322},\ \varepsilon_{2222}$$

ohne grosse Rechnung *als Functionen von n und den Zahlen:*

$$\varepsilon_4 g,\ \varepsilon_4 b_4,\ \varepsilon_{32} g,\ \varepsilon_{32} b_3,\ \varepsilon_{32} b_2,\ \varepsilon_{222} g,\ \varepsilon_{222} b_2$$

darzustellen und zwar oft auf verschiedene Arten; dies zeigen die folgenden Ableitungen:

17) $$\varepsilon_5 = \varepsilon_4 b_4\,.\,(n-4) + \varepsilon_4 b_1 - \varepsilon_4 g\,.\,(n-4)$$
$$= \varepsilon_4 b_4\,.\,(n-4) + (n\,.\,\varepsilon_4 g - 4\,.\,\varepsilon_4 b_4) - \varepsilon_4 g\,.\,(n-4)$$
$$= \varepsilon_4 b_4\,.\,(n-8) + 4\,.\,\varepsilon_4 g,$$

17) $$\varepsilon_5 = \varepsilon_{32} b_3 + \varepsilon_{32} b_2 - \varepsilon_{32} g;$$

18) $$\varepsilon_{42} = \varepsilon_4 b_1\,.\,(n-5) + \varepsilon_4 b_1\,.\,(n-5) - \varepsilon_4 g\,.\,(n-4)(n-5)$$
$$= 2\,.\,(n\,.\,\varepsilon_4 g - 4\,.\,\varepsilon_4 b_4)\,.\,(n-5) - \varepsilon_4 g\,.\,(n-4)(n-5)$$
$$= \varepsilon_4 g\,.\,(n-5)(n+4) - \varepsilon_4 b_4\,.\,8\,.\,(n-5),$$

18) $$\varepsilon_{42} = \varepsilon_{32} b_3\,.\,(n-5) + \varepsilon_{32} b_1 - \varepsilon_{32} g\,.\,(n-5)$$
$$= \varepsilon_{32} b_3\,.\,(n-5) + (n\,.\,\varepsilon_{32} g - 3\,.\,\varepsilon_{32} b_3 - 2\,.\,\varepsilon_{32} b_2) - \varepsilon_{32} g\,.\,(n-5)$$
$$= \varepsilon_{32} b_3\,.\,(n-8) - 2\,.\,\varepsilon_{32} b_2 + 5\,.\,\varepsilon_{32} g,$$

18) $\varepsilon_{12} = \varepsilon_{222} b_2 . 2 + \varepsilon_{222} b_2 . 2 - \varepsilon_{222} g . 6$
$= 4 . \varepsilon_{222} b_2 - 6 . \varepsilon_{222} g;$

19) $2 . \varepsilon_{33} = \varepsilon_{32} b_2 . (n-5) + \varepsilon_{32} b_1 - \varepsilon_{32} g (n-5)$
$= \varepsilon_{32} b_2 . (n-5) + (n . \varepsilon_{32} g - 3 . \varepsilon_{32} b_2 - 2 . \varepsilon_{32} b_2) - \varepsilon_{32} g (n-5)$
$= \varepsilon_{32} b_2 . (n-7) - 3 . \varepsilon_{32} b_3 + 5 . \varepsilon_{32} g;$

20) $2 . \varepsilon_{322} = \varepsilon_{32} b_1 . (n-6) + \varepsilon_{32} b_1 . (n-6) - \varepsilon_{32} g . (n-5)(n-6)$
$= 2 . (n-6)(n . \varepsilon_{32} g - 3 . \varepsilon_{32} b_3 - 2 . \varepsilon_{32} b_2)$
$- \varepsilon_{32} g . (n-5)(n-6)$
$= \varepsilon_{32} g . (n-6)(n+5) - 6 . \varepsilon_{32} b_3 . (n-6) - 4 . \varepsilon_{32} b_2 . (n-6),$

20) $\varepsilon_{322} = \varepsilon_{222} b_2 . (n-6) + \varepsilon_{222} b_1 . 3 - \varepsilon_{222} g . 3 . (n-6)$
$= \varepsilon_{222} b_2 . (n-6) + 3 . (n . \varepsilon_{222} g - 2 . \varepsilon_{222} b_2) - 3 . \varepsilon_{222} g . (n-6)$
$= \varepsilon_{222} b_2 . (n-12) + 18 . \varepsilon_{222} g;$

21) $4 . \varepsilon_{2222} = \varepsilon_{222} b_1 . (n-7) + \varepsilon_{222} b_1 . (n-7) - \varepsilon_{222} g . (n-6)(n-7)$
$= 2 . (n-7) . (n . \varepsilon_{222} g - 2 . \varepsilon_{222} b_2) - \varepsilon_{222} g . (n-6)(n-7)$
$= \varepsilon_{222} g . (n-7)(n+6) - 4 . \varepsilon_{222} b_2 . (n-7).$

Hiernach erhält man durch Substitution der Werthe von

$$\varepsilon_4 g, \ \varepsilon_4 b_4, \ \varepsilon_{32} g, \ \varepsilon_{32} b_3, \ \varepsilon_{32} b_2, \ \varepsilon_{222} g, \ \varepsilon_{222} b_2$$

die oben berechneten Zahlen *bestätigt* und zwar ε_5 zweimal, ε_{12} dreimal, ε_{33} einmal, ε_{322} zweimal, ε_{2222} einmal.

Um auch zu den Anzahlen zu gelangen, welche sich auf *zwei* mehrfache und mehrpunktige Tangenten mit *gemeinsamem Berührungspunkte* beziehen, müssen wir einen wichtigen *Hilfssatz* voranschicken. Es sei auf der Fläche F_n eine beliebige Curve C r^{ten} Grades gegeben. Dann giebt es ∞^3 Strahlen g, welche diese Curve C schneiden. Ein solcher C schneidender Strahl ist also endlichdeutig bestimmt, wenn man ihm irgendwelche *dreifache Bedingung* auferlegt. Diese enthalte keine anderen Symbole, als solche, welche in diesem Paragraphen besprochen sind. Dann lässt sie sich, wie dies aus den obigen Entwickelungen hervorgeht, im allgemeinen auf die Symbole g_s, $p_1 g_e$, $p_1^2 p_2$, $p_1 p_2 p_3$ zurückführen. Wir unterscheiden aber auf jedem Strahle g, der C schneidet, den Schnittpunkt mit C selbst von den übrigen $n-1$ Schnittpunkten, indem wir ihn mit q_1, jeden der übrigen $n-1$ Schnittpunkte mit p_2, jeden der dann noch restirenden Schnittpunkte mit p_3 und so fort bezeichnen. Dann kommt man bei der Zurückführung der auf g bezüglichen dreifachen Bedingungen nur auf die folgenden, *von null verschiedenen* Symbole:

$$g_s, \ g_e p_2, \ q_1 p_2^2, \ q_1 p_2 p_3, \ p_2^2 p_3, \ p_2 p_3 p_4.$$

Die Werthe dieser sechs Symbole ergeben sich leicht aus der Definition der Fläche F n^{ter} Ordnung und der Curve C r^{ter} Ordnung. Die Ebene von g_s schneidet C in r Punkten; also ist, wenn es sich nur um den Schnittpunkt auf C handelt, g_s gleich r. Ist also von i Schnittpunkten die Rede, so ist:

$$g_s = r \,.\, (n-1)(n-2)\ldots(n-i+1).$$

Ebenso ergiebt sich:

$$g_e p_2 = r \,.\, n\,(n-2)\ldots(n-i+1).$$

Bei $q_1 p_2^2$ beachte man, dass die Ebene der Bedingung q_1 die Curve C in r Punkten, dass die Gerade von p_2^2 die Fläche F_n in n Punkten schneidet und dass der Verbindungsstrahl jedes von den r Punkten mit jedem von den n Punkten einen Strahl liefert, der C schneidet und $q_1 p_2^2$ erfüllt; also ist:

$$q_1 p_2^2 = r \,.\, n\,(n-2)(n-3)\ldots(n-i+1).$$

Um $q_1 p_2 p_3$ zu bestimmen, erinnern wir uns, dass von jedem der r Punkte, in denen die Ebene von q_1 die Curve C schneidet, $n(n-1)$ Strahlen ausgehen, die auf zwei gegebenen Ebenen verschiedene Schnittpunkte haben; also ist:

$$q_1 p_2 p_3 = r \,.\, n\,(n-1)(n-3)\ldots(n-i+1).$$

Ferner gehen von jedem der n Punkte, in denen die Gerade von p_2^2 die F_n schneidet, $r\,.\,(n-1)$ Strahlen aus, die ausser in C noch in der Ebene der Bedingung p_3 einen Schnittpunkt besitzen; also ist:

$$p_2^2 p_3 = r \,.\, n\,(n-1)(n-3)\ldots(n-i+1).$$

Hiernach ist bei drei Punkten $g p_2 p_3 = g_e p_2 + p_2^2 p_3 = r \,.\, n \,.\, (2n-3)$. Dies ist also der Grad der Linienfläche, die von den ∞^1 Geraden gebildet wird, welche C schneiden und ausserdem auf zwei gegebenen Ebenen verschiedene Schnittpunkte haben. Diese Linienfläche schneidet F_n in $r \,.\, n^2(2n-3)$ Punkten, unter denen sich erstens $q_1 p_2 p_3 = r \,.\, n\,(n-1)$ befinden, die auf C liegen, zweitens $r \,.\, n(n-1)$, welche die Bedingung $p_2^2 p_3$ erfüllen und drittens $r \,.\, n(n-1)$, welche $p_2 p_3^2$ erfüllen; also bleibt bei drei Punkten:

$$p_2 p_3 p_4 = r \,.\, n^2(2n-3) - 3 \,.\, r \,.\, n\,(n-1 = r \,.\, n\,(2n^2-6n+3),$$

und bei i Punkten:

$$p_2 p_3 p_4 = r \,.\, n\,(2n^2-6n+3)(n-4)\ldots(n-i+1).$$

Vergleicht man diese sechs Resultate mit den oben für die fünf Symbole:

$$p_1 g_s, \quad p_1 p_2 g_e, \quad p_1^2 p_2^2, \quad p_1^2 p_2 p_3, \quad p_1 p_2 p_3 p_4$$

gefundenen Werthen, so sieht man, dass *die Umwandelung der Be-*

dingung p_1 *in die Bedingung, die Curve C* r^{ten} *Grades zu schneiden, auf die Werthe der Stammzahlen keinen anderen Einfluss ausübt, als dass dieselben mit dem Bruche* $\frac{r}{n}$ *multiplicirt erscheinen.* Dieses Resultat kann man aussprechen wie folgt:

Bei jeder Fläche F_n n^{ten} *Grades ist die Zahl der Geraden, welche eine beliebige, auf ihre n Schnittpunkte mit* F_n *bezügliche dreifache Bedingung erfüllen und ausserdem eine auf* F_n *liegende Curve C* r^{ten} *Grades schneiden,* $\frac{r}{n}$ *mal so gross, als die Zahl der Geraden, welche dieselbe dreifache Bedingung erfüllen und ausserdem einen Schnittpunkt auf einer gegebenen Ebene besitzen.*

Dasselbe Resultat würde man aus dem Bezout'schen Satze erhalten, wenn man wüsste, dass die Schnittpunkte der jene dreifache Bedingung erfüllenden Geraden auf F_n eine Curve bilden, welche der *vollständige Schnitt* der F_n mit einer gewissen Fläche ist.

Mit Hilfe des eben bewiesenen Hilfssatzes kann man aus unseren Abzählungsresultaten eine grosse Menge neuer Anzahlen erhalten, wie die folgenden Beispiele verdeutlichen:

25. Aus 2) folgt, dass $\varepsilon_2 b_2 g_p = \varepsilon_2 g_s = n(n-1)$ ist; also gehen durch einen Punkt im Raume $\frac{r}{n} \cdot n(n-1) = r.(n-1)$ Tangenten, deren Berührungspunkte auf einer in der Fläche liegenden Curve r^{ten} Grades sich befinden oder, was dasselbe ist, die Tangentialebenen in den Punkten einer auf F_n liegenden Curve r^{ten} Grades bilden einen einstufigen Ort vom $r.(n-1)^{\text{ten}}$ Grade. Z. B. gehen von den Tangentialebenen in den Stellen vierpunktiger Berührung (Nr. 11) immer $n(11n-24)(n-1)$ durch jeden Punkt des Raumes. Ebenso folgt leicht, dass es $n(n-1)^2$ Punkte giebt, in denen zwei Tangenten berühren, deren jede durch einen gegebenen Punkt geht, mit anderen Worten, dass durch eine Gerade $n(n-1)^2$ Tangentialebenen an die F_n gelegt werden können.

26. Aus 3) und 5) folgt $\varepsilon_3 b_3 g = \varepsilon_3 b_3^2 + \varepsilon_3 g_e = 2.n + 3n.(n-2) = n(3n-4)$. Dies ist der Grad der Curve der Berührungspunkte aller eine gegebene Gerade schneidenden Haupttangenten. Diese Curve schneidet also nach unserem Hilfssatze die Curve vierpunktiger Berührung (Nr. 11) in $\frac{1}{n} \cdot n(3n-4).\varepsilon_4 b_4 = (3n-4).\varepsilon_4 b_4$ Punkten. Unter diesen Punkten befinden sich die $\varepsilon_4 g$ Berührungspunkte der die gegebene Gerade schneidenden vierpunktigen Tangenten. Die übrigen

$$(3n-4).\varepsilon_4 b_1 - \varepsilon_4 g$$

Punkte sind also Punkte, in denen vierpunktige Berührung stattfindet und in denen eine Haupttangente berührt, welche die gegebene Gerade schneidet, ohne mit der vierpunktigen Tangente identisch zu sein. Da nun nach Nr. 5 in jedem Punkte einer F_n nur *zwei* Haupttangenten berühren, so ist jene Zahl *die Zahl derjenigen dreipunktig berührenden Tangenten, welche mit einer vierpunktigen Tangente denselben Berührungspunkt haben und dabei eine gegebene Gerade schneiden.* Wir fassen jetzt jede vierpunktige Tangente mit derjenigen Haupttangente zusammen, welche denselben Berührungspunkt hat. Dadurch entsteht auf der F_n ein einstufiges System von Strahlenpaaren; auf dieses wenden wir die Coincidenzformel 21 des § 15 an. Dann ist $\sigma p = \varepsilon_4 b_4$ und σc nach Nr. 25 gleich $\varepsilon_4 b_4 (n-1)$ zu setzen. Das Coincidenzsymbol $\varepsilon\sigma$ bedeutet die Zahl derjenigen vierpunktigen Tangenten, welche mit Haupttangenten zusammenfallen, die denselben Berührungspunkt haben; diese Zahl ist also gleich:

$$\begin{aligned}&\varepsilon_4 g + [(3n-4).\varepsilon_4 b_4 - \varepsilon_4 g] - \varepsilon_4 b_4 - \varepsilon_4 b_4.(n-1)\\&= 2.(n-2).\varepsilon_4 b_4 = 2n(n-2)(11n-24).\end{aligned}$$

Da man zusammenfallende Haupttangenten *parabolische* Tangenten und ihre Berührungspunkte *parabolische Punkte* nennt, so kann dieses Resultat auch so ausgesprochen werden:

Es giebt auf einer Fläche n^{ter} Ordnung

$$2.n(n-2)(11n-24)$$

vierpunktig berührende parabolische Tangenten.

27. Es liegt nahe, im Anschluss an das eben gefundene Resultat die Ordnung der parabolischen Curve und den Grad der Regelfläche der parabolischen Tangenten zu bestimmen. Zu diesem Ende fassen wir je zwei in demselben Punkte berührende Haupttangenten als Strahlenpaar zusammen. Dadurch wird auf der F_n ein zweistufiges System von Strahlenpaaren gebildet, auf welches wir die Coincidenzformeln 39 und 49 des § 15 anwenden. Wir haben dann zu setzen:

$$\begin{aligned}&\sigma g_e = 3n(n-2), \quad \sigma h_e = 3n(n-2), \quad \sigma p^2 = 2.n,\\&\sigma pe = 2.n(n-1), \quad \sigma e^2 = 2n(n-1)^2.\end{aligned}$$

Um σgh zu bestimmen, wenden wir den oben bewiesenen Hilfssatz an und benutzen den Werth des Symbols $\varepsilon_3 b_3 g = \varepsilon_3 g_e + \varepsilon_3 b_3^2$ zweimal, den Werth des Symbols $\varepsilon_3 g^2 = \varepsilon_3 g_e + \varepsilon_3 g_p$ einmal. Dann kommt:

$$\sigma gh = n(3n-4)^2 - 3n(n-2) - n(n-1)(n-2)$$
$$= 4 . n(2n^2 - 6n + 5).$$

Also ergiebt sich durch die angewandte Coincidenzformel für die *Ordnung der parabolischen Curve:*

$$3n(n-2) + 3n(n-2) + 2 . n - 2n(n-1) = 4 . n(n-2),$$

und für den *Grad der von den parabolischen Tangenten gebildeten Linienfläche:*

$$4n . (2n^2 - 6n + 5) - 2 . n - 2 . n(n-1)^2 = 2n . (n-2) . (3n-4).$$

Nach unserem Hilfssatze haben die parabolische Curve und die Curve vierpunktiger Berührung

$$4n(n-2) . (11n-24)$$

Punkte gemein. Die Zahl der Tangenten in diesen Punkten haben wir aber in Nr. 26 gleich

$$2n . (n-2)(11n-24)$$

gefunden. Dass die erstgenannte Zahl doppelt so gross ist als die letztgenannte, erklärt sich dadurch, dass die parabolische Curve und die Curve vierpunktiger Berührung sich an $2n(n-2)(11n-24)$ Stellen *zweipunktig berühren.*

28. Wir stellen uns die der *metrischen* Geometrie angehörige Aufgabe, die Zahl der *Kreispunkte* einer Fläche F_n n^{ten} Grades zu bestimmen. Ein Kreispunkt ist ein solcher Punkt, in welchem beide Haupttangenten den unendlich fernen imaginären Kugelkreis schneiden; wir haben also, wenn wir der Aufgabe die *projective* Fassung geben, zu bestimmen, wie oft ein Punkt auf der F_n Berührungspunkt zweier einen gegebenen Kegelschnitt schneidender Haupttangenten ist. Nach dem Princip von der Erhaltung der Anzahl (§ 4) dürfen wir *statt des Kegelschnittes jede seiner beiden Ausartungen annehmen.* Nehmen wir zuerst die Ausartung, *bei welcher die Kegelschnittpunkte zwei Gerade* bilden. Dann kann die gestellte Forderung auf zweierlei Weise erfüllt werden; erstens, wenn *jede* der beiden Geraden von *einer* der beiden Haupttangenten geschnitten wird; zweitens, wenn die eine oder die andere Gerade von *beiden* Haupttangenten geschnitten wird. Die auf den ersten Fall bezügliche Zahl ist schon in Nr. 27 als der Werth des Symbols σgh bestimmt. Wenn, wie im zweiten Falle, eine Gerade von *beiden* Haupttangenten geschnitten werden soll, so liegen diese mit ihr in derselben Tangentialebene; also ist die gesuchte *Zahl der Kreispunkte*

$$4 . n(2n^2 - 6n + 5) + 2 . n(n-1)^2 = 2 . n(5n^2 - 14n + 11).$$

Es ist vielleicht interessant, dieses Resultat auf eine zweite Weise zu finden, indem man statt des Kegelschnittes seine *andere Ausartung* wählt. Bei dieser bilden die Punkte zwei *zusammenfallende* Gerade. Die gestellte Forderung, dass jede der beiden Haupttangenten den Kegelschnitt schneiden soll, wird also erfüllt erstens von den parabolischen Haupttangenten, welche die Doppelgerade schneiden, zweitens viermal von den Haupttangenten, welche in einer durch die Doppelgerade gehenden Tangentialebene liegen, drittens von den Haupttangenten, welche in den n Schnittpunkten der Doppelgeraden mit der F_n berühren; also ist die gesuchte *Zahl der Kreispunkte* auch gleich

$$2n(n-2)(3n-4)+4.n(n-1)^2+2.n=2n(5n^2-14n+11).$$

In der Salmon-Fiedler'schen Raumgeometrie (2. Aufl., pag. 43 bis 46) ist diese Zahl um die Zahl der in einer Ebene liegenden Haupttangenten *zu gross angegeben*. Das richtige Resultat gab zuerst Voss in den Math. Ann. Bd. IX pag. 241 **(Lit. 44)**. Aehnlich kann man auch die metrischen Probleme lösen, in denen nach Ordnung und Klasse der *Krümmungsmittelpunktsfläche* **(Lit. 45)** oder nach Feldrang und Bündelrang der von den *Krümmungslinientangenten* gebildeten Congruenz gefragt wird **(Lit. 46)**.

29. *Um die Zahl derjenigen Punkte der Fläche n^{ter} Ordnung zu bestimmen, in denen die beiden Haupttangenten vierpunktig berühren, ohne zusammenzufallen*, betrachten wir das Punktepaar, welches durch einen Punkt der Curve vierpunktiger Berührung und einen derjenigen $n-3$ einfachen Schnittpunkte erzeugt wird, die auf der in jenem Punkte nur dreipunktig berührenden Haupttangente liegen. Auf das von solchen Punktepaaren gebildete einstufige System wenden wir die Coincidenzformel erster Dimension für Punktepaare an (§ 13, Formel 1). Dann erhalten wir für das Symbol p dieser Formel $\varepsilon_4 b_4.(n-3)$, für g den schon in Nr. 26 berechneten Werth $(3n-4).\varepsilon_4 b_4-\varepsilon_4 g$ multiplicirt mit $n-3$. Um das Symbol q der Formel zu berechnen, wenden wir dasselbe Mittel an, welches uns oben (p. 239) zu den b_1 enthaltenden Symbolen führte. Dann bekommen wir für q den Werth $n.[(3n-4).\varepsilon_4 b_4-\varepsilon_4 g]-3.\varepsilon_4 b_4$; also ist der Werth des Coincidenzsymbols jener angewandten Formel gleich

$$[\varepsilon_4 b_4.(n-3)]+[n.(3n-4).\varepsilon_4 b_4-n.\varepsilon_4 g-3.\varepsilon_4 b_4]$$
$$-[(3n-4).\varepsilon_4 b_4.(n-3)-\varepsilon_4 g.(n-3)]$$

oder

$$\varepsilon_4 b_4.(10n-18)-3.\varepsilon_4 g.$$

Das Coincidenzsymbol wird aber in zwei Fällen erfüllt, erstens bei jedem Punkte, in dem *zusammenfallende* Haupttangenten vierpunktig berühren, zweitens zweimal bei jedem Punkte, in welchem *die beiden Haupttangenten, getrennt liegend, vierpunktig berühren.* Die Zahl der im ersten Fall genannten Punkte ist in Nr. 26 berechnet. Die auf den zweiten Fall bezügliche Zahl ist die gesuchte. Für diese erhalten wir also:

$$\tfrac{1}{2}\,.\,\varepsilon_4 b_4\,.\,(10n-18)-\tfrac{3}{2}\,.\,\varepsilon_4 g-(n-2)\,.\,\varepsilon_4 b_4$$
$$=\varepsilon_4 b_4\,.\,(4n-7)-\tfrac{3}{2}\,.\,\varepsilon_4 g \quad \textbf{(Lit. 47)}.$$

Nach Substitution der oben berechneten Werthe für $\varepsilon_4 b_4$ und $\varepsilon_4 g$ erhalten wir das Resultat:

„*Eine Fläche n^{ter} Ordnung besitzt*

$$5n\,.\,(7n^2-28n+30)$$

Punkte, in denen die beiden Haupttangenten vierpunktig berühren, ohne zusammenzufallen."

Für $n=3$ erhält man hieraus die Zahl 135 der Schnittpunkte der 27 auf einer Fläche dritter Ordnung liegenden Geraden.

Der Verfasser hat in seinen „Tangentensingularitäten" (Math. Ann. Bd. 11 pag. 377) ausser der eben berechneten Anzahl und den meisten der vorangehenden Anzahlen noch viele andere Resultate bestimmt, aus welchen wir hier die folgenden hervorheben:

30. *Die Zahl der in parabolischen Punkten dreipunktig und noch anderswo zweipunktig berührenden Tangenten* beträgt:

$$2n(n-2)(n-4)(3n^2+5n-24).$$

31. *Die Zahl der an einer Stelle dreipunktig, an einer anderen Stelle zweipunktig berührenden Tangenten, bei denen die Tangentialebenen der beiden Berührungspunkte zusammenfallen, oder, was dasselbe ist, die Zahl derjenigen Doppeltangentialebenen, bei denen der Verbindungsstrahl der beiden Berührungspunkte in einem dieser Berührungspunkte dreipunktig berührt*, beträgt:

$$n(n-2)(n-4)(n^3+3n^2+13n-48).$$

32. *Die Zahl derjenigen Punkte, in denen die eine Haupttangente vierpunktig, die andere nur dreipunktig, aber noch anderswo zweipunktig berührt*, beträgt:

$$n(n-4)(27n^3-13n^2-264n+396).$$

33. *Die Zahl derjenigen Punkte, in welchen die beiden Haupttangenten, getrennt liegend, dreipunktig berühren, aber so, dass jede von ihnen die Fläche noch anderswo zweipunktig berührt*, ist gleich:

$$n(n-4)(4n^5-4n^4-95n^3+99n^2+544n-840).$$

34. *Die Curve derjenigen Punkte, in denen eine drei-zweipunktige Tangente dreipunktig berührt, berührt die Curve der parabolischen Punkte überall, wo sie dieselbe trifft, zweipunktig und zwar in denjenigen parabolischen Punkten, deren Haupttangenten noch anderswo berühren.*

35. *Die Curve derjenigen Punkte, in denen eine drei-zweipunktige Tangente dreipunktig berührt, berührt die Curve vierpunktiger Berührung in den Berührungspunkten der fünfpunktigen Tangenten zweipunktig und schneidet sie ausserdem noch einfach, erstens in denjenigen Punkten, wo die vier-zweipunktigen Tangenten vierpunktig berühren, zweitens in denjenigen Punkten, wo die eine Haupttangente vierpunktig berührt, die andere Haupttangente eine drei-zweipunktige Tangente ist.*

§ 34.

Die Coincidenz mehrerer Punkte einer Geraden (Lit. 48).

Schon im vorigen Paragraphen haben wir uns mit der Coincidenz von *mehr als zwei* Punkten auf einem Gebilde beschäftigt, welches aus einer Geraden und n darauf befindlichen Punkten bestand, nur dass die Definition dieses Gebildes die *Beschränkung* enthielt, dass die n Punkte einer und derselben Fläche angehörten. Hier beschäftigen wir uns mit dem allgemeineren Gebilde Γ, dessen Definition ebenso lautet, aber frei von dieser Beschränkung ist, also *aus einer Geraden g und n in ihr liegenden Punkten*

$$p_1, p_2, p_3, \cdots p_n$$

besteht. Die $(n-1)$-fache Bedingung, dass diese n Punkte auf ihrem Träger g an einer und derselben Stelle *coincidiren*, bezeichnen wir mit ε. Es handelt sich darum, ε durch die auf

$$g, p_1, p_2, \cdots p_n$$

bezüglichen Grundbedingungen auszudrücken. Dieses gelingt bei Anwendung der symbolischen Multiplication vermittelst der Formel für die Coincidenzbedingung beim Punktepaare (§ 13, Formel 1). Hiernach ist die Bedingung ε_{ik}, dass die Punkte p_i und p_k auf g coincidiren, ausgedrückt durch:

$$\varepsilon_{ik} = p_i + p_k - g;$$

daher erhält man für die zweifache Bedingung, dass auf g an einer Stelle die Punkte p_i und p_k, an einer anderen Stelle die Punkte p_r und p_s coincidiren, die Formel:

$$\varepsilon_{ik}\,.\,\varepsilon_{rs} = (p_i + p_k - g)(p_r + p_s - g)$$
$$= p_i p_r + p_i p_s + p_k p_r + p_k p_s$$
$$- g(p_r + p_s + p_i + p^k) + (g_e + g_p).$$

Multiplicirt man in derselben Weise die Formeln für die Bedingungen:

$$\varepsilon_{12},\ \varepsilon_{13},\ \varepsilon_{14},\ \varepsilon_{15}, \ldots \varepsilon_{1n},$$

so erhält man eine Formel für die Bedingung ε, dass auf g *die n Punkte*

$$p_1,\ p_2,\ p_3, \ldots p_n$$

an einer und derselben Stelle coincidiren. Es ist also:

$$\varepsilon = (p_1 + p_2 - g)(p_1 + p_3 - g)(p_1 + p_4 - g)\ldots(p_1 + p_n - g).$$

Da man, wie eben den Index 1, *jeden* der n Indices bevorzugen konnte, so muss man nach Ausführung der Multiplication der $(n-1)$ Faktoren für ε einen in den n Indices *symmetrischen* Ausdruck bekommen können. Dies gelingt am kürzesten so; man ordne den Ausdruck für ε nach steigenden Potenzen von $p_1 - g$; dann kommt:

$$\varepsilon = \alpha_{n-1} + \alpha_{n-2}\,.\,(p_1 - g) + \alpha_{n-3}\,.\,(p_1 - g)^2 + \ldots + \alpha_0\,.\,(p_1 - g)^{n-1},$$

wo

$$\alpha_0 = 1,\ \alpha_1 = p_2 + p_3 + \ldots p_n,$$

und überhaupt α_i gleich der Summe der sämmtlichen $(n-1)_i$ Producte von je i verschiedenen der $n-1$ Symbole

$$p_2,\ p_3,\ p_4, \ldots p_n$$

gesetzt ist. Nun aber ergiebt sich aus den Incidenzformeln des § 7 für die Potenzen von $p_1 - g$ Folgendes:

$$(p_1 - g)^2 = p_1^2 - 2\,.\,p_1 g + g^2$$
$$= p_1^2 - (p_1^2 + g_e) - p_1 g + (g_e + g_p)$$
$$= - p_1 g + g_p,$$
$$(p_1 - g)^3 = (-p_1 g + g_p)(p_1 - g)$$
$$= - p_1^2 g + p_1 g_p + p_1 g^2 - g_s$$
$$= - (p_1^3 + p_1 g_e) + p_1 g_p + (p_1^3 + g_s + p_1 g_e) - g_s$$
$$= p_1 g_p,$$
$$(p_1 - g)^4 = p_1 g_p (p_1 - g)$$
$$= p_1^2 g_p - p_1 g_s$$
$$= 0,$$

also überhaupt

$$(p_1 - g)^m = 0 \text{ für } m > 3.$$

Substituirt man die erhaltenen Werthe für die Potenzen von $p_1 - g$, so kommt:

$$\varepsilon = (\alpha_{n-1} + p_1 \alpha_{n-2}) - g(\alpha_{n-2} + p_1 \alpha_{n-3}) + g_p(\alpha_{n-3} + p_1 \alpha_{n-4});$$

hier aber ist jede der drei Klammern *symmetrisch* in den $p_1, p_2, \ldots p_n$, da immer

$$\alpha_i + p_i \alpha_{i-1}$$

die Summe der sämmtlichen n_i Producte von je i verschiedenen der n Symbole $p_1, p_2, \ldots p_n$ wird. *Setzt man daher immer für solche Summe β_i*, so erhält man schliesslich *die gesuchte Hauptformel*

1) $$\varepsilon = \beta_{n-1} - g\beta_{n-2} + g_p\beta_{n-3}.$$

Zur Verdeutlichung specialisiren wir diese Formel für $n = 4$; dann hat man:

$$\begin{aligned}\varepsilon = {} & p_1p_2p_3 + p_1p_2p_4 + p_1p_3p_4 + p_2p_3p_4 \\ & - gp_1p_2 - gp_1p_3 - gp_1p_4 - gp_2p_3 - gp_2p_4 - gp_3p_4 \\ & + g_pp_1 + g_pp_2 + g_pp_3 + g_pp_4.\end{aligned}$$

Aus 1) erhält man durch symbolische Multiplication mit den auf g bezüglichen Grundbedingungen:

2) $$g\varepsilon = g\beta_{n-1} - (g_p + g_e)\beta_{n-2} + g_s\beta_{n-3},$$
3) $$g_p\varepsilon = g_p\beta_{n-1} - g_s\beta_{n-2} + G\beta_{n-3},$$
4) $$g_e\varepsilon = g_e\beta_{n-1} - g_s\beta_{n-2},$$
5) $$g_s\varepsilon = g_s\beta_{n-1} - G\beta_{n-2},$$
6) $$G\varepsilon = G\beta_{n-1}.$$

Um zweitens auch die auf den *Coincidenzpunkt* bezüglichen Bedingungen auszudrücken, führen wir die folgenden Bezeichnungen ein; es mögen

$$p_{123\ldots n},\; p^2_{123\ldots n},\; p^3_{123\ldots n}$$

die Bedingungen bedeuten, dass die n Punkte p coincidiren sollen und zugleich der Coincidenzpunkt bezüglich

auf einer gegebenen Ebene,
in einer gegebenen Geraden,
in einem gegebenen Punkte

liegen soll. Die Formel für $p_{1234\ldots n}$ erhält man durch Multiplication der Formel 1 mit irgend welcher der n Bedingungen $p_1, p_2, \ldots p_n$. Am schnellsten gelangt man zum Ziele, wenn man die die Symbole α enthaltende, der Formel 1 vorangestellte Formel mit p_1 multiplicirt; dann ergiebt sich zunächst:

$$\begin{aligned}p_{123\ldots n} = {} & p_1\alpha_{n-1} + p_1^2\alpha_{n-2} \\ & - p_1 g\alpha_{n-2} - p_1^2 g\alpha_{n-3} \\ & + p_1 g_p\alpha_{n-3} + p_1^2 g_p\alpha_{n-4}.\end{aligned}$$

Hieraus folgt aber bei Anwendung der Incidenzformeln für Strahl und incidenten Punkt (§ 7):

$$\begin{aligned} p_{123\ldots n} &= p_1 \alpha_{n-1} + p_1^2 \alpha_{n-2} - p_1^2 \alpha_{n-2} \\ &\quad - g_e \alpha_{n-2} - p_1 g_e \alpha_{n-3} - p_1^3 \alpha_{n-3} + p_1^3 \alpha_{n-3} \\ &\quad + g_s \alpha_{n-3} + p_1 g_s \alpha_{n-4} \\ &= p_1 \alpha_{n-1} - g_e (\alpha_{n-2} + p_1 \alpha_{n-3}) \\ &\quad + g_s (\alpha_{n-3} + p_1 \alpha_{n-4}). \end{aligned}$$

Führt man jetzt wieder die Symbole β ein, so erhält man schliesslich:

7) $$p_{123\ldots n} = \beta_n - g_e \beta_{n-2} + g_s \beta_{n-3}.$$

Specialisirt man wieder, indem man $n = 4$ setzt, so kommt:

$$\begin{aligned} p_{1234} &= p_1 p_2 p_3 p_4 - g_e p_1 p_2 - g_e p_1 p_3 \\ &\quad - g_e p_1 p_4 - g_e p_2 p_3 - g_e p_2 p_4 - g_e p_3 p_4 \\ &\quad + g_s p_1 + g_s p_2 + g_s p_3 + g_s p_4. \end{aligned}$$

Multiplicirt man Formel 7 mit g_e und mit G, so erhält man:

8) $$g_e p_{123\ldots n} = g_e \beta_n - G \beta_{n-2},$$

9) $$G p_{123\ldots n} = G \beta_n.$$

Die Formel für $p^2_{123\ldots n}$ erhält man am schnellsten, wenn man die Formel 4 von der mit g multiplicirten Formel 7 subtrahirt und beachtet, dass immer

$$pg - g_e = p^2 \quad \text{(Incidenzformel I des § 7)}$$

ist; dann ergiebt sich:

10) $$p^2_{123\ldots n} = g \beta_n - g_e \beta_{n-1} + G \beta_{n-3},$$

und hieraus:

11) $$g_e p^2_{123\ldots n} = g_s \beta_n - G \beta_{n-1}.$$

Die Formel für $p^3_{123\ldots n}$ erhält man, wenn man die Formel 5 von der mit g_p multiplicirten Formel 7 subtrahirt und beachtet, dass

$$pg_p - g_s = p^3 \quad \text{(Incidenzformel II des § 7)}$$

ist; dann ergiebt sich nämlich:

12) $$p^3_{123\ldots n} = g_p \beta_n - g_s \beta_{n-1} + G \beta_{n-2}.$$

Die voranstehenden sechs Formeln 7 bis 12 können benutzt werden, um umgekehrt die sechs Bedingungen

$$\begin{gathered} G p_1 p_2 \ldots p_n, \quad g_s p_1 p_2 \ldots p_n, \quad g_e p_1 p_2 \ldots p_n, \\ g_p p_1 p_2 \ldots p_n, \quad g p_1 p_2 \ldots p_n, \quad p_1 p_2 \ldots p_n \end{gathered}$$

durch Coincidenzbedingungen allein auszudrücken. Der Kürze wegen leisten wir dies nur für den speciellen Fall $n = 4$ und lassen dann die Resultate für ein allgemeines n unmittelbar folgen.

Formel 6 lässt sich für $n=4$ schreiben wie folgt:

13) $$Gp_1p_2p_3p_4 = Gp_{1234}.$$

Aus Formel 11 ergiebt sich:

$$g_s p_1p_2p_3p_4 = g_e p^2_{1234} + Gp_1p_2p_3 + Gp_1p_2p_4 + Gp_1p_3p_4 + Gp_2p_3p_4$$

oder

14) $$g_s p_1p_2p_3p_4 = g_e p^2_{1234} + Gp_{123} + Gp_{124} + Gp_{134} + Gp_{234}.$$

Ebenso erhält man aus 8:

15) $$g_e p_1p_2p_3p_4 = g_e p_{1234} + Gp_{12} + Gp_{13} + Gp_{14} + Gp_{23} + Gp_{24} + Gp_{34}.$$

Formel 12 giebt zunächst:

$$\begin{aligned} g_p p_1p_2p_3p_4 = p^3_{1234} &+ (g_e p^2_{123} + Gp_{12} + Gp_{13} + Gp_{23}) \\ &+ (g_e p^2_{124} + Gp_{12} + Gp_{14} + Gp_{24}) \\ &+ (g_e p^2_{134} + Gp_{23} + Gp_{14} + Gp_{34}) \\ &+ (g_e p^2_{234} + Gp_{23} + Gp_{24} + Gp_{34}) \\ &- Gp_{12} - Gp_{13} - Gp_{14} - Gp_{23} - Gp_{24} - Gp_{34} \end{aligned}$$

oder

16) $$\begin{aligned} g_p p_1p_2p_3p_4 = p^3_{1234} &+ g_e p^2_{123} + g_e p^2_{124} \\ &+ g_e p^2_{134} + g_e p^2_{234} + Gp_{12} + Gp_{13} \\ &+ Gp_{14} + Gp_{23} + Gp_{24} + Gp_{34}. \end{aligned}$$

Aehnlich ergiebt sich aus 10:

$$\begin{aligned} g p_1p_2p_3p_4 = p^2_{1234} &+ g_e p_{123} + g_e p_{124} + g_e p_{134} + g_e p_{234} \\ &+ 3\,.\,(Gp_1 + Gp_2 + Gp_3 + Gp_4) \\ &- Gp_1 - Gp_2 - Gp_3 - Gp_4 \end{aligned}$$

oder

17) $$\begin{aligned} g p_1p_2p_3p_4 = p^2_{1234} &+ g_e p_{123} + g_e p_{124} + g_e p_{134} + g_e p_{234} \\ &+ 2\,.\,(Gp_1 + Gp_2 + Gp_3 + Gp_4). \end{aligned}$$

Endlich erhält man aus 7:

$$\begin{aligned} p_1p_2p_3p_4 = p_{1234} &+ g_e p_{12} + g_e p_{13} + g_e p_{14} \\ &+ g_e p_{23} + g_e p_{24} + g_e p_{34} + 6\,.\,G \\ &- g_e p_1^2 - g_e p_2^2 - g_e p_3^2 - g_e p_4^2 - 4\,.\,G \end{aligned}$$

oder

18) $$\begin{aligned} p_1p_2p_3p_4 = p_{1234} &+ g_e p_{12} + g_e p_{13} + g_e p_{14} \\ &+ g_e p_{23} + g_e p_{23} + g_e p_{34} \\ &- g_e p_1^2 - g_e p_2^2 - g_e p_3^2 - g_e p_1^2 + 2\,.\,G. \end{aligned}$$

Wir verallgemeinern jetzt die Formeln 13 bis 18 von $n=4$ auf ein allgemeines n und setzen zur Abkürzung

$$s_i\,, \quad s_i^2, \quad s_i^3$$

gleich der Summe der sämmtlichen Symbole, welche man erhält, wenn man beziehungsweise dem Symbole

$$p,\quad p^2,\quad p^3$$

als Index alle möglichen n_i Zusammenstellungen von i verschiedenen unter den n Indices

$$1,\ 2,\ 3,\ldots n$$

giebt. Mit Hilfe dieser Abkürzung lassen sich die Formeln 13 bis 18 für das allgemeine n schreiben wie folgt:

13) $$G p_1 p_2 \ldots p_n = G s_n,$$

14) $$g_s p_1 p_2 \ldots p_n = g_e s_n^2 + G s_{n-1},$$

15) $$g_e p_1 p_2 \ldots p_n = g_e s_n + G s_{n-2},$$

16) $$g_p p_1 p_2 \ldots p_n = s_n^3 + g_e s^2_{n-1} + G s_{n-2},$$

17) $$g p_1 p_2 \ldots p_n = s_n^2 + g_e s_{n-1} + 2\,.\,G s_{n-3},$$

18) $$p_1 p_2 \ldots p_n = s_n + g_e s_{n-2} - g_e s^2_{n-3} + 2\,.\,G s_{n-4}.$$

Die Formeln 13 bis 18 können weiter benutzt werden, um auch die in den Formeln 1 bis 6 berechneten *Coincidenzbedingungen*

$$\varepsilon,\ \varepsilon g,\ \varepsilon g_p,\ \varepsilon g_e,\ \varepsilon g_s,\ \varepsilon G$$

durch die Symbole

$$s_i,\ s_i^2,\ s_i^3,\ g_e s_i,\ G s_i,\ g_e s_i^2$$

auszudrücken. In den Formeln 1 bis 6 treten nämlich keine anderen Bedingungen auf, als solche von der Form:

$$G p_1 p_2 \ldots p_i,\quad g_s p_1 p_2 \ldots p_i,$$
$$g_e p_1 p_2 \ldots p_i,\quad g_p p_1 p_2 \ldots p_i,$$
$$g p_1 p_2 \ldots p_i,\quad p_1 p_2 \ldots p_i.$$

Man setze also für diese Bedingungen die rechten Seiten der Gleichungen 13 bis 18 ein; dann ergiebt sich mit Benutzung der durch den Buchstaben s vorher eingeführten Abkürzungen:

19) $$\varepsilon = s_{n-1} - s^2_{n-2} + s^3_{n-3},$$

20) $$\varepsilon g = s^2_{n-1} - s^3_{n-2} + g_e s_{n-2} - 2\,.\,g_e s^2_{n-3},$$

21) $$\varepsilon g_p = s^3_{n-1} + g_e s^2_{n-2} + G s_{n-3},$$

22) $$\varepsilon g_e = g_e s_{n-1} - g_e s^2_{n-2},$$

23) $$\varepsilon g_s = g_e s^2_{n-1} + G s_{n-2},$$

24) $$\varepsilon G = G s_{n-1}$$ **(Lit. 48).**

Zur Verdeutlichung specialisiren wir die Formeln 19 bis 23 so, dass jede von ihnen vierter Dimension wird; dann haben wir für 19 $n=5$, für 20 $n=4$, für 21 $n=3$, für 22 $n=3$, für 23 $n=2$ zu setzen und erhalten:

19) $$\begin{aligned}\varepsilon = {} & p_{1234} + p_{1235} + p_{1245} + p_{1345} + p_{2345} \\ & - p^2_{123} - p^2_{124} - p^2_{125} - p^2_{134} - p^2_{135} - p^2_{145} \\ & - p^2_{234} - p^2_{235} - p^2_{245} - p^2_{345} \\ & + p^3_{12} + p^3_{13} + p^3_{14} + p^3_{15} + p^3_{23} + p^3_{24} \\ & + p^3_{25} + p^3_{34} + p^3_{35} + p^3_{45},\end{aligned}$$

20) $$\varepsilon g = p^2_{123} + p^2_{124} + p^2_{134} + p^2_{234} - p^3_{12} - p^3_{13} - p^3_{14} - p^3_{23} - p^3_{24} - p^3_{34} + g_e p_{12} + g_e p_{13} + g_e p_{14} + g_e p_{23} + g_e p_{24} + g_e p_{34} - 2 \,.\, g_e p_1^2 - 2 \,.\, g_e p_2^2 - 2 \,.\, g_e p_3^2 - 2 \,.\, g_e p_4^2,$$

21) $$\varepsilon g_p = p^3_{12} + p^3_{13} + p^3_{23} + g_e p_1^2 + g_e p_2^2 + g_e p_3^2 + G,$$

22) $$\varepsilon g_e = g_e p_{12} + g_e p_{13} + g_e p_{23} - g_e p_1^2 - g_e p_2^2 - g_e p_3^2,$$

23) $$\varepsilon g_s = g_e p_1^2 + g_e p_2^2 + G.$$

Die entwickelten Formeln werden im VI. Abschnitt eine wichtige Anwendung finden, nämlich bei der Charakteristikentheorie des Gebildes, welches aus einer Geraden und n darauf liegenden Punkten besteht (§ 42).

Es liegt nahe, die Coincidenzformeln dazu zu benutzen, um gewisse der im vorigen Paragraphen berechneten Anzahlen zu controliren resp. sie auf elegantere Weise abzuleiten. Wir wählen dazu beispielsweise die Formeln 19 bis 23. Bezeichnen $p_1, p_2, \ldots p_n$ die n Schnittpunkte des Strahles g mit einer vorliegenden Fläche F_n n^{ter} Ordnung, so reduciren sich alle Symbole dieser Formeln auf null, ausgenommen

$$G, \; g_e p_{12}, \; p^2_{123}, \; p_{1234}$$

und diejenigen Symbole, welche ebenso gebildet sind, aber andere Indices haben. Bei unserer Anwendung wird also aus den Formeln 19 bis 23:

$$\varepsilon = 5 \,.\, p_{1234} - 10 \,.\, p^2_{123},$$
$$\varepsilon g = 4 \,.\, p^2_{123} + 6 \,.\, g_e p_{12},$$
$$\varepsilon g_p = G,$$
$$\varepsilon g_e = 3 \,.\, g_e p_{12},$$
$$\varepsilon g_s = G.$$

Nun ist G bei zwei Punkten gleich $n(n-1)$, bei drei Punkten gleich $n(n-1)(n-2)$, ferner $g_e p_{12}$ bei drei Punkten gleich $n(n-2)$, bei vier Punkten gleich $n(n-2)(n-3)$, ferner p^2_{123} bei vier Punkten gleich $2 \,.\, n(n-3)$, bei fünf Punkten gleich $2 \,.\, n(n-3)(n-4)$, endlich p_{1234} bei fünf Punkten gleich $n(11n-24)(n-4)$; also ist nach

Formel 23, *die Zahl der in einem Strahlbüschel liegenden Tangenten* gleich $n(n-1)$,

Formel 22, *die Zahl der in einem ebenen Schnitte liegenden Haupttangenten* gleich $3 \,.\, n(n-2)$,

Formel 21, *die Zahl der durch einen gegebenen Punkt gehenden Haupttangenten* gleich $n(n-1)(n-2)$,

Formel 20, *der Grad der von den vierpunktigen Tangenten gebildeten Linienfläche* gleich

$$4 \cdot 2 \cdot n(n-3) + 6 \cdot n(n-2)(n-3) = 2 \cdot n(n-3)(3n-2),$$

Formel 19, *die Zahl der fünfpunktig berührenden Tangenten* gleich

$$5 \cdot n(11n-24)(n-4) - 10 \cdot 2 \cdot n(n-3)(n-4) = 5n(n-4)(7n-12).$$

Diese Bestimmung der Zahl der fünfpunktigen Tangenten bloss aus dem Grad der Curve vierpunktiger Berührung und der Zahl 2 der in einem und demselben Punkte berührenden Haupttangenten dürfte noch einfacher sein, als die früheren Bestimmungen.

Es hindert nichts, diese Berechnungen auch auf *Systeme* von Flächen auszudehnen. Beispielsweise suchen wir in einem einstufigen Flächensysteme die Anzahl derjenigen Flächen zu bestimmen, welche *sechspunktig* berührende Tangenten besitzen. Zu diesem Zwecke haben wir die Formal 19 für $n = 6$ zu specialisiren. Es treten dann rechts 6_1 Symbole von der Form p_{12345} auf, 6_2 Symbole von der Form p^2_{1234} und 6_3 Symbole von der Form p^3_{123}; folglich erhalten wir den Satz:

„*Bezeichnet bei einem einstufigen Flächensysteme:*

a) φ *die Ordnung der Curve, welche von den Berührungspunkten aller* ∞^1 *fünfpunktig berührenden Tangenten gebildet wird,*

b) ψ *die Ordnung der Fläche, welche von den Berührungspunkten aller* ∞^2 *vierpunktig berührenden Tangenten erzeugt wird,*

c) μ *die Zahl derjenigen Flächen des Systems, welche durch einen gegebenen Punkt gehen,*

so ist

$$6 \cdot \varphi - 15 \cdot \psi + 40 \cdot \mu$$

die Zahl derjenigen Flächen des Systems, welche sechspunktige Tangenten besitzen.

§ 35.

Die Coincidenz mehrerer Strahlen eines Strahlbüschels (Lit. 48).

Wir legen dem Gebilde Γ, welches *aus einem Strahlbüschel mit dem Scheitel* p *und der Ebene* e *und aus* n *diesem Strahlbüschel angehörigen Strahlen*

$$g_1, g_2, g_3, \cdots g_n$$

besteht, die $(n-1)$-fache Bedingung ε auf, dass diese n Strahlen in irgend einem Strahle des Strahlbüschels *coincidiren*. Es handelt sich zunächst darum, ε durch die auf

$$p,\ e,\ g_1,\ g_2, \dots g_n$$

bezüglichen $(n-1)$-fachen Grundbedingungen auszudrücken. Dieses gelingt durch die Formel für die Bedingung der Coincidenz zweier sich schneidender Strahlen (§ 15, Formel 21), und durch das Verfahren der symbolischen Multiplication. Bezeichnet ε_{ik} die einfache Bedingung, dass die beiden Strahlen g_i und g_k coincidiren, so ist

$$\varepsilon_{ik} = g_i + g_k - p - e.$$

Da nun

$$\varepsilon = \varepsilon_{12} \,.\, \varepsilon_{13} \,.\, \varepsilon_{14} \dots \varepsilon_{1n}$$

ist, so erhalten wir die gesuchte Formel für ε aus

$$\varepsilon = (g_1 + g_2 - p - e)(g_1 + g_3 - p - e) \dots (g_1 + g_n - p - e).$$

Um einen in den $g_1, g_2, \dots g_n$ symmetrischen Ausdruck zu erzielen, führen wir die Multiplication der $n-1$ Faktoren derartig aus, dass der entstehende Ausdruck nach steigenden Potenzen von $g_1 - p - e$ geordnet erscheint; dann kommt:

$$\begin{aligned} \varepsilon = \alpha_{n-1} + \alpha_{n-2}(g_1 - p - e) + \alpha_{n-3} \,.\, (g_1 - p - e)^2 + \dots \\ + \alpha_0 (g_1 - p - e)^{n-1}, \end{aligned}$$

wo

$$\alpha_0 = 1,\ \alpha_1 = g_2 + g_3 + \dots + g_n,$$

und überhaupt α_i gleich der Summe der sämmtlichen $(n-1)_i$ Producte von je i verschiedenen der $n-1$ Symbole

$$g_2,\ g_3, \dots g_n$$

gesetzt ist. Nun aber ergiebt sich mit Benutzung der Incidenzformeln (§§ 7, 10, 11) für die Potenzen von $g_1 - p - e$ Folgendes:

$$\begin{aligned} (g_1 - p - e)^2 &= (g_{1e} + g_{1p}) - g_1(p + e) - g_1 p - g_1 e + p^2 + 2pe + e^2 \\ &= - g_1 (p + e) + 2pe, \\ (g_1 - p - e)^3 &= (g_1 - p - e)(- g_1 p - g_1 e + 2pe) \\ &= 2 g_1 pe - 2p^2 e - 2pe^2 - p g_{1e} - p g_{1p} - e g_{1e} \\ &\qquad - e g_{1p} + p^2 g_1 + e^2 g_1 + 2peg_1 \\ &= 2 g_1 pe - 2p^2 e - 2pe^2 - 2 g_{1s} + 2peg_1 \\ &= 2 g_1 pe - 2p^3 - 2e^3 - 4\overset{\frown}{pe} - 2g_{1s} + 2peg_1 \\ &= 2 \,.\, g_1 pe - 2 \,.\, \overset{\frown}{pe}, \\ (g_1 - p - e)^4 &= (g_1 - p - e)(2 g_1 pe - 2\overset{\frown}{pe}) \\ &= - 2\overset{\frown}{pe}g_1 - 2p^3 e - 2pe^3 - 2g_1 p^2 e - 2 g_1 pe^2 \\ &\qquad + 2(g_{1e} + g_{1p}) pe \\ &= - 2\overset{\frown}{pe}g_1, \end{aligned}$$

$$(g_1 - p - c)^5 = (g_1 - p - c)(-2\widehat{pc}g_1)$$
$$= -2\widehat{pc}(g_{1c} + g_{1p}) + 2p^3cg_1 + 2pc^3g_1$$
$$= 0,$$

und überhaupt

$$(g_1 - p - c)^m = 0 \text{ für } m > 4.$$

Substituirt man die erhaltenen Werthe der Potenzen von $g_1 - p - c$, so kommt:

$$\varepsilon = (\alpha_{n-1} + g_1\alpha_{n-2}) - (p + e)(\alpha_{n-2} + g_1\alpha_{n-3}) + 2pe(\alpha_{n-3} + g_1\alpha_{n-4})$$
$$- 2\widehat{pe}(\alpha_{n-4} + g_1\alpha_{n-5}).$$

Hier ist aber jede der vier Klammern *symmetrisch* in den g_1, g_2, g_3, ... g_n, da immer

$$\alpha_i + g_1\alpha_{i-1}$$

die Summe der sämmtlichen n_i Producte von je i verschiedenen der n Symbole g_1, g_2, ... g_n wird. *Setzt man daher immer für solche Summe* β_i, so erhält man schliesslich die *gesuchte Hauptformel:*

1) $$\varepsilon = \beta_{n-1} - (p + e)\beta_{n-2} + 2 . pe\beta_{n-3} - 2 . \widehat{pe}\beta_{n-4}.$$

Speciell ergiebt sich für die Zahl derjenigen Gebilde Γ eines dreistufigen Systems, bei welchem die vier Strahlen g_1, g_2, g_3, g_4 zusammenfallen,

$$\varepsilon = (g_1g_2g_3 + g_1g_2g_4 + g_1g_3g_4 + g_2g_3g_4)$$
$$- (p + e)(g_1g_2 + g_1g_3 + g_1g_4 + g_2g_3 + g_2g_4 + g_3g_4)$$
$$+ 2 . pe(g_1 + g_2 + g_3 + g_4) - 2 . \widehat{pe}.$$

Aus 1) erhält man durch Multiplication mit den auf den Scheitel p und die Ebene e des Strahlbüschels bezüglichen Bedingungen:

2) $p\varepsilon = p\beta_{n-1} - (p^2 + pe)\beta_{n-2} + 2 . p^2e\beta_{n-3} - 2 . p^3e\beta_{n-4}$,

3) $e\varepsilon = e\beta_{n-1} - (pe + e^2)\beta_{n-2} + 2pe^2\beta_{n-3} - 2 . pe^3\beta_{n-4}$,

4) $p^2\varepsilon = p^2\beta_{n-1} - (p^3 + p^2e)\beta_{n-2} + 2 . p^3e\beta_{n-3}$,

5) $pe\varepsilon = pe\beta_{n-1} - (p^2e + pe^2)\beta_{n-2} + 2 . p^2e^2\beta_{n-3} - 2 . p^3e^2\beta_{n-4}$,

6) $e^2\varepsilon = e^2\beta_{n-1} - (pe^2 + e^3)\beta_{n-2} + 2 . pe^3\beta_{n-3}$,

7) $p^3\varepsilon = p^3\beta_{n-1} - p^3e\beta_{n-2}$,

8) $\widehat{pe}\varepsilon = \widehat{pe}\beta_{n-1} - p^2e^2\beta_{n-2} + 2 . p^3e^2\beta_{n-3}$,

9) $e^3\varepsilon = e^3\beta_{n-1} - pe^3\beta_{n-2}$,

10) $p^3e\varepsilon = p^3e\beta_{n-1} - p^3e^2\beta_{n-2}$,

11) $pe^3\varepsilon = pe^3\beta_{n-1} - p^3e^2\beta_{n-2}$,

12) $p^3e^2\varepsilon = p^3e^2\beta_{n-1}$.

Um zweitens auch die auf den *Coincidenzstrahl* bezüglichen Bedingungen auszudrücken, führen wir die folgenden Bezeichnungen ein. Es bedeuten

$$g_{123\ldots n},\ g_{e123\ldots n},\ g_{p123\ldots n},\ g_{s123\ldots n},\ G_{123\ldots n}$$

die Bedingungen, dass die n Strahlen g coincidiren und zugleich der Coincidenzstrahl bezüglich

eine gegebene Gerade schneide,
in einer gegebenen Ebene liege,
durch einen gegebenen Punkt gehe,
in einem gegebenen Strahlbüschel liege,
ein gegebener Strahl sei.

Die Formel für $g_{123\ldots n}$ erhält man durch Multiplication der Formel 1 mit irgend welcher der n Bedingungen $g_1, g_2, \ldots g_n$. Am schnellsten gelangt man zum Ziele, wenn man die Formel, welche die Symbole α enthält und der Formel 1 vorangestellt ist, mit g_1 multiplicirt; dann ergiebt sich zunächst:

$$\begin{aligned} g_{123\ldots n} = g_1\alpha_{n-1} &+ g_1^2\alpha_{n-2} - pg_1\alpha_{n-2} - eg_1\alpha_{n-2} \\ &- pg_1^2\alpha_{n-3} - eg_1^2\alpha_{n-3} + 2.peg_1\alpha_{n-3} \\ &+ 2.peg_1^2\alpha_{n-4} - 2.\widehat{pe}g_1\alpha_{n-4} - 2.\widehat{pe}g_1^2\alpha_{n-5}. \end{aligned}$$

Hieraus folgt bei Anwendung der Incidenzformeln für Strahl mit incidentem Punkte und incidenter Ebene (§§ 7, 10, 11):

$$\begin{aligned} g_{123\ldots n} &= g_1\alpha_{n-1} - (p^2+e^2)\alpha_{n-2} - (p^2+e^2)g_1\alpha_{n-3} - 2.g_{1s}\alpha_{n-3} \\ &\quad + 2.g_{1s}\alpha_{n-3} + 2.(p^3+e^3+\widehat{pe})\alpha_{n-3} \\ &\quad + 2.(p^3+e^3+\widehat{pe})g_1\alpha_{n-4} + 2.G_1\alpha_{n-4} - 2.G_1\alpha_{n-4} \\ &\quad - 2.p^2e^2\alpha_{n-4} - 2.p^2e^2g_1\alpha_{n-5} \\ &= g_1\alpha_{n-1} - (p^2+e^2)(\alpha_{n-2} + g_1\alpha_{n-3}) \\ &\quad + 2.(p^3+e^3+\widehat{pe})(\alpha_{n-3} + g_1\alpha_{n-4}) \\ &\quad - 2.p^2e^2(\alpha_{n-4} + g_1\alpha_{n-5}). \end{aligned}$$

Führt man jetzt wieder die Symbole β ein, so erhält man schliesslich:

13) $g_{123\ldots n} = \beta_n - (p^2+e^2)\beta_{n-2} + 2.(p^3+e^3+\widehat{pe})\beta_{n-3} - 2.p^2e^2\beta_{n-4}$.

Specialisirt man wieder, indem man $n=4$ annimmt, so kommt:

$$\begin{aligned} g_{1234} = g_1g_2g_3g_4 &- (p^2+e^2)(g_1g_2 + g_1g_3 + g_1g_4 + g_2g_3 + g_2g_4 + g_3g_4) \\ &+ 2.(p^3+e^3+\widehat{pe})(g_1+g_2+g_3+g_4) - 2.p^2e^2. \end{aligned}$$

Multiplicirt man Formel 13 mit p, e, pe, $\widehat{pe}$, so erhält man:

14) $pg_{123\ldots n} = p\beta_n - (p^3+e^3+\widehat{pe})\beta_{n-2} + 2.p^2e^2\beta_{n-3} - 2.p^3e^2\beta_{n-4}$,

15) $eg_{123\ldots n} = e\beta_n - (p^3+e^3+\widehat{pe})\beta_{n-2} + 2.p^2e^2\beta_{n-3} - 2.p^3e^2\beta_{n-4}$,

16) $peg_{123\ldots n} = pe\beta_n - p^2e^2\beta_{n-2} + 2.p^3e^2\beta_{n-3}$,

17) $\widehat{pe}g_{123\ldots n} = \widehat{pe}\beta_n$.

Die Formel für $g_{e123\ldots n}$ erhält man nun am schnellsten, indem man die Incidenzformel I des § 7 anwendet, also 4 von 14 subtrahirt; dann kommt:

18) $g_{e123\ldots n} = p\beta_n - p^2\beta_{n-1} + (p^3 - e^3)\beta_{n-2} + 2.pe^3\beta_{n-3} - 2.p^3e^2\beta_{n-4}$.

Ebenso erhält man $g_{p123\ldots n}$, indem man 6 von 15 subtrahirt:

19) $g_{p123\ldots n} = e\beta_n - e^2\beta_{n-1} + (e^3 - p^3)\beta_{n-2} + 2.p^3e\beta_{n-3} - 2.p^3e^2\beta_{n-4}$.

Um $g_{s123\ldots n}$ zu bestimmen, wenden wir die Incidenzformel $g_s = peg - (p^3 + e^3 + \widehat{pe})$ an und erhalten aus 16, 7, 8, 9:

20) $g_{s123\ldots n} = pe\beta_n - (p^3 + e^3 + \widehat{pe})\beta_{n-1} + p^2e^2\beta_{n-2}$.

Ebenso erhält man $G_{123\ldots n}$ durch die Incidenzformel $G = \widehat{peg} - p^2e^2$ aus 17, 10, 11:

21) $G_{123\ldots n} = \widehat{pe}\beta_n - p^2e^2\beta_{n-1} + 2.p^3e^2\beta_{n-2}$.

Die Formel 18 multipliciren wir nun noch mit p und p^2, die Formel 19 mit e und e^2, die Formel 21 mit p, e, pe; dann bekommen wir:

22) $pg_{e123\ldots n} = p^2\beta_n - p^3\beta_{n-1} - pe^3\beta_{n-2} + 2.p^2e^3\beta_{n-3}$,

23) $p^2g_{e123\ldots n} = p^3\beta_n - p^2e^3\beta_{n-2}$,

24) $eg_{p123\ldots n} = e^2\beta_n - e^3\beta_{n-1} - p^3e\beta_{n-2} + 2.p^3e^2\beta_{n-3}$,

25) $e^2g_{p123\ldots n} = e^3\beta_n - p^2e^3\beta_{n-2}$,

26) $pG_{123\ldots n} = p^3e\beta_n - p^3e^2\beta_{n-1}$,

27) $eG_{123\ldots n} = pe^3\beta_n - p^3e^2\beta_{n-1}$,

28) $peG_{123\ldots n} = p^2e^3\beta_n$.

Die zwölf Formeln 13 und 18 bis 28 können dazu benutzt werden, um umgekehrt die zwölf Bedingungen

$p^3e^2\beta_n$, $pe^3\beta_n$, $p^3e\beta_n$, $e^3\beta_n$, $p^3\beta_n$, $\widehat{pe}\beta_n$, $e^2\beta_n$, $p^2\beta_n$, $pe\beta_n$, $e\beta_n$, $p\beta_n$, β_n

durch *Coincidenzbedingungen allein* auszudrücken. Der Kürze wegen leisten wir dies nur für $n = 5$, da die Resultate für das allgemeine n aus den Formeln für $n = 5$ ohne Schwierigkeit entnommen werden können.

Formel 28 lässt sich für $n = 5$ schreiben wie folgt:

29) $p^3e^2g_1g_2g_3g_4g_5 = peG_{12345}$.

Aus Formel 26 ergiebt sich mit Benutzung von 29:

30) $p^3eg_1g_2g_3g_3g_5 = pG_{12345} + pe(G_{1234} + G_{1235} + G_{1245} + G_{1345} + G_{2345})$.

Ebenso:

31) $pe^3g_1g_2g_3g_4g_5 = eG_{12345} + pe(G_{1234} + G_{1235} + G_{1245} + G_{1345} + G_{2345})$.

Aus Formel 23 entnehmen wir:

$$p^3 g_1 g_2 g_3 g_4 g_5 = p^2 g_{e12345} + p^3 e^2 (g_1 g_2 g_3 + g_1 g_2 g_4 + \ldots),$$

woraus mit Benutzung von 29 folgt:

$$32) \quad p^3 g_1 g_2 g_3 g_4 g_5 = p^2 g_{e12345} + pe(G_{123} + G_{124} + G_{125} + \ldots).$$

Analog:

$$33) \quad e^3 g_1 g_2 g_3 g_4 g_5 = e^2 g_{p12345} + pe(G_{123} + G_{124} + \ldots).$$

Aus 21 schliessen wir zunächst:

$$\begin{aligned}\widehat{pe} g_1 g_2 g_3 g_4 g_5 &= G_{12345} + (p^3 e + p e^3)(g_1 g_2 g_3 g_4 + \ldots) - 2 . p^3 e^2 (g_1 g_2 g_3 + \ldots) \\ &= G_{12345} + p(G_{1234} + \ldots) + e(G_{1234} + \ldots) + 4pe(G_{123} + \ldots) \\ &\quad - 2pe(G_{123} + \ldots),\end{aligned}$$

also

$$\begin{aligned}34) \quad \widehat{pe} g_1 g_2 g_3 g_4 g_5 = G_{12345} &+ (p+e)(G_{1234} + G_{1235} + \ldots) \\ &+ 2 . pe(G_{123} + G_{124} + \ldots).\end{aligned}$$

Aus 21 entnehmen wir mit Benutzung von 32, 31, 29:

$$\begin{aligned}p^2 g_1 g_2 g_3 g_4 g_5 = p g_{e12345} &+ p^2 (g_{e1234} + g_{e1235} + \ldots) + 3 . pe(G_{12} + G_{13} + \ldots) \\ &+ e(G_{123} + \ldots) + 3 . pe(G_{12} + \ldots) - 2pe(G_{12} + \ldots),\end{aligned}$$

also

$$\begin{aligned}35) \quad p^2 g_1 g_2 g_3 g_4 g_5 = p g_{e12345} &+ p^2 (g_{e1234} + g_{e1235} + \ldots) \\ &+ e(G_{123} + G_{124} + \ldots) \\ &+ 4 . pe(G_{12} + G_{13} + \ldots).\end{aligned}$$

Dem entspricht dual:

$$\begin{aligned}36) \quad e^2 g_1 g_2 g_3 g_4 g_5 = e g_{p12345} &+ e^2 (g_{p1234} + g_{p1235} + \ldots) \\ &+ p(G_{123} + G_{124} + \ldots) \\ &+ 4 . pe(G_{12} + G_{13} + \ldots).\end{aligned}$$

Aus 20 folgt mit Benutzung von 32, 33, 34, 30, 31:

$$\begin{aligned}pe g_1 g_2 g_3 g_4 g_5 &= g_{s12345} + (p^3 + e^3 + \widehat{pe})(g_1 g_2 g_3 g_4 + \ldots) - p^2 e^2 (g_1 g_2 g_3 + \ldots) \\ &= g_{s12345} + p^2 (g_{e1234} + \ldots) + e^2 (g_{p1234} + \ldots) + (G_{1234} + \ldots) \\ &\quad + 3 . pe(G_{12} + \ldots) + 3 . pe(G_{12} + \ldots) \\ &\quad + 2 . (p+e)(G_{123} + \ldots) + 6 . pe(G_{12} + \ldots) \\ &\quad - p(G_{123} + \ldots) - e(G_{123} + \ldots) - 6pe(G_{12} + \ldots),\end{aligned}$$

also:

$$\begin{aligned}37) \quad pe g_1 g_2 g_3 g_4 g_5 = g_{s12345} &+ p^2 (g_{e1234} + \ldots) + e^2 (g_{p1234} + \ldots) \\ &+ (G_{1234} + \ldots) + (p+e)(G_{123} + \ldots) \\ &+ 6 . pe(G_{12} + \ldots).\end{aligned}$$

Aus 18 folgt mit Benutzung von 35, 32, 33, 31, 29:

$$\begin{aligned}p g_1 g_2 g_3 g_4 g_5 = g_{e12345} &+ p^2 (g_1 g_2 g_3 g_4 + \ldots) + e^3 (g_1 g_2 g_3 + \ldots) \\ &- p^3 (g_1 g_2 g_3 + \ldots) - 2 . p e^3 (g_1 g_2 + \ldots) \\ &+ 2 p^3 e^2 (g_1 + g_2 + \ldots)\end{aligned}$$

$$\begin{aligned}
&= g_{e12345} + [p(g_{e1234}+\ldots) + 2.p^2(g_{e123}+\ldots)\\
&\quad + 3.e(G_{12}+\ldots) + 16pe(G_1+\ldots)]\\
&\quad + [e^2(g_{p123}+\ldots) + 6pe(G_1+\ldots)]\\
&\quad - [p^2(g_{p123}+\ldots) + 6pe(G_1+\ldots)]\\
&\quad - 2.[e(G_{12}+\ldots) + 4pe(G_1+\ldots)]\\
&\quad + [2.pe(G_1+\ldots)],
\end{aligned}$$

also

$$\begin{aligned}
38)\quad pg_1g_2g_3g_4g_5 &= g_{e12345} + p(g_{e1234}+\ldots) + p^2(g_{e123}+\ldots)\\
&\quad + e^2 g_{p123}+\ldots) + e(G_{12}+\ldots)\\
&\quad + 10.pe(G_1+\ldots).
\end{aligned}$$

Dieser Formel entspricht dual:

$$\begin{aligned}
39)\quad eg_1g_2g_3g_4g_5 &= g_{p12345} + e(g_{p1234}+\ldots) + e^2(g_{p123}+\ldots)\\
&\quad + p^2(g_{e123}+\ldots) + p(G_{12}+\ldots)\\
&\quad + 10pe(G_1+\ldots).
\end{aligned}$$

Endlich ergiebt sich aus 13 mit Benutzung von 35, 36, 32, 33, 34, 30, 31:

$$\begin{aligned}
g_1g_2g_3g_4g_5 &= g_{12345} + p^2(g_1g_2g_3+\ldots) + e^2(g_1g_2g_3+\ldots) - 2.p^3(g_1g_2+\ldots)\\
&\quad - 2.e^3(g_1g_2+\ldots) - 2.\widehat{pe}(g_1g_2+\ldots)\\
&\quad + 2.p^3e(g_1+\ldots) + 2.pe^3(g_1+\ldots)\\
&= g_{12345} + [p(g_{e123}+\ldots) + 3.p^2(g_{e12}+\ldots) + 6.e(G_1+\ldots)\\
&\quad + 40p^3e^2] + [e(g_{p123}+\ldots) + 3.e^2(g_{p12}+\ldots)\\
&\quad + 6.p(G_1+\ldots) + 40p^3e^2] - 2.[p^2(g_{e12}+\ldots)\\
&\quad + 10p^3e^2] - 2.[e^2(g_{p12}+\ldots) + 10p^3e^2] - 2.(G_{12}+..)\\
&\quad + 4p(G_1+\ldots) + 4e(G_1+\ldots) + 20p^3e^2]\\
&\quad + 2.[p(G_1+\ldots) + 5p^3e^2] + 2.[e(G_1+\ldots) + 5p^3e^2],
\end{aligned}$$

also

$$\begin{aligned}
40)\quad g_1g_2g_3g_4g_5 &= g_{12345} + p(g_{e123}+\ldots) + e(g_{p123}+\ldots) + p^2(g_{e12}+\ldots)\\
&\quad + e^2(g_{p12}+\ldots) - 2.(G_{12}+\ldots)\\
&\quad + 20p^3e^2.
\end{aligned}$$

Um besser erkennen zu können, wie sich diese Formeln gestalten, wenn n noch kleiner als 5 ist, denken wir uns, wo es nöthig ist, die Symbole pg_e, p^2g_e, eg_p, e^2g_p, G, pG, eG, peG gemäss den Incidenzformeln ersetzt durch

$p^2g - p^3$, p^3g, $e^2g - e^3$, e^3g, $\widehat{peg} - p^2e^2$, $p^3eg - p^3e^2$, $pe^3g - p^3e^2$, p^3e^2g.

Z. B. werden die zwölf Formeln 29 bis 40 für $n = 3$:

$$\begin{aligned}
29)\quad & p^3e^2g_1g_2g_3 = p^3e^2g_{123},\\
30)\quad & p^3eg_1g_2g_3 = pG_{123} + p^3e^2(g_{12}+g_{13}+g_{23}),\\
31)\quad & pe^3g_1g_2g_3 = eG_{123} + p^3e^2(g_{12}+g_{13}+g_{23}),\\
32)\quad & p^3g_1g_2g_3 = p^3g_{123} + p^3e^2(g_1+g_2+g_3),
\end{aligned}$$

$$33)\quad c^3 g_1 g_2 g_3 = c^3 g_{123} + p^3 c^2 (g_1 + g_2 + g_3),$$

$$34)\quad \widehat{pe}\, g_1 g_2 g_3 = G_{123} + p\,(G_{12} + G_{13} + G_{23}) + e\,(G_{12} + G_{13} + G_{23}) + 2\,.\,p^3 e^2 (g_1 + g_2 + g_3),$$

$$35)\quad p^2 g_1 g_2 g_3 = p g_{e123} + p^3 (g_{12} + g_{13} + g_{23}) + e\,(G_1 + G_2 + G_3) + 4\,.\,p^3 e^2,$$

$$36)\quad e^2 g_1 g_2 g_3 = e g_{p123} + e^3 (g_{12} + g_{13} + g_{23}) + p\,(G_1 + G_2 + G_3) + 4\,.\,p^3 e^2,$$

$$37)\quad pe g_1 g_2 g_3 = g_{s123} + p^3 (g_{12} + g_{13} + g_{23}) + e^3 (g_{12} + g_{13} + g_{23}) + (G_{12} + G_{13} + G_{23}) + p\,(G_1 + G_2 + G_3) + e\,(G_1 + G_2 + G_3) + 6\,.\,p^3 e^2,$$

$$38)\quad p g_1 g_2 g_3 = g_{e123} + p\,(g_{e12} + g_{e13} + g_{e23}) + p^3 (g_1 + g_2 + g_3) + e^3 (g_1 + g_2 + g_3) + p^3 e,$$

$$39)\quad e g_1 g_2 g_3 = g_{p123} + e\,(g_{p12} + g_{p13} + g_{p23}) + e^3 (g_1 + g_2 + g_3) + p^3 (g_1 + g_2 + g_3) + p e^3,$$

$$40)\quad g_1 g_2 g_3 = g_{123} + p\,(g_{e1} + g_{e2} + g_{e2}) + e\,(g_{p1} + g_{p2} + g_{p3}) + p^3 + e^3 - 2\,.\,\widehat{pe}.$$

Um die Uebertragung dieser Formeln für jeden beliebigen Werth von n zu zeigen, schreiben wir noch die Formeln 35 und 40 für $n = 7$:

$$35)\quad p^2 g_1 g_2 g_3 g_4 g_5 g_6 g_7 = p g_{e1234567} + p^3 (g_{123456} + g_{123457} + \ldots) + e\,(G_{12345} + G_{12346} + \ldots) + 4\,.\,p^3 e^2 (g_{1234} + g_{1235} + \ldots),$$

$$40)\quad g_1 g_2 g_3 g_4 g_5 g_6 g_7 = g_{1234567} + p\,(g_{e12345} + g_{e12346} + \ldots) + e(g_{p12345} + \ldots) + p^3 (g_{1234} + g_{1235} + \ldots) + e^3 (g_{1234} + \ldots) - 2\,.\,\widehat{pe}\,(g_{1234} + g_{1235} + \ldots) + 20\,.\,p^3 e^2 (g_{123} + g_{124} + g_{125} + \ldots).$$

Hiernach lassen sich nun auch die in den Formeln 1 bis 12 ausgedrückten Coincidenzbedingungen durch die übrigen, auf den Coincidenzstrahl bezüglichen Bedingungen ausdrücken. Dadurch erhält man Formeln, die den Formeln 19 bis 24 des § 34 analog sind, aber hier übergangen werden sollen.

Die Formeln 29 bis 40 werden uns im VI. Abschnitt gute Dienste leisten, nämlich bei der Charakteristikentheorie des Gebildes, welches aus n in einem Strahlbüschel liegenden Strahlen besteht (§ 44).

Die Formeln 1 bis 28 dagegen werden wir schon im nächsten Paragraphen benutzen, um gewisse Singularitätenzahlen des Complexes n^{ten} Grades zu berechnen.

§ 36.

Singularitäten des allgemeinen Strahlencomplexes (Lit. 49).

In § 33 ist gezeigt, dass allein aus der Definition der Fläche n^{ten} Grades als einer Gesammtheit von ∞^2 Punkten, die auf jeder Geraden n Punkte besitzt, mit Hilfe der Coincidenzformeln alle Zahlen abgeleitet werden können, welche sich auf die mehrpunktigen und mehrfachen Tangenten beziehen. Hier wollen wir das Analoge für den *Strahlencomplex n^{ten} Grades C_n* ableiten, wobei wir theilweise die in § 35 entwickelten Formeln benutzen können.

Der Complex C_n besitzt nämlich, seiner Definition gemäss, auf jedem der ∞^5 *Strahlbüschel* des Raumes n Strahlen, ist also ein specielles fünfstufiges System, erzeugt von dem in § 35 behandelten Gebilde. Wir sagen nun, dass ein Strahlbüschel den Complex in dem Coincidenzstrahle h_i *i-strahlig berührt*, wenn von den n dem Strahlbüschel und dem Complexe gemeinsamen Strahlen i Strahlen in h_i *vereinigt* liegen. Demgemäss können die Aufgaben, die wir uns hier stellen, so ausgesprochen werden:

„*Alle Zahlen zu bestimmen, welche sich beziehen auf die den Complex C_n in einem oder mehr Berührungsstrahlen zwei- oder mehrstrahlig berührenden Strahlbüschel, auf deren Berührungsstrahlen und auf deren sonstige Complexstrahlen.*"

Zu diesen Anzahlen können wir auf zwei Wegen gelangen. Bei dem *directen* Wege multipliciren wir die Coincidenzbedingungen mit einander, analog wie in § 33, und stellen so die gesuchten Anzahlen direct als Functionen gewisser Stammzahlen dar, deren Werthe dann aus der Definition des Complexes entnommen werden. Die *indirecte* Methode findet aus der Definition des Complexes zunächst nur die Anzahlen für die ∞^4 zweistrahlig berührenden Strahlbüschel, bestimmt dann *aus diesen Anzahlen* diejenigen, welche sich auf die in dreistufiger Mannichfaltigkeit vorhandenen berührenden Strahlbüschel beziehen u. s. w., und *steigt so allmählich auf* bis zu den in endlicher Anzahl vorhandenen, z. B. den *sechsstrahlig berührenden* Strahlbüscheln.

Wir bezeichnen mit Γ das Gebilde, welches aus einem Strahlbüschel mit dem Scheitel p, der Ebene e und aus n in diesem Strahlbüschel befindlichen, dem Complexe C_n angehörigen Strahlen besteht. Hinsichtlich der Bezeichnung der Coincidenzbedingungen setzen wir, analog wie in § 33, Folgendes fest. *Es bedeute*

$\varepsilon_{i_1 i_2 i_3 \ldots i_m}$, wo i_1, i_2, i_3, ... grösser als 1 sind, *die Bedingung, dass ein Gebilde Γ von seinen n Strahlen im ersten Strahle i_1, im zweiten Strahle $i_2, \ldots,$ im m^{ten} Strahle i_m Strahlen vereinigt. Dasselbe Symbol bedeute auch jedes diese Bedingung erfüllende Gebilde Γ*; z. B. bezeichnet ε_{43} sowohl ein Gebilde Γ, auf welchem von den n Strahlen in einem Strahle vier, in einem anderen Strahle drei coincidiren, wie auch die fünffache Bedingung, welche ein Γ dadurch erfüllt, dass bei ihm solche Coincidenzen stattfinden. Hiernach lassen sich die folgenden Bedingungen ε aufstellen:

1) einfache: ε_2,
2) zweifache: ε_3, ε_{22},
3) dreifache: ε_4, ε_{32}, ε_{222},
4) vierfache: ε_5, ε_{42}, ε_{33}, ε_{322}, ε_{2222},
5) fünffache: ε_6, ε_{52}, ε_{43}, ε_{422}, ε_{332}, ε_{3222}, ε_{22222}.

Wenn bei einem ε nur *ein* Strahl vorhanden ist, in welchem i Strahlen coincidiren, so bezeichnen wir ihn mit h_i, wenn zwei vorhanden sind, bezeichnen wir den einen mit h_i, den anderen mit l_i; wenn drei vorhanden sind, so soll der eine h_i, der zweite l_i, der dritte m_i heissen; beispielsweise bedeutet also:

1. $\varepsilon_4 p h_4$ die fünffache Bedingung, dass bei einem Gebilde Γ, dessen Scheitel auf einer gegebenen Ebene liegt, vier Strahlen coincidiren und dass zugleich der Coincidenzstrahl eine gegebene Gerade schneide;
2. $\varepsilon_{222} h_2 l_2$ die fünffache Bedingung, dass bei einem Gebilde Γ dreimal zwei Strahlen coincidiren und dass unter den drei Coincidenzstrahlen zwei sind, deren jeder eine gegebene Gerade schneide;
3. $\varepsilon_{32} h_3 h_2$ die fünffache Bedingung, dass auf einem Gebilde Γ in einem Strahle drei Strahlen, in einem anderen zwei Strahlen coincidiren und dass jeder der beiden Coincidenzstrahlen eine gegebene Gerade schneide.

Zur Berechnung legen wir uns, der besseren Uebersicht wegen, nur diejenigen Symbole ε vor, welche die *einfachen* Grundbedingungen ihrer Coincidenzstrahlen enthalten, weil aus ihnen alle anderen durch die Incidenzformeln (§ 11, Nr. 5, a, b, c, d) gewonnen werden können, nämlich:

$$h_e = ph - p^2,$$
$$h_p = eh - e^2,$$
$$h_s = peh - p^3 - e^3 - \widehat{pe},$$
$$H = \widehat{pe}h - p^3e - pe^3.$$

Ferner führen wir von zwei sich dual entsprechenden Symbolen immer nur das eine an.

Tabelle der zu berechnenden Symbole ε.

1) $\varepsilon_2 p^3 e$, 2) $\varepsilon_2 p^3 h_2$, 3) $\varepsilon_2 \widehat{pe} h_2$;

4) $\varepsilon_3 p^3$, 5) $\varepsilon_3 \widehat{pe}$, 6) $\varepsilon_3 p^2 h_3$, 7) $\varepsilon_3 p e h_3$;

8) $\varepsilon_{22} p^3$, 9) $\varepsilon_{22} \widehat{pe}$, 10) $\varepsilon_{22} p^2 h_2$, 11) $\varepsilon_{22} p e h_2$, 12) $\varepsilon_{22} p h_2 l_2$;

13) $\varepsilon_4 p^2$, 14) $\varepsilon_4 p e$, 15) $\varepsilon_4 p h_4$;

16) $\varepsilon_{32} p^2$, 17) $\varepsilon_{32} p e$, 18) $\varepsilon_{33} p h_3$, 19) $\varepsilon_{32} p h_2$, 20) $\varepsilon_{32} h_3 h_2$;

21) $\varepsilon_{222} p^2$, 22) $\varepsilon_{222} p e$, 23) $\varepsilon_{222} p h_2$, 24) $\varepsilon_{222} h_2 l_2$;

25) $\varepsilon_5 p$, 26) $\varepsilon_5 h_5$;

27) $\varepsilon_{42} p$, 28) $\varepsilon_{42} h_4$, 29) $\varepsilon_{42} h_2$;

30) $\varepsilon_{33} p$, 31) $\varepsilon_{33} h_3$;

32) $\varepsilon_{322} p$, 33) $\varepsilon_{322} h_3$, 34) $\varepsilon_{322} h_2$;

35) $\varepsilon_{2222} p$, 36) $\varepsilon_{2222} h_2$;

37) ε_6, 38) ε_{52}, 39) ε_{43}, 40) ε_{422}, 41) ε_{332},

42) ε_{3222}, 43) ε_{22222}.

Man hätte noch bei der Aufstellung der Symbole die Bedingung h_1 mit berücksichtigen können, welche aussprechen soll, dass das Gebilde Γ einen von den n Strahlen, die nicht Coincidenzstrahlen sind, eine gegebene Gerade schneiden lässt. Wir hätten dann aber 82 Symbole erhalten. Der Kürze wegen berücksichtigen wir daher diese Bedingung h_1 nur insofern, als es zur Berechnung der aufgestellten 43 Symbole *nützlich* ist. Mit Hilfe des Satzes von den gemeinsamen Strahlen eines Complexes und einer Congruenz (cf. § 15, Folgerung aus Formel 35) kann man ein Mittel gewinnen, um die Bedingung h_1 durch die vorher eingeführten Bedingungen auszudrücken. Wir denken uns ein einstufiges System von Strahlbüscheln, deren jeder den Scheitel p und die Ebene e hat. Ihre Strahlen bilden eine Congruenz mit dem Bündelrang p und dem Feldrang e. Dieselbe hat mit dem Complex C_n ∞^1 Strahlen gemein, von denen nach dem citirten Satze

$$p . n + e . n$$

eine gegebene Gerade schneiden. Bezeichnet man also mit g die Bedingung, dass ein Gebilde Γ einen seiner n Strahlen eine gegebene Gerade schneiden lässt, so gilt die folgende *Hilfsformel:*

$$g = n . (p + e).$$

In den Anwendungen auf die Gebilde ε muss die Bedingung g ähnlich, wie dies bei den Gebilden ε des § 33 (pag. 239) geschah, *zerlegt* werden; z. B.

$$1)\qquad n.(p+e)\varepsilon_4 p = g\varepsilon_4 p = 4.\varepsilon_4 p h_4 + 1.\varepsilon_4 p h_1,$$

oder

$$\varepsilon_4 p h_1 = n(p^2\varepsilon_4 + pe\varepsilon_4) - 4.\varepsilon_4 p h_4;$$

$$\begin{aligned}2)\quad n.(p+e)\varepsilon_{32}h_3 = g\varepsilon_{32}h_3 &= 3.\varepsilon_{32}h_3^2 + 2.\varepsilon_{32}h_3h_2 + 1.\varepsilon_{32}h_3h_1\\ &= 3.\varepsilon_{32}h_{3e} + 3.\varepsilon_{32}h_{3p} + 2.\varepsilon_{32}h_3h_2 + 1.\varepsilon_{32}h_3h_1\\ &= 3.\varepsilon_{32}ph_3 - 3.\varepsilon_{32}p^2 + 3.\varepsilon_{32}eh_3 - 3.\varepsilon_{32}e^2\\ &\quad + 2.\varepsilon_{32}h_3h_2 + 1.\varepsilon_{32}h_3h_1,\end{aligned}$$

oder

$$\begin{aligned}\varepsilon_{32}h_3h_1 = n.(\varepsilon_{32}ph_3 + \varepsilon_{32}eh_3) &- 3.\varepsilon_{32}ph_3 - 3.\varepsilon_{32}eh_3\\ &+ 3.\varepsilon_{32}p^2 + 3.\varepsilon_{32}e^2 - 2.\varepsilon_{32}h_3h_2,\end{aligned}$$

$$3)\qquad n.(p+e)\varepsilon_5 = g\varepsilon_5 = 5.\varepsilon_5 h_5 + 1.\varepsilon_5 h_1,$$

oder

$$\varepsilon_5 h_1 = n.(p\varepsilon_5 + e\varepsilon_5) - 5.\varepsilon_5 h_5.$$

Die eben bewiesene Hilfsformel liefert auch ohne Schwierigkeit die Werthe der *Stammzahlen*, auf welche man bei der *directen* Berechnung alle Zahlen ε zurückführen kann. Bezeichnet man nämlich von den n Strahlen des Gebildes Γ irgend einen mit g_1, einen zweiten mit g_2, einen dritten mit g_3 und so fort bis g_n, so kann man alle Zahlen ε schliesslich durch die folgenden acht Stammzahlen ausdrücken:

$$p^3e^2,\quad p^3eg_1,\quad p^3g_1g_2,\quad \widehat{peg_1g_2},\quad p^2g_1g_2g_3,$$
$$peg_1g_2g_3,\quad pg_1g_2g_3g_4,\quad g_1g_2g_3g_4g_5,$$

wobei immer von zwei sich dual entsprechenden nur die eine geschrieben ist. Man ersieht aus der Definition des Complexes zunächst unmittelbar die Werthe der folgenden Symbole:

$$\begin{aligned}&p^3e^2 = 1, && p^3g_{1p} = 0, \quad p^3g_{1e} = 0, && \widehat{peg_{1e}} = n, \quad p^2g_{1s} = 0,\\ &peg_{1s} = n, && pG_1 = 0, \quad pg_{1p}g_{2p} = n^2, && pg_{1p}g_{2e} = n^2,\\ &pg_{1e}g_{2e} = n^2, && g_{1s}g_{2p} = n^2\end{aligned}$$

und die Werthe der dazu reciproken Symbole.

Hieraus folgt nach und nach durch die obige Hilfsformel:

$$\begin{aligned}&p^3eg_1 = n,\ p^3g_1g_2 = n^2,\ \widehat{peg_1g_2} = 2.n(n-1),\\ &p^2g_{1p}g_2 = n^2,\ p^2g_{1e}g_2 = n^2,\ peg_{1e}g_2 = 2n^2 - n,\ pg_{1s}g_2 = n^2,\\ &p^2g_1g_2g_3 = 4n^3 - 6n^2,\ peg_1g_2g_3 = 6n^3 - 12n^2 + 4n,\\ &pg_{1p}g_2g_3 = 3n^3 - 4n^2,\ pg_{1e}g_2g_3 = 3n^3 - 4n^2,\\ &g_{1e}g_{2e}g_3 = 2n^3 - 2n^2,\ g_{1e}g_{2p}g_3 = 2n^3 - 2n^2,\ g_{1s}g_2g_3 = 2n^3 - 2n^2,\\ &pg_1g_2g_3g_4 = 10n^4 - 36n^3 + 28n^2,\\ &g_{1e}g_2g_3g_4 = 6n^4 - 18n^3 + 10n^2,\\ &g_1g_2g_3g_4g_5 = 20n^5 - 120n^4 + 200n^3 - 80n^2.\end{aligned}$$

Unsere acht Stammzahlen haben daher, wenn von i Strahlen die Rede ist, die folgenden Werthe:

$$
\begin{aligned}
&\text{I)} & p^3e^2 &= n(n-1)\dots(n-i+1),\\
&\text{II)} & p^3eg_1 &= n(n-1)\dots(n-i+1),\\
&\text{III)} & p^3g_1g_2 &= n^2(n-2)\dots(n-i+1),\\
&\text{IV)} & \widehat{pe}g_1g_2 &= 2.n(n-1)(n-2)\dots(n-i+1),\\
&\text{V)} & p^2g_1g_2g_3 &= 2n^2(2n-3)(n-3)\dots(n-i+1),\\
&\text{VI)} & peg_1g_2g_3 &= 2n(3n^2-6n+2)(n-3)\dots(n-i+1),\\
&\text{VII)} & pg_1g_2g_3g_4 &= 2n^2(5n^2-18n+14)(n-4)\dots(n-i+1),\\
&\text{VIII)} & g_1g_2g_3g_4g_5 &= 20n^2(n-2)(n^2-4n+2)(n-5)\dots(n-i+1).
\end{aligned}
$$

Wir gehen nun zur Berechnung der 43 oben zusammengestellten, die Bedingungen ε enthaltenden Symbole über. Zunächst ergeben sich die Werthe derjenigen 13 Symbole, welche

$$\varepsilon_2,\ \varepsilon_3,\ \varepsilon_4,\ \varepsilon_5,\ \varepsilon_6$$

enthalten, ohne Weiteres, wenn man die Werthe der acht Stammzahlen in die Formeln 1 bis 28 des § 35 einsetzt; nämlich:

$$
\begin{aligned}
&\text{1)} & \varepsilon_2p^3e &= p^3e(g_1+g_2) - p^3e^2 = n(n-1)+n(n-1)-n(n-1)\\
& & &= n(n-1),\\
&\text{2)} & \varepsilon_2p^3h_2 &= p^3g_1g_2 - p^3e^2 = n^2-n(n-1) = n,\\
&\text{3)} & \varepsilon_2\widehat{pe}h_2 &= \widehat{pe}g_1g_2 = 2n(n-1),\\
&\text{4)} & \varepsilon_3p^3 &= 3.p^3g_1g_2 - 3.p^3eg_1 = 3.n^2(n-2) - 3.n(n-1)(n-2)\\
& & &= 3n(n-2),\\
&\text{5)} & \varepsilon_3pe &= 3.\widehat{pe}g_1g_2 - 3.p^3eg_1 - 3pe^3g_1 + 2.p^3e^2\\
& & &= 3.2n(n-1)(n-2) - 6.n(n-1)(n-2) + 2n(n-1)(n-2)\\
& & &= 2.n(n-1)(n-2),\\
&\text{6)} & \varepsilon_3p^2h_3 &= p^2g_1g_2g_3 - 3.p^2e^2g_1 + 2p^3e^2 = 2n^2(2n-3)\\
& & &\quad - 6n(n-1)(n-2) + 2n(n-1)(n-2)\\
& & &= 2n(3n-4),\\
&\text{7)} & \varepsilon_3peh_3 &= peg_1g_2g_3 - 3.p^2e^2g_1 + 2.p^3e^2 = 2n(3n^2-6n+2)\\
& & &\quad - 6n(n-1)(n-2) + 2.n(n-1)(n-2)\\
& & &= 2n(n^2-2),\\
&\text{13)} & \varepsilon_4p^2 &= 4.p^2g_1g_2g_3 - 6.(p^3+p^2e)g_1g_2 + 8.p^3eg_1\\
& & &= 4.2n^2(2n-3)(n-3) - 6.n^2(n-2)(n-3)\\
& & &\quad - 6n^2(n-2)(n-3) - 6.2n(n-1)(n-2)(n-3)\\
& & &\quad + 8.n(n-1)(n-2)(n-3)\\
& & &= 4n(n-3)(3n-2),
\end{aligned}
$$

$$14)\quad \begin{aligned} \varepsilon_4 pc &= 4\,.\,pcp_1g_2g_3 - 6\,.\,(p^2c+pc^2)g_1g_2 + 8\,.\,p^2c^2g_1 - 2\,.\,p^3c^2 \\ &= 4\,.\,2n(3n^2-6n+2)(n-3) - 12\,.\,n^2(n-2)(n-3) \\ &\qquad - 12\,.\,2n(n-1)(n-2)(n-3) \\ &\qquad + 16\,.\,n(n-1)(n-2)(n-3) \\ &\qquad - 2\,.\,n(n-1)(n-2)(n-3) \\ &= 2n(n-3)(n^3+3n-2), \end{aligned}$$

$$15)\quad \begin{aligned} \varepsilon_4 ph_4 &= pg_1g_2g_3g_4 - 6(p^3+pc^2)g_1g_2 + 8\,.\,p^2c^2g_1 - 2\,.\,p^3c^2 \\ &= 2n^2(5n^2-18n+14) - 12\,.\,n^2(n-2)(n-3) \\ &\qquad - 6\,.\,2n(n-1)(n-2)(n-3) \\ &\qquad + 16\,.\,n(n-1)(n-2)(n-3) \\ &\qquad - 2\,.\,n(n-1)(n-2)(n-3) \\ &= 2n(6n^2-11n-6), \end{aligned}$$

$$25)\quad \begin{aligned} \varepsilon_5 p &= 5.pg_1g_2g_3g_4 - 10.(p^2+pc)g_1g_2g_3 + 20.p^2cg_1g_2 - 10p^3cg_1 \\ &= 5.2n^2(5n^2-18n+14)(n-4) \\ &\qquad - 10.2n^2(2n-3)(n-3)(n-4) \\ &\qquad - 10.2n(3n^2-6n+2)(n-3)(n-4) \\ &\qquad + 20.n^2(n-2)(n-3)(n-4) \\ &\qquad + 20.2n(n-1)(n-2)(n-3)(n-4) \\ &\qquad - 10n(n-1)(n-2)(n-3)(n-4) \\ &= 10n(n-4)(n+2)(2n-3), \end{aligned}$$

$$26)\quad \begin{aligned} \varepsilon_5 h_5 &= g_1g_2g_3g_4g_5 - 10(p^2+c^2)g_1g_2g_3 + 20(p^3+c^3+\widehat{pc})g_1g_2 \\ &\qquad - 10p^2c^2g_1 \\ &= 20n^2(n-2)(n^2-4n+2) - 20.2n^2(2n-3)(n-3)(n-4) \\ &\qquad + 40n^2(n-2)(n-3)(n-4) \\ &\qquad + 20.2.n(n-1)(n-2)(n-3)(n-4) \\ &\qquad - 20.n(n-1)(n-2)(n-3)(n-4) \\ &= 20n(7n^2-30n+24), \end{aligned}$$

$$37)\quad \begin{aligned} \varepsilon_6 &= 6.g_1g_2g_3g_4g_5 - 15(p+c)g_1g_2g_3g_4 + 20.2.pcg_1g_2g_3 \\ &\qquad - 15.2\,\widehat{pc}g_1g_2 \\ &= 6.20n^2(n-2)(n^2-4n+2)(n-5) \\ &\qquad - 30.2n^2(5n^2-18n+14)(n-4)(n-5) \\ &\qquad + 40.2n(3n^2-6n+2)(n-3)(n-4)(n-5) \\ &\qquad - 30.2n(n-1)(n-2)(n-3)(n-4)(n-5) \\ &= 20n(n-5)(17n^2-50n+24). \end{aligned}$$

Die übrigen 30 Symbole ε erhält man entweder auch direct aus den Stammzahlen durch Zusammensetzung von Coincidenzbedingungen nach dem Vorbilde des § 33 oder durch allmähliche Ableitung aus schon berechneten Anzahlen. Beide Arten der Ableitung zeigen die folgenden Beispiele.

1. Wir erhalten ε_{22222} *direct* als Function der Stammzahlen durch die Gleichung:

$$5!\,\varepsilon_{22222} = (g_1+g_2-p-e)(g_3+g_4-p-e)(g_5+g_6-p-e)(g_7+g_8-p-e)(g_9+g_{10}-p-e),$$

woraus folgt:

$$\begin{aligned}5!\,\varepsilon_{22222} &= 5_0.2^5.g_1g_2g_3g_4g_5 - 5_1.2^4(p+e)g_1g_2g_3g_4 + 5_2.2^3(p+e)^2g_1g_2g_3\\ &\quad - 5_3.2^2.(p+e)^3g_1g_2 + 5_4.2^1.(p+e)^4g_1\\ &\quad - 5_5 2^0.(p+e)^5\\ &= (n-5)(n-6)(n-7)(n-8)(n-9).[32.20.n^2(n-2)(n^2-4n+2)\\ &\quad -5.16.2.2n^2(5n^2-18n+14)(n-4)\\ &\quad +10.8.2.2n^2(2n-3)(n-3)(n-4)\\ &\quad +10.8.2.2n(3n^2-6n+2)(n-3)(n-4)\\ &\quad -10.4.8n^2(n-2)(n-3)(n-4)\\ &\quad -10.4.6.2n(n-1)(n-2)(n-3)(n-4)\\ &\quad +5.2.20.n(n-1)(n-2)(n-3)(n-4)\\ &\quad -20.n(n-1)(n-2)(n-3)(n-4)]\\ &= 20n(n-5)(n-6)(n-7)(n-8)(n-9)(n^4+6n^3+3n^2-50n+24),\end{aligned}$$

oder

$$\varepsilon_{22222} = \tfrac{1}{6}n(n-5)(n-6)(n-7)(n-8)(n-9)(n-2)(n^3+8n^2+19n-12).$$

Dies ist also *die Anzahl derjenigen Strahlbüschel des Raumes, welche einen gegebenen Liniencomplex n^{ten} Grades fünfmal zweipunktig berühren, d. h. bei denen fünf Strahlen existiren, deren jeder zwei Complexstrahlen in sich vereinigt,* oder noch anders ausgedrückt, *die Anzahl derjenigen Ebenen, auf denen die Strahlen eines Complexes n^{ten} Grades eine Curve mit einem fünffachen Punkte einhüllen.*

2. Um $p^2\varepsilon_{32}$ *direct* zu bestimmen, haben wir aus § 35 Formel 1 für $n=2$ und für $n=3$ zu specialisiren, dann die beiden Formeln mit einander und das Product mit p^2 zu multipliciren; dann kommt:

$$p^2\varepsilon_{32} = 6.p^2g_1g_2g_3 - 9.(p^3+p^2e)g_1g_2 + 10.p^3eg_1 + 3.p^2e^2g_1 - 2.p^3e^2,$$

woraus man nach Einsetzung der Stammzahlen erhält:

$$p^2\varepsilon_{32} = 2n(n-3)(n-4)(n^2+6n-4).$$

3. Um $\varepsilon_{32}eh_2$ *indirect* zu berechnen, führen wir dieses Symbol auf die ε_{22} enthaltenden zurück; dann hat man:

$$\begin{aligned}\varepsilon_{32}eh_2 &= \varepsilon_{22}[eh_2l_2(n-4) + eh_2h_1 - (e^2h_2+peh_2)(n-4)]\\ &= \varepsilon_{22}[eh_2l_2(n-4) + n.eh_2(p+e) - 2.(eh_{2e}+eh_{2p}) - 2.eh_2l_2\\ &\quad -(e^2h_2+peh_2)(n-4)]\\ &= 2n.(n-4)(2n^3+4n^2-13n-6).\end{aligned}$$

4. Das Symbol ε_{43} bestimmt man aus den ε_{322} enthaltenden Symbolen durch die Formel:

$$\begin{aligned}\varepsilon_{43} &= \varepsilon_{322} h_2 + \varepsilon_{322} h_2 - 2(p+e)\,\varepsilon_{322} \\ &= 4n(n-5)(n-6)(n^4+8n^3+67n^2-250n+320).\end{aligned}$$

5. Das Symbol $p\varepsilon_5$ bestimmt sich aus:

$$p\varepsilon_5 = p\varepsilon_{32} h_3 + p\varepsilon_{32} h_2 - (p^2+pe)\,\varepsilon_{32} = 10n(n-4)(n+2)(2n-3).$$

6. Das Symbol ε_6 erhält man schnell sowohl aus:

$$\varepsilon_6 = \varepsilon_{42} h_4 + \varepsilon_{42} h_2 - (p+e)\,\varepsilon_{42},$$

wie auch aus:

$$\varepsilon_6 = \varepsilon_{33} h_3 + \varepsilon_{33} h_3 - 2\,.(p+e)\,\varepsilon_{33} = 20n(n-5)(17n^2-50n+24).$$

Hiernach hat der Verfasser mit vielen Bestätigungen die in der folgenden Tabelle zusammengestellten Werthe der 43 ε enthaltenden Symbole gefunden.

Tabelle der Werthe der 43 ε.

1) $\varepsilon_2 p^3 e = n(n-1)$,

2) $\varepsilon_2 p^3 h_2 = n$,

3) $\varepsilon_2 \widehat{pe}\, h_2 = 2\,.\,n(n-1)$;

4) $\varepsilon_3 p^3 = 3\,.\,n(n-2)$,

5) $\varepsilon_3 \widehat{pe} = 2\,.\,n(n-1)(n-2)$,

6) $\varepsilon_3 p^2 h_3 = 2\,.\,n(3n-4)$,

7) $\varepsilon_3 pe h_3 = 2\,.\,n(n^2-2)$;

8) $\varepsilon_{22} p^3 = \frac{1}{2}\,.\,n(n-2)(n-3)(n+3)$,

9) $\varepsilon_{22} \widehat{pe} = n(n-1)(n-2)(n-3)$,

10) $\varepsilon_{22} p^2 h_2 = 2n(n-3)(n^2+2n-4)$,

11) $\varepsilon_{22} pe h_2 = 2n(n-3)(2n^2-n-2)$,

12) $\varepsilon_{22} p h_2 l_2 = 2n(2n^3-2n^2-9n+6)$;

13) $\varepsilon_4 p^2 = 4n(n-3)(3n-2)$,

14) $\varepsilon_4 pe = 2n(n-3)(n^2+3n-2)$,

15) $\varepsilon_4 p h_4 = 2n(6n^2-11n-6)$;

16) $\varepsilon_{32} p^2 = 2n(n-3)(n-4)(n^2+6n-4)$,

17) $\varepsilon_{32} pe = 2n(n-3)(n-4)(2n^2+3n-2)$,

18) $\varepsilon_{32} p h_3 = 2n(n-4)(n^3+6n^2-15n-6)$,

19) $\varepsilon_{32} p h_2 = 2n(n-4)(2n^3+4n^2-13n-6)$,

20) $\varepsilon_{32} h_3 h_2 = 4n(n^4-n^3+n^2-50n+72)$;

21) $\varepsilon_{222} p^2 = \frac{2}{3} n(n-3)(n-4)(n-5)(n^2+3n-2)$,

22) $\varepsilon_{222} pe = \frac{1}{3} n(n-3)(n-4)(n-5)(3n^2+3n-2)$,

23) $\varepsilon_{222} p h_2 = n(n-4)(n-5)(3n^3+4n^2-17n-6)$,

24) $\varepsilon_{222} h_2 l_2 = 4n(n-5)(2n^4-2n^3-9n^2-38n+72)$;

25) $\varepsilon_5 p = 10n(n-4)(n+2)(2n-3)$,

26) $\varepsilon_5 h_5 = 20n(7n^2-30n+24)$;

27) $\varepsilon_{42} p = 2n(n-4)(n-5)(n^3+14n^2-n-30)$,

28) $\varepsilon_{42} h_4 = 4n(n-5)(6n^3+13n^2-138n+120)$,

29) $\varepsilon_{42} h_2 = 4n(n-5)(n^4+4n^3+15n^2-138n+120)$;

30) $\varepsilon_{33} p = n(n-4)(n-5)(2n^3+12n^2+n-30)$,

31) $\varepsilon_{33} h_3 = 4n(n-5)(n^4+2n^3+19n^2-142n+120)$;

32) $\varepsilon_{322} p = n(n-4)(n-5)(n-6)(3n^3+16n^2-5n-30)$,

33) $\varepsilon_{322} h_3 = 2n(n-5)(n-6)(n^4+8n^3-3n^2-130n+120)$,

34) $\varepsilon_{322} h_2 = 4n(n-5)(n-6)(2n^4+6n^3-n^2-130n+120)$;

35) $\varepsilon_{2222} p = \frac{1}{12} n(n-4)(n-5)(n-6)(n-7)(5n^3+18n^2-9n-30)$,

36) $\varepsilon_{2222} h_2 = \frac{2}{3} n(n-5)(n-6)(n-7)(3n^4+8n^3-17n^2-122n+120)$;

37) $\varepsilon_6 = 20n(n-5)(17n^2-50n+24)$;

38) $\varepsilon_{52} = 20n(n-5)(n-6)(2n^3+13n^2-50n+24)$;

39) $\varepsilon_{43} = 4n(n-5)(n-6)(n^4+8n^3+67n^2-250n+120)$;

40) $\varepsilon_{422} = 2n(n-5)(n-6)(n-7)(n^4+18n^3+47n^2-250n+120)$;

41) $\varepsilon_{332} = 2n(n-5)(n-6)(n-7)(2n^4+16n^3+49n^2-250n+120)$;

42) $\varepsilon_{3222} = \frac{2}{3} n(n-5)(n-6)(n-7)(n-8)(3n^4+24n^3+31n^2$
$-250n+120)$;

43) $\varepsilon_{22222} = \frac{1}{6} n(n-5)(n-6)(n-7)(n-8)(n-9)(n-2)(n^3+8n^2$
$+19n-12)$.

Aus diesen Werthen können die Werthe derjenigen Symbole, welche *vielfache*, auf den Coincidenzstrahl h bezügliche Bedingungen enthalten, leicht durch die Incidenzformeln bestimmt werden; nämlich:

44) $\varepsilon_3 h_{3s} = \varepsilon_3 pch_3 - \varepsilon_3 p^3 h_3 - \varepsilon_3 c^3 h_3 - \varepsilon_3 \widehat{pc}\, h_3 = 4.n$,

45) $\varepsilon_{22} h_{2s} = \varepsilon_{22} pch_2 - 2.\varepsilon_{22} p^3 - 2.\varepsilon_{22} c^3 - 2.\varepsilon_{22} \widehat{pc}$
$= 2.n(n-3)(n+2)$,

46) $\varepsilon_4 h_{4p} = \varepsilon_4 (ch_4 - c^2) = 2n(11n-18)$,

47) $\varepsilon_{32} h_{3p} = \varepsilon_{32} (ch_3 - c^2) = 2n(n-4)(3n^2+7n-18)$,

48) $\varepsilon_{32} h_{2p} = \varepsilon_{32} (ch_2 - c^2) = 2n(n-4)(n^3+n^2+9n-18)$,

49) $\varepsilon_{222} h_{2p} = \varepsilon_{222} (ch_2 - 3.c^2) = n(n-4)(n-5)(n^3+4n^2+5n-18)$.

Die wichtigsten der Zahlen, welche durch unsere Symbole ε_2, ε_3, ε_{22}, ε_4, ε_{32}, ε_{222} dargestellt werden, sind seit den liniengeometrischen Untersuchungen von Plücker, Klein und Voss bekannt. Dagegen sind die Werthe der ε_5, ε_{42}, ε_{33}, ε_{322}, ε_{2222}, ε_6, ε_{52}, ε_{43}, ε_{422}, ε_{332}, ε_{3222}, ε_{22222} enthaltenden Symbole vom Verfasser zuerst berechnet und zwar in seinen „Singularitäten des Complexes" (Math. Ann. Bd. 12 pag. 202) **[Lit. 49]**. Wir stellen die von Voss in den Math. Ann. Bd. 9 pag. 55 bis 162 algebraisch berechneten Symbole ε hier zusammen mit Angabe der Seiten, auf denen sie dort zu finden sind.

1) $\varepsilon_3 h_{3s} = 4.n$ (pag. 63), d. h. durch jeden Complexstrahl gehen *vier Wendeebenen* (das liniengeometrische Analogon der zwei in jedem Punkte einer Fläche berührenden Haupttangenten);

2) $\varepsilon_3 \widehat{pc} = 2.n(n-1)(n-2)$ [pag. 72];

3) $\varepsilon_3 ch_e = n.(3n-2)$ [pag. 72];

4) $\varepsilon_3 ch_p = n.(3n-2)$ [pag. 73];

5) $\varepsilon_4 p^2 = 4.n(n-3)(3n-2)$ [pag. 74], dies ist nämlich die Ordnung der Fläche der Scheitel aller derjenigen Complexkegel, die *Undulationskanten* besitzen;

6) $\varepsilon_4 h_{4p} = 2.n(11n-18)$ [pag. 74];

7) $\varepsilon_{22} h_{2s} = 2.n(n+2)(n-3)$ [pag. 75];

8) $\varepsilon_{22} \widehat{pc} = n(n-1)(n-2)(n-3)$ [pag. 75].

Die Singularitäten der sogenannten *Plücker'schen Complexfläche* **(Lit. 49)** sind durch diejenigen unserer Symbole ausgedrückt, welche die Bedingung e^2 enthalten. Wir lassen die wichtigsten hier folgen:

9) $\varepsilon_2 p^2 e^2 = 2n(n-1)$ [Voss, pag. 139];

10) $\varepsilon_3 p e^2 = n(n-2)(2n+1)$ [pag. 139];

11) $\varepsilon_{22} p e^2 = \frac{1}{2} n(n-2)(n-3)(3n+1)$ [pag. 139];

12) $\varepsilon_4 e^2 = 4n(n-3)(3n-2)$ [pag. 141], dies ist die Zahl der *stationären Punkte der Rückkehrcurve;*

13) $\varepsilon_{32} e^2 = 2n(n-3)(n-4)(n^2+6n-4)$ [pag. 76 und 141];

14) $\varepsilon_{222} e^2 = \frac{2}{3} n(n-3)(n-4)(n-5)(n^2+3n-2)$ [pag. 76 u. 141].

Mit den in diesen Paragraphen erörterten Hilfsmitteln kann man auch leicht zu den Anzahlen für die Singularitäten der sogenannten *singulären Fläche* des Complexes gelangen, d. h. der Fläche der Scheitel aller mit *Doppelkanten* behafteten Complexkegel; gerade so, wie wir in § 33 zu denjenigen Anzahlen gelangen konnten, welche sich auf den zweistufigen Ort der *Tangentialebenen* beziehen.

Schliesslich machen wir noch darauf aufmerksam, dass die acht Stammzahlen (pag. 266) für $i = n-1$ *nicht null* werden, woraus man schliessen kann, dass der Complex i^{ten} Grades ∞^{1-i} Strahlbüschel enthält, welche ganz in ihm *liegen*, d. h. deren *sämmtliche*

Strahlen dem Complexe angehören. Gerade so ergaben die Stammzahlen des § 33 die Anzahlen für die ganz in einer Fläche liegenden Geraden; z. B. ergab dort (pag. 236) die Formel:

$$p_1 p_2 p_3 p_4 = 2n^4 - 6n^3 + 3n^2$$

für $n = 3$, dass die Fläche dritten Grades 27 Gerade enthält, weil eine Gerade, welche eine Fläche dritten Grades in vier verschiedenen Punkten schneiden soll, nach dem Princip von der Erhaltung der Anzahl ihre sämmtlichen Punkte mit der Fläche dritten Grades gemein haben muss. Ebenso können wir bei einem Complexe i^{ten} Grades, welcher in einem Strahlbüschel $i + 1$ Strahlen besitzt, den Schluss ziehen, dass *die sämmtlichen Strahlen dieses Strahlbüschels dem Complexe angehören.* Demgemäss erhalten wir aus unseren acht Stammzahlen die folgenden Resultate:

1. $p^3 g_1 g_2 = n^2$ giebt für $n = 1$ den Werth 1; folglich ist bei einem linearen Complexe jeder Punkt des Raumes Scheitel eines einzigen Strahlbüschels, dessen sämmtliche Strahlen Complexstrahlen sind.

2. $p^2 g_1 g_2 g_3 = 2n^2(2n - 3)$ giebt für $n = 2$ den Werth 8; folglich wird bei einem Complexe zweiten Grades eine Fläche achter Ordnung von den Scheiteln aller derjenigen Strahlbüschel gebildet, deren sämmtliche Strahlen Complexstrahlen sind. Es ist diese Fläche die doppelt gezählte sogenannte *Kummer'sche Fläche*, doppelt gezählt, weil jeder ihrer Punkte Scheitel *zweier* in dem Complexe liegender Strahlbüschel ist.

3. $pe g_1 g_2 g_3 = 2n(3n^2 - 6n + 2)$ giebt für $n = 2$ den Werth 8; *folglich wird eine Raumcurve achter Ordnung von den Scheiteln aller derjenigen Strahlbüschel gebildet, die ganz in dem Complexe zweiten Grades liegen und dabei ihre Ebene durch einen gegebenen Punkt schicken.*

4. $p g_1 g_2 g_3 g_4 = 2n^2(5n^2 - 18n + 14)$ giebt für $n = 3$ den Werth 90; *folglich wird bei einem Complexe dritten Grades eine Raumcurve neunzigster Ordnung von den Scheiteln aller derjenigen Strahlbüschel gebildet, deren sämmtliche Strahlen Complexstrahlen sind.* Dieses Resultat findet auch Voss (Math. Ann. Bd. 9 pag. 158).

5. $g_1 g_2 g_3 g_4 g_5 = 20n^2(n - 2)(n^2 - 4n + 2)$ giebt für $n = 4$ den Werth 1280; *folglich giebt es 1280 Strahlbüschel, deren sämmtliche Strahlen einem gegebenen Complexe vierten Grades angehören.* Dieses liniengeometrische Analogon der 27 in einer Fläche dritten Grades liegenden Geraden fand der Verfasser in den Math. Ann.

Bd. 12 pag. 211. Interessant wäre es, in ähnlicher Weise, wie die gegenseitige Lage der 27 Geraden einer cubischen Fläche studirt ist, zu untersuchen, welche speciellen Lagen die ∞^1 Strahlbüschel eines Complexes dritten Grades und die 1280 Strahlbüschel eines Complexes vierten Grades zu einander einnehmen.

Uebrigens kann man die eben angegebenen fünf Resultate auch aus einigen der ε enthaltenden Symbole erhalten, z. B. das in Nr. 4 angeführte Resultat aus den Formeln für $\varepsilon_{22}ph_2l_2$ und ε_4ph_1, indem man $n=3$ setzt, das Resultat von Nr. 5 aus den Formeln für $\varepsilon_{32}h_3h_2$ und ε_5h_5, indem man $n=4$ setzt.

Sechster Abschnitt.

Die Charakteristikentheorie.

§ 37.

Formulirung des Charakteristikenproblems für ein beliebiges Gebilde Γ.

Chasles fand im Jahre 1864 (Comptes rendus) [Lit. 50] experimentell, dass die Anzahl der Kegelschnitte, welche einem gegebenen, in fester Ebene befindlichen, einstufigen Systeme angehörig, eine hinzutretende, gegebene, einfache Bedingung z erfüllen, immer gleich

$$\alpha \,.\, \mu + \beta \,.\, \nu^*$$

ist, wo α und β Coefficienten sind, welche nur von der Natur der Bedingung z abhängen, μ und ν aber die Anzahlen sind, welche angeben, wieviel Kegelschnitte des einstufigen Systems die Bedingungen μ und ν erfüllen, von denen

μ bezeichnet, dass ein Kegelschnitt durch einen in der festen Ebene gegebenen Punkt gehen soll,

ν bezeichnet, dass ein Kegelschnitt eine in der festen Ebene gegebene Gerade berühren soll.

Chasles nannte deshalb μ und ν die *Charakteristiken*** des einstufigen Systems. In unserer Terminologie lautet der Chaslessche Satz kurz:

Für den Kegelschnitt lässt sich jede einfache Bedingung durch die beiden Bedingungen μ und ν ausdrücken.

Wir denken uns nun, verallgemeinernd, statt des Kegelschnitts ein beliebiges Gebilde Γ mit der Constantenzahl c, statt des ein-

* Ein Beweis dieses Satzes folgt in § 38.

** Später nannte man *missbräuchlich* Charakteristiken eines Gebildes Γ alle auf Γ bezüglichen Anzahlen, ohne sich darüber Rechenschaft abzulegen, ob für ein solches Gebilde Γ ein dem Chasles'schen Satze analoger Satz existirt.

stufigen Systems ein i-stufiges System Σ, statt der beiden Bedingungen μ und ν beliebig viele i-fache Bedingungen. Dann gelangen wir dazu, uns hinsichtlich des Gebildes Γ folgende Frage vorzulegen:

Ist es für ein Gebilde Γ möglich, jede beliebige i-fache Bedingung durch irgend welche i-fache Bedingungen auszudrücken, so dass die entstehende Gleichung für jedes i-stufige System richtig ist?

Wir nehmen an, es wäre gelungen, für Γ gewisse m i-fache Bedingungen ausfindig zu machen, durch welche jede andere i-fache Bedingung ausgedrückt werden kann. Diese m Bedingungen mögen $b_1, b_2, b_3, \ldots b_m$ heissen. Dann lässt sich zunächst einsehen, dass auch durch *irgend welche* m beliebig ausgewählte i-fache Bedingungen, etwa $c_1, c_2, \ldots c_m$, jede andere i-fache Bedingung ausdrückbar ist; denn man kann, der Voraussetzung gemäss, jede der m Bedingungen

$$c_1, c_2, c_3, \ldots c_m$$

durch $b_1, b_2, b_3, \ldots b_m$ ausdrücken und erhält dadurch m Gleichungen von der Form:

$$c = \alpha_1 . b_1 + \alpha_2 . b_2 + \alpha_3 . b_3 + \ldots \alpha_m . b_m .$$

Aus diesen m Gleichungen aber ergiebt sich jede der m Bedingungen b als lineare Function der m Bedingungen c. Hat man also irgend welche Bedingung z durch die m Bedingungen b ausgedrückt, so braucht man für die letzteren nur die eben erwähnten linearen Functionen zu substituiren, um z als Function der m beliebig gewählten Bedingungen c zu erhalten. Man kann dieses Resultat auch so aussprechen:

Gelingt es, bei einem Gebilde Γ eine i-fache Bedingung z durch m andere i-fache Bedingungen vermittelst einer Formel darzustellen, welche für alle i-stufigen Systeme richtig ist, so bestehen immer zwischen **irgend welchen** *beliebig gewählten $k+m$ i-fachen Bedingungen k von einander unabhängige Gleichungen.*

Beispielsweise nehmen wir beim Kegelschnitt die einfache Bedingung z, dass derselbe eine in seiner Ebene gegebene Plancurve dritter Ordnung vierten Ranges berühre. Diese Bedingung ist nach § 14, pag. 51 von μ und ν durch folgende Gleichung abhängig:

$$z = 4 . \mu + 3 . \nu .$$

Hieraus können wir dann leicht die eine Gleichung ableiten, welche zwischen z und etwa den beiden in § 20 besprochenen einfachen Ausartungsbedingungen δ und ε besteht, wo δ bedeutet, dass der Kegelschnitt in zwei Gerade zerfallen soll, ε bedeutet, dass die Tangenten des Kegelschnitts zwei Strahlbüschel bilden sollen. Wir müssen dann δ und ε durch μ und ν darstellen; dies ist in § 20 geschehen. Es ist nämlich nach der Bezeichnung *dieses* Paragraphen:

$$2 . \mu - \nu = \delta,$$
$$2 . \nu - \mu = \varepsilon,$$

woraus folgt:

$$\mu = \tfrac{2}{3}\delta + \tfrac{1}{3}\varepsilon,$$
$$\nu = \tfrac{1}{3}\delta + \tfrac{2}{3}\varepsilon.$$

Führt man dies in die Formel für z ein, so erhält man:

$$z = \tfrac{11}{3} . \delta + \tfrac{10}{3} . \varepsilon.$$

Hiernach hat es also eigentlich keinen Sinn, zu betonen, dass gerade *die beiden Bedingungen* μ *und* ν charakteristisch sind. Man kann sie ja durch irgend welche andere Bedingungen ersetzen. Der Chasles'sche Satz lautet also besser so:

Beim Kegelschnitt lässt sich jede einfache Bedingung durch jede zwei beliebig gewählte einfache Bedingungen linear ausdrücken oder, was dasselbe ist, beim Kegelschnitt bestehen immer zwischen $(2+k)$ beliebig gewählten einfachen Bedingungen, mindestens k von einander unabhängige, allgemeingiltige Gleichungen.

Wir kehren zu dem Gebilde Γ mit der Constantenzahl c zurück, bei welchem wir uns die beliebige i-fache Bedingung z durch die m i-fachen Bedingungen

$$b_1, b_2, \ldots b_m$$

ausgedrückt denken in der Form:

$$1) \qquad z = \alpha_1 . b_1 + \alpha_2 . b_2 + \alpha_3 . b_3 + \ldots \alpha_m . b_m,$$

wo $\alpha_1, \alpha_2, \alpha_3, \ldots \alpha_m$ Coefficienten sind, deren Werthe natürlich von der Natur der Bedingung z abhängen. Um diese Werthe zu bestimmen, multipliciren wir die Gleichung 1 mit m willkürlich gewählten $(c-i)$-fachen Bedingungen. Diese mögen

$$d_1, d_2, d_3, \ldots d_m$$

heissen. Dann erhalten wir m Gleichungen, auf deren linken Seiten die m c-fachen Symbole

$$zd_1, zd_2, \ldots zd_m$$

stehen, auf deren rechten Seiten aber die m^2 c-fachen Symbole

$$b_1d_1, b_2d_1, \ldots b_1d_2, \ldots b_md_m$$

und ausserdem die gesuchten m Coefficienten

$$\alpha_1, \alpha_2, \ldots \alpha_m$$

vorkommen. Wir betrachten nun die Werthe der m^2 aus b und d zusammengesetzten Symbole als *bekannt* und setzen diese Werthe in die m Gleichungen ein. Dann kann man jetzt mit Hilfe dieser m Gleichungen jede der m Zahlen α als Function der m Symbole

$$zd_1,\ zd_2, \ldots zd_m$$

darstellen. Jede der so entstandenen m Functionen kann aber selbst als eine c-fache Bedingung angesehen werden, die aus z und einer $(c-i)$-fachen Bedingung zusammengesetzt ist. Wir bezeichnen die so entstehenden $(c-i)$-fachen Bedingungen mit

$$e_1,\ e_2, \ldots e_m,$$

und setzen für die m Zahlen α die berechneten Werthe in die Gleichung 1 ein; dann kommt:

$$2)\qquad z = (ze_1).b_1 + (ze_2).b_2 + (ze_3).b_3 + \ldots + (ze_m).b_m.$$

Nun bedeuten aber z, b_1, $b_2, \ldots b_m$ die Zahlen, welche angeben, wieviel Gebilde Γ jede dieser Bedingungen und ausserdem die $(c-i)$-fache, definirende Bedingung des hinzugedachten i-stufigen Systems Σ erfüllen. Bezeichnen wir die letztgenannte $(c-i)$-fache Bedingung mit y, so lautet die Gleichung 2 ausführlich:

$$3)\qquad zy = (ze_1).(yb_1) + (ze_2).(yb_2) + (ze_3).(yb_3) + \ldots + (ze_m).(yb_m),$$

wo jetzt in jeder Klammer ein c-faches Bedingungssymbol steht und wo die m Punkte zwischen den Klammern Multiplicationen im gewöhnlichen arithmetischen Sinne anzeigen. Die Gleichung 3 kann man aber nun noch auf eine andere Weise interpretiren, wenn man nämlich nicht auf die Bedingungen y und z selbst, sondern auf die *Systeme* Rücksicht nimmt, welche durch diese Bedingungen definirt werden. Das durch y definirte i-stufige System hatten wir mit Σ bezeichnet, das durch z definirte $(c-i)$-stufige System wollen wir mit Σ' bezeichnen. *Dann können wir in den obigen Klammern immer z und y fortlassen, wenn wir darauf achten, dass die Symbole e auf das System Σ' und die Symbole b auf das System Σ zu beziehen sind.* Der besseren Unterscheidung wegen wollen wir die auf Σ' bezüglichen Symbole stricheln, so dass wir schreiben:

$$4)\qquad yz = b_1.e'_1 + b_2.e'_2 + b_3.e'_3 + \ldots b_m.e'_m,$$

wo die Punkte wieder *wirkliche* Multiplicationen anzeigen. Die voranstehenden Ueberlegungen fassen wir zu dem folgenden *Hauptsatze* zusammen.

Wenn für ein Gebilde Γ irgend welche m i-fache Bedingungen ausfindig gemacht sind, durch welche jede andere i-fache Bedingung *ausgedrückt werden kann, so lässt sich die Zahl derjenigen Gebilde Γ, welche einem i-stufigen Systeme Σ und einem (c — i)-stufigen Systeme Σ' gemeinsam sind, als eine Summe von m Producten von je zwei Faktoren darstellen, von denen der erste Faktor immer angiebt, wieviel Σ angehörige Gebilde eine i-fache Bedingung erfüllen, der zweite Faktor immer angiebt, wieviel Σ' angehörige Gebilde eine (c — i)-fache Bedingung erfüllen. Die m i-fachen Bedingungen und die m (c — i)-fachen Bedingungen können ganz willkürlich gewählt werden, nur müssen sie von einander unabhängig sein. Um die Zahl der gemeinsamen Gebilde der beiden Systeme so auszudrücken, ist die Kenntniss der folgenden Zahlen erforderlich, erstens der m Zahlen, welche angeben, wieviel Σ angehörige Gebilde jede der gewählten m i-fachen Bedingungen erfüllen, zweitens der m Zahlen, welche angeben, wieviel Σ' angehörige Gebilde jede der gewählten m (c — i)-fachen Bedingungen erfüllen, drittens der m^2 Zahlen, welche angeben, wieviel Gebilde die m^2 zusammengesetzten Bedingungen erfüllen, deren jede aus einer der i-fachen und einer der (c — i)-fachen Bedingungen besteht.*

Beispielsweise nehmen wir als bekannt an, dass bei einem Kegelschnitt in fester Ebene jede einfache Bedingung durch die beiden oben definirten Bedingungen μ und ν ausgedrückt werden kann. Wir können uns dann die Aufgabe stellen, die Zahl χ der Kegelschnitte zu berechnen, welche einem gegebenen einstufigen Systeme Σ und einem gegebenen vierstufigen Systeme Σ' gemeinsam sind, und zwar können wir zur Berechnung für Σ zwei einfache und für Σ' zwei vierfache Bedingungen beliebig annehmen. Es seien dies für Σ die beiden Ausartungsbedingungen δ und ε, für Σ' die beiden Bedingungen μ'^4 und ν'^4, welche bezeichnen, dass ein Kegelschnitt in Σ' durch vier gegebene Punkte gehen resp. vier gegebene Gerade berühren soll. Die definirende Bedingung von Σ sei y, die von Σ' sei z; dann können wir schreiben:

$$z = \alpha_1 . \delta + \alpha_2 . \varepsilon,$$

wo wir α_1 und α_2 zu bestimmen haben. Wir multipliciren deshalb mit μ^4 und ν^4; dann bekommen wir rechts $\delta\mu^4$, $\varepsilon\mu^4$, $\delta\nu^4$, $\varepsilon\nu^4$. Nun ist aber (§ 20, pag. 94)

$$\delta\mu^4 = 3, \quad \varepsilon\mu^4 = 0, \quad \delta\nu^4 = 0, \quad \varepsilon\nu^4 = 3;$$

also kommt:

$$\mu^4 z = 3 . \alpha_1 + 0 . \alpha_2$$

und

$$\nu^4 z = 0 . \alpha_1 + 3 . \alpha_2,$$

woraus folgt:

$$\alpha_1 = \tfrac{1}{3}\mu^4 z, \quad \alpha_2 = \tfrac{1}{3}\nu^4 z.$$

Folglich ist die Zahl der den beiden Systemen gemeinsamen Kegelschnitte gleich

$$\tfrac{1}{3}\mu'^4 . \delta + \tfrac{1}{3}\nu'^4 . \varepsilon.$$

Es geht aus unserem Hauptsatze auch hervor, dass, wenn bei einem Gebilde Γ mit der Constantenzahl c m i-fache Bedingungen erforderlich sind, um jede andere i-fache Bedingung auszudrücken, dann auch m $(c-i)$-fache Bedingungen erforderlich sind, um jede andere $(c-i)$-fache Bedingung auszudrücken. Die constante Zahl m, welche angiebt, wieviel i-fache Bedingungen bei einem Gebilde Γ nöthig sind, um jede andere i-fache Bedingung auszudrücken, wollen wir die *i-stufige Charakteristikenzahl* des Gebildes Γ nennen. Danach können wir die eben ausgesprochene Behauptung kurz so aussprechen:

Bei jedem Gebilde Γ mit der Constantenzahl c ist die i-stufige Charakteristikenzahl gleich der $(c-i)$-stufigen **(Lit. 50).**

Ein Gebilde mit der Constantenzahl c besitzt demnach $\frac{1}{2}c$ oder $\frac{1}{2}(c-1)$ Charakteristikenzahlen, je nachdem c gerade oder ungerade ist; beispielsweise führen wir hier die Charakteristikenzahlen beim Kegelschnitt im Raume und bei der quadratischen Fläche an (cf. Math. Ann. Bd. 10, pag. 360 und 362).

Beim Kegelschnitt im Raume ist

1. die einfache und die siebenfache Charakteristikenzahl gleich 3,
2. die zweifache und die sechsfache gleich 6,
3. die dreifache und die fünffache gleich 9,
4. die vierfache gleich 10.

Bei der quadratischen Fläche ist

1. die einfache und die achtfache Charakteristikenzahl gleich 3,
2. die zweifache und die siebenfache gleich 6,
3. die dreifache und die sechsfache gleich 10,
4. die vierfache und die fünffache gleich 13.

Beim Kegelschnitt müssen also zwischen je $(k+9)$ dreifachen Bedingungen mindestens k von einander unabhängige Gleichungen bestehen; bezeichnen z. B. m, n, r für den Kegelschnitt dieselben Bedingungen, wie in § 16, so besteht zwischen den zehn Bedingungen

$$n^3,\quad n^2r,\quad nr^2,\quad r^3,\quad mn^2,\quad mnr,\quad mr^2,\quad m^2n,\quad m^2r,\quad m^3$$

eine einzige allgemeingiltige Gleichung. Diese haben wir schon in § 16 unter Nr. XIV (pag. 80) kennen gelernt; sie lautet:

$$5)\quad 2n^3 - 3n^2r + 3nr^2 - 2r^3 - 6mn^2 + 4mnr + 0 . mr^2 + 12m^2n \\ - 8m^2r + 0 . m^3 = 0.$$

Diese Formel ist eine Verallgemeinerung der Formel 11 auf pag. 406 des Lindemann'schen Werkes über Clebsch's Vorlesungen. Ebenso haben wir in § 16 unter Nr. XI und XII die beiden Gleichungen kennen gelernt, welche bei der Fläche zweiten Grades zwischen den 15 vierfachen Bedingungen

$$\mu^4,\ \mu^3\varrho,\ \mu^2\varrho^2,\ \mu\varrho^3,\ \varrho^4,\ \nu\mu^3,\ \nu\mu^2\varrho,\ \nu\mu\varrho^2,\ \nu\varrho^3,\ \nu^2\mu^2,$$
$$\nu^2\mu\varrho,\ \nu^2\varrho^2,\ \nu^3\mu,\ \nu^3\varrho,\ \nu^4$$

bestehen, wo μ, ν, ϱ wieder dieselben Bedingungen bezeichnen, wie in den §§ 16 und 22. Diese beiden Gleichungen lauteten:

6) $2\nu^3\mu - 2\nu^3\varrho - 3\nu^2\mu^2 + 3\nu^2\varrho^2 + 2\nu\mu^3 - 2\nu\varrho^3 = 0.$

7) $2\nu^4 - 5\nu^3\mu - 5\nu^3\varrho + 6\nu^2\mu^2 + 8\nu^2\mu\varrho + 6\nu^2\varrho^2 - 4\nu\mu^3 - 6\nu\mu^2\varrho$
$- 6\nu\mu\varrho^2 - 4\nu\varrho^3 + 4\mu^3\varrho + 4\mu\varrho^3 = 0.$

Die Gleichungen zwischen den mehr als vierfachen aus μ, ν, ϱ zusammengesetzten Bedingungen lassen sich leicht durch das oben beim Kegelschnitt angewandte *Eliminationsverfahren* ableiten. Um z. B. für die quadratische Fläche die 42 Gleichungen zu erhalten, welche zwischen den 45 achtfachen aus μ, ν, ϱ zusammengesetzten Bedingungen bestehen, multipliciren wir die Gleichung

$$z = \alpha\mu + \beta\nu + \gamma\varrho$$

mit den 45 aus μ, ν, ϱ zusammengesetzten achtfachen Bedingungen, substituiren rechts für die entstandenen neunfachen Symbole die in § 22 berechneten Anzahlen und eliminiren α, β, γ. Dann erhalten wir 42 Gleichungen zwischen denjenigen 45 Symbolen, welche aus z und einer achtfachen μ, ν, ϱ enthaltenden Bedingung zusammengesetzt sind. Lässt man das willkürliche Symbol z in diesen 42 Gleichungen fort, so erhält man die Gleichungen in der gewünschten Form. Um ein zweites Beispiel zu haben, betrachten wir den Kegelschnitt in fester Ebene. Bei demselben ist die einstufige Charakteristikenzahl und deshalb auch die vierstufige gleich 2, die zweistufige und deshalb auch die dreistufige gleich 3; also giebt es eine einzige Gleichung zwischen

$$\mu^3,\ \mu^2\nu,\ \mu\nu^2,\ \nu^3$$

und drei Gleichungen zwischen

$$\mu^4,\ \mu^3\nu,\ \mu^2\nu^2,\ \mu\nu^3,\ \nu^4,$$

wo μ und ν wieder die im Anfang dieses Paragraphen angegebene Bedeutung haben. Um die eine Gleichung zwischen μ^3, $\mu^2\nu$, $\mu\nu^2$, ν^3 abzuleiten, multipliciren wir mit diesen Bedingungen die Gleichung

$$z = \alpha . \mu^2 + \beta . \mu\nu + \gamma . \nu^2$$

und setzen für μ^5, $\mu^4\nu$, $\mu^3\nu^2$, $\mu^2\nu^3$, $\mu\nu^4$, ν^5 die bekannten (§ 20) Werthe 1, 2, 4, 4, 2, 1 ein; dann kommt:

$$\mu^3 z = \alpha + 2\beta + 4\gamma,$$
$$\mu^2\nu z = 2\alpha + 4\beta + 4\gamma,$$
$$\mu\nu^2 z = 4\alpha + 4\beta + 2\gamma,$$
$$\nu^3 z = 4\alpha + 2\beta + \gamma.$$

Hieraus folgt durch Elimination von α, β, γ die gesuchte Gleichung:

$$8) \qquad 0 = 2\mu^3 - 3\mu^2\nu + 3\mu\nu^2 - 2\nu^3,$$

ein specieller Fall der oben mit 5) bezeichneten Gleichung, bei welcher n, r die Bedingungen bedeuteten, die hier μ resp. ν heissen. Ebenso erhalten wir die drei Gleichungen zwischen μ^4, $\mu^3\nu$, $\mu^2\nu^2$, $\mu\nu^3$, ν^4 durch Elimination von α und β aus:

$$\mu^4 z = \alpha + 2\beta,$$
$$\mu^3\nu z = 2\alpha + 4\beta,$$
$$\mu^2\nu^2 z = 4\alpha + 4\beta,$$
$$\mu\nu^3 z = 4\alpha + 2\beta,$$
$$\nu^4 z = 2\alpha + \beta;$$

dann kommt:

$$9) \quad 2\mu^4 - \mu^3\nu = 0, \quad 4\mu^4 + 4\nu^4 - 3\mu^2\nu^2 = 0, \quad 2\nu^4 - \mu\nu^3 = 0.$$

Zwei solche Gleichungen vierter Dimension hätte man auch durch Multiplication der Gleichung 8 mit μ und ν erhalten können.

Allen den voranstehenden Erörterungen liegt die Voraussetzung zu Grunde, dass es bei einem Gebilde Γ möglich ist, eine endliche Anzahl von i-fachen Bedingungen zu finden, durch welche jede andere i-fache Bedingung ausgedrückt werden kann. Dass dies bei *jedem* Gebilde möglich ist, hat man noch nicht bewiesen; wohl aber existiren Gebilde, für welche es bewiesen ist oder in den folgenden Paragraphen bewiesen werden soll. Es sind dies der Punkt, die Ebene, der Strahl, der Kegelschnitt und gewisse aus einer endlichen Anzahl von Punkten, Ebenen und Strahlen zusammengesetzte Gebilde, z. B. die in den §§ 34 und 35 behandelten Gebilde, von denen das eine aus einer Geraden mit n darauf liegenden Punkten, das andere aus einem Strahlbüschel mit n darin liegenden Strahlen besteht. Es ist für die Fortschritte der abzählenden Geometrie von grosser Wichtigkeit, auch noch andere Gebilde in dieser Richtung zu untersuchen. Wir definiren daher jetzt für jedes Gebilde Γ ein Problem, welches wir unter dem Namen *Charakteristikenproblem* des Gebildes Γ mit Rücksicht auf den oben bewiesenen Hauptsatz folgendermassen formuliren:

„*Ein Gebilde Γ mit der Constantenzahl c sei Element eines ganz beliebigen i-stufigen Systems Σ und auch Element eines ganz beliebigen* $(c-i)$*-stufigen Systems* Σ'. *Beiden Systemen ist eine endliche Anzahl x von Gebilden Γ gemeinsam. Es wird für alle möglichen Werthe von i verlangt, die Anzahl x als Summe von m Producten darzustellen, deren jedes aus zwei Faktoren besteht, von denen der erste Faktor immer angiebt, wieviel Gebilde aus Σ eine i-fache Bedingung erfüllen, der zweite Faktor angiebt, wieviel Gebilde aus Σ' eine* $(c-i)$*-fache Bedingung erfüllen. Das Problem gilt als gelöst, gleichviel wie gross die Zahl m wird und gleichviel, welche i-fachen und welche* $(c-i)$*-fachen Bedingungen* zur Bildung der Producte verwandt werden mussten. Da man für alle möglichen Werthe von i und $c-i$ Formeln aufzustellen hat, so besteht die Lösung des Charakteristikenproblems in der Aufstellung von $\frac{1}{2}c$ oder $\frac{1}{2}(c-1)$ Formeln, je nachdem c gerade oder ungerade ist.*"

Die Formeln, welche die gesuchte Zahl x ausdrücken, sollen *Charakteristikenformeln* und die in ihnen auftretenden Bedingungen *Charakteristiken* heissen. Das Symbol x soll zugleich auch die c-fache Bedingung bedeuten, welche das Gebilde Γ dadurch erfüllt, *dass es den beiden Systemen Σ und Σ' gemeinsam ist.* Multiplicirt man eine Charakteristikenformel mit einer k-fachen auf Γ bezüglichen Bedingung z, so darf man sowohl die auf Σ bezüglichen i-fachen Symbole, wie auch die auf Σ' bezüglichen $(c-i)$-fachen Symbole multipliciren. Je nachdem erhält man eine Formel, welche sich auf ein $(k+i)$-stufiges und ein $(c-i)$-stufiges oder auf ein i-stufiges und ein $(c+k-i)$-stufiges System bezieht. In beiden Fällen bezeichnet xz die Zahl derjenigen Gebilde Γ, welche den beiden Systemen gemeinsam sind und ausserdem die Bedingung z erfüllen. So kann man durch blosse symbolische Multiplication aus jeder *ursprünglichen* Charakteristikenformel eine unbeschränkte Anzahl neuer Formeln erhalten, welche *abgeleitete Charakteristikenformeln* heissen sollen.

Für den Punkt und die Ebene wird das *Charakteristikenproblem* durch die Bezout'schen Sätze (§ 13, pag. 47) gelöst. Ist nämlich ein einstufiges System Σ von Punkten, d. h. eine Curve, und ausserdem ein zweistufiges System Σ' von Punkten, d. h. eine Fläche, gegeben, so haben beide eine endliche Anzahl x von Punkten gemeinsam,

* Namentlich können dies auch Ausartungsbedingungen sein.

welche man bekanntlich erhält, wenn man die Gradzahlen der Curve und der Fläche mit einander multiplicirt, d. h. die Zahl der Σ angehörigen und in einer gegebenen Ebene liegenden Punkte mit der Zahl der Σ' angehörigen und in einer gegebenen Geraden liegenden Punkte. Bezeichnen also p resp. p' die Bedingungen, dass ein Σ resp. Σ' angehöriger Punkt in einer gegebenen Ebene liegen soll, p^2 resp. p'^2, dass ein solcher Punkt auf einer gegebenen Geraden liegen soll, so haben wir, gemäss den obigen Erörterungen, die eine Charakteristikenformel des Punktes so zu schreiben:

10) $$x = p \cdot p'^2.$$

Hieraus folgt durch symbolische Multiplication mit p die abgeleitete Charakteristikenformel für zwei gegebene zweistufige Systeme:

11) $$xp = p^2 \cdot p'^2,$$

eine Formel, welche nichts anderes ausspricht, als dass *der Grad der Schnittcurve zweier Flächen gleich dem Producte ihrer Gradzahlen ist.*

Für den Strahl wird das Charakteristikenproblem durch die in § 15 aus den Coincidenzformeln abgelesenen Halphen'schen Sätze (pag. 62) gelöst. Wir bezeichnen wieder die beiden gegebenen Systeme mit Σ und Σ', ferner die Grundbedingungen des Strahles mit g, g_e, g_p, g_s, G, wenn sie auf Σ zu beziehen sind, und mit g', g'_e, g'_p, g'_s, G', wenn sie auf Σ' zu beziehen sind. Dann lauten die Charakteristikenformeln des Strahles erstens, wenn Σ einstufig, Σ' dreistufig ist,

12) $$x = g \cdot g'_s,$$

zweitens, wenn beide Systeme zweistufig sind,

13) $$x = g_e \cdot g'_e + g_p \cdot g'_p.$$

Es ist also beim Strahl die einstufige und deshalb auch die dreistufige Charakteristikenzahl gleich 1, die zweistufige aber gleich 2, was für die Liniengeometrie von fundamentaler Bedeutung ist.

Die Formel für xg bei einem zweistufigen und einem dreistufigen Systeme erhält man entweder durch Multiplication von 12 mit g oder von 13 mit g'; in beiden Fällen erhält man:

14) $$xg = g_e \cdot g'_s + g_p \cdot g'_s.$$

Die Formeln für xg_e und xg_p bei zwei dreistufigen Systemen resultiren aus 12 durch Multiplication mit g_e und g_p; nämlich:

15) $$xg_e = g_s \cdot g'_s$$

und

16) $$xg_p = g_s \cdot g'_s.$$

In jeder dieser Formeln darf man nun immer von den beiden Faktoren eines Productes den einen als Bedingung, den anderen als Coefficienten auffassen; z. B. sagt Formel 13 aus, dass jede einem Strahle auferlegte zweifache Bedingung z gleich der Summe der beiden mit gewissen Coefficienten multiplicirten Bedingungen g_e und g_p ist und zwar so, dass der Coefficient von g_e angiebt, wieviel Strahlen z erfüllen und dabei in einer gegebenen Ebene liegen, g_p angiebt, wieviel Strahlen z erfüllen und dabei durch einen gegebenen Punkt gehen. Bemerkenswerth ist übrigens, dass man die Gestalt der Formel immer ohne Weiteres bestimmen kann, sobald man nur die Charakteristikenzahlen kennt. Weiss man z. B., dass der Strahl die zweistufige Charakteristikenzahl 2 hat, so kann man g_e und g_p als diejenigen zweifachen Bedingungen auswählen, durch welche man alle übrigen Bedingungen ausdrücken kann, und deshalb schreiben:

$$z = \alpha \,.\, g_e + \beta \,.\, g_p .$$

Multiplicirt man nun mit g_e oder g_p, so kommt:

$$zg_e = \alpha \,.\, 1 + \beta \,.\, 0$$
$$zg_p = \alpha \,.\, 0 + \beta \,.\, 1;$$

also hat man g'_e für α, g'_p für β zu setzen.

§ 38.

Das Charakteristikenproblem für den Kegelschnitt (Lit. 51).

In den §§ 13 und 15 haben wir die Formel für die Zahl der gemeinsamen Elemente zweier Systeme von Punkten oder von Strahlen aus den Coincidenzformeln für Punktepaare oder für Strahlenpaare abgelesen. Dabei ergab sich z. B. die Zahl der gemeinsamen Punkte einer Curve und einer Fläche als die Zahl derjenigen Punkte, in denen ein Punkt der Curve und ein Punkt der Fläche eine *volle Coincidenz* bilden, d. h. derartig unendlich nahe liegen, dass der Verbindungsstrahl der Coincidenzstelle mit einem willkürlich angenommenen Punkte als Coincidenzstrahl aufgefasst werden darf. Ueberträgt man diese Methode vom Punkte auf den Kegelschnitt in fester Ebene, so hat man die Zahl x der Kegelschnitte, welche zweien Systemen mit der Stufensumme 5 gemeinsam sind, *als die Zahl derjenigen Kegelschnitte Q zu bestimmen, in denen zwei Kegelschnitte der beiden Systeme derartig unendlich nahe liegen, dass diese beiden unendlich nahen Kegelschnitte einem ganz willkürlich gewählten durch Q gelegten Kegelschnittbüschel angehören oder, was dasselbe ist,* *dass ihre vier Schnittpunkte auf einem beliebig gewählten Kegelschnitte K liegen.* Eine solche Bestimmung der Zahl x hat zugleich vor den bekannten algebraischen Bestimmungen den wichtigen *Vorzug*, dass sie am deutlichsten die Analogie mit den Bezout'schen Sätzen zeigt.

Gegeben ist in fester Ebene ein einstufiges System Σ und ein vierstufiges System Σ' von Kegelschnitten, ferner ein beliebig gewählter Kegelschnitt K. Für Σ bezeichnen wir mit μ die Bedingung, dass ein Kegelschnitt durch einen gegebenen Punkt gehen soll, mit ν die Bedingung, dass er eine gegebene Gerade berühren soll, mit δ die Bedingung, dass seine Punkte zwei Gerade bilden sollen, mit ε die Bedingung, dass seine Tangenten zwei Strahlbüschel bilden sollen (cf. § 20). Für Σ' bezeichnen wir diese Bedingungen mit denselben Symbolen, aber *gestrichelt*; z. B. bedeutet μ'^4 die Bedingung, dass ein Σ' angehöriger Kegelschnitt durch vier gegebene Punkte gehen soll. *Wir suchen nun vermöge des gewöhnlichen Chasles'schen Correspondenzprincips auf einer beliebigen Geraden g die Zahl derjenigen Punkte zu bestimmen, durch welche zugleich ein Kegelschnitt aus Σ und ein Kegelschnitt aus Σ' derartig gelegt werden kann, dass die vier Schnittpunkte dieser beiden Kegelschnitte alle auf K liegen.* Durch einen beliebigen Punkt A auf g gehen μ Kegelschnitte aus Σ, von denen jeder K in vier Punkten C, D, E, F schneidet. Durch vier solche Schnittpunkte gehen μ'^4 Kegelschnitte aus Σ', von denen jeder g in zwei Punkten B schneidet; also entsprechen dem Punkte A

$$2 \, . \, \mu \, . \, \mu'^4$$

Punkte B. Es fragt sich nun, wieviel Punkte A umgekehrt einem Punkte B entsprechen. Um diese Zahl anzugeben, brauchen wir die Zahl v derjenigen Σ' angehörigen Kegelschnitte, deren jeder durch einen gegebenen Punkt geht und K so in vier Punkten schneidet, dass durch diese vier Punkte ein Σ angehöriger Kegelschnitt möglich wird. Man kann diese Zahl v durch Punktcorrespondenzen auf K bestimmen, am schnellsten jedoch durch das Princip von der Erhaltung der Anzahl, indem man den gegebenen Punkt auf K selbst legt. Dann gehen durch diesen Punkt μ Kegelschnitte aus Σ, von denen jeder K in noch drei anderen Punkten schneidet. Durch die vier Schnittpunkte gehen dann μ'^4 Kegelschnitte aus Σ'; also existiren in Σ'

$$v = \mu \, . \, \mu'^4$$

Kegelschnitte, welche durch einen gegebenen Punkt gehen und K in vier Punkten so schneiden, dass durch die vier Punkte ein Σ

angehöriger Kegelschnitt gehen kann. Jeder dieser r Kegelschnitte aus Σ schneidet dann g in zwei Punkten A; also entsprechen auf g jedem Punkte B auch

$$2 . \mu . \mu'^4$$

Punkte A. Es giebt daher nach dem Correspondenzprincip (§ 13) auf g

$$4 . \mu . \mu'^4$$

Punkte (AB), deren jeder zwei Punkte A und B *vereinigt*. Solche Coincidenzstellen (AB) werden auf dreierlei Weise verursacht:

1. durch den Kegelschnitt K vermöge seiner beiden Schnittpunkte mit g,
2. durch jeden der x den beiden Systemen gemeinsamen Kegelschnitte vermöge seiner beiden Schnittpunkte mit g,
3. durch jeden Kegelschnitt ε in Σ, weil ein solcher seine Punkte auf zwei zusammenfallenden Geraden hat.

Jeder der beiden Schnittpunkte von g und K ist $\mu . \mu'^4$ mal eine Coincidenz (AB), weil durch ihn μ Kegelschnitte aus Σ gehen und für jeden dieser μ Kegelschnitte μ'^4 Kegelschnitte aus Σ' so entnommen werden können, dass sie mit ihm nicht bloss den Schnittpunkt von g und K, sondern noch drei andere Punkte auf K, im Ganzen also vier Punkte auf K gemein haben. Ferner ist jeder Schnittpunkt von g mit einem der gesuchten x, den beiden Systemen gemeinsamen Kegelschnitte einmal eine Coincidenz (AB), wie zu Anfang des Paragraphen erörtert ist. Die eben erwähnten Coincidenzen sind die einzigen, welche durch nicht ausgeartete Kegelschnitte in Σ erzeugt werden können. Wohl aber erzeugt jeder Kegelschnitt in Σ, welcher die Ausartungsbedingung ε erfüllt, eine gewisse Anzahl von Coincidenzen. Ein solcher Kegelschnitt schneide g in den beiden zusammenfallenden Punkten P, und K in den vier Punkten C, D, E, F, von denen zweimal zwei unendlich nahe liegen, und zwar mögen C und D im Punkte (CD), E und F im Punkte (EF) unendlich nahe liegen. Durch diese vier Punkte C, D, E, F gehen nun zwar μ'^4 Kegelschnitte aus Σ', aber nicht jeder von ihnen geht auch durch P. Es thun dies nicht diejenigen Kegelschnitte aus Σ', welche die Gerade CD im Punkte (CD) und zugleich die Gerade EF im Punkte (EF) *eigentlich berühren*, d. h. welche nicht bloss in (CD) und in (EF) zweipunktig schneiden, sondern auch die Geraden CD und EF als Tangenten besitzen. Nun ist aber die Bedingung, dass ein Kegelschnitt aus Σ' eine gegebene Gerade in einem gegebenen Punkte berühre, gleich $\frac{1}{2}\mu'\nu'$, wie in §§ 16 und 20 (pag. 74 und 96) gezeigt ist; also bleiben

$$\mu'^4 - (\tfrac{1}{2} . \mu'\nu')(\tfrac{1}{2}\mu'\nu')$$

Kegelschnitte aus Σ' übrig, welche durch die vier Punkte C, D, E, F gehen, ohne in (CD) oder (EF) zu berühren. Ein solcher Kegelschnitt muss aber seine sämmtlichen Punkte auf dem Verbindungsstrahle von (CD) und (EF) haben, also *die Ausartungsbedingung* ε' *erfüllen*. Er coincidirt demnach im Ort der Punkte mit dem betrachteten Kegelschnitt ε vollständig, schneidet also g auch in den *beiden* zusammenfallenden Punkten P; deshalb giebt es auf g

$$\varepsilon . 2 . (\mu'^4 - \tfrac{1}{4}\mu'^2\nu'^2)$$

Coincidenzen von der dritten der oben aufgezählten drei Sorten. Wir erhalten also schliesslich die Gleichung:

1) $$4 . \mu . \mu'^4 = (2 . \mu . \mu'^4) + (2 . x) + [\varepsilon . 2 . (\mu'^4 - \tfrac{1}{4}\mu'^2\nu'^2)].$$

Daraus ergiebt sich für die gesuchte Zahl x der den beiden Systemen Σ und Σ' gemeinsamen Kegelschnitte:

2) $$x = \mu . \mu'^4 - \varepsilon . (\mu'^4 - \tfrac{1}{4}\mu'^2\nu'^2).$$

Wenn man will, kann man statt der beiden Bedingungen μ und ε die beiden Bedingungen μ und ν einführen, indem man

3) $$\varepsilon = 2 . \mu - \nu \quad \text{(cf. §§ 20, 37)}$$

setzt; dann kommt:

4) $$x = \mu . (\tfrac{1}{2}\mu'^2\nu'^2 - \mu'^4) + \nu . (\mu'^4 - \tfrac{1}{4}\mu'^2\nu'^2).$$

Damit ist das Charakteristikenproblem des Kegelschnittes für den Fall, dass ein einstufiges und ein vierstufiges System vorliegt, gelöst und zugleich der Chasles'sche Satz bewiesen (cf. § 37). Bemerkenswerth ist bei der obigen Ableitung, dass sie nicht bloss erkennen lässt, *dass* beim Kegelschnitt jede Bedingung durch μ und ν ausdrückbar ist, sondern zugleich auch gewisse Werthe der Coefficienten von μ und ν ergiebt. Wie im vorigen Paragraphen ausführlich erörtert ist, können diese Coefficienten α und β *auf mannichfache Weise* durch die fünf Bedingungen

$$\mu'^4, \quad \mu'^3\nu', \quad \mu'^2\nu'^2, \quad \mu'\nu'^3, \quad \nu'^4$$

ausgedrückt werden, weil zwischen diesen fünf Bedingungen drei von einander unabhängige Gleichungen bestehen. *Eine* solche Gleichung erhält man schon dadurch, dass man die Formel 4 dual umformt und sie dann mit der dual umgeformten vergleicht; dann kommt nämlich:

$$3 . \mu'^2\nu'^2 = 4 . \mu'^4 + 4 . \nu'^4 \quad \text{(§ 37, Formel 9).}$$

In ähnlicher Weise kann man die Zahl der gemeinsamen Kegelschnitte *eines zweistufigen und eines dreistufigen Systems* finden. Um diese Zahl auszudrücken, hat man jedem der beiden Systeme *drei* Bedingungen zu entnehmen.

Bei der Uebertragung der obigen Ableitung von Kegelschnitten auf *Flächen zweiten Grades* haben wir statt des Kegelschnitts K eine *Fläche* zweiten Grades zu setzen und statt der Schnittpunktquadrupel *Raumcurven vierter Ordnung* zu setzen. Bezeichnet man dann für ein einstufiges System Σ mit μ, ν, ϱ, φ, χ, ψ dieselben Bedingungen wie in § 22, und mit μ', ν', ϱ', φ', χ', ψ' dieselben Bedingungen für ein achtstufiges System Σ', so erhält man für die Zahl x der den beiden Systemen gemeinsamen Flächen zuerst die Gleichung:

$$4 \,.\, \mu \,.\, \mu'^8 = 2 \,.\, \mu \,.\, \mu'^8 + 2 \,.\, x + 2 \,.\, \varphi \,.\, \tfrac{1}{5} \mu'^3 \nu'^4 \varphi' + 2 \,.\, \psi \,.\, \tfrac{1}{10} \mu'^6 \varrho' \psi'.$$

Ersetzt man nun φ durch $2\mu - \nu$ und ψ durch $2\nu - \mu - \varrho$, so kommt:

$$x = \alpha \,.\, \mu + \beta \,.\, \nu + \gamma \,.\, \varrho,$$

wo α, β, γ irgend welche Functionen der gestrichelten Symbole sind. Die Kenntniss dieser Functionen ist unwesentlich, weil sie sich auch vermittelst des in § 37 besprochenen Eliminationsverfahrens auf mannichfache Weise durch die aus μ', ν', ϱ' zusammengesetzten achtfachen Symbole ausdrücken lassen.

Der Verfasser hofft, in ähnlicher Weise die Charakteristikenprobleme auch noch für andere Curven und Flächen erledigen zu können. Freilich werden die Charakteristikenzahlen dann viel grösser als 2, wie man immer leicht ermitteln kann. Gesetzt z. B., es seien bei der in fester Ebene gedachten Curve dritten Grades mit Spitze die beiden Bedingungen ν und ϱ, dass sie durch einen gegebenen Punkt gehe resp. eine gegebene Gerade berühre, *ausreichend*, um alle einfachen Bedingungen allgemeingiltig auszudrücken, so müsste auch zwischen je drei $(7-1)$-fachen Bedingungen eine allgemeingiltige Gleichung bestehen. Man kann aber leicht aus den in § 23 berechneten Anzahlen entnehmen, dass eine solche allgemeingiltige Gleichung zwischen je drei sechsfachen Bedingungen *nicht besteht*. Vielleicht reichen aber die beiden Bedingungen ν und ϱ im Verein mit den zwölf Ausartungsbedingungen δ_1, δ_2, ε_1, ε_2, ε_3, τ_1, τ_2, τ_3, ϑ_1, ϑ_2, η_1, η_2 (§ 23) aus, um bei der cubischen Plancurve mit Spitze alle einfachen Bedingungen auszudrücken. Dann wäre bei dieser Curve die einstufige Charakteristikenzahl gleich 14.

§ 39.
Ableitung und Anwendung der Charakteristikenformeln für das Gebilde, welches aus einem Strahle und einem darin liegenden Punkte besteht (Lit. 52).

Die Constantenzahl dieses Gebildes ist 5. Wir betrachten daher zwei gegebene Systeme Σ und Σ' mit der Stufensumme 5. Jeder Strahl in Σ heisse g, der darauf befindliche Punkt p, jeder Strahl in Σ' heisse g' und der in ihm liegende Punkt p'. Da der Strahl die Constantenzahl 4 hat, so haben beide Systeme ein einstufiges System von Strahlen, d. h. eine Linienfläche gemeinsam. Auf jedem Strahle dieser Linienfläche liegt ein Punkt p und ein Punkt p'. Es giebt also nach der Coincidenzformel erster Dimension für Punktepaare (§ 13) auf der Linienfläche

$$\varepsilon = p + p' - g$$

oder, wenn man will,

$$\varepsilon = p + p' - g'$$

Strahlen, bei denen die beiden Punkte p und p' zusammenfallen. Jeder Strahl der Linienfläche ist aber, wie bei der Ableitung der Bezout-Halphen'schen Sätze aus den Coincidenzformeln (pag. 46 und 61) gezeigt ist, als eine *volle Coincidenz* eines Strahles g mit einem Strahle g' anzusehen. Folglich ist die vierfache Bedingung η, dass ein Strahl sowohl Σ als Σ', d. h. jener Linienfläche, angehört, nach § 15 Formel 34 gleich

$$G + g_s g' + g_p g'_p + g_e g'_e + g g'_s + G'.$$

Demnach ergiebt sich die Zahl x der den beiden Systemen gemeinsamen Gebilde Γ aus der *Stammformel*:

1) $$x = (p + p' - g)(G + g_s g' + g_p g'_p + g_e g'_e + g g'_s + G')$$

oder, was dasselbe ist:

$$x = (p + p' - g')(G + g_s g' + g_p g'_p + g_e g'_e + g g'_s + G').$$

Diese Formel löst nun das Charakteristikenproblem in allen Fällen, also sowohl wenn Σ einstufig, Σ' vierstufig, als auch wenn Σ zweistufig, Σ' dreistufig ist. Durch Vertauschung der gestrichelten Symbole mit den nicht gestrichelten erhält man natürlich nichts Neues. Ist eines der beiden Systeme i-stufig, so sind alle diejenigen auf dieses System bezüglichen Symbole gleich null zu setzen, welche nicht i-fach sind. Es ist daher bei der Ausführung der Multiplication in 1) zweckmässig, die Symbole nach den Dimensionen zu ordnen; dann kommt:

$$2)\quad x = [pG] + [p'.G + g'.(pg_s - G)] + [p'g'.g_s + g'_p.(pg_p - g_s) + g'_e.(pg_e - g_s)] + [p'g'_p.g_p + p'g'_e.g_e + g'_s(pg - g^2)] + [p'g'_s.g + G'(p - g)] + [p'G'].$$

Ist nun Σ i-stufig, also Σ' $(5-i)$-stufig, so ist von den sechs eckigen Klammern in 2) immer die $(6-i)^{\text{te}}$ allein von null verschieden. Die Fälle $i=5$ und $i=0$ ergeben nur Selbstverständliches; der Fall $i=4$ ergiebt den Satz:

„Ein einstufiges System Σ von Gebilden Γ hat mit einem vierstufigen Systeme Σ' von Gebilden Γ:

$$3)\quad x = p'.G + g'.(pg_s - G)$$

Gebilde gemein."

Der Fall $i=1$ ergiebt ganz denselben Satz, nur dass die gestrichelten und die nicht gestrichelten Symbole mit einander vertauscht sind.

Ebenso erhält man auf zweifache Weise, nämlich sowohl für $i=2$, wie für $i=3$ den Satz:

„Ein zweistufiges System Σ von Gebilden Γ hat mit einem dreistufigen Systeme Σ':

$$4)\quad x = p'g'.g_s + g'_p.(pg_p - g_s) + g'_e.(pg_e - g_s)$$

Gebilde Γ gemein."

Wegen der Incidenzformeln (§ 7) kann man auch schreiben statt Formel 3:

$$5)\quad x = p'.G + g'.p^2 g_e,$$

und statt Formel 4:

$$6)\quad x = p'^2.g_s + g'_p.p^3 + g'_e.pg_e.$$

Kürzer konnten wir zu diesen Formeln aus Formel 1 durch das Eliminationsverfahren des § 37 gelangen. Die Formel 1 zeigt uns nämlich die *Möglichkeit*, bei einem Gebilde Γ jede einfache Bedingung durch p' und g', jede zweifache Bedingung durch $p'g'$, g'_p, g'_e auszudrücken. *Dies genügt aber schon vollständig, um die genaue Gestalt der Charakteristikenformeln zu bestimmen.* Es muss sich nämlich nun jede einfache Bedingung (§ 37) durch *irgend welche zwei* einfache Bedingungen und jede zweifache Bedingung durch *irgend welche drei* zweifache Bedingungen ausdrücken lassen. Bezeichnet also z irgend eine einfache Bedingung, y irgend eine zweifache Bedingung, so kann man z durch p' und g', y nicht bloss durch $p'g'$, g'_p, g'_e, sondern auch durch p'^2, g'_p, g'_e ausdrücken; also etwa:

$$7)\quad z = \alpha.p' + \beta.g',$$

$$8)\quad y = \gamma.p'^2 + \delta.g'_p + \zeta.g'_e.$$

Durch symbolische Multiplicationen und eventuelle Eliminationen ergeben sich nun die Werthe der Coefficienten α, β, γ, δ, ζ auf mannichfache Weise. Am geschicktesten wird es immer sein, mit einer solchen Bedingung zu multipliciren, dass alle Symbole mit Ausnahme eines einzigen null werden. Wir multipliciren demgemäss Gleichung 7 mit G' und mit $p'^2g'_e$; dann kommt:

$$zG' = \alpha . 1 + \beta . 0$$

und

$$zp'^2g'_e = \alpha . 0 + \beta . 1.$$

Dies heisst aber nichts anderes, als dass α angiebt, wieviel Gebilde Γz und G' zugleich erfüllen, und β angiebt, wieviel Gebilde Γz und $p'^2g'_e$ erfüllen. Bezeichnet man also das vierstufige System der z erfüllenden Gebilde mit Σ und jeden Strahl in Σ mit g, so ist der Coefficient α gleich G, β gleich p^2g_e zu setzen. Um ebenso γ, δ, ζ zu bestimmen, multipliciren wir Gleichung 8 mit g'_s, p'^3, $p'g'_e$; dann kommt:

$$\begin{aligned} yg'_s &= \gamma . 1 + \delta . 0 + \zeta . 0, \\ yp'^3 &= \gamma . 0 + \delta . 1 + \zeta . 0, \\ yp'g'_e &= \gamma . 0 + \delta . 0 + \zeta . 1, \end{aligned}$$

woraus folgt, dass der Coefficient γ gleich g'_s, δ gleich p'^3, ζ gleich $p'g'_e$ zu setzen ist.

Aus den beiden ursprünglichen Charakteristikenformeln 5 und 6 leiten wir nun noch die Formeln ab, welche sich auf Systeme beziehen, deren Stufensumme *grösser* als 5 ist. Dies geschieht, indem wir die Formeln 5 und 6 mit den auf p' und g' bezüglichen Grundbedingungen multipliciren (cf. § 37). Multipliciren wir zuerst die Formel 5 mit p' und g', so erhalten wir zwei Formeln, welche sich auf den Fall beziehen, wo Σ' *zweistufig*, Σ *vierstufig* ist, nämlich:

$$xp = p'^2 . G + p'g' . p^2g_e$$

und

$$xg = p'g' . G + g'^2 . p^2g_e,$$

wofür wegen der Incidenzformeln auch geschrieben werden kann:

$$9)\qquad xp = p'^2 . G + p'^2 . p^2g_e + g'_e . p^2g_e,$$

$$10)\qquad xg = p'^2 . G + g'_e . G + g'_e . p^2g_e + g'_p . p^2g_e.$$

Multipliciren wir zweitens 6 mit p' und mit g', so resultiren zwei Formeln, welche sich auf den Fall beziehen, wo Σ und Σ' *beide dreistufig* sind; nämlich:

$$11)\qquad xp = p'^3 . g_s + g'_s . p^3 + p'^3 . p^3 + p'g'_e . pg_e,$$

$$12)\qquad xg = p'^3 . g_s + g'_s . p^3 + g'_s . pg_e + p'g'_e . g_s.$$

Multipliciren wir drittens 5 mit p'^2, mit g'_p und mit g'_e, so resultiren drei Formeln, welche sich auf den Fall beziehen, wo Σ' *dreistufig*, Σ *vierstufig* ist; nämlich:

13) $$xp^2 = p'^3 . G + p'g'_e . p^2 g_e + p'^3 . p^2 g_e,$$
14) $$xg_p = p'^3 . G + g'_s . G + g'_s . p^2 g_e,$$
15) $$xg_e = p'g'_e . G + g'_s . p^2 g_e .$$

Natürlich kann man Formel 13 auch aus Formel 6 erhalten, indem man letztere mit pp' multiplicirt, ferner die Summe der Formeln 14 und 15, indem man Formel 6 mit gg' multiplicirt, endlich die Summe der Formeln 13 und 15, indem man 6 mit $p'g$ multiplicirt.

Die Formeln für zwei gegebene *vierstufige* Systeme kann man wieder auf verschiedenen Wegen erhalten, z. B. indem man 5) mit p'^3, mit $p'g'_e$ und mit g'_s multiplicirt; dann kommt:

16) $xp^3 = p'^2 g'_e . p^2 g_e$ (auch als Zahl der Schnittstrahlen zweier Kegel mit gemeinsamem Scheitel),

17) $$xpg_e = p'^2 g'_e . G + G' . p^2 g_e + p'^2 g'_e . p^2 g_e,$$
18) $$xg_s = G' . G + p'^2 g'_e . G + G' . p^2 g_e .$$

Die Formeln 15, 17, 18 erledigen zugleich das Charakteristikenproblem für den Fall, dass die beiden Systeme von Gebilden Γ in einer und derselben Ebene, nämlich in der Ebene der Bedingung g_e liegen. Lässt man diese Bedingung aus den Formeln ganz fort, indem man sie mit in die Definition des Gebildes Γ aufnimmt, so hat man in 15, 17, 18 statt G $g_e g_e$, statt G' $g'_e g'_e$, statt g'_s $g' g'_e$ zu schreiben und dann $g_e g'_e$ aus allen Symbolen fortzulassen; dann kommt:

19) $$x = p' . g_e + g' . p^2,$$
20) $$xp = p'^2 . g_e + g'_e . p^2 + p'^2 . p^2,$$
21) $$xg = g'_e . g_e + p'^2 . g_e + g'_e . p^2 .$$

Beispielsweise übersetzen wir Formel 19 in Worte:

„*Sind in einer festen Ebene ein einstufiges System* Σ *und ein zweistufiges System* Σ' *von Gebilden* Γ *gegeben, deren jedes aus einem Strahle und einem darin befindlichen Punkte besteht, so erhält man die Zahl der den beiden Systemen gemeinsamen Gebilde, indem man die Ordnung der von den* ∞^1 *Punkten in* Σ *gebildeten Curve mit der Zahl multiplicirt, welche angiebt, wieviel Gebilde* Γ *in* Σ' *eine gegebene Gerade haben, ferner den Grad des von den* ∞^1 *Strahlen in* Σ *gebildeten Ortes mit der Zahl multiplicirt, welche angiebt, wieviel Gebilde* Γ *in* Σ' *einen gegebenen Punkt haben und darauf endlich die erhaltenen beiden Producte addirt* (cf. § 14 am Schluss, pag. 57).“

Die Formeln 5 und 6 ergeben auch ohne Weiteres die Formeln für die gemeinsamen Gebilde Γ von *mehr als zwei* Systemen. Sind drei Systeme gegeben, so haben sie eine endliche Anzahl von Gebilden Γ gemein, wenn ihre definirenden Bedingungen die Dimensionssumme 5 haben, d. h. ihre Systeme die Stufensumme 10 haben und so fort. Ueberhaupt haben i Systeme mit der Stufensumme s immer ein $[s-5(i-1)]$-stufiges System von gemeinsamen Gebilden (§ 3). Beispielsweise bestimmen wir die Anzahl der Gebilde, welche *fünf gegebenen vierstufigen Systemen*

$$\Sigma_1,\ \Sigma_2,\ \Sigma_3,\ \Sigma_4,\ \Sigma_5$$

gemeinsam sind. Bezeichnet immer α_i die Zahl derjenigen Gebilde aus Σ_i, welche ihren Strahl in einer gegebenen Geraden besitzen, β_i die Zahl derjenigen Gebilde aus Σ_i, welche ihren Strahl in einer gegebenen Ebene und zugleich ihren Punkt auf einer gegebenen Geraden haben, so ist die einfache Bedingung z_i, dass ein Gebilde Γ dem Systeme Σ_i angehört, nach Formel 5 gleich

$$p \,.\, \alpha_i + g \,.\, \beta_i,$$

wo p und g die einfachen Bedingungen bedeuten, dass ein Gebilde Γ seinen Punkt auf einer gegebenen Ebene besitze, seinen Strahl eine gegebene Gerade schneiden lasse. Demnach erhält man für die fünffache Bedingung $z_1 z_2 z_3 z_4 z_5$, dass ein Gebilde Γ allen fünf Systemen angehöre, die Formel:

$$22)\quad z_1 z_2 z_3 z_4 z_5 = (\alpha_1 . p + \beta_1 . g)(\alpha_2 . p + \beta_2 . g)(\alpha_3 . p + \beta_3 . g)$$
$$(\alpha_4 . p + \beta_4 . g)(\alpha_5 . p + \beta_5 . g).$$

Nach Ausführung der rechts angezeigten Multiplicationen erhält man 32 Glieder, von denen nur diejenigen von null verschieden sind, welche eines der drei Symbole

$$p^3 g^2,\quad p^2 g^3,\quad p g^4$$

enthalten. Nun ist aber $p^3 g^2 = 1$, $p^2 g^3 = 2$, $p g^4 = 2$ (§ 19); also kommt für die gesuchte Zahl x der den fünf Systemen gemeinsamen Gebilde, wie man leicht übersieht:

$$\begin{aligned}
23)\quad x = 1 \,.\, (&\alpha_1\alpha_2\alpha_3\beta_4\beta_5 + \alpha_1\alpha_2\alpha_4\beta_3\beta_5 + \alpha_1\alpha_2\alpha_5\beta_3\beta_4 + \alpha_1\alpha_3\alpha_4\beta_2\beta_5 \\
&+ \alpha_1\alpha_3\alpha_5\beta_2\beta_4 + \alpha_1\alpha_4\alpha_5\beta_2\beta_3 + \alpha_2\alpha_3\alpha_4\beta_1\beta_5 \\
&+ \alpha_2\alpha_3\alpha_5\beta_1\beta_4 + \alpha_2\alpha_4\alpha_5\beta_1\beta_3 + \alpha_3\alpha_4\alpha_5\beta_1\beta_2) \\
+ 2 \,.\, (&\alpha_1\alpha_2\beta_3\beta_4\beta_5 + \alpha_1\alpha_3\beta_2\beta_4\beta_5 + \alpha_1\alpha_4\beta_2\beta_3\beta_5 + \alpha_1\alpha_5\beta_2\beta_3\beta_4 \\
&+ \alpha_2\alpha_3\beta_1\beta_4\beta_5 + \alpha_2\alpha_4\beta_1\beta_3\beta_5 + \alpha_2\alpha_5\beta_1\beta_3\beta_4 \\
&+ \alpha_3\alpha_4\beta_1\beta_2\beta_5 + \alpha_3\alpha_5\beta_1\beta_2\beta_4 + \alpha_4\alpha_5\beta_1\beta_2\beta_3) \\
+ 2 \,.\, (&\alpha_1\beta_2\beta_3\beta_4\beta_5 + \alpha_2\beta_1\beta_3\beta_4\beta_5 + \alpha_3\beta_1\beta_2\beta_4\beta_5 + \alpha_4\beta_1\beta_2\beta_3\beta_5 \\
&+ \alpha_5\beta_1\beta_2\beta_3\beta_4).
\end{aligned}$$

Durch duale Umformung der hier abgeleiteten Charakteristikenformeln erledigt man das Charakteristikenproblem für *das Gebilde, welches aus einem Strahle und einer durch ihn gehenden Ebene besteht.*

Das Charakteristikenproblem unseres Gebildes Γ lässt sich auf eine zweite Art lösen, wenn wir von Anfang an nicht von dem einstufigen Strahlsysteme ausgehen, welches die beiden Systeme Σ und Σ' mit der Stufensumme 5 gemein haben, sondern von dem zweistufigen Punktsysteme, das sie beide gemein haben müssen. Durch jeden Punkt dieses Punktsystemes gehen dann ein Strahl g und ein Strahl g'. Fassen wir je zwei so zusammengehörige g und g' als Strahlenpaar zusammen, so wissen wir nach der Formel 40 des § 15, dass es

$$g_p + g'_p + e^2 - ep$$

solcher Strahlenpaare giebt, bei denen die beiden Strahlen derartig unendlich nahe liegen, dass jede durch sie gelegte Ebene als ihre Schnittebene aufgefasst werden darf. Dabei bedeutet e die Bedingung, dass die Verbindungsebene der beiden Strahlen g und g' durch einen gegebenen Punkt geht. Wir haben daher noch die Bedingungen e^2 und ep durch die auf g, g', p, p' bezüglichen Symbole auszudrücken. Dies gelingt leicht durch die Formeln 39 und 49 des § 15, wenn wir beachten, dass *andere Coincidenzen als solche, die die Bedingung e erfüllen, nicht Statt haben können.* Es ergiebt sich demnach aus der Formel 39 des § 15:

$$ep = g_e + g'_e + p^2,$$

und aus der Formel 49 des § 15:

$$e^2 = gg' - p^2.$$

Nun ist die dreifache Bedingung, dass ein Punkt p mit einem Punkt p' identisch ist, d. h. dem betrachteten zweistufigen Punktsystem angehört, nach Formel 15 in § 13 gleich:

$$p^3 + p^2p' + pp'^2 + p'^3.$$

Folglich ergiebt sich für die gesuchte Zahl x der den beiden Systemen Σ und Σ' gemeinsamen Gebilde Γ

$$x = (p^3 + p^2p' + pp'^2 + p'^3)\,[g_p + g'_p + (gg' - p^2) - (g_e + g'_e + p^2)]$$

oder

$$24)\quad x = (p^3 + p^2p' + pp'^2 + p'^3)\,.\,(g_p - g_e - 2\,.\,p^2 + gg' + g'_p - g'_e).$$

Führt man hier die Multiplication aus und wendet die Incidenzformeln an, so erhält man die Formel 2 noch einmal, wodurch eine interessante Controle ermöglicht ist. Speciell ergiebt sich, wenn

Σ' einstufig und Σ vierstufig ist, die Formel 5 auf folgende Weise:

$$\begin{aligned} x &= p^3 g \,.\, g' + p^2 (g_p - g_e - 2p^2) \,.\, p' \\ &= p^2 g_e \,.\, g' + (p^2 g_p - p^2 g_e) \,.\, p' \\ &= p^2 g_e \,.\, g' + G \,.\, p'. \end{aligned}$$

Die Formel 6 gewinnt man zum zweiten Male, indem man zuerst hat:

$$x = p^3 \,.\, g'_p - p^3 \,.\, g'_e + p^2 g \,.\, p' g' + p (g_p - g_e - 2p^2) \,.\, p'^2,$$

und daraus durch die Incidenzformeln findet:

$$\begin{aligned} x = {} & p^3 \,.\, g'_p - p^3 \,.\, g'_e + p^3 \,.\, g'_e + p^3 \,.\, p'^2 + p g_e \,.\, g'_e + p g_e \,.\, p'^2 \\ & + g_s \,.\, p'^2 + p^3 \,.\, p'^2 - p g_e \,.\, p'^2 - 2 p^3 \,.\, p'^2 \\ = {} & p^3 \,.\, g'_p + p g_e \,.\, g'_e + g_s \,.\, p'^2. \end{aligned}$$

Von den zahlreichen Anwendungen, welche die erhaltenen Charakteristikenformeln bei Anzahlproblemen finden können, sollen folgende hier angeführt werden.

I. Formel 19 spricht einen Satz aus, von welchem der bekannte, von uns schon in den §§ 4 u. 14 (p. 14 u. 51) bewiesene Satz über die Zahl x der *Curven eines Systems, die eine gegebene Curve berühren, ein specieller Fall* ist. Bezeichnet man nämlich bei der gegebenen Curve jede Tangente mit g' und ihren Berührungspunkt mit p', ferner bei dem gegebenen Curvensystem jede Tangente mit g und ihren Berührungspunkt mit p, so erhält man bei der Curve ein einstufiges System von Gebilden Γ mit dem Strahle g' und dem Punkte p', bei dem Curvensystem ein zweistufiges System von Gebilden Γ mit dem Strahle g und dem Punkte p. Wendet man dann Formel 19 an, so ist p' die Ordnung m der Curve, g' der Rang n der Curve, g_e die Zahl ν der eine gegebene Gerade berührenden Curven des Systems, p^2 die Zahl μ der durch einen gegebenen Punkt gehenden Curven des Systems; also ist:

$$x = m \,.\, \nu + n \,.\, \mu.$$

II. Gerade so kann man aber mit Hilfe der obigen Charakteristikenformeln zu *allen* Anzahlen gelangen, welche sich auf das Gemeinsamhaben von Tangente und Berührungspunkt beziehen. Fasst man z. B. auf einer Fläche F von der Ordnung n und dem Range r jede Tangente g mit ihrem Berührungspunkte p zusammen und ebenso auf einer zweiten Fläche F' von der Ordnung n' und dem Range r' jede Tangente g' mit ihrem Berührungspunkte p', so erhält man zwei dreistufige Systeme von Gebilden Γ. Wendet man auf diese Systeme die Formeln 11 und 12 an, so hat man alle

Symbole gleich null zu setzen, ausser pg_e, g_s, $p'g'_e$, g'_s, welche bezüglich gleich n, r, n', r' sind. Formel 11 giebt demnach nichts anderes, als dass die Schnittcurve der beiden Flächen vom Grade $n \cdot n'$ ist; Formel 12 aber giebt:

$$n \cdot r' + n' \cdot r$$

als den *Grad der Linienfläche, welche von den Schnittlinien der Tangentialebenen in gemeinsamen Punkten gebildet wird.* Ist zweitens eine Raumcurve von der Ordnung n und dem Range r und ausserdem ein dreistufiges System von Raumcurven gegeben, aus welchem immer φ eine gegebene Gerade berühren, χ eine gegebene Ebene in einem gegebenen Punkte berühren, so giebt Formel 5:

$$n \cdot \varphi + r \cdot \chi$$

als die Zahl derjenigen *Raumcurven des Systems, welche die gegebene Raumcurve berühren.* Ebenso liefert drittens Formel 6 die Zahl derjenigen *Raumcurven eines gegebenen einstufigen Systems, welche eine Raumcurve aus einem gegebenen zweistufigen Systeme berühren.* Ferner ergeben sich leicht die Anzahlen für die Berührung von Flächen mit Raumcurven. Ist nämlich viertens eine Raumcurve n^{ter} Ordnung, r^{ten} Ranges und ausserdem ein einstufiges System von Flächen gegeben, von welchem μ durch jeden gegebenen Punkt gehen, ν jede gegebene Gerade berühren, so liefert Formel 5:

$$n \cdot \nu + r \cdot \mu$$

als die Zahl derjenigen *Flächen des Systems, welche die Raumcurve berühren.* Ist fünftens eine Fläche von der Ordnung n und dem Range r und ausserdem ein einstufiges System von Raumcurven gegeben, von welchem ν eine gegebene Gerade schneiden, ϱ eine gegebene Ebene berühren, so liefert Formel 6:

$$\nu \cdot r + \varrho \cdot n$$

als die Zahl derjenigen *Raumcurven des Systems, welche die gegebene Fläche berühren.* Es seien sechstens zwei zweistufige Systeme von Raumcurven gegeben, so dass das erste a Curven, das zweite a' Curven durch einen gegebenen Punkt schickt, ferner das erste b Curven, das zweite b' Curven einen Strahl eines gegebenen Strahlbüschels berühren lässt, endlich das erste c Curven, das zweite c' Curven eine gegebene Ebene in einem Punkte einer gegebenen Geraden berühren lässt; dann ergiebt Formel 11:

$$a' \cdot b + b' \cdot a + a' \cdot a + c' \cdot c$$

als die *Ordnung der Curve der Berührungspunkte von allen möglichen zwei sich berührenden Curven der beiden Systeme*, und Formel 12:

$$a'.b+b'.a+b'.c+c'.b$$

als den *Grad der Linienfläche der zugehörigen Berührungstangenten*. Es seien siebentens fünf einstufige Systeme Σ_1, Σ_2, Σ_3, Σ_4, Σ_5 von Flächen gegeben, so dass immer aus dem Systeme Σ_i μ_i Flächen durch einen gegebenen Punkt gehen, ν_i eine gegebene Gerade berühren. Setzt man dann in Formel 23 immer μ_i statt jedes β_i, ν_i statt jedes α_i, so erhält man die *Zahl derjenigen Strahlen des Raumes, welche von fünf den fünf Systemen angehörigen Flächen in einem und demselben Punkte berührt werden.*

III. Wir fassen auf einer Fläche F jede Tangente g mit ihrem Berührungspunkte p, und auf einer zweiten Fläche F' jede *Haupttangente* g' mit ihrem Berührungspunkte p' zusammen. Dann erhalten wir ein dreistufiges und ein zweistufiges System, deren gemeinsame Elemente wir nach Formel 6 bestimmen können. Bezeichnet n die Ordnung, r den Rang von F, n' die Ordnung von F' und α' die Zahl der in einem ebenen Schnitte von F' liegenden Haupttangenten, so ist nach Formel 6:

$$2.n'.r+\alpha'.n$$

die Zahl derjenigen *Punkte auf der Schnittcurve der beiden Flächen F und F', deren Tangenten Haupttangenten für F' sind.* Sind beide Flächen punktallgemein, so ist nach § 33:

$$r=n(n-1) \text{ und } \alpha'=3n'(n'-2)$$

zu setzen; dann wird aus der obigen Zahl:

$$2nn'(n-1)+3nn'(n'-2)$$

oder

$$nn'(2n+3n'-8),$$

wie auch in Salmon-Fiedler's Raumgeometrie (Art. 438) gefunden wird.

IV. Gegeben sind zwei strahlallgemeine Complexe C und C', von denen C n^{ten} Grades, C' n'^{ten} Grades sei. Jeder Strahl g in C enthält nach § 36 (p. 271) *vier Punkte, welche Spitzen von Complexcurven werden, die g berühren.* Jeden dieser vier Punkte fassen wir als Punkt p mit g zu einem Gebilde Γ zusammen und thun darauf dasselbe für den Complex C'. Dann erhalten wir zwei dreistufige Systeme von Gebilden Γ, welche ∞^1 gemeinsame Elemente haben. Die Strahlen dieser gemeinsamen Elemente bilden eine Linienfläche, deren Grad uns Formel 11 liefert. Die Punkte der gemeinsamen

Elemente bilden eine Curve, deren Grad sich aus Formel 12 bestimmt; wir haben nämlich nach § 36, pag. 271 zu setzen:

$$p^3 = 3.n(n-2), \quad g_s = 4.n, \quad pg_e = n(3n-2),$$
$$p'^3 = 3.n'(n'-2), \quad g'_s = 4.n', \quad p'g'_e = n'(3n'-2).$$

Setzt man diese Werthe in die Formeln 12 und 11 ein, so erhält man:

$$xg = 8nn'(3n+3n'-8),$$
$$xp = 2nn'(9nn'-6n-6n'-2).$$

Die erste Zahl ist der Grad des Ortes aller derjenigen ∞^1 *Strahlen, welche zu zwei den beiden gegebenen Complexen* n^{ten} *und* n'^{ten} *Grades angehörigen Complexcurven Rückkehrtangenten mit gemeinsamer Spitze sind. Diese Spitzen selbst bilden eine Curve, deren Grad die zweite der obigen Zahlen angiebt.*

V. Um noch eine Anwendung auf ein Problem der *metrischen* Geometrie zu zeigen, fassen wir auf einer gegebenen Fläche F n^{ter} Ordnung, r^{ten} Ranges jede Tangente g mit ihrem Berührungspunkte p zu einem Gebilde Γ zusammen und auf einer zweiten Fläche F' n'^{ten} Grades, r'^{ten} Ranges, k'^{ter} Klasse jeden Punkt p' mit seiner *Normale* g'. Dann erhalten wir ein dreistufiges System Σ und ein zweistufiges System Σ'. Die Zahl der ihnen gemeinsamen Gebilde finden wir durch Anwendung der Formel 6, indem wir $g_s = r$, $pg_e = n$, $p'^2 = n'$ und g'_e gleich der Zahl der in einem ebenen Schnitte von F' liegenden Normalen setzen. Diese Zahl fanden wir in § 4 Beispiel 6 gleich dem Range r' der Fläche F'; also ist:

$$n'.r + n.r'$$

die Zahl derjenigen Punkte auf der Schnittcurve der beiden Flächen, in denen die Normale zu der einen Fläche die andere Fläche berührt, d. h. in denen die beiden Flächen sich rechtwinklig schneiden. Hat man statt der Fläche F ein einstufiges System von Flächen, aus welchem μ durch einen gegebenen Punkt gehen, ν eine gegebene Gerade berühren, so bilden diejenigen Punkte auf der Fläche F', in denen eine Fläche des Systems rechtwinklig schneidet, eine Curve, deren Grad man aus Formel 9 gleich

$$\mu.(n'+r') + \nu.n'$$

erhält. Um dann noch nach Formel 10 den *Grad der von den Normalen dieser Punkte gebildeten Linienfläche* zu erhalten, müssen wir ausser den Werthen der Symbole p'^2 und g'_e den Werth von g'_p, d. h. die Zahl der von einem gegebenen Punkte ausgehenden Normalen kennen. Hierfür erhielten wir in § 4, Beisp. 6, $n'+r'+k'$; also giebt Formel 10 *den Grad der genannten Linienfläche* gleich

$$\mu.(n'+2.r'+k') + \nu.(n'+r').$$

§ 40.
Ableitung und Anwendung der Charakteristikenformel für den Strahlbüschel (Lit. 52).

Die Constantenzahl des Strahlbüschels ist 5. Wir betrachten daher zwei gegebene Systeme von Strahlbüscheln Σ und Σ', deren Stufensumme 5 ist. Jede Ebene eines Strahlbüschels in Σ heisse e, der auf ihr befindliche Scheitel p, jede Ebene eines Strahlbüschels in Σ' heisse e', sein Scheitel p'. Beide Systeme haben ∞^2 Ebenen gemeinsam. Die dreifache Bedingung, dass eine Ebene sowohl Σ als Ebene e, wie auch Σ' als Ebene e' angehört, ist nach der der Formel 15 in § 13 dual entsprechenden Formel gleich

$$e^3 + e^2e' + ee'^2 + e'^3.$$

Auf jeder der ∞^2 gemeinsamen Ebenen liegt nun ein Punkt p und ein Punkt p'. Die zweifache Bedingung εg, dass zwei solche Punkte so zusammenfallen, dass ihr Verbindungsstrahl g durch einen auf der gemeinsamen Ebene beliebig angenommenen Punkt geht, d. h. eine beliebig gegebene Gerade schneidet, ist nach § 13, Formel 2, gleich

$$p^2 + p'^2 + g_e - g_p$$

oder

$$p^2 + p'^2 + g_e - eg + e^2.$$

Die Symbole g_e und g kann man aber durch die auf p und p' bezüglichen Symbole ausdrücken, wenn man beachtet, dass alle Coincidenzen von p und p' nothwendig die Bedingung g erfüllen müssen, dass also alle g nicht implicite enthaltenden Coincidenzsymbole gleich null sind; demnach ist

$$0 = pp' - g_e,$$
$$0 = p + p' - g.$$

Demgemäss erhalten wir für εg:

$$p^2 + p'^2 + pp' - ep - ep' + e^2.$$

Also ist die fünffache Bedingung x, dass ein Strahlbüschel den beiden Systemen Σ und Σ' angehören soll, ausgedrückt durch die *Stammformel:*

1) $$x = (e^3 + e^2e' + ee'^2 + e'^3)(p^2 + p'^2 + pp' - ep - ep' + e^2).$$

Die fünffachen Symbole, welche man nach Ausführung der Multiplication erhält, hat man nun wieder nach den Dimensionen der auf Σ oder Σ' bezüglichen Bedingungen zu ordnen; dann kommt:

$$x = [e^3(p^2 - ep + e^2)] + [e' . e^2(p^2 - ep + e^2) + p' . e^3(p - e)]$$
$$+ [e'^2 . e(p^2 - ep + e^2) + e'p' . e^2(p - e) + p'^2 . e^3]$$
$$+ [e'^3 . (p^2 - ep + e^2) + e'^2p' . e(p - e) + e'p'^2 . e^2]$$
$$+ [e'^3p' . (p - e) + e'^2p'^2 . e] + [e'^3p'^2].$$

Wendet man jetzt die Incidenzformeln XIII und XIV des § 10 an, indem man die Symbole $\widehat{pe}$ und $\widehat{p'e'}$ einführt, so erhält man:

$$2) \quad x = (p^3e^2) + (e' . ep^3 + p' . e^3p) + (e'^2 . p^3 + e'p' . \widehat{pe} + p'^2 . e^3)$$
$$+ (e'^3 . p^2 + \widehat{p'e'} . pe + p'^3 . e^2) + (e'^3p' . p + e'p'^3 . e)$$
$$+ (e'^3p'^2).$$

Eine Controle dieser Stammformel ist dadurch gegeben, dass dieselbe sowohl durch duale Umformung, wie auch durch Vertauschung der gestrichelten und der nicht gestrichelten Symbole in sich selbst übergeht. Ist nun Σ' einstufig, Σ vierstufig, so verschwinden alle Symbole mit Ausnahme derer in der zweiten Klammer; diese aber liefern den Satz:

Die Zahl x der gemeinsamen Strahlbüschel eines einstufigen Systems Σ' und eines vierstufigen Systems Σ ergiebt sich aus:

$$3) \qquad x = p' . pe^3 + e' . p^3e.$$

Ebenso erhält man, wenn Σ' zweistufig, Σ dreistufig ist, aus der dritten Klammer den Satz:

Die Zahl x der gemeinsamen Strahlbüschel eines zweistufigen Systems Σ' und eines dreistufigen Systems Σ ergiebt sich aus:

$$4) \qquad x = p'^2 . e^3 + p'e' . \widehat{pe} + e'^2 . p^3.$$

Auf die Formel 2 hätten wir auch durch die dual entsprechende Betrachtung gelangen können. Dann hätten wir von der Fläche der gemeinsamen *Punkte* der beiden Systeme ausgehen müssen und wären zu der Formel 2 durch Vermittelung einer anderen Stammformel gelangt, nämlich durch:

$$x = (p^3 + p^2p' + pp'^2 + p'^3)(e^2 + e'^2 + ee' - pe - pe' + p^2).$$

Die Gestalt der beiden Formeln 3 und 4 hätten wir auch durch das in § 37 besprochene und schon in § 39 angewandte Eliminationsverfahren erkennen können, sobald wir einsahen, dass es beim Strahlbüschel mit dem Scheitel p und der Ebene e *möglich* ist, jede einfache Bedingung durch p und e, jede zweifache durch p^2, pe, e^2 auszudrücken.

Wir gehen nun zu den abgeleiteten Charakteristikenformeln des Strahlbüschels über. Dieselben beziehen sich auf Systeme, deren Stufensumme grösser als 5 ist, und folgen aus 3 und 4 durch symbolische Multiplication mit p', e' u. s. w.

Ist Σ' zweistufig, Σ vierstufig, so ist:

5) $$xp = p'^2 . pe^3 + p'e' . p^3e,$$

6) $$xe = p'e' . pe^3 + e'^2 . p^3e.$$

Ist Σ' dreistufig und auch Σ dreistufig, so ist:

7) $$xp = p'^3 . e^3 + p'^3 . \widehat{pe} + \widehat{p'e'} . \widehat{pe} + \widehat{p'e'} . p^3 + e'^3 . p^3,$$

8) $$xe = p'^3 . e^3 + e'^3 . \widehat{pe} + \widehat{p'e'} . \widehat{pe} + \widehat{p'e'} . e^3 + e'^3 . p^3.$$

Ist Σ' dreistufig und Σ vierstufig, so ist:

9) $$xp^2 = p'^3 . pe^3 + p'^3 . p^3e + \widehat{p'e'} . p^3e,$$

10) $$xpe = p'^3 . pe^3 + \widehat{p'e'} . pe^3 + \widehat{p'e'} . p^3e + e'^3 . p^3e,$$

11) $$xe^2 = \widehat{p'e'} . pe^3 + e'^3 . pe^3 + e'^3 . p^3e.$$

Ist Σ' vierstufig und auch Σ vierstufig, so ist:

12) $$xp^3 = p'^3e' . p^3e,$$

13) $$x\widehat{pe} = p'^3e' . pe^3 + p'e'^3 . p^3e,$$

14) $$xe^3 = p'e'^3 . pe^3$$ (auch als Zahl der Schnittpunkte zweier Plancurven).

Eine naheliegende Anwendung der Strahlbüschelformeln bezieht sich auf die *Berührung von Flächen.* Die Tangenten einer Fläche bilden nämlich ein zweistufiges System von Strahlbüscheln, und man sagt von zwei Flächen, dass sie sich *berühren*, wenn die ihnen angehörigen Strahlbüschelsysteme ein gemeinsames Element besitzen. Folglich sind die theilweise schon in § 14 aus den Coincidenzformeln abgeleiteten Anzahlen für die Berührung von Flächen *specielle Fälle* der Formeln 3 bis 14. Eine Fläche F n^{ter} Ordnung, r^{ten} Ranges, k^{ter} Klasse besitzt nämlich ein zweistufiges System von Tangentenbüscheln, bei welchem zu setzen ist:

$$p^2 = n, \quad pe = r, \quad e^2 = k.$$

Ferner ist bei einem einstufigen Flächensystem p^3 gleich der Zahl μ der durch einen Punkt gehenden Fläche, $\widehat{pe}$ gleich der Zahl ν der eine Gerade berührenden Flächen, e^3 gleich der Zahl ϱ der eine Ebene berührenden Flächen. Endlich ist bei einem zweistufigen Flächensysteme p^3e gleich der Zahl ϑ der eine gegebene Gerade in einem gegebenen Punkte berührenden Flächen, pe^3 gleich der Zahl φ der eine gegebene Gerade in einer gegebenen Tangentialebene berührenden Flächen. Folglich ist *die Zahl derjenigen Flächen eines einstufigen Systems* (μ, ν, ϱ), *welche eine Fläche* (n, r, k) *berühren, nach Formel 4 gleich*

$$n . \varrho + r . \nu + k . \mu.$$

Sind zwei einstufige Flächensysteme (μ, ν, ϱ) und (μ', ν', ϱ') gegeben, so liefern die Formeln 7 und 8 *die Ordnung der Curve der Berührungspunkte und den Grad des Orts der Tangentialebenen von allen möglichen zwei sich berührenden Flächen der beiden Systeme*, und zwar die erste Zahl gleich

$$\mu . \varrho' + \varrho . \mu' + \mu . \nu' + \nu . \mu' + \nu . \nu',$$

die zweite Zahl gleich

$$\mu . \varrho' + \varrho . \mu' + \varrho . \nu' + \nu . \varrho' + \nu . \nu'.$$

Ist eine Fläche (n, r, k) und ein zweistufiges Flächensystem (ϑ, φ) gegeben, so findet ∞^1 mal eine Berührung statt. *Die Ordnung der Curve der Berührungspunkte* ergiebt sich dann nach Formel 5 gleich

$$n . \varphi + r . \vartheta,$$

und *der Grad des Orts der zugehörigen Tangentialebenen* gemäss Formel 6 gleich

$$r . \varphi + k . \vartheta.$$

Ist endlich ein einstufiges Flächensystem (μ, ν, ϱ) und ein zweistufiges Flächensystem (ϑ, φ) gegeben, so bilden die Berührungspunkte eine Fläche, deren Grad nach Formel 9 gleich

$$\mu . \vartheta + \mu . \varphi + \nu . \vartheta$$

ist, ferner die zugehörigen Tangentialebenen einen Ort, dessen Grad nach Formel 11 gleich

$$\varrho . \varphi + \varrho . \vartheta + \nu . \varphi$$

ist, und endlich die Tangenten in den Berührungspunkten einen Complex, dessen Grad die Formel 10 gleich

$$\mu . \varphi + \nu . \varphi + \nu . \vartheta + \varrho . \vartheta$$

liefert.

Um eine zweite Anwendung der Charakteristikentheorie des Strahlbüschels zu haben, lösen wir das folgende Problem. Man soll bestimmen, wie oft es vorkommt, dass bei fünf gegebenen strahlallgemeinen Liniencomplexen C_1, C_2, C_3, C_4, C_5 von den Graden

$$n_1, n_2, n_3, n_4, n_5$$

die fünf in der nämlichen Ebene liegenden Complexcurven sich in einem und demselben Punkte schneiden. Man bezeichne mit z_i die einfache Bedingung, dass ein Strahlbüschel dem Complexe C_i angehört. Dann stellt sich die gesuchte Zahl als der Werth des Symbols $z_1 z_2 z_3 z_4 z_5$ dar. Nun wissen wir aus dem Vorhergehenden, dass jede der fünf Bedingungen durch zwei auf den Strahlbüschel bezügliche Bedingungen ausdrückbar ist, etwa durch p und e, wenn p bedeutet, dass der Scheitel auf einer gegebenen Ebene liegen soll, und e bedeutet, dass die Ebene des Strahlbüschels durch einen gegebenen Punkt gehen soll; also ist

$$z_i = \alpha_i \, . \, p + \beta_i \, . \, e.$$

Multiplicirt man mit pe^3, so erhält man α_i als die Zahl derjenigen Strahlbüschel, welche, dem Complexe C_i angehörig, die Bedingung pe^3 erfüllen, d. h. als die Ordnung einer Complexcurve in C_i, also nach § 36 gleich

$$n_i \, . \, (n_i - 1).$$

Multiplicirt man mit $p^3 e$, so erhält man wegen des Dualitätsprincip ganz dasselbe, also

$$n_i \, . \, (n_i - 1).$$

Demnach ist

$$z_i = n_i \, . \, (n_i - 1)(p + e).$$

Folglich ergiebt sich für die gesuchte Zahl:

$$\begin{aligned} z_1 z_2 z_3 z_4 z_5 &= n_1 (n_1 - 1) n_2 (n_2 - 1) n_3 (n_3 - 1) n_4 (n_4 - 1) n_5 (n_5 - 1)(p + e)^5 \\ &= n_1 n_2 n_3 n_4 n_5 (n_1 - 1)(n_2 - 1)(n_3 - 1)(n_4 - 1)(n_5 - 1) \\ &\qquad (10 p^3 e^2 + 10 p^2 e^3) \\ &= 20 \, . \, n_1 n_2 n_3 n_4 n_5 (n_1 - 1)(n_2 - 1)(n_3 - 1)(n_4 - 1)(n_5 - 1). \end{aligned}$$

§ 41.

Ableitung und Anwendung der Charakteristikenformeln für das Gebilde, welches aus einem Strahle, einem auf dem Strahle liegenden Punkte und einer durch den Strahl gehenden Ebene besteht (Lit. 52).

Die Constantenzahl dieses Gebildes Γ ist 6. Wir betrachten demnach zwei Systeme Σ und Σ' mit der Stufensumme 6 als gegeben. In Σ bezeichnen wir jeden Strahl mit g, den darauf befindlichen Punkt mit p, die hindurchgehende Ebene mit e, in Σ' nennen wir die analogen Hauptelemente g', p', e'. Nach der Analogie der Ableitung der Stammformeln in §§ 39 und 40 finden wir für unser Gebilde Γ die sechsfache Bedingung x, dass ein Γ den beiden Systemen gemeinsam ist, ausgedrückt entweder durch:

1) $x = (G + g_s g' + g_p g'_p + g_e g'_e + g g'_s + G')(p + p' - g)(e + e' - g)$

oder durch:

$$2)\quad x=(p^3+p^2p'+pp'^2+p'^3)(g_p-g_e-2p^2+gg'+g'_p-g'_e)(e+e'-g)$$

oder durch:

$$3)\quad x=(e^3+e^2e'+ee'^2+e'^3)(g_e-g_p-2e^2+gg'+g'_e-g'_p)(p+p'-g)$$

oder durch:

$$4)\quad x=(e^3+e^2e'+ee'^2+e'^3)(p^2+p'^2+pp'-ep-ep'+e^2)(g+g'-p-e)$$

oder durch:

$$5)\quad x=(p^3+p^2p'+pp'^2+p'^3)(e^2+e'^2+ee'-ep-pe'+p^2)(g+g'-e-p).$$

In allen fünf Fällen erhält man nach Ausführung der Multiplicationen rechts und nach Zusammenfassung der Symbole, welche für Σ oder Σ' gleiche Dimension haben, mit Benutzung der Incidenzformeln ein und dasselbe, nämlich:

$$\begin{aligned}6)\quad x=&[peG]+[p'.eG+e'.pG+g'.p^3e^2]\\ &+[p'^2.e^2g_p+p'e'.G+e'^2.p^2g_e+g'_p.p^3e+g'_e.pe^3]\\ &+[p'^3.eg_p+\widehat{p'e'}.g_s+e'^3.pg_e+p'g'_e.e^3+g'_s.\widehat{pe}+e'g'_p.p^3]\\ &+\ldots\ldots\end{aligned}$$

Ist Σ' einstufig, Σ fünfstufig, so giebt die zweite eckige Klammer die Zahl der gemeinsamen Gebilde; also:

$$7)\qquad x=p'.eG+e'.pG+g'.p^3e^2.$$

Ist Σ' zweistufig, Σ vierstufig, so erhält man aus der dritten eckigen Klammer:

$$8)\qquad x=p'^2.e^2g_p+p'e'.G+e'^2.p^2g_e+g'_p.p^3e+g'_e.pe^3.$$

Ist Σ' dreistufig, Σ auch dreistufig, so giebt die vierte eckige Klammer die Charakteristikenformel:

$$9)\quad x=p'^3.eg_p+\widehat{p'e'}.g_s+e'^3.pg_e+p'g'_e.e^3+g'_s.\widehat{pe}+e'g'_p.p^3.$$

Die Formeln, welche auf Systeme Bezug nehmen, deren Stufensumme *grösser* als 6 ist, erhalten wir durch symbolische Multiplication der Formeln 7 bis 9. Wir erwähnen von diesen Formeln der Kürze wegen nur diejenigen, bei denen die Systeme Σ und Σ' *beide* als *vierstufig* vorausgesetzt sind. Für solche Systeme gelten die Formeln:

$$10)\quad xp^2=p^3e.G'+G.p'^3e'+(p^3e+pe^3).p'^2g'_e+p^2g_e.(p'e'^3+p'^3e'),$$

$$\begin{aligned}11)\quad xpe=\ &p^3e.p'^3e'+e^3p.e'^3p'+G.(p'^3e'+p'e'^3)+(p^3e+pe^3).G'\\ &+p^3e.e'^2g'_p+e^2g_p.p'^3e'+e^3p.p'^2g'_e+p^2g_e.e'^3p',\end{aligned}$$

$$12)\quad xe^2=pe^3.G'+G.p'e'^3+(p^3e+pe^3).e'^2g'_p+e^2g_p.(p'e'^3+p'^3e'),$$

13) $xg_p = p^3c.G' + G.p'^3e' + G.e'^2g'_p + e^2g_p.G' + p^2g_e.e'^2g'_p$
$+ e^2g_p.p'^2g'_e + G.G'$,

14) $xg_e = pe^3.G' + G.p'e'^3 + G.p'^2g'_e + p^2g_e.G' + e^2g_p.p'^2g'_e$
$+ p^2g_e.e'^2g'_p + G.G'$.

Von den vielen Anwendungen, die diese Formeln gestatten, heben wir die folgenden hervor.

I. Man fasse bei einem Complexe n^{ten} Grades jeden Complexstrahl zusammen mit dem Berührungspunkte und der Ebene jeder ihn berührenden Complexcurve. Dann erhält man ein vierstufiges System Σ von Gebilden Γ; für dieses ist zu setzen:

$$G = 0, \quad p^2g_e = e^2g_p = n, \quad p^3e = pe^3 = n(n-1).$$

Man erzeuge nun in derselben Weise aus einem zweiten Complexe n'^{ten} Grades ein vierstufiges System Σ' von Gebilden Γ', und wende dann auf Σ und Σ' die Formeln 10 bis 14 an. Dann erhält man die bekannten (Voss, Math. Ann. Bd. IX, pag. 87) Charaktere *der Brennfläche der den beiden Complexen gemeinsamen Congruenz.*

II. Man fasse bei einem Complexe n^{ten} Grades jeden Complexstrahl zusammen mit einer seiner vier Wendeebenen und der zugehörigen Kegelspitze. Dann erhält man ein dreistufiges System Σ von Gebilden Γ, für welches zu setzen ist:

$$p^3 = e^3 = 3.n(n-2), \quad pg_e = eg_p = n.(3n-2), \quad g_s = 4.n,$$
$$\widehat{pe} = 2.n(n-1)(n-2) \text{ gemäss § 36, pag. 271.}$$

Man erzeuge ferner in derselben Weise aus einem zweiten Complexe n'^{ten} Grades ein zweites dreistufiges Σ' von Gebilden Γ' und wende dann auf Σ und Σ' die Formel 9 an; dann erhält man den folgenden Satz:

In der Congruenz, welche der Schnitt eines Complexes n^{ten} Grades mit einem Complexe n'^{ten} Grades ist, befinden sich:

$$4.n.n'(2.n^2 + 2.n'^2 + 9.nn' - 18.n - 18.n' + 20)$$

Strahlen, welche zu zwei, den beiden Complexen angehörigen, in derselben Ebene befindlichen Complexcurven Rückkehrtangenten mit gemeinsamer Spitze sind.

III. Formel 9 giebt die *Zahl derjenigen Raumcurven eines zweistufigen Systems, welche eine Raumcurve eines andern zweistufigen Systems so berühren, dass die dem Berührungspunkte angehörigen Schmiegungsebenen zusammenfallen.*

IV. Formel 8 giebt *die Zahl derjenigen Flächen eines zweistufigen Flächensystems, welche mit einer gegebenen Fläche eine Normale so gemein haben, dass auch ein darauf gelegenes Krümmungscentrum und die zugehörige Hauptkrümmungsebene zusammenfallen.*

V. Formel 9 giebt die *Zahl derjenigen Ebenen, welche aus zwei gegebenen zweistufigen Systemen von Complexen Complexcurven ausschneiden, die einen vierfachen Punkt sammt einer seiner vier Tangenten gemein haben* (cf. in § 36 Formel 35 und 36).

VI. Formel 8 giebt die *Zahl solcher Complexe eines zweistufigen Systems von Complexen, deren singuläre Fläche die singuläre Fläche eines gegebenen Complexes derartig berührt, dass die der Berührungsstelle angehörigen singulären Strahlen beider Complexe zusammenfallen.*

VII. Um die *Zahl derjenigen Ebenen zu bestimmen, welche von drei gegebenen Complexen Complexcurven enthalten, die sich in einem und demselben Punkte berühren,* haben wir mit Hilfe von Formel 8 die zweifache Bedingung auszudrücken, dass die in einer Ebene e befindliche, einem der Complexe angehörige Complexcurve den Strahl g in p berührt und darauf die so für die drei Complexe resultirenden drei Formeln zweiter Dimension mit einander zu multipliciren. Dadurch erhalten wir, wenn die Gradzahlen der drei Complexe n_1, n_2, n_3 sind, für die gesuchte Zahl

$$4 \cdot n_1 \cdot n_2 \cdot n_3 (n_1 + n_2 + n_3 - 3).$$

Ebenso, wie das in den §§ 39, 40, 41 behandelte Gebilde, lassen sich noch viele andere aus mehreren Hauptelementen zusammengesetzte Gebilde behandeln. Beispielsweise erwähnen wir noch das Gebilde Γ', welches aus einem in fester Ebene befindlichen Punkte p und Strahle g besteht, aber so, dass p und g nicht incident sind. Auf die von einem solchen Gebilde erzeugten dreistufigen, d. h. durch eine einfache Bedingung definirten Systeme kam Clebsch in der Theorie der algebraischen Formen. Er nannte solche Systeme *Connexe* (**Lit. 52a**). Ist z irgend welche einfache, dem Gebilde Γ' auferlegte Bedingung, so ist immer:

$$z = \alpha \cdot p + \beta \cdot g,$$

wo α angiebt, wieviel Gebilde z und die Bedingung pg_e erfüllen, β angiebt, wieviel Gebilde z und $p^2 g$ erfüllen. Clebsch nannte α die Ordnung, β die Klasse des durch z bestimmten Connexes. Sind vier Connexe C_1, C_2, C_3, C_4 mit den Ordnungen α_1, α_2, α_3, α_4 und den Klassen β_1, β_2, β_3, β_4 gegeben, so kann man fragen nach der Zahl x der ihnen gemeinsamen Gebilde Γ. Diese Zahl x ergiebt sich sehr leicht aus:

$$x = (\alpha_1 p + \beta_1 g)(\alpha_2 p + \beta_2 g)(\alpha_3 p + \beta_3 g)(\alpha_4 + \beta_4 g)$$
$$= (\alpha_1\alpha_2\beta_3\beta_4 + \alpha_1\alpha_3\beta_2\beta_4 + \alpha_1\alpha_4\beta_2\beta_3 + \alpha_2\alpha_3\beta_1\beta_4 + \alpha_2\alpha_4\beta_1\beta_3 + \alpha_3\alpha_4\beta_1\beta_2)p^2g^2$$
$$= \alpha_1\alpha_2\beta_3\beta_4 + \alpha_1\alpha_3\beta_2\beta_4 + \alpha_1\alpha_4\beta_2\beta_3 + \alpha_2\alpha_3\beta_1\beta_4 + \alpha_2\alpha_4\beta_1\beta_3 + \alpha_3\alpha_4\beta_1\beta_2,$$

welchen Ausdruck auch Lindemann (Clebsch's Vorles. pag. 940) findet.

§ 42.

Charakteristikentheorie des Gebildes, welches aus einem Strahle und n darauf befindlichen Punkten besteht (Lit. 53).

Dieses Gebilde Γ, welches wir *„gerade Punktgruppe"* nennen wollen, hat die Constantenzahl $4+n$. Wir betrachten daher zwei Systeme Σ und Σ', deren Stufensumme $4+n$ ist, und bezeichnen für Σ jeden Strahl mit g, die darauf befindlichen Punkte mit

$$p_1, p_2, p_3, p_4, \dots p_n,$$

ebenso für Σ' jeden Strahl mit g' und die darauf befindlichen Punkte mit

$$p'_1, p'_2, p'_3, \dots p'_n.$$

Verfahren wir nun analog wie in den §§ 39, 40 und 41, so erhalten wir für die $(4+n)$-fache Bedingung x, dass eine gerade Punktgruppe den beiden Systemen gemeinsam ist, die folgende *Stammformel:*

$$1)\qquad x = (G + g_s g' + g_p g'_p + g_e g'_e + g g'_s + G')(p_1 + p'_1 - g)$$
$$(p_2 + p'_2 - g) \dots (p_n + p'_n - g).$$

Durch Ausführung der Multiplication und Zusammenfassung der Symbole, welche für Σ oder Σ' gleiche Dimension haben, kann man aus dieser Stammformel die Charakteristikenformeln für alle Fälle erhalten. Nach § 37 können wir jedoch dieses Verfahren durch ein bequemeres ersetzen. Wir brauchen nämlich der Formel 1 nichts weiter zu entnehmen, als die Erkenntniss, dass, wenn Σ' *ein*stufig ist, die betreffende Charakteristikenformel keine weiteren Bedingungen aus Σ' enthält als

$$g', p'_1, p'_2, p'_3, \dots p'_n,$$

dass, wenn Σ' *zwei*stufig ist, die zugehörige Charakteristikenformel keine weiteren Bedingungen aus Σ' enthält, als

$$g'_e, g'_p, g'p'_1, g'p'_2, \dots g'p'_n, p'_1p'_2, p'_1p'_3, \dots p'_{n-1}p'_n,$$

und so fort. Hieraus ziehen wir den wichtigen Schluss, dass die Zahl der gemeinsamen geraden Punktgruppen eines i-stufigen

Systems Σ' und eines $(4+n-i)$-stufigen Systems Σ sich immer durch m auf Σ und m auf Σ' bezügliche Bedingungen ausdrücken lässt, wo,

wenn $i=1$ ist, m gleich $1+n_1$ wird,
wenn $i=2$ ist, m gleich $2+n_1+n_2$ wird,
wenn $i=3$ ist, m gleich $1+2.n_1+n_2+n_3$ wird,
wenn $i=4$ ist, m gleich $1+n_1+2.n_2+n_3+n_4$ wird,

also überhaupt

2) $$m=n_i+n_{i-1}+2.n_{i-2}+n_{i-3}+n_{i-4}$$

wird.

Wir haben dann nach den allgemeinen Betrachtungen des § 37 *freie Wahl darüber*, welche m i-fachen Bedingungen wir zur Aufstellung der Charakteristikenformeln verwenden wollen. Dabei stehen uns auch die *Coincidenzbedingungen* zu Gebote, welche in § 34 durch die auf g und die n Punkte p bezüglichen Grundbedingungen ausgedrückt sind. Da die Benutzung dieser Coincidenzbedingungen die Charakteristikenformeln auf die *möglichst einfache Gestalt* bringt, so führen wir dieselben hier ein, und zwar mit denselben Symbolen wie in § 34. Es bezeichne nämlich ε mit gewissen k neben einander gesetzten Indices, dass die k Punkte p, welche ganz dieselben Indices haben wie ε, *zusammenfallen*, ferner p, p^2 oder p^3 mit k neben einander gesetzten Indices, dass die k Punkte p, welche dieselben Indices haben, wie p, p^2, p^3 coincidiren und dabei ihre Coincidenzstelle bezüglich in einer gegebenen Ebene, auf einer gegebenen Geraden, in einem gegebenen Punkte haben. Wir schreiten nun zur Aufstellung der Charakteristikenformeln selbst.

Ist das System Σ' einstufig, so wissen wir, dass jede einfache auf Σ' bezügliche Bedingung z sich durch

$$g',\ p'_1,\ p'_2,\ p'_3, \dots p'_n$$

ausdrücken lässt; wir können daher schreiben:

3) $$z=\beta.g'+\alpha_1.p'_1+\alpha_2.p'_2+\alpha_3.p'_3+\dots\alpha_n.p'_n,$$

wo β, α_1, $\alpha_2, \dots \alpha_n$ Coefficienten sind, die von der Natur der Bedingung z abhängen. Um dieselben auf die einfachste Weise durch $(4+n-1)$-fache Bedingungen auszudrücken, die sich auf das durch z definirte vierstufige System beziehen, multipliciren wir mit solchen vierfachen Bedingungen, dass möglichst wenig Symbole in Formel 3 von null verschieden werden. Wir erreichen dies durch Multiplication mit den Bedingungen:

$$gp^3_{123\dots n},\ Gp_{234\dots n},\ Gp_{134\dots n}, \dots Gp_{12\dots n-1}.$$

Dadurch erhält man:

$$zgp^3_{123\ldots n} = \beta\,.\,1,$$
$$zGp_{23\ldots n} = \alpha_1\,.\,1$$

und so fort. Denkt man sich also z als die definirende Bedingung des Systems Σ, so kommt für die Zahl x der Σ und Σ' gemeinsamen geraden Punktgruppen:

$$4)\qquad x = g'.gp^3_{1234\ldots n} + p'_1\,.\,Gp_{234\ldots n} + p'_2\,.\,Gp_{134\ldots n} + \ldots + p'_n\,.\,Gp_{123\ldots n-1}.$$

Hieraus ergeben sich eine Reihe von abgeleiteten Charakteristikenformeln, z. B. durch Multiplication mit g'_s:

$$5)\quad xg_s = G'.gp^3_{1234\ldots n} + p'_1 g'_s\,.\,Gp_{234\ldots n} + \ldots$$
$$= G'.gp^3_{1234\ldots n} + G'.Gp_{234\ldots n} + p'^3_1 g'.Gp_{234\ldots n} + \ldots$$

Aus dieser Formel erhält man die Formel 18 des § 39 durch Specialisirung, indem man nämlich $n = 1$ setzt.

Ist zweitens Σ' zweistufig, so dürfen wir für jede zweifache Bedingung z die Gleichung schreiben:

$$6)\qquad z = \alpha_{12}\,.\,p'_{12} + \alpha_{13}\,.\,p'_{13} + \ldots + \alpha_1\,.\,p'^2_1 + \alpha_2\,.\,p'^2_2 + \ldots + \beta\,.\,g'_p + \gamma\,.\,g'_e.$$

Die $n_2 + n_1 + 2$ Coefficienten bestimmen wir durch Multiplication mit

$$g_p p^3_{34\ldots n},\quad g_p p^3_{24\ldots n}, \ldots,$$
$$gp^3_{234\ldots n},\quad gp^3_{134\ldots n}, \ldots,$$
$$p^3_{123\ldots n} \text{ und } g_e p_1 p_2 \ldots p_n.$$

Dann kommt:

$$zg_p p^3_{34\ldots n} = \alpha_{12}\,.\,1,\quad zg_p p^3_{24\ldots n} = \alpha_{13}\,.\,1, \ldots,$$
$$zgp^3_{234\ldots n} = \alpha_1\,.\,1,\quad zgp^3_{134\ldots n} = \alpha_2\,.\,1, \ldots,$$
$$zp^3_{123\ldots n} = \beta\,.\,1 \text{ und } zg_e p_1 p_2 \ldots p_n = \gamma\,.\,1.$$

Man bemerke, dass jeder Coefficient durch ein einziges Symbol bestimmt ist. Hiernach erhält man für die Zahl x der einem zweistufigen Systeme Σ' und einem $(2+n)$-stufigen Systeme Σ gemeinsamen geraden Punktgruppen:

$$7)\quad x = p'_{12}\,.\,g_p p^3_{34\ldots n} + p'_{13}\,.\,g_p p^3_{24\ldots n} + \ldots + p'^2_1\,.\,gp^3_{234\ldots n} + p'^2_2\,.\,gp^3_{134\ldots n} + \ldots + g'_p\,.\,p^3_{123\ldots n} + g'_e\,.\,g_e p_1 p_2 \ldots p_n.$$

Beispielsweise erhält man hieraus für $n = 2$:

$$8)\quad x = p'_{12}\,.\,G + p'^2_1\,.\,gp_2^3 + p'^2_2\,.\,gp_1^3 + g'_p\,.\,p^3_{12} + g'_e\,.\,g_e p_1 p_2.$$

Bei der Specialisirung von $g_p p^3_{34\ldots n}$ für $n = 2$ verfährt man am sichersten, wenn man für dieses Symbol zunächst schreibt

$Gp_{31\ldots n}$, woraus dann ersichtlich, dass es für $n=2$ zu der Bedingung G wird. Die abgeleiteten Charakteristikenformeln schreiben wir der Kürze wegen nur für $n=2$ specialisirt. Wir multipliciren demnach 8) mit g, g_e, g_p, g_s und erhalten zunächst für den Fall, dass Σ' dreistufig, Σ vierstufig ist:

$$9)\quad xg = g'p'_{12}\,.\,G + g'p'^2_1\,.\,gp_2^3 + g'p'^2_2\,.\,gp_1^3 + g'_s\,.\,p^3_{12} + g'_s\,.\,g_e p_1 p_2.$$

Die erschienenen Symbole könnte man theilweise noch mit Hilfe der Formeln des § 34 umgestalten, z. B.

$$g'p'_{12} = g'_e\varepsilon'_{12} + p'^2_{12} = g'_e p'_1 + g'_e p'_2 - g'_s + p'^2_{12},$$
$$g'p'^2_1 = g'_e p'_1 + p'^3_1, \quad g'p'^2_2 = g'_e p'_2 + p'^3_2;$$

dann kommt:

$$\begin{aligned} xg = {} & g'_e p'_1\,.\,G + g'_e p'_2\,.\,G - g'_s\,.\,G + p'^2_{12}\,.\,G \\ & + g'_e p'_1\,.\,gp_2^3 + p'^3_1\,.\,gp_2^3 + g'_e p'_2\,.\,gp_1^3 + p'^3_2\,.\,gp_1^3 \\ & + g'_s\,.\,p^3_{12} + g'_s\,.\,g_e p_1 p_2. \end{aligned}$$

Weiter erhalten wir für den Fall, dass beide Systeme vierstufig sind, aus Formel 8:

$$\begin{aligned} 10)\quad xg_e & = g'_e p'_{12}\,.\,G + g'_e p'^2_1\,.\,gp_2^3 + g'_e p'^2_2\,.\,gp_1^3 + G'\,.\,g_e p_1 p_2 \\ & = g'_e p'_{12}\,.\,G + g'p'^3_1\,.\,gp_2^3 + g'p_2^3\,.\,gp_1^3 + G'\,.\,g_e p_{12} + G'\,.\,G, \\ 11)\quad xg_p & = g'_p p'_{12}\,.\,G + g'_p p'^2_1\,.\,gp_2^3 + g'_p p_2^2\,.\,gp_1^3 + G'\,.\,p^3_{12} \\ & = g'_s\varepsilon'_{12}\,.\,G + p'^3_{12}\,.\,G + g'p'^3_1\,.\,gp_2^3 + G'\,.\,gp_2^3 \\ & \qquad + g'p'^3_2\,.\,gp_1^3 + G'\,.\,gp_1^3 + G'\,.\,p^3_{12} \\ & = (g'p'^3_1 + g'p'^3_2 + G')\,.\,G + p'^3_{12}\,.\,G + G'\,.\,p^3_{12} + gp'^3_1\,.\,gp_2^3 \\ & \qquad + g'p'^3_2\,.\,gp_1^3 + G'\,.\,gp_1^3 + G'\,.\,gp_2^3 \\ & = G'\,.\,G + G'\,.\,p^3_{12} + p'^3_{12}\,.\,G + G'\,.\,gp_1^3 + g'p'^3_1\,.\,G + G'\,.\,gp_2^3 \\ & \qquad + g'p'^3_2\,.\,G + g'p'^3_1\,.\,gp_2^3 + g'p'^3_2\,.\,gp_1^3. \end{aligned}$$

Die zuletzt geschriebenen Formen der rechten Seiten der Formeln 10 und 11 gehen durch Vertauschung der gestrichelten und der nicht gestrichelten Symbole in sich selbst über und liefern insofern eine Controle. Endlich erhalten wir für den Fall, das Σ' fünfstufig, Σ vierstufig und $n=2$ ist:

$$\begin{aligned} 12)\quad xg_s & = g'_s p'_{12}\,.\,G + g'_s p'^2_1\,.\,gp_2^3 + g'_s p'^2_2\,.\,gp_1^3 \\ & = g'p'^3_{12}\,.\,G + \varepsilon'_{12}G'\,.\,G + G'p'_1\,.\,gp_2^3 + G'p'_2\,.\,gp_1^3 \\ & = g'p'^3_{12}\,.\,G + G'p'_1\,.\,G + G'p'_2\,.\,G + G'p'_1\,.\,gp_2^3 + G'p'_2\,.\,gp_1^3. \end{aligned}$$

Ist drittens Σ' dreistufig, so dürfen wir für jede dreifache Bedingung z die Gleichung ansetzen:

13) $$z = \alpha_{123} . p'_1 p'_2 p'_3 + \alpha_{124} . p'_1 p'_2 p'_4 + \dots + \alpha_{12} . p'^2_{12} + \alpha_{13} . p'^2_{13} + \dots + \alpha_1 . p'^3_1 + \alpha_2 . p'^3_2 + \dots + \beta_1 . p'_1 g'_e + \beta_2 . p'_2 g'_e + \dots + \gamma . g'_s .$$

Um die $n_3 + n_2 + 2 . n_1 + 1$ Coefficienten zu bestimmen, multipliciren wir mit den Bedingungen

$$Gp_{45\dots n}, \quad Gp_{35\dots n}, \dots,$$
$$g_e p^2_{34\dots n}, \quad g_e p^2_{24\dots n}, \dots,$$
$$p^3_{23\dots n}, \quad p^3_{13\dots n}, \dots,$$
$$g_e p_2 p_3 p_4 \dots p_n, \quad g_e p_1 p_3 \dots p_n, \dots,$$
$$p^2_{123\dots n}.$$

Dann kommt:

$$zGp_{45\dots n} = \alpha_{123} . 1, \quad zGp_{35\dots n} = \alpha_{124} . 1, \dots,$$
$$zg_e p^2_{34\dots n} = \alpha_{12} . 1, \quad zg_e p^2_{24\dots n} = \alpha_{13} . 1, \dots,$$
$$zp^3_{23\dots n} = \alpha_1 . 1, \quad zp^3_{13\dots n} = \alpha_2 . 1, \dots,$$
$$zg_e p_2 p_3 p_4 \dots p_n = \beta_1 . 1 + \alpha_{123} . 1 + \alpha_{124} . 1 + \dots \alpha_{1,\, n-1,\, n},$$
$$zg_e p_1 p_3 p_4 \dots p_n = \beta_2 . 1 + \alpha_{213} . 1 + \alpha_{214} . 1 + \dots \alpha_{2,\, n-1,\, n},$$

und so fort, endlich noch:

$zp^2_{123\dots n} = \gamma$. Demnach ist: $\gamma = p^2_{123\dots n}$,

ferner:

$$\alpha_{123} = Gp_{45\dots n}, \quad \alpha_{124} = Gp_{35\dots n}, \dots,$$
$$\alpha_{12} = g_e p^2_{34\dots n}, \quad \alpha_{13} = g_e p^2_{24\dots n}, \dots,$$
$$\alpha_1 = p^3_{234\dots n}, \quad \alpha_2 = p^3_{134\dots n}, \dots,$$

aber

$$\beta_1 = g_e p_2 p_3 p_4 \dots p_n - \alpha_{123} - \alpha_{124} - \dots$$
$$= g_e p_2 p_3 p_4 \dots - Gp_{45\dots n} - Gp_{35\dots n} - \dots,$$
$$\beta_2 = g_e p_1 p_3 p_4 \dots - Gp_{45\dots n} - Gp_{35\dots n} - \dots$$

und so fort, und zwar so, dass bei dem Ausdruck für den Coefficienten β mit dem Index i alle diejenigen Symbole Gp zu subtrahiren sind, welche alle möglichen $n-3$ Indices enthalten, unter denen i sich *nicht* befindet. Wir erhalten demnach für die Zahl x der einem dreistufigen Systeme Σ' und einem $(1+n)$-stufigen Systeme Σ gemeinsamen geraden Punktgruppen:

14) $$x = p'_1 p'_2 p'_3 . Gp_{45\dots n} + p'_1 p'_2 p'_4 . Gp_{35\dots n} + \dots + p'^2_{12} . g_e p^2_{34\dots n} + p'^2_{13} . g_e p^2_{24\dots n} + \dots + p'^3_1 . p^3_{234\dots n} + p'^3_2 . p^3_{134\dots n} + \dots + g'_s . p^2_{123\dots n} + p'_1 g'_e . g_e p_2 p_3 p_4 \dots + p'_2 g'_e . g_e p_1 p_3 p_4 \dots + \dots - p'_1 g'_e . (Gp_{45\dots n} + \dots) - p'_2 g'_e (Gp_{45\dots n} + \dots) - \dots$$

Der grösseren Deutlichkeit wegen specialisiren wir diese Formel für $n=3$; dann erhalten wir:

$$15)\quad x = p'_1 p'_2 p'_3 . G + p'^2_{12} . g_e p^2_3 + p'^2_{13} . g_e p_2^2 + p'^2_{23} . g_e p_1^2$$
$$+ p'^3_1 . p^3_{23} + p'^3_2 . p^3_{13} + p'^3_3 . p^3_{12} + g'_s . p^2_{123}$$
$$+ p'_1 g'_e . g_e p_2 p_3 + p'_2 g'_e . g_e p_1 p_3 + p'_3 g'_e . g_e p_1 p_2$$
$$- p'_1 g'_e . G - p'_2 g'_e . G - p'_3 g'_e . G.$$

Für $n=4$ würden die negativen Glieder heissen:

$$- p'_1 g'_e . (G p_2 + G p_3 + G p_4) - p'_2 g'_e . (G p_1 + G p_3 + G p_4)$$
$$- p'_3 g'_e . (G p_1 + G p_2 + G p_3).$$

Mit Hilfe der Formel 18 des § 34 kann man die Symbole $p'_1 p'_2 p'_3$, $p'_1 p'_2 p'_4$ u. s. w. aus der Formel 14 fortschaffen und Coincidenzsymbole einführen, indem man z. B. setzt:

$$p'_1 p'_2 p'_3 = p'_{123} + p'_1 g'_e + p'_2 g'_e + p'_3 g'_e - g'_s.$$

Dann kommt statt Formel 14:

$$16)\quad x = p'_{123} . G p_{4 \ldots n} + p'_{124} . G p_{35 \ldots n} + \ldots$$
$$+ p'^2_{12} . g_e p^2_{3 \ldots n} + p'^2_{13} . g_e p^2_{24 \ldots n} + \ldots$$
$$+ p'^3_1 . p^3_{23 \ldots n} + p'^3_2 . p^3_{134 \ldots n} + \ldots$$
$$+ g'_s . p^2_{123 \ldots n}$$
$$+ p'_1 g'_e . g_e p_2 p_3 \ldots_n p_n + p'_2 g'_e . g_e p_1 p_3 \ldots_n p_n + \ldots$$
$$- g'_s . (G p_{45 \ldots n} + G p_{25 \ldots n} + \ldots),$$

welche Formel man auch direct hätte finden können, wenn man von Anfang an die Bedingungen p'_{123} und so fort zur Darstellung der Charakteristikenformel gewählt hätte.

Um ein Beispiel einer abgeleiteten Charakteristikenformel zu haben, multipliciren wir Formel 15 mit g'; dann kommt:

$$xg = g' p'_1 p'_2 p'_3 . G + g' p'^2_{12} . g_e p_3^2 + g' p'^2_{13} . g_e p_2^2 + g' p'^2_{23} . g_e p_1^2$$
$$+ g p'^3_1 . p^3_{23} + g' p'^3_2 . p^3_{13} + g' p'^3_3 . p^3_{12} + G' . p^2_{123}$$
$$+ p'_1 g'_s . g_e p_2 p_3 + p'_2 g'_s . g_e p_1 p_3 + p'_3 g'_s . g_e p_1 p_2$$
$$- p'_1 g'_s . G - p'_2 g'_s . G - p'_3 g'_s . G.$$

Jetzt ersetzen wir die in dieser Formel entstandenen vierfachen Bedingungen sämmtlich durch Coincidenzbedingungen mit Benutzung der Formeln 13 bis 18 des § 34; wir setzen also z. B.

$$g' p'_1 p'_2 p'_3 = p'^2_{123} + g'_e (p'_{12} + p'_{13} + p'_{23}) + 2 . G',$$
$$p'_1 g'_s = g'_e p'^2_1,$$
$$g_e p_2 p_3 = g_e p_{23} + G.$$

Ferner schreiben wir statt $g' p'^3_1$ das damit identische $g'_e p'^2_1$ u. s. w., sowie statt $g' p'^2_{12}$ die Summe $p'^3_{12} + g'_e p'_{12}$ u. s. w. Dann erhalten wir:

17) $$xg = p'^2_{123} . G + G' . p^2_{123}$$
$$+ g'_e(p'_{12} + p'_{13} + p'_{23}) . G + G' . g_e(p_{12} + p_{13} + p_{23}) + 2 . G' . G$$
$$+ p'^3_{12} . p_3^2 g_e + p'^3_{13} . p_2^2 g_e + p'^3_{23} . p_1^2 g_e$$
$$+ p'^2_1 g'_e . p^3_{23} + p'^2_2 g'_e . p^3_{13} + p'^2_3 g'_e . p^3_{12}$$
$$+ g'_e p'_{12} . g_e p_3^2 + g'_e p'_{13} . g_e p_2^2 + g'_e p'_{23} . g_e p_1^2$$
$$+ p'^2_1 g'_e . g_e p_{12} + p'^2_2 g'_e . g_e p_{13} + p'^2_3 g_e . g_e p_{12},$$

eine mehrfach vom Verfasser controlirte Formel, welche ganz allgemein den *Grad der Linienfläche der Strahlen von allen denjenigen geraden Punktgruppen mit drei Punkten angiebt, die zwei gegebenen vierstufigen Systemen gemeinsam sind.*

Wenn viertens das System Σ' vierstufig ist, so wählen wir als charakterisirende Bedingungen der Gleichförmigkeit wegen lauter Coincidenzbedingungen und zwar reichen zur Darstellung der Charakteristikenformel die folgenden $n_4 + n_3 + 2 . n_2 + n_1 + 1$ Bedingungen aus:

$$p'_{1234}, \quad p'_{1235}, \dots .$$
$$p'^2_{123}, \quad p'^2_{124}, \dots$$
$$p'^3_{12}, \quad p'^3_{13}, \dots$$
$$g'_e p'_{12}, \quad g'_e p'_{13}, \dots$$
$$g'_e p'^2_1, \quad g'_e p'^2_2, \dots \text{ und } G'.$$

Demnach setzen wir für die beliebige vierfache Bedingung z folgendermassen an:

18) $$z = \alpha_{1234} . p'_{1234} + \alpha_{1235} . p'_{1235} + \dots$$
$$+ \alpha_{123} . p'^2_{123} + \alpha_{124} . p'^2_{124} + \dots$$
$$+ \alpha_{12} . p'^3_{12} + \alpha_{13} . p'^3_{13} + \dots$$
$$+ \beta_{12} . g'_e p'_{12} + \beta_{13} . g'_e p'_{13} + \dots$$
$$+ \alpha_1 . g'_e p'^2_1 + \alpha_2 . g'_e p'^2_2 + \dots$$
$$+ \gamma . G'.$$

Um die Coefficienten zu bestimmen, haben wir mit passend gewählten Bedingungen zu multipliciren; wir wählen dazu wieder lauter Coincidenzbedingungen, und zwar

$$G p_{56 \dots n}, \quad G p_{46 \dots n}, \dots,$$
$$g_e p^2_{45 \dots n}, \quad g_e p^2_{35 \dots n}, \dots,$$
$$p^3_{34 \dots n}, \quad p^3_{24 \dots n}, \dots,$$
$$g_e p_{34 \dots n}, \quad g_e p_{24 \dots n}, \dots,$$
$$p^2_{23 \dots n}, \quad p^2_{13 \dots n}, \dots,$$
$$p_{1234 \dots n}.$$

Freilich kommen wir dabei auf Producte von Coincidenzsymbolen, deren numerischer Werth nicht unmittelbar erkannt werden kann.

Doch entgehen wir jeder Schwierigkeit in der Deutung solcher Producte, wenn wir uns den einen Faktor immer durch Nichtcoincidenzsymbole ausgedrückt vorstellen, gemäss den in § 34 entwickelten Formeln. Hat man so die $n_4 + n_3 + 2 . n_2 + n_1 + 1$ Gleichungen zur Bestimmung der Coefficienten aufgestellt, letztere berechnet und die erhaltenen Werthe in 18) eingesetzt, so erhält man schliesslich für die Zahl x derjenigen geraden Punktgruppen, welche dem vierstufigen Systeme Σ' und dem n-stufigen Systeme Σ gemeinsam sind, die folgende Formel:

$$
\begin{aligned}
19)\qquad x = {} & p'_{1234} \cdot Gp_{567\ldots n} + p'_{1235} \cdot Gp_{467\ldots n} + \ldots \\
& + p'^2_{123} \cdot g_e p^2_{45\ldots n} + p'^2_{124} \cdot g_e p^2_{35\ldots n} + \ldots \\
& + p'^3_{12} \cdot p^3_{34\ldots n} + p'^3_{13} \cdot p^3_{24\ldots n} + \ldots \\
& + g'_e p'_{12} \cdot g_e p_{34\ldots n} + g'_e p'_{13} \cdot g_e p_{24\ldots n} + \ldots \\
& + [g'_e p'_{12} \cdot (Gp_{56\ldots n} + Gp_{36\ldots n} + \ldots) \\
& + g'_e p'_{13} \cdot (Gp_{56\ldots n} + Gp_{26\ldots n} + \ldots) + \ldots] \\
& + g'_e p'^2_1 \cdot p^2_{23\ldots n} + g'_e p'^2_2 \cdot p^2_{13\ldots n} + \ldots \\
& - [g'_e p'^2_1 \cdot (Gp_{56\ldots n} + Gp_{46\ldots n} + \ldots) \\
& + g'_e p'^2_2 \cdot (Gp_{56\ldots n} + \ldots) + \ldots] \\
& + G' . p_{123\ldots n} \\
& + [G' . (g_e p_{34\ldots n} + \ldots)] \\
& - [G' . (g_e p^2_{4\ldots n} + \ldots)] \\
& + 2 . (G' . G).
\end{aligned}
$$

Der grösseren Deutlichkeit wegen specialisiren wir diese Formel noch für $n = 4$; dann erhalten wir für die Zahl x *derjenigen geraden Punktgruppen mit vier Punkten, welche zwei vierstufigen Systemen gemeinsam sind*, die folgende Formel:

$$
\begin{aligned}
20)\quad x = {} & p'_{1234} \cdot G \\
& + p'^2_{123} \cdot g_e p_4^2 + p'^2_{124} \cdot g_e p_3^2 + p'^2_{134} \cdot g_e p_2^2 + p'^2_{234} \cdot g_e p_1^2 \\
& + p'^3_{12} \cdot p^3_{34} + p'^3_{13} \cdot p^3_{24} + p'^3_{14} \cdot p^2_{23} + p'^3_{23} \cdot p^3_{14} + p'^3_{24} \cdot p^3_{13} \\
& \qquad + p'^3_{34} \cdot p^3_{12} \\
& + g'_e p'_{12} \cdot g_e p_{34} + g'_e p'_{13} \cdot g_e p_{24} + g'_e p'_{14} \cdot g_e p_{23} + g'_e p'_{23} \cdot g_e p_{14} \\
& \qquad + g'_e p'_{24} \cdot g_e p_{13} + g'_e p'_{34} \cdot g_e p_{12} \\
& + (g'_e p'_{12} + g'_e p'_{13} + g'_e p'_{14} + g'_e p'_{23} + g'_e p'_{24} + g'_e p'_{34}) . G \\
& + g'_e p'^2_1 \cdot p^2_{234} + g'_e p'^2_2 \cdot p^2_{134} + g'_e p'^2_3 \cdot p^2_{124} + g'_e p'^2_4 \cdot p^2_{123} \\
& - (g'_e p'^2_1 + g'_e p'^2_2 + g'_e p'^2_3 + g'_e p'^2_4) . G \\
& + G' . p_{1234} \\
& + G' . (g_e p_{12} + g_e p_{13} + g_e p_{14} + g_e p_{23} + g_e p_{24} + g_e p_{34}) \\
& - G' . (g_e p_1^2 + g_e p_2^2 + g_e p_3^2 + g_e p_4^2) \\
& + 2 . G' . G.
\end{aligned}
$$

Man sieht, dass diese Formel durch Vertauschung der gestrichelten und der nicht gestrichelten Symbole in sich selbst übergeht, wodurch eine Controle gegeben ist.

Es bietet nun gar keine sachliche Schwierigkeit, die Charakteristikenformel für ein i-stufiges und ein $(4+n-i)$-stufiges System hinzuschreiben; doch würde es sehr viel Raum in Anspruch nehmen, vollkommen deutlich zu schreiben, welche Producte dann auftreten und welche nicht. *Die Gestalt der allgemeinsten Charakteristikenformel wird jedoch schon deutlich erkennbar, wenn wir dieselbe für ein nicht zu kleines i und n specialisirt schreiben.* Wir wählen $n=9$ und $i=6$; dann ergiebt sich für die Zahl x derjenigen geraden Punktgruppen, welche einem sechsstufigen Systeme Σ' und einem siebenstufigen Systeme Σ gemeinsam sind, die folgende Formel, bei welcher jede hinter eine eckige oder runde Klammer als Index gesetzte Zahl angiebt, *wieviel* Producte von Symbolen diese Klammer enthält.

$$
\begin{aligned}
21)\quad x = & [p'_{123456} \cdot G_{789} + \ldots]_{84} \\
& + [G'p'_{12} \cdot p_{3456789} + \ldots]_{36} \\
& + [p'^2_{12345} \cdot g_e p^2_{6789} + \ldots]_{126} \\
& + [g'_e p'^2_{123} \cdot p^2_{456789} + \ldots]_{84} \\
& + [p'^3_{1234} \cdot p^3_{56789} + \ldots]_{126} \\
& + [g'_e p'_{1234} \cdot g_e p_{56789} + \ldots]_{126} \\
& + [g'_e p'_{1234} \cdot (Gp_{567} + Gp_{568} + Gp_{569} + \ldots)_{10} \\
& \quad + g'_e p'_{1235} \cdot (Gp_{467} + Gp_{468} + Gp_{469} + \ldots)_{10} + \ldots]_{9_1 . 5_2 = 1260} \\
& + [G'p'_{12} \cdot (g_e p_{34567} + g_e p_{34568} + g_e p_{34569} + \ldots)_{21} + \ldots]_{9_2 . 7_5 = 756} \\
& - [g'_e p'^2_{123} \cdot (Gp_{456} + Gp_{457} + Gp_{458} + Gp_{459} + \ldots)_{20} + \ldots]_{9_2 . 6_3 = 1680} \\
& - [G'p'_{12} \cdot (g_e p^2_{3456} + g_e p^2_{3457} + g_e p^2_{3458} + g_e p^2_{3459} + \ldots)_{35} \\
& \quad + \ldots]_{9_2 . 7_3 = 1260} \\
& + 2 . [G'p'_{12} \cdot (Gp_{567} + Gp_{568} + Gp_{569} + \ldots)_{35} + \ldots]_{9_2 . 7_3 = 1260}.
\end{aligned}
$$

Durch symbolische Multiplication der Formeln 20 und 21 erhält man leicht die abgeleiteten Charakteristikenformeln für die Fälle, wo die Stufensumme der gegebenen Systeme die Constantenzahl $4+n$ der geraden Punktgruppe *übertrifft*.

Sind n und die Stufen der beiden Systeme kleiner als in 21), so kann man die betreffende Charakteristikenformel auch aus der Formel 21 ablesen; man hat jedoch dabei Folgendes zu beachten. Soll das Symbol Gp_{789} *vierter* Dimension werden, so wird daraus G, soll es aber noch niederer Dimension werden, so ist es gleich null zu setzen. Was aus $g_e p^2_{6789}$ wird, wenn es dritter Dimension werden soll, erkennt man, sobald man den Incidenzformeln gemäss dafür $g_s p_{6789} - G\varepsilon_{6789}$ setzt. Dann sieht man, dass dafür g_s und, wenn es von noch niederer als der dritten Dimension werden muss, *null* zu setzen ist. Ebenso lassen sich die übrigen Symbole mit Benutzung der Incidenzformeln leicht deuten. Beispielsweise entnehmen wir der Formel 21 die Charakteristikenformel für den Fall, wo $n=2$, Σ dreistufig und Σ' auch dreistufig ist. Dabei werden die Summen, welche in der Formel 21 von der ersten, zweiten, siebenten, achten, neunten, zehnten, elften eckigen Klammer eingeschlossen werden, zu null. Aus der dritten eckigen Klammer wird $p'^2_{12} \cdot g_s$, aus der vierten $g'_s \cdot p^2_{12}$, aus der fünften $p'^3_1 \cdot p_2^3 + p'^3_2 \cdot p^3_1$, aus der sechsten $g'_e p'_1 \cdot g_e p_2 + g'_e p'_2 \cdot g_e p_1$; also kommt:

$$22) \quad x = p'^2_{12} \cdot g_s + g'_s \cdot p^2_{12} + p'^3_1 \cdot p_2^3 + p'^3_2 \cdot p_1^3 + g'_e p'_1 \cdot g_e p_2 + g'_e p'_2 \cdot g_e p_1 .$$

Eine naheliegende Anwendung der auf zwei vierstufige Systeme bezüglichen Charakteristikenformeln der geraden Punktgruppe folgt in § 43; hier sollen nur noch einige auf den Fall $n=2$ bezügliche Formeln in anderer Form ausgesprochen werden.

I. Die Gleichung 22 löst das folgende Problem: *Gegeben ist eine α-β-deutige Beziehung zweier Punkträume und ausserdem eine α'-β'-deutige Beziehung zweier Punkträume. Gesucht wird die Zahl, welche angiebt, wie oft ein durch die erste Beziehung zusammengehöriges Punktepaar sich deckt mit einem Punktepaare der zweiten Beziehung, so dass auch die Verbindungsstrahlen zusammenfallen.* Bewegt sich der erste resp. zweite Punkt der ersten Correspondenz auf einer Geraden, so beschreibt der zweite resp. erste Punkt eine Raumcurve, deren Grad A resp. B sein möge. Eine durch die eben angenommene Gerade gelegte Ebene enthält also A resp. B Punkte der Raumcurve. Nun ist es nicht nothwendig, dass die A resp. B Verbindungsstrahlen dieser Punkte mit den durch die Correspondenz zugehörigen Punkten der Geraden sämmtlich in der angenommenen Ebene liegen. Es mögen dies nur a resp. b unter jenen A resp. B Verbindungsstrahlen thun. Die übrigen $d = A - a = B - b$ Verbindungsstrahlen verbinden also Punkte, welche auf der angenommenen Geraden *coincidiren.* Ferner sei c der Grad des Liniencomplexes, welcher von den sämmtlichen Verbindungsstrahlen zusammengehöriger Punkte der ersten Correspondenz gebildet wird. Endlich mögen die analogen Zahlen für die zweite Correspondenz mit denselben Buchstaben, aber gestrichelt, bezeichnet werden.

Dann ist nach Formel 22 *die gesuchte Zahl x der den beiden Correspondenzen gemeinsamen Punktepaare immer ausgedrückt durch:*

$$23)\qquad x = \alpha . \beta' + \beta . \alpha' + a . b' + b . a' + c . d' + d . c'.$$

II. Ist specieller in fester Ebene eine α-β-deutige Beziehung der beiden Punktfelder dieser Ebene und ausserdem eine α'-β'-deutige Beziehung gegeben, so hat man Formel 10 anzuwenden, indem man die Bedingungen g_e und g'_e aus den Symbolen *fortlässt*, *weil dieselben in die Definition der beiden Correspondenzen eingefügt sind*; dann kommt:

$$x = p'_{12} . g_e + p'^2_1 . p_2^2 + p'^2_2 . p_1^2 + g'_e . p_{12} + g'_e . g_e.$$

Nun ist p_1^2 gleich α, p_2^2 gleich β, p'^2_1 gleich α', p'^2_2 gleich β' zu setzen. Bewegen sich der erste und der zweite Punkt je auf einer Geraden, so beschreiben der zweite und der erste Punkt zwei Curven, deren Grade gleich sein müssen. Sind diese Grade gleich A, so ist es nicht nothwendig, dass die Verbindungsstrahlen der durch die Correspondenz zusammengehörigen, und auf der angenommenen Geraden liegenden Punkte sämmtlich mit der angenommenen Geraden zusammenfallen. Es mögen dies nur a unter jenen A Verbindungsstrahlen thun; die übrigen $d = A - a$ Verbindungsstrahlen müssen dann nothwendig Punkte verbinden, die auf der angenommenen Geraden *coincidiren*. Endlich mögen die analogen Zahlen für die zweite Correspondenz mit denselben Buchstaben, aber gestrichelt, bezeichnet werden; demgemäss ist p_{12} gleich d, g_e gleich a, p'_{12} gleich d', g'_e gleich a' zu setzen. Also ist *die gesuchte Zahl x der den beiden Correspondenzen gemeinsamen Punktepaare immer ausgedrückt durch die Formel:*

$$24)\qquad x = \alpha . \beta' + \beta . \alpha' + d . a' + a . d' + a . a'.$$

Ist specieller die zweite Correspondenz dadurch verursacht, dass man jeden Punkt einer in der festen Ebene gegebenen Plancurve n^{ter} Grades mit jedem anderen auf ihr liegenden Punkte zusammenfasst, so ist $\alpha' = 0$, $\beta' = 0$, $d' = n$, $a' = n(n-1)$ zu setzen und wir erhalten:

$$25)\qquad \begin{aligned} x &= d . n(n-1) + a . n + a . n(n-1) \\ &= d . n(n-1) + a . n^2 \end{aligned}$$

für *die Zahl x derjenigen Punktepaare der ersten Correspondenz, deren beide Punkte auf eine Plancurve n^{ter} Ordnung fallen.* Dieses Resultat konnten wir auch direct durch folgende Ueberlegung erhalten. Da es in der ersten Correspondenz A Punktepaare giebt, deren beide Punkte auf zwei gegebenen Geraden liegen, so liegen nach den Bezout'schen Sätzen oder, was dasselbe ist, nach der Charakteristikentheorie des Punktes (§ 37), $n^2 . A$ Punktepaare der Correspondenz auf der Plancurve n^{ten} Grades. Unter diesen befinden sich erstens die gesuchten x, zweitens auch diejenigen $n . d$ Punktepaare, bei welchen Coincidenz auf der Plancurve stattfindet; also ist

$$x = n^2 . A - n . d = n^2 (d + a) - n . d = n(n-1) . d + n^2 . a.$$

III. Um in fester Ebene *die Zahlen für die ∞^2 gemeinsamen Punktepaare zweier dreistufiger Systeme* aus den allgemeinen Formeln abzulesen, specialisiren wir die Formel 4 für $n = 2$ und erhalten

$$x = g' . g_e p^2{}_{12} + p'_1 . G p_2 + p'_2 . G p_1.$$

Diese Formel multipliciren wir mit $g'_e g'_e$ und mit $g'_e p'_{12}$; dann kommt:

$$x g_e g_e = p'_1 g'_e g'_e . G p_2 + g'_e g'_e p'_2 . G p_1$$

und

$$x g_e p_{12} = g'_s p'_{12} . g_e p^2{}_{12} + g'_e p'^2{}_{12} . G p_2 + g'_e p'^2{}_{12} . G p_1.$$

Fügt man jetzt wieder die Bedingungen g_e und g'_e in die Definition der vorausgesetzten Systeme, indem man sich die Systeme in fester Ebene denkt, so hat man g'_e und g_e rechts fortzulassen, und man erhält:

26) $$x g_e = p'_1 g'_e . p_2 g_e + p'_2 g'_e . p_1 g_e,$$

und

$$x p_{12} = g' p'_{12} . p^2{}_{12} + p'^2{}_{12} . g_e p_2 + p'^2{}_{12} . g_e p_1$$

oder:

$$x p_{12} = g'_e (p'_1 + p'_2 - g') . p^2{}_{12} + p'^2{}_{12} . g_e p_2 + p'^2{}_{12} . g_e p_1 + p'^2{}_{12} . p'^2{}_{12},$$

woraus sich dann bei fester Ebene ergiebt:

27) $$x p_{12} = g'_e p'_1 . p^2{}_{12} + g'_e p'_2 . p^2{}_{12} + p'^2{}_{12} . g_e p_1 + p'^2{}_{12} . g_e p_2 + p'^2{}_{12} . p^2{}_{12}.$$

IV. Verbindet man die in 26 und 27 gefundenen Formeln mit der in 25 gefundenen Formel, indem man für a und d die für $x g_e$ und $x p_{12}$ erhaltenen Werthe einsetzt, so gewinnt man das folgende Resultat. *Wenn in fester Ebene zwei dreistufige Systeme von Punktepaaren und ausserdem eine punktallgemeine Plancurve n^{ter} Ordnung gegeben sind, so ist die Zahl x derjenigen Punktepaare, welche den beiden Systemen gemeinsam sind und zugleich auf die Curve fallen, ausgedrückt durch die Formel:*

28) $$x = n . (n-1) . [g'_e p'_1 . p^2{}_{12} + g'_e p'_2 . p^2{}_{12} + p'^2{}_{12} . g_e p_1 + p'^2{}_{12} . g_e p_2 + p'^2{}_{12} . p^2{}_{12}] + n^2 . [g'_e p'_1 . g_e p_2 + g'_e p'_2 . g_e p_1].$$

Die in dieser Formel auftretenden Symbole lassen sich nun leicht durch die schon in § 18 definirten Brill'schen Zahlen α, β, γ, α', β', γ' ausdrücken, wo α bezeichnet, wieviel Punkte p_2 auf der Curve einem Punkte p_1 durch eine Correspondenz C entsprechen, und β bezeichnet, wieviel Punkte p_1 auf der Curve umgekehrt einem Punkte p_2 entspechen, aber so, dass im allgemeinen p_1 und p_2 nicht zusammenfallen, wo ferner γ bezeichnet, wie oft in jedem Punkte der Curve zwei Punkte p_1 und p_2 coincidiren und wo endlich p'_1, p'_2, α', β', γ' die analogen Zahlen für eine zweite Correspondenz C' bezeichnen. Demnach ist, wie schon in § 18 besprochen ist,

$$n.(p_1^2 p_2) = \alpha + \gamma, \quad n.(p'^2_1 p'_2) = \alpha' + \gamma',$$
$$n.(p_1 p_2^2) = \beta + \gamma, \quad n.(p'_1 . p'^2_2) = \beta' + \gamma',$$
$$p^2_{12} = \gamma, \qquad p'^2_{12} = \gamma'.$$

Nun ist nach der Coincidenzformel 8 des § 13:

$$p_1^2 p_2 = p_1 g_e + p^2_{12}, \quad p_1 p_2^2 = p_2 g_e + p^2_{12},$$

also:

$$p_1 g_e = \frac{\alpha}{n} + \frac{\gamma}{n} - \gamma, \quad p_2 g_e = \frac{\beta}{n} + \frac{\gamma}{n} - \gamma, \quad p^2_{12} = \gamma,$$

ebenso:

$$p'_1 g'_e = \frac{\alpha'}{n} + \frac{\gamma'}{n} - \gamma', \quad p'_2 g'_e = \frac{\beta'}{n} + \frac{\gamma'}{n} - \gamma', \quad p'^2_{12} = \gamma'.$$

Setzt man diese Werthe in 28 ein, so ergiebt sich nach einiger Umformung die Formel:

29) $$x = \alpha.\beta' + \beta.\alpha' - (n-1)(n-2).\gamma.\gamma',$$

welche mit der *Brill'schen Formel* (cf. Clebsch-Lindemann, pag. 446, Formel 13) [Lit. 54]

$$x = \alpha.\beta' + \beta.\alpha' - 2.p.\gamma.\gamma'$$

völlig übereinstimmt, da für Curven ohne Doppel- und Rückkehrpunkte $(n-1).(n-2)$ gleich dem doppelten Geschlechte $2.p$ ist.

§ 43.

Bestimmung der Anzahlen für vielfache Secanten der Schnittcurve zweier Flächen.

Eine Fläche F m^{ten} Grades hat mit jeder Geraden g des Raumes m Schnittpunkte

$$p_1, p_2, \ldots p_m$$

gemein. Je i dieser Punkte bilden mit ihrem Träger g ein Gebilde, welches die Definition des in § 42 behandelten Gebildes Γ für den Fall $n = i$ erfüllt und zwar erzeugt jede Fläche F ein vierstufiges System solcher Gebilde, weil es im Raume ∞^4 Gerade giebt; folglich lösen die Formeln des § 42, specialisirt für $n=1$, $n=2$, $n=3$, $n=4$, und so eingerichtet, dass die Systeme Σ und Σ' beide vierstufig sind, alle Probleme, in denen gefragt wird:

I. nach der Zahl der Geraden, welche eine dreifache Bedingung erfüllen und ausserdem eine Fläche F m^{ten} Grades und eine zweite Fläche F' m'^{ten} Grades so schneiden, dass ein Schnittpunkt auf F mit einem Schnittpunkte auf F' identisch ist;

II. nach der Zahl der Geraden, welche eine zweifache Bedingung erfüllen und zwei Flächen so schneiden, dass zwei Schnittpunkte auf der einen Fläche zugleich Schnittpunkte auf der anderen Fläche sind;

III. nach der Zahl der Geraden, welche eine einfache Bedingung erfüllen und zwei Flächen so schneiden, dass drei Schnittpunkte beiden Flächen angehören;

IV. nach der Zahl der Geraden, welche die eine von zwei Flächen in vier Punkten schneiden, die zugleich Punkte der anderen Fläche sind.

Bezeichnet also x_i die i-fache Bedingung, dass eine Gerade mit zwei gegebenen Flächen F und F' m^{ten} und m'^{ten} Grades dieselben i Punkte gemein hat, so sind nach der Charakteristikentheorie des Strahls (§ 37) die unter I. genannten Probleme gelöst durch die numerische Bestimmung der vierfachen Bedingung $x_1 g_s$, die unter II. genannten Probleme reducirt auf die Bestimmung der beiden Zahlen $x_2 g_e$ und $x_2 g_p$, die unter III. genannten Probleme abhängig von der Zahl $x_3 g$ und das unter IV. genannte Problem gelöst durch die Ausrechnung des Symbols x_4. Diese fünf Zahlen

$$x_1 g_s,\ x_2 g_e,\ x_2 g_p,\ x_3 g,\ x_4$$

sind aber in § 42 ausgedrückt durch gewisse vierfache Symbole, welche sich auf g resp. g' und die m Schnittpunkte von g mit F

$$p_1,\ p_2,\ p_3, \ldots p_m$$

resp. die m' Schnittpunkte von g' mit F'

$$p'_1,\ p'_2,\ p'_3, \ldots p'_{m'}$$

beziehen. Von diesen vierfachen Symbolen zählen wir hier nur diejenigen auf, welche sich auf F beziehen, weil aus ihnen die auf F' bezüglichen durch Stricheln hervorgehen; die auf F bezüglichen Symbole sind:

$$G,\ p_1^2 g_e,\ p^3_{12},\ g_e p_{12},\ p^2_{123},\ p_{1234},$$

und alle diejenigen, welche aus diesen sechs Symbolen durch Veränderung der Indices hervorgehen. Alle diese Symbole aber sind aus der Definition der Fläche leicht zu bestimmen resp. in § 33 berechnet. Es ist nämlich, wenn von i Schnittpunkten die Rede ist:

$G = m.(m-1)\ldots(m-i+1)$,
$p_1{}^2 g_e = 0, \quad p^3{}_{12} = 0$,
$g_e p_{12} = m.(m-2)\ldots(m-i+1)$, [cf. Nr. 2 in § 33],
$p^2{}_{123} = 2.m.(m-3)\ldots(m-i+1)$, [cf. Nr. 5 in § 33],
$p_{1234} = m.(11m-24)(m-4)\ldots(m-i+1)$ [cf. Nr. 11 in § 33],

welche Werthe natürlich dieselben bleiben, wenn auch die Indices sich ändern.

Wir erhalten daher nach Formel 5 in § 42 für $n=1$ oder, was dasselbe ist, nach Formel 18 in § 39:

I) $$x_1 g_s = G.G' = m.m',$$

was auch unmittelbar ersichtlich ist, da die beiden F und F' eine Raumcurve vom Grade $m.m'$ gemein haben.

Die Werthe von $x_2 g_e$ und $x_2 g_p$ werden unmittelbar durch die Formeln 10 und 11 des § 42 geliefert; nämlich:

$$x_2 g_e = G.G' + g_e p_{12}.G' + G.p'_{12}$$
$$= m.(m-1).m'(m'-1) + m.m'(m'-1) + m.(m-1).m$$

oder

IIa) $$x_2 g_e = m.m'(m.m'-1),$$

was auch leicht aus der Zahl $m.m'$ der in einer Ebene liegenden und den beiden Flächen gemeinsamen Punkte geschlossen werden kann; ferner ist:

$$x_2 g_p = G.G' = m.(m-1).m'(m'-1)$$

oder

IIb) $$x_2 g_p = mm'.(m-1)(m'-1).$$

Den Werth von $x_3 g$ ergiebt ohne Weiteres die Formel 17 des § 42, pag. 313; nämlich:

$$x_3 g = G.p'^2{}_{123} + p^2{}_{123}.G' + G.(p'_{12} + p'_{13} + p'_{23})g'_e$$
$$+ (p_{12} + p_{13} + p_{23})g_e.G' + 2.G.G'$$
$$= m.(m-1)(m-2).2m' + 2.m.m'(m'-1)(m'-2)$$
$$+ m(m-1)(m-2).3.m'(m'-2)$$
$$+ 3.m(m-2).m'(m'-1)(m'-2)$$
$$+ 2.m(m-1)(m-2).m'(m'-1)(m'-2)$$
$$= m.m'(m-1)(m-2)[2 + 3m' - 6 + m'^2 - 3m' + 2]$$
$$+ m.m'(m'-1)(m'-2).[2 + 3m - 6 + m^2 - 3m + 2]$$
$$= m'.m(m-1)(m-2).[m'^2 - 2]$$
$$+ m.m'(m'-1)(m'-2)[m^2 - 2]$$
$$= m.m'.[2m^2m'^2 - 3m^2m' - 3mm'^2 + 6m + 6m' - 8]$$

oder

III) $x_3 g = m \cdot m' \cdot (mm' - 2)(2mm' - 3m - 3m' + 4)$ [Lit. 55].

Endlich haben wir noch x_4 zu bestimmen. Dies geschieht mit Hilfe der Formel 20 des § 42, pag. 314; danach ist:

$$\begin{aligned}
x_4 = {} & G \cdot p'_{1234} + p_{1234} \cdot G' + (g_e p_{12} \cdot g'_e p'_{34} + g_e p_{13} \cdot g'_e p'_{24} \\
& + g_e p_{14} \cdot g'_e p'_{23} + g_e p_{23} \cdot g'_e p'_{14} + g_e p_{24} \cdot g'_e p'_{13} + g_e p_{34} \cdot g'_e p'_{12}) \\
& + (g_e p_{12} + g_e p_{13} + g_e p_{14} + g_e p_{23} + g_e p_{24} + g_e p_{34}) \cdot G' \\
& + G \cdot (g'_e p'_{12} + g'_e p'_{13} + g'_e p'_{14} + g'_e p'_{23} + g'_e p'_{24} + g'_e p'_{34}) + 2 \cdot G \cdot G' \\
= {} & m \cdot (m-1) \cdot (m-2)(m-3) \cdot m' \cdot (11m' - 24) \\
& + m \cdot (11m - 24) \cdot m'(m'-1)(m'-2)(m'-3) \\
& + 6 \cdot m(m-2)(m-3) \cdot m'(m'-2)(m'-3) \\
& + 6 \cdot m(m-2)(m-3) \cdot m'(m'-1)(m'-2)(m'-3) \\
& + 6 \cdot m(m-1)(m-2)(m-3) \cdot m'(m'-2)(m'-3) \\
& + 2 \cdot m(m-1)(m-2)(m-3) \cdot m'(m'-1)(m'-2)(m'-3) \\
= {} & m(m-1)(m-2)(m-3) \cdot m'(11m' - 24) \\
& + m \cdot (11m - 24) \cdot m'(m'-1)(m'-2)(m'-3) \\
& + 2 \cdot m(m-2)(m-3) \cdot m'(m'-2)(m'-3) \cdot [m \cdot m' + 2m + 2m' - 2] \\
= {} & mm' [(m^3 - 6m^2 + 11m - 6)(11m' - 24) \\
& + (11m - 24)(m'^3 - 6m'^2 + 11m' - 6) \\
& + 2 \cdot (m^2 - 5m + 6)(m'^2 - 5m' + 6)(mm' + 2m + 2m' - 2)],
\end{aligned}$$

also:

$$\begin{aligned}
\text{IV)}\ x_4 = {} & mm' [2 \cdot m^3 m'^3 - 6m^2 m'^2 (m + m') + 3mm'(m + m')^2 \\
& + 18mm'(m + m') - 26mm' - 66(m + m') + 144]
\end{aligned}$$ (Lit. 55).

Bei jedem der erhaltenen fünf Resultate für $x_1 g_s$, $x_2 g_e$, $x_2 g_p$, $x_3 g$, x_4 ist jede Gerade g so oft zu rechnen, als die den beiden Flächen angehörigen Schnittpunkte Permutationen zulassen. Will man also jede Gerade nur einfach rechnen, so hat man den Ausdruck für jedes x_i enthaltende Symbol durch $i!$ zu dividiren. Da eine Gerade, welche von zwei Flächen F und F' dieselben i Schnittpunkte enthält, *i-fache Secante der Schnittcurve* beider Flächen ist, so können wir die erhaltenen fünf Resultate in Worten auch so aussprechen:

I. Die ∞^3 einfachen Secanten der Schnittcurve zweier Flächen m^{ten} und m'^{ten} Grades bilden einen Complex vom Grade $m \cdot m'$.

II. Die ∞^2 zweifachen Secanten der Schnittcurve zweier Flächen m^{ten} und m'^{ten} Grades bilden eine Congruenz, deren Feldgrad

$$\tfrac{1}{2} mm'(mm' - 1)$$

beträgt, und deren Bündelgrad gleich

$$\tfrac{1}{2} mm'(m-1)(m'-1)$$

ist.

III. *Die ∞^1 dreifachen Secanten der Schnittcurve zweier Flächen m^{ten} und m'^{ten} Grades bilden eine Linienfläche vom Grade*

$$\tfrac{1}{6}mm'(mm'-2)(2mm'-3m-3m'+4) \text{ [Lit. 55].}$$

IV. *Die Schnittcurve zweier Flächen m^{ten} und m'^{ten} Grades enthält*

$$\tfrac{1}{24}mm'[2m^3m'^3-6m^2m'^2(m+m')+3mm'(m+m')^2$$
$$+18mm'(m+m')-26mm'-66(m+m')+144]$$

viermal schneidende Secanten (Lit. 55).

§ 44.

Charakteristikentheorie des Gebildes, welches aus einem Strahlbüschel und n darin befindlichen Strahlen besteht. Anwendung auf die zweien Complexen gemeinsame Congruenz.

Das Gebilde Γ bestehe aus einem Strahlbüschel mit dem Scheitel p, der Ebene e und aus n in diesem Strahlbüschel befindlichen Strahlen

$$g_1, g_2, g_3, \cdots g_n.$$

Dieses Gebilde Γ sei Element eines Systemes Σ. Für ein zweites von demselben Gebilde erzeugtes System Σ' heisse der Scheitel p', die Ebene e', die n Strahlen

$$g'_1, g'_2, \ldots g'_n.$$

Die beiden Systeme Σ und Σ' haben dann eine endliche Anzahl von Gebilden Γ gemein, wenn ihre Stufensumme gleich der Constantenzahl $5+n$ von Γ ist. Verfahren wir nun analog wie in den §§ 39, 40, 41 und 42, so erhalten wir mit Benutzung der Gleichung 1 des § 40 für die $(5+n)$-fache Bedingung x, dass ein Gebilde Γ den beiden Systemen *gemeinsam* ist, die folgende Stammformel:

$$1)\quad x=(e^3+e^2e'+ee'^2+e'^3)(p^2-ep+e^2+pp'-ep'+p'^2)$$
$$(g_1+g'_1-p-e)(g_2+g'_2-p-e)\ldots(g_n+g'_n-p-e).$$

Die Ausführung der Multiplication behufs der Darstellung *der allgemeinen Charakteristikenformel* könnte sehr umständlich erscheinen. Wir wenden daher wieder das in § 37 erörterte Eliminationsverfahren an und entnehmen der Gleichung 1 nur, dass es bei dem Gebilde Γ *möglich* ist, jede einfache Bedingung durch

$$e,\ p,\ g_1,\ g_2, \ldots g_n,$$

jede zweifache Bedingung durch

$$e^2,\ ep,\ p^2,\ eg_1,\ eg_2, \ldots eg_n,\ pg_1,\ pg_2, \ldots pg_n,\ g_1 g_2,\ g_1 g_3, \ldots g_{n-1} g_n$$

und so fort auszudrücken. Dann muss es nämlich auch möglich sein, jede einfache Bedingung durch *irgend welche* $n+2$, jede zweifache Bedingung durch *irgend welche* $n_2 + 2 . n_1 + 3$ von einander unabhängige Bedingungen auszudrücken. Ueberhaupt sind, wenn das eine der beiden Systeme i-stufig, also das andere $(5+n-i)$-stufig ist, *aus jedem der beiden Systeme*

$$n_i + 2 . n_{i-1} + 3 . n_{i-2} + 3 . n_{i-3} + 2 . n_{i-4} + n_{i-5}$$

Bedingungen erforderlich, um die Zahl x der den beiden Systemen gemeinsamen Gebilde auszudrücken. Auf kürzeste Weise ist dies möglich, wenn wir, analog wie in § 44, gewisse *Coincidenz*-Bedingungen zu Charakteristiken wählen. Es sind dies die schon in § 35 definirten und dort in den Formeln 13 bis 28 ausgedrückten Bedingungen

$$g_{123\ldots i},\ g_{e\,123\ldots i},\ g_{p\,123\ldots i},\ g_{s\,123\ldots i},\ G_{123\ldots i},$$

und die Producte dieser Bedingungen mit

$$p,\ e,\ p^2,\ pe,\ e^2,\ p^3,\ \widehat{pe},\ e^3,\ p^3 e,\ pe^3,\ p^3 e^2.$$

Beispielsweise drücken wir *fünffache* Bedingungen aus durch

$$g_{12345},\ g_{p\,1234},\ g_{e\,1234},\ g_{s\,123},\ eg_{p\,123},\ pg_{e\,123},$$
$$G_{12},\ e^2 g_{p\,12},\ p^2 g_{e\,12},\ e^3 g_{e\,1},\ p^3 g_{p\,1},\ p^3 e^2$$

und diejenigen neuen Symbole, welche aus den genannten durch Veränderung der Indices hervorgehen.

Die Methode zur Auffindung der *Gestalt* der Charakteristikenformeln ist wieder ganz dieselbe wie in § 42. Man lässt zunächst die Coefficienten der i-fachen Symbole unbestimmt und bestimmt sie dann durch symbolische Multiplication mit $(5+n-i)$-fachen Bedingungen. Um dann die Werthe der erhaltenen $(5+n)$-fachen Symbole genau erkennen zu können, wendet man die Formeln 13 bis 28 des § 35 an. Schliesslich ergeben sich eben so viele Gleichungen, wie Coefficienten zu bestimmen sind, nämlich

$$n_i + 2 . n_{i-1} + 3 . n_{i-2} + 3 . n_{i-3} + 2 . n_{i-4} + n_{i-5}.$$

Sollte es leichter erscheinen, statt mit Coincidenzbedingungen mit anderen Bedingungen zu multipliciren, so kann dies auch geschehen. Man hat dann nur nachträglich die eingeführten Nichtcoincidenzbedingungen vermöge der Formeln des § 35 *schliesslich* durch Coincidenzbedingungen auszudrücken, z. B.

$$g_1 g_2 g_3 g_4 g_5 g_6 g_7 = g_{1234567} + p\,(g_{e\,12345} + g_{e\,12346} + \ldots)$$
$$+ e(g_{p\,12345} + \ldots) + p^2(g_{e\,1234} + \ldots) + e^2(g_{p\,1234} + \ldots)$$
$$- 2\,.\,(G_{1234} + \ldots) + 20pe\,(G_{12} + \ldots).$$

Durch diese Mittel ist der Verfasser auf mehreren Wegen zu einer und derselben allgemeinen Charakteristikenformel für das Gebilde Γ gelangt. Da die Gestalt dieser Formel deutlicher erkennbar ist, wenn für die Stufe des einen Systems eine *bestimmte* Zahl angenommen wird, so setzen wir das eine System Σ' als siebenstufig, also das andere System Σ als $(5 + n - 7)$-stufig, d. h. $(n - 2)$-stufig voraus. Dann ist die Zahl x der solchen Systemen gemeinsamen Gebilde ausgedrückt durch die folgende Formel, bei welcher jeder Klammer die Zahl der in derselben stehenden Producte wie ein Index angefügt ist.

2)
$$x = [p'^3 e'^2 g'_{12} \cdot g_{34\ldots n} + p'^3 e'^2 g'_{13} \cdot g_{24\ldots n} + \ldots]_{n_2}$$
$$+ [p'^3 g'_{p\,123} \cdot g_{p\,45\ldots n} + p'^3 g'_{p\,124} \cdot g_{p\,35\ldots n} + \ldots]_{n_3}$$
$$+ [e'^3 g'_{e\,123} \cdot g_{e\,45\ldots n} + \ldots]_{n_3}$$
$$+ [G'_{1234} \cdot g_{s\,5\ldots n} + \ldots]_{n_4}$$
$$+ [p'^2 g'_{e\,1234} \cdot e g_{p\,5\ldots n} + \ldots]_{n_4}$$
$$+ [e'^2 g'_{p\,1234} \cdot p g_{e\,5\ldots n} + \ldots]_{n_4}$$
$$+ [p' g'_{e\,12345} \cdot e^2 g_{p\,67\ldots n} + \ldots]_{n_5}$$
$$+ [e' g'_{p\,12345} \cdot p^2 g_{e\,6\ldots n} + \ldots]_{n_5}$$
$$+ [g'_{s\,12345} \cdot G_{6\ldots n} + \ldots]_{n_5}$$
$$+ [g'_{e\,123456} \cdot e^3 g_{e\,7\ldots n} + \ldots]_{n_6}$$
$$+ [g'_{p\,123456} \cdot p^3 g_{p\,7\ldots n} + \ldots]_{n_6}$$
$$+ [g'_{1234567} \cdot p^3 e^2 g_{8\ldots n} + \ldots]_{n_7}$$
$$+ [(p'^3 e'^2 g'_{12} + p'^3 e'^2 g'_{13} + \ldots)_6 \cdot e g_{p\,5\ldots n} + \ldots]_{6\,.\,n_4}$$
$$+ [(p'^3 e'^2 g'_{12} + \ldots)_6 \cdot p g_{e\,5\ldots n} + \ldots]_{6\,.\,n_4}$$
$$+ [(e'^3 g'_{e\,123} + \ldots)_{10} \cdot e^2 g_{p\,67\ldots n} + \ldots]_{10\,.\,n_5}$$
$$+ [(p'^3 e'^2 g'_{12} + \ldots)_{10} \cdot e^2 g_{p\,6\ldots n} + \ldots]_{10\,.\,n_5}$$
$$+ [(p'^3 g'_{p\,123} + \ldots)_{10} \cdot p^2 g_{e\,6\ldots n} + \ldots]_{10\,.\,n_5}$$
$$+ [(p'^3 e'^2 g'_{12} + \ldots)_{10} \cdot p^2 g_{e\,6\ldots n} + \ldots]_{10\,.\,n_5}$$
$$- 2\,.\,[(p'^3 e'^2 g'_{12} + \ldots)_{10} \cdot G_{6\ldots n} + \ldots]_{10\,.\,n_5}$$
$$+ [(e'^2 g'_{p\,1234} + \ldots)_{15} \cdot e^3 g_{e\,7\ldots n} + \ldots]_{15\,.\,n_6}$$
$$- 2\,.\,[(e'^3 g'_{e\,123} + \ldots)_{20} \cdot e^3 g_{e\,7\ldots n} + \ldots]_{20\,.\,n_6}$$
$$+ [(p'^2 g'_{e\,1234} + \ldots)_{15} \cdot p^3 g_{p\,7\ldots n} + \ldots]_{15\,.\,n_6}$$
$$- 2\,.\,[(p'^3 g'_{p\,123} + \ldots)_{20} \cdot p^3 g_{p\,7\ldots n} + \ldots]_{20\,.\,n_6}$$
$$+ [(p' g'_{e\,12345} + \ldots)_{21} \cdot p^3 e^2 g_{8\ldots n} + \ldots]_{21\,.\,n_7}$$
$$+ [(e' g'_{p\,12345} + \ldots)_{21} \cdot p^3 e^2 g_{8\ldots n} + \ldots]_{21\,.\,n_7}$$
$$+ [(p'^2 g'_{e\,1234} + \ldots)_{35} \cdot p^3 e^2 g_{8\ldots n} + \ldots]_{35\,.\,n_7}$$

$$
\begin{aligned}
&+[(c'^2 g'_{p1234}+\ldots)_{35}\,.\,p^3 e^2 g_{8\ldots n}+\ldots]_{35\,.\,n},\\
&-2\,.\,[(G'_{1234}+\ldots)_{35}\,.\,p^3 c^2 g_{8\ldots n}+\ldots]_{35\,.\,n},\\
&+20\,.\,[(p'^3 c'^2 g'_{12}+p'^3 c'^2 g'_{13}+\ldots)_{21}\,.\,p^3 c^2 g_{8\ldots n}+\ldots]_{21\,.\,n}.
\end{aligned}
$$

Will man aus dieser Formel ersehen, welche Gestalt die Charakteristikenformeln für *kleinere* n und für Systeme von *niederer* Stufe haben, so muss man bei der Uebersetzung der Symbole die Incidenzformeln anwenden. Soll z. B. statt $cg_{p5\ldots}$ ein Symbol *zweiter* Dimension eintreten, so hat man c^2 zu nehmen, weil $cg_p = c^2 g - c^3$ ist u. s. w. Beispielsweise specialisiren wir die Formel 2 für den Fall, dass $n=3$, Σ' fünfstufig, also Σ dreistufig ist; dann kommt:

$$
\begin{aligned}
3)\qquad x=&[p'^3 c'^2\,.\,g_{123}]\\
&+[p'^3 g'_{p1}\,.\,g_{p23}+p'^3 g'_{p2}\,.\,g_{p13}+p'^3 g'_{p3}\,.\,g_{p12}]\\
&+[c'^3 g'_{e1}\,.\,g_{e23}+c'^3 g'_{e2}\,.\,g_{e13}+c'^3 g_{e3}\,.\,g_{e12}]\\
&+[G'_{12}\,.\,g_{s3}+G'_{13}\,.\,g_{s2}+G'_{23}\,.\,g_{s1}]\\
&+[p'^2 g'_{e12}\,.\,cg_{p3}+p'^2 g'_{e13}\,.\,cg_{p2}+p'^2 g'_{e23}\,.\,cg_{p1}]\\
&+[c'^2 g'_{p12}\,.\,pg_{e3}+c'^2 g'_{p13}\,.\,pg_{e2}+c'^2 g'_{p23}\,.\,pg_{e1}]\\
&+[p' g'_{e123}\,.\,c^3]\\
&+[c' g'_{p123}\,.\,p^3]+[g'_{s123}\,.\,\widehat{pc}]\\
&+[p'^3 c'^2\,.\,(cg_{p1}+cg_{p2}+cg_{p3})]\\
&+[p'^3 c'^2\,.\,(pg_{e1}+pg_{e2}+pg_{e3})]\\
&+[(c'^3 g'_{e1}+c'^3 g'_{e2}+c'^3 g'_{e3})\,.\,c^3]\\
&+[p'^3 c'^2\,.\,c^3]\\
&+[(p'^3 g'_{p1}+p'^3 g'_{p2}+p'^3 g'_{p3})\,.\,p^3]\\
&+[p'^3 c'^2\,.\,p^3]\\
&-2\,.\,[p'^3 c'^2\,.\,\widehat{pc}].
\end{aligned}
$$

Mit Hilfe der Charakteristikenformeln unseres Gebildes Γ bestimmen sich naturgemäss *die liniengeometrischen Analoga der in § 43 berechneten Anzahlen, d. h. die Anzahlen, welche sich auf die Strahlbüschel beziehen, in denen zwei gegebene Complexe dieselben Strahlen besitzen.* Diese Anzahlen hängen vermöge der Charakteristikenformeln des Strahlbüschels schliesslich von den folgenden, auf den Strahlbüschel bezüglichen Anzahlen ab:

$$x_1 c^3 p,\; x_1 cp^3,\; x_2 c^3,\; x_2 \widehat{cp},\; x_2 p^3,\; x_3 c^2,\; x_3 cp,\; x_3 p^2,\; x_4 e,\; x_4 p,\; x_5,$$

wo immer x_i die fünffache Bedingung bedeutet, dass ein Strahlbüschel i Strahlen enthält, deren jeder sowohl einem Complexe C

vom Grade m, wie auch einem Complexe C' vom Grade m' angehört, und wo p den Scheitel, e die Ebene des Strahlbüschels bezeichnet. Wegen des Princips der Dualität ist:

$$x_1 p^3 e = x_1 p e^3,\ x_2 p^3 = x_2 e^3,\ x_3 p^2 = x_3 e^2,\ x_4 p = x_4 e.$$

Wir haben also bloss die folgenden sieben Symbole zu bestimmen:

I) $x_1 e^3 p$, IIa) $x_2 e^3$, IIb) $x_2 \widehat{pe}$, IIIa) $x_3 e^2$,
IIIb) $x_3 pe$, IV) $x_4 e$, V) x_5.

Wir finden die Werthe dieser Symbole als Functionen von m und m', wenn wir die obigen Charakteristikenformeln mit den auf p und e bezüglichen Grundbedingungen multipliciren. Dadurch erhalten wir jede der gesuchten Zahlen als Function von Producten mit je zwei Faktoren, so dass immer der eine Faktor eine auf den Complex C, der andere eine auf den Complex C' bezügliche fünffache Bedingung ist. Die Werthe dieser fünffachen Bedingungen sind zum Theil null, weil es in einem Complexe keinen Strahl giebt, der mit einem beliebig gegebenen identisch ist. Die Werthe der übrigen fünffachen Bedingungen sind in § 36 berechnet. Um nach der symbolischen Multiplication *symmetrische* Formeln zu erzielen, hat man die Formeln des § 35 anzuwenden. Mit Rücksicht darauf definiren wir noch das mit gewissen i Indices versehene Symbol ε als die $(i-1)$-fache Bedingung, dass diejenigen i Strahlen g zusammenfallen, welche dieselben Indices haben. Bei der Vereinfachung der Formeln benutzen wir erstens, dass zwei sich dual entsprechende Symbole gleichen Werth haben, und zweitens, dass auch Symbole, die sich nur durch die Werthe der Indices unterscheiden, gleich sind.

I. Um $e^3 p x_1$ zu bestimmen, setzen wir in der allgemeinen Charakteristikenformel $n=1$, die Stufe von Σ gleich 1, die von Σ' gleich 5 und multipliciren dann mit $e^3 p$; dann kommt:

$$\begin{aligned} e^3 p x_1 &= e^3 p g_1 \,.\, p'^3 e'^2 + e^3 p^2 \,.\, e'^3 g'_e \\ &= e^3 p^2 \,.\, p'^3 e'^2 + e^3 g_e \,.\, p'^3 e'^2 + e^3 p^2 \,.\, e'^3 g'_e \\ &= m \,.\, m' + 0 \,.\, m' + m \,.\, 0 \\ &= m \,.\, m'. \end{aligned}$$

IIa. Um $e^3 x_2$ zu bestimmen, setzen wir $n=2$, die Stufe von Σ gleich 2, die von Σ' gleich 5 und multipliciren mit e^3; dann kommt:

$$\begin{aligned} e^3 x_2 = {} & e^3 g_{12} \,.\, p'^3 e'^2 + e^3 g_{1e} \,.\, e'^3 g'_{2e} + e^3 p^2 \,.\, e'^3 g'_{12} \\ & + e^3 p^2 \,.\, p'^3 e'^2 + e^3 g_{2e} \,.\, e'^3 g'_{1e} \end{aligned}$$

$$= m \,.\, m'(m'-1) + m \,.\, (m-1) \,.\, m' + m(m-1) \,.\, m'(m'-1)$$
$$= m \,.\, m'[mm'-1].$$

IIb. Ferner erhalten wir durch Multiplication mit $\widehat{pe}$:

$$\begin{aligned}
\widehat{pe}x_2 = {} & \widehat{pe}g_{12} \,.\, p'^3e'^2 + \widehat{pe}g_{p1} \,.\, p'^3g'_{p2} + \widehat{pe}g_{p2} \,.\, p'^3g'_{p1} \\
& + \widehat{pe}g_{e1} \,.\, e'^3g'_{e2} + \widehat{pe}g_{e2} \,.\, e'^3g'_{e1} + p^3e^2 \,.\, G'_{12} \\
= {} & G_{12} \,.\, p'^3e'^2 + p^3eg_1 \,.\, p'^3e'^2 + p^3eg_2 \,.\, p'^3e'^2 - 2 \,.\, p^3e^2 \,.\, p'^3e'^2 \\
& + pe^3g_1 \,.\, p'^3g'_{p2} + pe^3g_2 \,.\, p'^3g'_{p1} + p^3eg_1 \,.\, e'^3g'_{e2} \\
& + p^3eg_2 \,.\, e'^3g'_{e1} + p^3e^2 \,.\, G'_{12} \\
= {} & G_{12} \,.\, p'^3e'^2 + p^3e^2(p'^3g'_{p2} + p'^3g'_{p1}) + e^3g_{1e} \,.\, p'^3g'_{p2} + e^3g_{2e} \,.\, p'^3g'_{p1} \\
& + (p^3g_{1p} + p^3g_{2p}) \,.\, p'^3e'^2 + p^3e^2(e'^3g'_{e2} + e'^3g'_{e1}) \\
& + (e^3g_{1e} + e^3g_{2e}) \,.\, p'^3e'^2 + p^3g_{1p} \,.\, e'^3g'_{2e} + p^3g_{2p} \,.\, e'^3g'_{1e} \\
& + 2 \,.\, p^3e^2 \,.\, p'^3e'^2 + p^3e^2 \,.\, G'_{12} \\
= {} & 2 \,.\, m(m-1) \,.\, m'(m'-1).
\end{aligned}$$

IIIa. Um e^2x_3 zu bestimmen, setzen wir $n=3$, die Stufe von Σ gleich 3, die von Σ' gleich 5 und multipliciren mit e^2. Dabei lassen wir der Kürze wegen von vornherein diejenigen Producte aus, deren einer Faktor bei der Anwendung auf die beiden Complexe null wird.

$$\begin{aligned}
x_3e^2 = {} & e^2g_{123} \,.\, p'^3e'^2 + 3 \,.\, e^2pg_{1e} \,.\, e'^2g'_{p23} + p^3e^2 \,.\, e'g'_{p123} \\
& + 3 \,.\, e^2pg_{1e} \,.\, p'^3e'^2 + p^3e^2 \,.\, p'^3e'^2 \\
= {} & eg_{p123} \,.\, p'^3e'^2 + e^3\varepsilon_{123} \,.\, p'^3e'^2 + 3 \,.\, e^3p^2 \,.\, e'^3g'_{23} + p^3e^2 \,.\, e'g'_{p123} \\
& + 3 \,.\, e^3p^2 \,.\, p'^3e'^2 + p^3e^2 \,.\, p'^3e'^2 \\
= {} & eg_{p123} \,.\, p'^3e'^2 + p^3e^2 \,.\, e'g'_{p123} + 4 \,.\, e^3p^2 \,.\, p'^3e'^2 + (3 \,.\, e^3g_1g_2 - 3pe^3g_1) \,.\, p'^3e'^2 \\
& + 3 \,.\, e^3p^2 \,.\, e'^3g'_{23} \\
= {} & eg_{p123} \,.\, p'^3e'^2 + p^3e^2 \,.\, e'g'_{p123} + 4 \,.\, e^3p^2 \,.\, e'^3p'^2 + 3e^3g_{12} \,.\, p'^3e'^2 + 3 \,.\, e^3p^2 \,.\, e'^3g'_{23} \\
= {} & m \,.\, (3m-2) \,.\, m'(m'-1)(m'-2) + m \,.\, (m-1)(m-2) \,.\, m'(3m'-2) \\
& + 4 \,.\, m(m-1)(m-2) \,.\, m'(m'-1)(m'-2) \\
& + 3 \,.\, m(m-2) \,.\, m'(m'-1)(m'-2) + 3 \,.\, m(m-1)(m-2) \,.\, m'(m'-2) \\
= {} & m \,.\, (6m-8) \,.\, m'(m'-1)(m'-2) + m(m-1)(m-2) \,.\, m'(6m'-8) \\
& + 4m(m-1)(m-2) \,.\, m'(m'-1)(m'-2) \\
= {} & 2mm'(m^2-2) \,.\, (m'-1)(m'-2) + 2mm'(m-1)(m-2) \,.\, (m'^2-2) \\
= {} & 2mm' \,.\, [(m^2m'^2 - 3m^2m' + 2m^2 - 2m'^2 + 6m' - 4) \\
& + (m^2m'^2 - 3mm'^2 + 2m'^2 - 2m^2 + 6m - 4)] \\
= {} & 2mm'[2m^2m'^2 - 3mm'(m+m') + 6(m+m') - 8] \\
= {} & 2mm'[mm'-2][2mm' - 3(m+m') + 4] \quad \text{(cf. § 43, Nr. III).}
\end{aligned}$$

IIIb. Um pex_3 zu bestimmen, können wir Formel 3 mit pe multipliciren; dann kommt bei Weglassung der Symbole, die null sind, und bei Zusammenfassung solcher Symbole, die sich dual entsprechen oder sich nur durch die Indices unterscheiden:

$$
\begin{aligned}
pex_3 &= p'^3e'^2 . peg_{123} + 6 . p'^2g'_{e12} . pe^2g_{p3} \\
&\quad + 4 . g'_{s123} . p^3e^2 + 6 . p'^3e'^2 . pe^2g_{p1} - 2 . p'^3e'^2 . p^3e^2 \\
&= p'^3e'^2 . peg_{123} + 6 . p'^3g'_{12} . p^3e^2 + 4 . g'_{s123} . p^3e^2 \\
&\quad + 4 . p'^3e'^2 . p^3e^2 \\
&= m'(m'-1)(m'-2) . 2m(m^2-2) + 6m'(m'-2) . m(m-1)(m-2) \\
&\quad + 4m' . m(m-1)(m-2) + 4m'(m'-1)(m'-2)m(m-1)(m-2) \\
&= 2mm'[(m^2m'^2 - 3m^2m' + 2m^2 - 2m'^2 + 6m' - 4) \\
&\quad + (3m^2m' - 9mm' + 6m' - 6m^2 + 18m - 12) + (2m^2 - 6m + 4) \\
&\quad + (2m^2m'^2 - 6m^2m' - 6mm'^2 + 4m^2 + 4m'^2 + 18mm' - 12m - 12m' + 8)] \\
&= 2mm'(3m^2m'^2 - 6m^2m' - 6mm'^2 + 2m^2 + 2m'^2 + 9mm' - 4) \quad \textbf{[Lit. 56]}.
\end{aligned}
$$

Da hier unser Verfahren rücksichtlich der beiden Complexe unsymmetrisch war, so liefert der Umstand, dass diese Formel in m und m' symmetrisch ist, eine Bestätigung.

IV. Um x_4e zu bestimmen, verfahren wir wieder unsymmetrisch, indem wir Formel 2 mit e multipliciren und dann ohne Weiteres die aus § 36 bekannten Werthe der fünffachen Bedingungen substituiren; dadurch kommt:

$$
\begin{aligned}
x_4e &= p'^3e'^2 . eg_{1234} + 6 . p'^3g'_{12} . e^2g_{p34} + 6 . e'^2g'_{p12} . peg_{e34} \\
&\quad + g'_{p1234} . p^3e^2 + 6 . p'^3e'^2 . e^2g_{p12} + 6 . p'^3e'^2 . peg_{e12} \\
&\quad + 4 . p'^3e'^2 . p^2eg_{e1} + 4 . e'g'_{p123} . p^2eg_{e1} + 6 . p'^2g'_{e12} . p^3e^2 \\
&= m'(m'-1)(m'-2)(m'-3) . 2m(6m^2 - 11m - 6) \\
&\quad + 6m'(m'-2)(m'-3) . m(m-2)(m-3) \\
&\quad + 6m'(m'-2)(m'-3) . m^2(m-2)(m-3) \\
&\quad + 4m'(3m'-2)(m'-3) . m(m-1)(m-2)(m-3) \\
&\quad + 2m'(11m'-18) . m(m-1)(m-2)(m-3) \\
&\quad + 6m'(m'-1)(m'-2)(m'-3) . m(m-2)(m-3) \\
&\quad + 6m'(m'-1)(m'-2)(m'-3) . m^2(m-2)(m-3) \\
&\quad + 4m'(m'-1)(m'-2)(m'-3) . m(m-1)(m-2)(m-3) \\
&\quad + 6m'(m'-2)(m'-3) . m(m-1)(m-2)(m-3) \\
&= 2m'(m'-1)(m'-2)(m'-3)m . [9m^2 - 26m + 12] \\
&\quad + 2m'(9m'^2 - 26m' + 12) . m(m-1)(m-2)(m-3) \\
&\quad + 2m'(m'-2)(m'-3) . m(m-2)(m-3) . [3 + 3mm' \\
&\qquad\qquad + 2mm' - 2m - 2m' + 2] \\
&= 2m(m-2)(m-3) . m'(m'-2)(m'-3) . (5mm' - 2m - 2m' + 5) \\
&\quad + 2m(m-1)(m-2)(m-3) . m'(9m'^2 - 26m' + 12) \\
&\quad + 2m(9m^2 - 26m + 12) . m'(m'-1)(m'-2)(m'-3) \quad \textbf{[Lit. 56]}.
\end{aligned}
$$

V. Für x_5 erhalten wir aus der Formel 2 nach Weglassung derjenigen Symbole, die null sind, und nach Zusammenfassung der gleichwerthigen Symbole:

$$\begin{aligned}
x_5 = {} & g_{12345} . p'^3 e'^2 + 10 . e g_{p123} . p'^2 g'_{e45} + 10 . p g_{e123} . e'^2 g'_{p45} \\
& + 10 . e^2 g_{p12} . p' g'_{e345} + 10 . p^2 g_{e12} . e' g'_{p345} + p^3 e^2 . g'_{12345} \\
& + 10 . e g_{p123} . p'^3 e'^2 + 10 . p g_{e123} . p'^3 e'^2 + 10 . e^2 g_{p12} . p'^3 e'^2 \\
& + 10 . p^2 g_{e12} . p'^3 e'^3 + 10 . p^3 e^2 . p' g'_{e123} + 10 . p^3 e^2 . e' g'_{p123} \\
& + 10 . p^3 e^2 . p'^2 g'_{e12} + 10 . p^3 e^2 . e'^2 g'_{p12} + 20 . p^3 e^2 . p'^3 e'^2 \\
= {} & 20 . m (7 m^2 - 30 m + 24) . m' (m' - 1)(m' - 2)(m' - 3)(m' - 4) \\
& + 20 m (m - 1)(m - 2)(m - 3)(m - 4) . m' (7 m'^2 - 30 m' + 24) \\
& + 20 m (3 m - 2)(m - 3)(m - 4) . m' (m' - 2)(m' - 3)(m' - 4) \\
& + 20 m (m - 2)(m - 3)(m - 4) . m' (3 m' - 2)(m' - 3)(m' - 4) \\
& + 20 m (3 m - 2)(m - 3)(m - 4) . m' (m' - 1)(m' - 2)(m' - 3)(m' - 4) \\
& + 20 m (m - 1)(m - 2)(m - 3)(m - 4) . m' (3 m' - 2)(m' - 3)(m' - 4) \\
& + 20 m (m - 2)(m - 3)(m - 4) . m' (m' - 1)(m' - 2)(m' - 3)(m' - 4) \\
& + 20 m (m - 1)(m - 2)(m - 3)(m - 4) . m' (m' - 2)(m' - 3)(m' - 4) \\
& + 10 m (m - 1)(m - 2)(m - 3)(m - 4) . m' (m' - 1)(m' - 2) \\
& \qquad (m' - 3)(m' - 4) \\
= {} & 10 m (m - 2)(m - 3)(m - 4) . [2 m' (3 m' - 2)(m' - 3)(m' - 4) \\
& + (m - 1)(m' - 2)(m'^3 - 15 m' + 12)] \\
& + 10 . [2 m (3 m - 2)(m - 3)(m - 4) \\
& + (m' - 1)(m - 2)(m^3 - 15 m + 12)] . m' (m' - 2)(m' - 3) \\
& (m' - 4)
\end{aligned}$$

[Lit. 56].

Das Resultat für jedes x_i enthaltende Symbol ist durch $i!$ zu dividiren, wenn jeder Strahlbüschel, der von den beiden Complexen m^{ten} und m'^{ten} Grades dieselben i Strahlen enthält, nicht $i!$ mal, sondern *nur einmal* gerechnet werden soll. Demgemäss sprechen wir die obigen Resultate aus wie folgt:

I. und IIa. Die Congruenz, welche zwei Complexen m^{ten} und m'^{ten} Grades gemeinsam ist, enthält in jeder Ebene $m . m'$ Strahlen, ferner in jeder Ebene $\frac{1}{2} m m' (m m' - 1)$ Schnittpunkte von zwei Strahlen.

IIb. Dieselbe Congruenz enthält in jeder Geraden

$$m (m - 1) m' (m' - 1)$$

Schnittpunkte von zwei Strahlen, deren Schnittebene durch eben dieselbe Gerade geht. Mit Hilfe dieses Resultats kann man leicht *die Ordnung der Brennfläche* der Congruenz berechnen. Von einem Punkte A einer Geraden s gehen $m m'$ Strahlen aus, die der Congruenz angehören. In der Verbindungsebene jedes dieser $m m'$ Strahlen mit s liegen $m m' - 1$ sonstige Congruenzstrahlen, deren jeder s in einem Punkte B schneidet. So entsprechen auf s einem Punkte A

$$mm'(mm'-1)$$

Punkte B, und ebensoviel Punkte A entsprechen einem Punkte B. Es giebt also auf s

$$2 \,.\, mm'(mm'-1)$$

Punkte, deren jeder sowohl A als B ist. Zu diesen Punkten gehören erstens zweimal jeder von den eben abgezählten $mm'(m-1)(m'-1)$ Schnittpunkten von Strahlen, deren Schnittebene durch s geht, zweitens auch diejenigen Punkte von s, in denen sich unendlich nahe Strahlen der Congruenz schneiden, d. h. *die der Brennfläche angehörigen Punkte*. Also ist die Ordnung der Brennfläche der zwei Complexen m^{ten} und m'^{ten} Grades gemeinsamen Congruenz gleich

$$2mm'(mm'-1) - 2mm'(mm'-m-m'+1) = 2mm'(m+m'-2)$$

(cf. Voss in den Math. Ann. Bd. 9, pag. 88).

IIIa und IIIb. *Die Congruenz, welche zwei Complexen m^{ten} und m'^{ten} Grades gemeinsam ist, enthält ∞^2 mal drei Strahlen, welche in gemeinsamer Verbindungsebene liegen und zugleich einen gemeinsamen Schnittpunkt haben. Die von solchen Schnittpunkten gebildete Fläche oder der von solchen Verbindungsebenen gebildete Ebenenort haben den Grad*

$$\tfrac{1}{3} mm'(mm'-2)(2mm'-3m-3m'+4) \quad \textbf{[Lit. 56]};$$

ferner bilden diejenigen von diesen Schnittpunkten, deren zugehörige Ebenen durch einen gegebenen Punkt gehen, eine Curve vom Grade:

$$\tfrac{1}{3} mm'(3m^2m'^2 - 6m^2m' - 6mm'^2 + 2m^2 + 2m'^2 + 9mm' - 4) \quad \textbf{[Lit. 56]}.$$

IV. *Es giebt ∞^1 mal vier Strahlen, welche zwei gegebenen Complexen m^{ten} und m'^{ten} Grades zugleich angehören und dabei sowohl durch einen und denselben Punkt gehen, wie auch in einer und derselben Ebene liegen. Die dadurch bestimmten Punkte bilden eine Curve, die dadurch bestimmten Ebenen eine Torse, beide vom Grade:*

$$\begin{aligned} &\tfrac{1}{12} m(m-2)(m-3)m'(m'-2)(m'-3)(5mm'-2m-2m'+5) \\ &\quad + \tfrac{1}{12} m(m-1)(m-2)(m-3) \,.\, m'(9m'^2-26m'+12) \\ &\quad + \tfrac{1}{12} m(9m^2-26m+12) \,.\, m(m-1)(m-2)(m-3) \quad \textbf{[Lit. 56]}. \end{aligned}$$

V. *Unter den sämmtlichen Strahlen, welche zwei Complexen m^{ten} und m'^{ten} Grades zugleich angehören, befinden sich*

$$\begin{aligned} &\tfrac{1}{12} m(m-2)(m-3)(m-4)[2m'(3m'-2)(m'-3)(m'-4) \\ &\qquad + (m-1)(m'-2)(m'^3-15m'+12)] \\ &\quad + \tfrac{1}{12}[2m(3m-2)(m-3)(m-4) \\ &\qquad + (m'-1)(m-2)(m^3-15m+12)]\, m'(m'-2)(m'-3)(m'-4) \end{aligned}$$

Gruppen von je fünf Strahlen, so dass immer die einer solchen Gruppe angehörigen Strahlen sich in einem und demselben Punkte schneiden und dabei in einer und derselben Ebene liegen oder, was dasselbe ist, jene Function von m und m' ist die Zahl der Ebenen, welche aus den beiden Complexen zwei Complexcurven ausschneiden, von deren gemeinsamen Tangenten fünf einen gemeinsamen Schnittpunkt besitzen (**Lit. 56**).

Literatur-Bemerkungen.

Erster Abschnitt.

Dieser Abschnitt entwickelt in fasslicher Form die Grundregeln für das *Rechnen mit geometrischen Bedingungen* und eine zweckmässige, in den folgenden Abschnitten beständig benutzte Bezeichnungsweise der am häufigsten vorkommenden Lagebedingungen. Die ersten Spuren eines Rechnens mit Bedingungen finden sich in den Abhandlungen von Halphen über die Charakteristiken der Kegelschnitte und Flächen zweiten Grades (Comptes rendus, tome 76, pag. 1074, und Bull. de la Soc. math., tome I, Heft 5) und in meinen Mittheilungen über die Anzahlen bei Plancurven dritter Ordnung (Gött. Nachr. 1874, pag. 267 und 1875, pag. 359). In systematischer, aber vielleicht zu abstracter Form entwickelte ich die Grundlagen des Bedingungskalküls zuerst in dem ersten Abschnitt meiner „Beiträge zur abzählenden Geometrie" (Math. Ann. Bd. 10, pag. 8).

Lit. 1, pag. 2. In Grunert-Hoppe's Archiv (Bd. 63, pag. 97 bis 99) leitete ich ausser diesem Werthe für die *Constantenzahl eines Polyeders* noch einen zweiten Werth ab, nämlich

$$c = 4 . k - 3 . e - 3 . f + 12,$$

und erhielt durch Gleichsetzung der beiden Werthe einen neuen Beweis des Euler'schen Satzes $e + f = k + 2$. Mit Benutzung des letzteren fand schon Hoppe in Grunert's Archiv Bd. 55, pag. 217, dass die Constantenzahl eines Polyeders gleich seiner *Kantenzahl* ist.

Lit. 2, pag. 3. Die Constantenzahl des *strahlallgemeinen Complexes* bestimmte zuerst Lüroth in Crelle's Journal Bd. 67, dann auch Voss in den Math. Ann. Bd. 9, pag. 59.

Lit. 3, pag. 3. Das (symbolische) *Product von Bedingungszeichen* schrieb zuerst Halphen in den Comptes rendus, tome 76, pag. 1074. Um damit symbolisch zu rechnen, definirte ich das Product von Bedingungen zuerst im Maiheft der Gött. Nachr. von 1874 (pag. 272). Ausführlicher zeigte ich die Analogie der Faktoren eines Productes mit den zusammensetzenden Bedingungen einer zusammengesetzten Bedingung in meinen späteren Abhandlungen, namentlich in den Gött. Nachr. von 1875, pag. 363, Math. Ann. Bd. 10, pag. 10 und Bd. 10, pag. 322. Dort hatte ich jedoch noch nicht die *Summe* zweier Bedingungen als eine *neue* Bedingung aufgefasst, was hier geschehen ist. Die Anwendung der Multiplication und der Addition bei Bedingungen ist analog der Anwendung ebenderselben Operationen im *Logikkalkül* (cf. E. Schröder's Operationskreis des Logikkalküls, Teubner 1877, pag. 5 bis 7). Dort bezeichnet *a mal b* alles, was *sowohl a als b* ist, hier die Bedingung, welche ausspricht, dass *sowohl* die Bedingung *a*, *wie auch* die Bedingung *b* erfüllt werden soll. Dort bezeichnet *a plus b* alles, was *entweder a oder b* ist, hier die Bedingung, welche ausspricht, dass *entweder* die Bedingung *a oder* die Bedingung *b* erfüllt werden soll.

Lit. 3a, pag. 6. In den Comptes rendus benutzt Chasles in jedem Jahre seit 1871 das von ihm in den Comptes rendus von 1864 zuerst ausgesprochene Correspondenzprincip (hier pag. 43), um viele Hunderte von Anzahlen für die Ordnung oder den Rang von Plancurven zu bestimmen, welche mit gegebenen Plancurven irgendwie durch Bedingungen verwebt sind. Diese Anzahlen sind meist Functionen der Ordnungs- und Rangzahlen der gegebenen Curven. Die Bedingungen, welche den Zusammenhang der gegebenen Curven mit den gesuchten aussprechen, sind seit 1874 vorzugsweise *metrische*. Sie beziehen sich z. B. auf ähnliche Dreiecke (C. R. Bd. 78 und 79), auf die Gleichheit, das constante Verhältniss, das constante Product und die constante Summe gewisser Strecken, die auf Tangenten oder Normalen gegebener Curven ausgeschnitten werden (C. R. Bd. 81, 82, 83), endlich auch auf den constanten Umfang (C. R. Bd. 85) von Dreiecken, deren Ecken auf gegebenen Curven liegen und deren Seiten gegebene Curven berühren. Die Bestimmung aller solcher Anzahlen würde durch Anwendung des in diesem Buche entwickelten Kalküls wesentlich erleichtert werden.

Lit. 4, pag. 12. Das *Princip von der Erhaltung der Anzahl* verwerthete ich zuerst in den Gött. Nachr. von 1874 (pag. 274), um daraus Anzahlbeziehungen für die Plancurven dritten Grades aufzufinden. Dort nannte ich es „*Princip der speciellen Lage*“, weil ich damals nur die hier mit II bezeichnete Form anwandte. Den Namen „Princip von der Erhaltung der Anzahl“ gebrauchte ich zuerst in der ersten Abhandlung meiner „Beiträge zur abzählenden Geometrie“ (Math. Ann. Bd. 10, pag. 23), wo auch zuerst mit Hilfe des Princips die wichtigen Formeln erkannt sind, welche hier unter dem Namen „*Incidenzformeln*“ im zweiten Abschnitt abgeleitet und in den folgenden Abschnitten fortwährend benutzt sind. Andere Anwendungen dieses fruchtbaren Princips enthält der § 12 meiner Abhandlung über „Moduln bei Flächen zweiten Grades“ (Math. Ann. Bd. 10, pag. 351 bis 355). Für specielle Ableitungen ist das Princip oft auch von Anderen verwerthet, z. B. in der Form I von Lothar Marcks, welcher in den Math. Ann. Bd. 5, pag. 27 bis 30 die Ordnung der Krümmungsmittelpunktsfläche einer Fläche n^{ten} Grades (cf. Sturm, Math. Ann. Bd. 7, pag. 567) findet, indem er abzählt, wieviel Punkte eine unendlich ferne Gerade mit ihr gemein hat. Die Form III des Princips benutzte Jonquières zur Bestimmung von Anzahlen, z. B. zur Berechnung der Constantenzahlen der punktallgemeinen Plancurve und der punktallgemeinen Fläche (Brioschi Ann. VIII 312 bis 328). Neuerdings gab Hurwitz (Math. Ann. Bd. 15, pag. 8) eine interessante Anwendung der Form IV des Princips, um die Steiner'schen und Poncelet'schen Sätze über Schliessungsprobleme und einige ähnliche Resultate auf die einfachste Weise abzuleiten.

Lit. 5, pag. 16. Diese Zahlen für die in einem ebenen Schnitt einer Fläche liegenden Normalen und für die von einem Punkte auf eine Fläche gefällten *Normalen* gab zuerst Sturm in den Math. Ann. Bd. 7, pag. 567 u. f.

Lit. 5a, pag. 18. Die Betheiligung der *transcendenten* Curven und Flächen an algebraischen Systemen studirte Fouret namentlich im Bull. de la Soc. math., tome 1 und 2, in den Comptes rendus, Bd. 78, 79, 82. In diesen Abhandlungen entwickelt Fouret zugleich den interessanten Zusammenhang der Systeme von Curven und Flächen mit *algebraischen Differentialgleichungen*.

Lit. 6, pag. 17. F. Klein beweist seine auf die Unterscheidung der reellen und der *imaginären* Singularitäten bezügliche Formel durch Continuitätsbetrachtungen in den Erl. Ber. von 1875 und d. Math. Ann. Bd. 10, pag. 199.

Lit. 7, pag. 18. Den Vorschlag, mit *Ordnung* den Grad eines Punktortes, mit *Rang* den Grad eines Strahlenortes, mit *Klasse* den Grad eines Ebenenortes zu bezeichnen, machte ich in den Math. Ann. Bd. 10, pag. 21. Nach dieser Terminologie richtet sich auch die Wahl der Namen für die hier in § 21, pag. 101 definirten Begriffe der *Ordnungscurven, Ordnungsgeraden, Ordnungsflächen, Ordnungsebenen; Rangcurven, Rangbüschel (Rangpunkte, Rangebenen), Rangflächen, Rangaxen; Klassencurven, Klassenaxen, Klassenflächen, Klassenpunkte.*

Lit. 8, pag. 19. Der Gedanke, hinsichtlich eines gegebenen Gebildes und eines gegebenen Systems *jeder Bedingung eine dadurch bestimmte Anzahl zuzuordnen und diese Anzahl ebenso zu bezeichnen wie die Bedingung*, findet sich zuerst in meiner ersten Mittheilung über die cubischen Plancurven in den Gött. Nachr. vom Mai 1874. Dieser Gedanke in Verbindung mit dem Gedanken, eine Gleichung zwischen Bedingungen mit einer neuen Bedingung *symbolisch zu multipliciren* (cf. hier pag. 3 und Lit. 3), waren für die Ausbildung der Terminologie und des *Kalküls* der abzählenden Geometrie von fundamentaler Bedeutung.

Lit. 9, pag. 22. Die Theorie der *algebraischen Systeme von Punkten*, d. h. der Curven und Flächen, sind besonders ausführlich behandelt in den bei Teubner erscheinenden inhaltreichen Werken von Salmon-Fiedler und Clebsch-Lindemann. An diese beiden Werke schliesst sich auch das vorliegende Buch am engsten an, zwar nicht hinsichtlich der Methode, aber doch hinsichtlich der behandelten Gebilde. Die Systeme von *Strahlen* sind zuerst um ihrer selbst willen studirt in den Abhandlungen von Kummer in den Ber. der Berl. Akad. und im Crelle'schen Journal, ferner in der „Neuen Geometrie des Raumes“ von Plücker-Klein, dann auch in manchen Abhandlungen der Gött. Nachr. und der Math. Ann., sehr ausführlich namentlich in drei Abhandlungen von Voss, Math. Ann. Bd. 8, 9 und 10 (cf. auch Lit. 49). Die *einstufigen Systeme von Plancurven* studirte zum Zweck der Berechnung von Anzahlen, hinsichtlich der in solchen Systemen vorhandenen *Singularitäten* (courbes dégénérées, Ausartungen) Zeuthen in seiner grossen, in den Berichten der Kopenhagener Akademie 1873 (Naturw. og math. Afd. 10, Bd. IV) erschienenen Abhandlung „Almindelige Egenskaber ved Systemer af plane Kurver“. Die Systeme der Gebilde, welche aus *einzelnen Punkten, Strahlen, Ebenen* zusammengesetzt sind, wie z. B. des Gebildes, welches aus zwei Punkten und ihrem Verbindungsstrahle besteht, studirte der Verfasser in den Gött. Nachr. (Juliheft 1877), und zwar mit Hinblick auf die Fragen nach der Zahl der *gemeinsamen* Gebilde zweier solcher Systeme, d. h. also auf die Fragen, denen in der *Punkt-Geo-*

metrie die Frage entspricht, in wieviel Punkten sich eine Fläche und eine Raumcurve, oder drei Flächen schneiden. (Man vergleiche hier die im Abschnitt VI gelösten Probleme.) Specielle dreistufige Systeme von Gebilden, deren jedes aus *einem Punkte und einem Strahle* besteht, behandelte zuerst Clebsch 1872 in den Abh. der Gött. Ges. Bd. 17, unter dem Namen „*Connexe*" (Clebsch-Lindemann's Werk, pag. 924 u. f.) [cf. auch Lit. 52a].

Zweiter Abschnitt.

Dieser Abschnitt entwickelt die in den folgenden Abschnitten fortwährend benutzten *Incidenzformeln*. Die Incidenzformeln stellte ich theilweise schon 1875 in den Gött. Nachr. (pag. 370 und 371) auf und vollständig in den Math. Ann. Bd. 10, pag. 26 bis 36.

Lit. 10, pag. 25. Der Ausdruck „*incident*" für die angegebene specielle Lage verschiedenartiger Hauptelemente zu einander, rührt von Grassmann und Sturm her. Den Ausdruck „Incidenzformeln" gebrauchte ich zuerst in meiner zweiten Abhandlung der Beitr. zur abz. Geom., Math. Ann. Bd. 13, pag. 430.

Lit. 11, pag. 27. Diesen Satz benutzte z. B. Zeuthen in den Comptes rendus vom Februar 1872 für einstufige Systeme von Plancurven, ferner implicite auch Sturm in seinen Abhandlungen über cubische Raumcurven (Crelle's Journal Bd. 79 und 80).

Lit. 12, pag. 33. Das Symbol $\widehat{pe}$ hatte ich in meinen früheren Abhandlungen noch nicht angewandt, vielmehr statt dessen immer (p^2e-p^3) oder (pe^2-e^3) geschrieben.

Lit. 13, pag. 35. Diese Formel zwischen den Bedingungen von vier *in einer und derselben Ebene* befindlichen Punkten schrieb mir Hurwitz 1876, nachdem ich ihm die Formel zwischen den Bedingungen von drei *in gerader Linie* befindlichen Punkten mitgetheilt hatte (hier pag. 29 unter Nr. 2).

Lit. 14, pag. 38. Diese Formeln habe ich in den Math. Ann. Bd. 10, pag. 37 bis 42 ausführlich abgeleitet, um sie bei der Plancurve dritter Ordnung vierten Ranges auf das aus den drei *Wendetangenten* gebildete Dreiseit anwenden zu können (hier pag. 157 bis 159). Hier ist die Ableitung dem Leser überlassen.

Lit. 15, pag. 40. In meinen Beitr. zur abz. Geom. (Math. Ann. Bd. 10, pag. 33 bis 37) leitete ich die hier auf pag. 40 und 41 bewiesenen Formeln weniger geschickt ab, indem ich sie damals noch nicht als *specielle Fälle* der in den §§ 7 und 10 entwickelten Formeln hinstellte.

Dritter Abschnitt.

Dieser Abschnitt entwickelt aus dem Chasles'schen Correspondenzprincip mit Hilfe des im ersten Abschnitt begründeten Kalküls und der im zweiten Abschnitt bewiesenen Incidenzformeln die Formeln für die Bedingungen, dass sich *zwei Hauptelemente unendlich nahe* liegen. Diese Formeln, welche *Correspondenzformeln* oder *Coincidenzformeln* heissen, habe ich zuerst in den Math. Ann. Bd. 10, pag. 54 bis 69 abgeleitet. Hier sind jedoch manche neue Anwendungen hinzugefügt.

Lit. 16, pag. 45. Die Ausdehnung des Chasles'schen Correspondenzprincips auf die Punkte einer *Ebene* und auf die Punkte im *Raume* verdankt man Salmon (Geom. of three dim. sec. ed. 1865, pag. 511, in der Fiedler'schen Bearbeitung pag. 566) und Zeuthen (Comptes rendus, Juni 1874). Die hier gegebene allgemeinere Auffassung der Correspondenzfragen zeigte ich zuerst in den Math. Ann. Bd. 10, pag. 54 flg.

Lit. 17, pag. 47. Die Bezout'sche Zahl der gemeinsamen Punkte von drei Flächen bloss mit Hilfe des Correspondenzprincips zu bestimmen, gelang z. B. Fouret in dem Bull. de la Soc. math. Bd. 1, pag. 122 und 258. Ich erkannte die Formeln für die *Zahl der gemeinsamen Elemente von Oertern* als specielle Fälle der *allgemeinen* Correspondenzformeln zuerst in den Math. Ann. Bd. 10, pag. 91 flg.

Lit. 18, pag. 54. Die Zahl der Plancurven eines Systems, welche eine gegebene Plancurve *berühren*, ist zuerst von Chasles in den Comptes rendus angegeben, dann von Zeuthen in den Math. Ann. Bd. 3, pag. 153 allgemein bewiesen. Die Formel für die Zahl der *Flächen* eines Systems, welche eine gegebene *Fläche* berühren, ist für den Fall, dass letztere punktallgemein ist, zuerst von Jonquières in den Comptes rendus Bd. 58 und 61 bewiesen, und für eine *beliebige* Fläche von Brill in den Math. Ann. Bd. 8, pag. 534 bis 538. Endlich erkannte ich diese Formel in den Gött. Nachr. 1877, pag. 407 als speciellen Fall der Formel für die Zahl der gemeinsamen Strahlbüschel eines zweistufigen und eines dreistufigen Systems von Strahlbüscheln (cf. hier Abschnitt VI, pag. 300 und Lit. 52).

Lit. 19, pag. 55. Den Grad der *Curve* der Berührungspunkte von allen möglichen zwei sich berührenden Flächen aus zwei einstufigen Flächensystemen bestimmte ich mit einigen verwandten Zahlen zuerst in den Math. Ann. Bd. 10, pag. 109.

Lit. 20, pag. 56. Den Grad der *Fläche* der Berührungspunkte von allen möglichen zwei sich berührenden Flächen aus einem einstufigen und einem zweistufigen Flächensysteme bestimmte zuerst Fouret in den Comptes rendus Bd. 80, pag. 805, dann ich aus meinen Strahlbüschelformeln in den Gött. Nachr. 1877, pag. 408 (cf. Lit. 18 und Abschnitt VI, pag. 302).

Lit. 21, pag. 62. Die Zahl der *zweien Congruenzen gemeinsamen Strahlen* bestimmte zuerst Halphen in den Comptes rendus vom Jahre 1872, pag. 41, dann mit Hilfe des Correspondenzprincips Zeuthen in den Comptes rendus vom Juni 1874. Eine sehr einfache Ableitung gab ich 1876 in den Math. Ann. Bd. 10, pag. 96.

Lit. 22, pag. 64. Diesen von F. Klein herrührenden Satz findet man in einer Mittheilung von S. Lie, Gött. Nachr. 1870, Nr. 4.

Lit. 23, pag. 64. Der § 16 ist ein Auszug aus meiner in den Math. Ann. Bd. 10, pag. 318 veröffentlichten Abhandlung „Moduln vielfacher Bedingungen bei Flächen zweiter Ordnung".

Lit. 24, pag. 68. Auf die Erzeugung von ausgearteten Curven durch *homographische Abbildung* der allgemeinen Curven machte mich Herr Zeuthen 1875 brieflich aufmerksam.

Lit. 25, pag. 71. Diese drei Formeln zwischen den elementaren Bedingungen μ, ν, ϱ und den drei Ausartungsbedingungen φ, χ, ψ bei der *Fläche zweiten Grades* hat zuerst Zeuthen in den Overs. ov. d. K. Selsk. Forh. 1866 und den Nouv. Ann. (2), VII, pag. 385 aufgestellt.

Lit. 26, pag. 77. Dieser Ausdruck für die Bedingung, dass eine Fläche zweiten Grades *eine gegebene Gerade enthalte*, ist zuerst von Hurwitz durch das Princip von der Erhaltung der Anzahl gefunden (cf. Math. Ann. Bd. 10, pag. 354). Dagegen rühren die Formeln VIII bis XIV vom Verfasser her.

Lit. 27, pag. 80. Diesen speciellen Fall der Formel XIV gab Cremona in den Comptes rendus, tome 59, pag. 776, Halphen im Bull. de la Soc. math. Bd. 1, und Lindemann in seinen „Vorles. von Clebsch“, pag. 406, Formel 11.

Lit. 28, pag. 84. Solche Zahlbeziehungen im Fall des *ein-eindeutigen* Entsprechens erwähnt Brill bei den Beispielen zu seiner Correspondenzformel in den Math. Ann. Bd. 7, pag. 621 (cf. hier § 18, Lit. 29).

Lit. 29, pag. 86. Die Correspondenzformel für *Curven* vom Geschlechte null sprach zuerst Chasles 1866 aus in den Comptes rendus, tome 62, für Curven von allgemeinem Geschlechte Cayley in demselben Bande pag. 586 und später auch in den Phil. trans. of the R. S. vol 158, 1868. Endlich gab Brill ausreichende Beweise und eine eingehende Discussion der Formel in den Math. Ann. Bd. 6, pag. 33, 1873, und in den Math. Ann. Bd. 7, pag. 607, 1874. Die Brill'schen Betrachtungen sind auch in dem Clebsch-Lindemann'schen Werke, pag. 441 flg. enthalten.

Vierter Abschnitt.

In diesem Abschnitte werden für verschiedene Gebilde mit Benutzung der durch die vorhergehenden Abschnitte gewonnenen Anzahl-*Beziehungen* die *Anzahlen selbst* berechnet, indem dieselben auf bekannte Anzahlen von *einfacheren Gebilden* mit kleinerer Constantenzahl zurückgeführt werden. Einen Theil der Untersuchungen dieses Abschnittes hat der Verfasser schon früher in den Math. Ann. publicirt; doch ist auch Vieles neu, namentlich die §§ 25 und 28 bis 32.

Lit. 30, pag. 90. Die Anzahlen für Kegelschnitte sind grösstentheils schon von Chasles in den Comptes rendus von 1864 und 1867 berechnet. Ueber die ersten Arbeiten von Chasles und anderen auf dem Gebiete der abzählenden Geometrie bis 1872 vergleiche man das von Painvin publicirte Literaturverzeichniss im Darboux Bull. III, pag. 155 bis 160.

Lit. 31, pag. 97. Für die Zahl der Kegelschnitte einer Ebene, welche fünf gegebene Kegelschnitte berühren, gab Jacob Steiner irrthümlich 6^5 an. Die richtige Zahl 3264 fanden zuerst Chasles und Th. Berent.

Lit. 32, pag. 97. Die erste Berechnung von geometrischen Anzahlen durch *Ausartungen* leistete Chasles in den Comptes rendus von 1864 beim Kegelschnitt. Für höhere Curven machte erst Zeuthen die Methode brauchbar durch seine eingehenden Untersuchungen in den Ahn. Egenskaber ved Systemer af plane Kurver (Kopenh. Acad. 1873, Naturw. og math. Afd. 10, Bd. IV).

Lit. 33, pag. 102. Die Elementarzahlen der Flächen zweiten Grades berechnete zuerst Zeuthen in den Overs. ov d. K. Selsk. Forh. 1866 und in den Nouv. Ann. (2), VII, pag. 385, dann auch der Verfasser im Crelle'schen Journal Bd. 71, pag. 366.

Lit. 34, pag. 106, 144. Einige Anzahlen für die *Plancurven dritter Ordnung mit Spitze und mit Doppelpunkt* berechnete zuerst Maillard in seiner Doctordissertation „Recherche des caractéristiques des systèmes élémentaires de courbes planes du troisième ordre" (thèse publiée en décembre 1871), dann Zeuthen in den Comptes rendus, Bd. 74. Mit Berücksichtigung der auf die singulären Punkte und Tangenten bezüglichen Bedingungen, behandelte die Curve dritter Ordnung mit Spitze der Verfasser in den Gött. Nachr. von 1874, pag. 267, und von 1875, pag. 359, später noch eingehender in den Math. Ann. Bd. 13, pag. 451 bis 509. Eine ausführliche Behandlung der Curve dritter Ordnung mit Doppelpunkt gab der Verfasser in den Math. Ann. Bd. 13, pag. 509 bis 537. In diesen Abhandlungen ist auch das Princip von der Erhaltung der Anzahl für die Berechnung oder Bestätigung der Anzahlen für cubische Plancurven benutzt.

Lit. 35, pag. 163. Der § 25 ist im Wesentlichen ein Auszug aus der von der königl. dänischen Akademie im Januar 1875 gekrönten, aber noch nicht publicirten Preisschrift des Verfassers, über welche Zeuthen in den Kopenh. Akademieberichten von 1875, Heft 1, Bericht erstattet hat. Die Untersuchungen über die *cubische Raumcurve* sollten urspünglich den Inhalt der von mir in den Math. Ann. Bd. 10, pag. 6, und Bd. 13, pag. 430 versprochenen dritten Abhandlung meiner „Beitr. zur abz. Geom." bilden. Da ich nun jene Untersuchungen in dieses Buch aufgenommen habe, so werde ich eine dritte Abhandlung der Beitr. zur abz. Geom. nicht mehr veröffentlichen.

Lit. 36, pag. 166. Zeuthen machte mich 1875 brieflich darauf aufmerksam, dass die Stammzahlen der Ausartung η gleich 4 und 16 und nicht gleich 1 und 4 sind, wie ich in meiner Preisschrift irrthümlich angenommen hatte.

Lit. 37, pag. 167. Voss entwickelt in den Math. Ann. Bd. 13, pag. 170 die *Gleichung dieses Complexes* vierten Grades mit Hilfe von liniengeometrischen Betrachtungen.

Lit. 38, pag. 182. Einen kleinen Theil der von Sturm in Borch. Journ. Bd. 79, pag. 99 bis 140 und Bd. 80, pag. 128 bis 149 rein geometrisch abgeleiteten Anzahlen für cubische Raumcurven fand schon Cremona in Borch. Journal Bd. 60, pag. 180.

Lit. 39, pag. 184. Die inhaltreiche Abhandlung von Zeuthen, betitelt „Almindelige Egenskaber ved Systemer af plane Kurver" in den Berichten der Kopenhagener Akademie von 1873 (Naturw. og. math. Afd. 10, Bd. IV) leitet nicht bloss die hier zusammengestellten Anzahlen ab, sondern giebt auch eine

Reihe von wichtigen Regeln über die *Multiplicität der Coincidenzen* und über die Lage der Plücker'schen *Singularitäten* auf den Ausartungen der Plancurven n^{ter} Ordnung. Zur Veranschaulichung dieser Ausartungen dienen *Figuren*, in denen jedesmal nicht bloss die Ausartung *selbst*, sondern noch zwei nicht ausgeartete Curven gezeichnet sind, welche der Ausartung in einem einstufigen Systeme *sehr nahe* liegen, so dass immer die Ausartung gewissermassen als der Uebergang von einer der beiden letztgenannten Curven zur anderen erscheint. Ausserdem enthält die Abhandlung auch noch alle Formeln, welche für eine Berechnung der elementaren Anzahlen der *Curven* n^{ter} *Ordnung* als Ausgangspunkt dienen müssen. Für höhere Plancurven, als solche von der vierten Ordnung, sind bis jetzt nur sehr wenige, vereinzelt dastehende Anzahlen bekannt; z. B. zeigt Jonquières in den Math. Ann. Bd. I, pag. 424, dass es in fester Ebene immer $\frac{3}{8}.(n-1)(n-2)(3n^2-3n-11)$ Curven n^{ter} Ordnung giebt, welche zwei gegebene Doppelpunkte haben und durch $\frac{1}{2}(n^2+3n-12)$ gegebene Punkte gehen. Ebenso ist man bei der Berechnung der Anzahlen für Flächen bis jetzt kaum über die Fläche zweiten Grades hinausgekommen. Doch hat der Verfasser angefangen, die Regelflächen dritten Grades anzahlgeometrisch zu behandeln und ihre Ausartungen zu beschreiben.

Lit. 40, pag. 188. Die Anzahlen für die *lineare Congruenz* habe ich schon in den Math. Ann. Bd. 10, pag. 83 bis 88 aus den Coincidenzformeln des Strahlenpaares abgeleitet, ohne jedoch damals die lineare Congruenz mit unendlich nahen Leitlinien als ein Gebilde aufzufassen, welches aus einem Strahle besteht, dessen Punkte den hindurchgelegten Ebenen *projectiv* sind.

Lit. 41, pag. 194, 202, 205. Den Gedanken, die Anzahlen für die *projective* Beziehung der Elemente einstufiger Grundgebilde ebenso durch Ausartungen zu berechnen, wie die Anzahlen von Curven und Flächen, fasste ich erst bei der Redaction dieses Buches, angeregt durch die Abhandlungen von Sturm und Hirst über Correlationen. Auf anderem, mühsameren Wege bestimmte schon Sturm in den Math. Ann. Bd. 6 die hier auf pag. 200 und 201 berechneten Zahlen als die Anzahlen für die Lösungen der Probleme der „*räumlichen Projectivität*". Später hat Sturm in seiner grossen Abhandlung über *correlative Bündel* (Math. Ann. Bd. 12, pag. 254 bis 368), wo er die Methode der Anzahlbestimmung durch Ausartungen benutzt, auch die hier in § 30 berechneten Anzahlen bestimmt, um sie bei der Berechnung der Anzahlen für correlative Bündel zu verwerthen. Einen Theil dieser Anzahlen bestimmte auch Herr Hirst in den Proc. of the London Math. Soc. Bd. 5 und Bd. 8, und zwar in Bd. 8 vermittelst der Ausartungen. Inzwischen habe ich in einer an die Redaction des Borchardt'schen Journals abgeschickten Abhandlung auch die Anzahlen für das Gebilde bestimmt, welches aus zwei auf den Geraden g und h liegenden Punktreihen derartig zusammengesetzt ist, dass jedem Punkte auf h *zwei* Punkte auf g entsprechen, einem Punkte auf g aber nur *ein* Punkt auf h entspricht.

Lit. 42, pag. 208, 217. Die Anzahlen des § 31 für das aus zwei *collinearen* Bündeln bestehende Gebilde sind bisher noch nicht berechnet. Diejenigen Anzahlen jedoch, welche sich auf *mehrfache* Bedingungen dieses Gebildes beziehen, sind schon von Sturm in den Math. Ann. Bd. 10, pag. 117 bis 136 bestimmt. Von den Anzahlen für zwei correlative Bündel hat Sturm in seiner ausführlichen Abhandlung in den Math. Ann. Bd. 12, pag. 254 bis 368 nicht bloss die hier in § 32 bestimmten Anzahlen, sondern auch die auf *mehrfache* Bedingungen bezüglichen Anzahlen nach der Ausartungsmethode abgeleitet, die letzteren Anzahlen übrigens auch schon in den Proc. of the London Math. Soc. Bd. 7, pag. 175. Vorher hatte Hirst für das dual entsprechende, aus zwei *correlativen Ebenen* bestehende Gebilde diejenigen Anzahlen berechnet, bei denen die beiden Ebenen als gegeben angesehen werden, Proc. of the London Math. Soc. Bd. 5 und 8. Vorbereitende Betrachtungen für die anzahlgeometrische Behandlung der räumlichen Correlation, d. h. des Gebildes, welches die Punkte und die Ebenen des *Raumes* einander ein-eindeutig zuordnet, stellte Hirst schon 1875 in den Proc. of the London Math. Soc. Bd. 6, pag. 7 an.

Fünfter Abschnitt.

Dieser Abschnitt entwickelt aus den im dritten Abschnitt gewonnenen Coincidenzformeln erster Dimension vermöge der symbolischen Multiplication (pag. 20) die Bedingungen der *Coincidenz von n Punkten* einer Geraden und der Coincidenz *von n Strahlen* eines Strahlbüschels, und findet die Anzahlen für gewisse Singularitäten bei der punktallgemeinen *Fläche* und bei dem strahlallgemeinen *Complexe*. Vorläufer dieses Abschnittes sind meine Abhandlungen „Tangentensingularitäten der allgemeinen Ordnungsfläche“ in den Math. Ann. Bd. 11, pag. 348 bis 378, ferner „Das Correspondenzprincip für Gruppen von n Punkten und von n Strahlen“ in den Math. Ann. Bd. 12, pag. 180 bis 201, und auch „Singularitäten des Complexes n^{ten} Grades“ in den Math. Ann. Bd. 12, pag. 202 bis 221.

Lit. 43, pag. 228, 236. Die Anzahlen für die Tangenten, Haupttangenten und Doppeltangenten der punktallgemeinen Fläche sind seit langer Zeit bekannt. Die Ordnung der Curve der Berührungspunkte der *vierpunktigen* Tangenten bestimmte Salmon 1849 im 4. Bande des Cambr. a. Dubl. Math. Journ. pag. 260, dann auch Clebsch in Crelle's Journ. Bd. 58, pag. 93. Cayley fand ferner in den Phil. trans. of the Royal Soc. 1869, dass diese Zahl durch eine Doppelcurve d^{ter} Ordnung um $22 . d$ und durch eine Rückkehrcurve r^{ter} Ordnung um $27 . r$ vermindert wird, was von Voss in den Math. Ann. Bd. 9, pag. 483 bewiesen wurde. Die Zahlen für die *drei-zweipunktigen* und für die *dreifachen Tangenten* bestimmte zuerst Salmon 1860 analytisch im 1. Band des Quarterly Journ. pag. 336, später auch Sturm synthetisch in Crelle's Journ. Bd. 72, pag. 350. Die leichte Bestimmung dieser Anzahlen durch das Chasles'sche Correspondenzprincip oder besser durch die Punktepaarformeln zweiter Dimension (hier pag. 44 und 45) erkannte ich in den Math. Ann. Bd. 10, pag. 100. Die Probleme, welche die Bestimmung der Zahlen für die *fünfpunktigen* Tangenten und für die übrigen in endlicher Anzahl vorhandenen singulären Tangenten verlangen, stellte Salmon in seiner Raumgeometrie, II. Theil, Art. 462 auf, ohne jedoch die bei der algebraischen Behandlung dieser Probleme auftretenden Schwierigkeiten überwinden zu können (Salmon-Fiedler, pag. 581).

Endlich zeigte ich in den Math. Ann. Bd. 10, pag. 102, und gleichzeitig in den Gött. Nachr., Februar 1876, dass das Chasles'sche Correspondenzprincip die Lösung der Salmon'schen Probleme ohne jede Schwierigkeit ergiebt. Ausführlicher behandelte ich diese Probleme im Zusammenhang mit einigen verwandten Problemen in den Math. Ann. Bd. 11, pag. 348 bis 378. Die in § 33 dieses Buches geleistete *directe* Zurückführung aller jener Singularitätenzahlen auf einige aus der Definition der Fläche ersichtliche Stammzahlen ist neu und dürfte ein Beispiel für die Handlichkeit des Abzählungskalküls abgeben. Neuerdings fügte Krey in den Math. Ann. Bd. 15, pag. 211 zu den Formeln des Verfassers diejenigen Reductionen hinzu, welche sie erleiden, wenn die Fläche mit den gewöhnlichen Singularitäten, wie Doppelcurve etc., behaftet ist. Die nichtpunktallgemeine Fläche behandelte hinsichtlich der Anzahlbeziehungen ihrer Singularitäten am eingehendsten Zeuthen in den Math. Ann. Bd. 4, Bd. 9 und namentlich Bd. 10, pag. 446 bis 546, nachdem schon Salmon in den Trans. of the Royal Irish Acad. vol. 23, und Cayley in den Philos. trans. 1869 u. 1871 viele dieser Beziehungen angegeben hatten (cf. Salmon-Fiedler, II. Th., II. Aufl., pag. 605 bis 617).

Lit. 44, pag. 245. Voss findet die richtige Zahl der *Kreispunkte* in den Math. Ann. Bd. 9, pag. 241 sowohl auf analytischem Wege, wie auch durch eine Abzählungsweise, welcher ich die erste von den beiden hier (pag. 244) gegebenen Bestimmungsarten nachgebildet habe.

Lit. 45, pag. 245. Die Ordnung und Klasse der *Krümmungsmittelpunktsfläche* der punktallgemeinen Fläche bestimmten Darboux in den Comptes rendus Bd. 70, pag. 1329, und Marcks in den Math. Ann. Bd. 5, pag. 29. Dann fügte Sturm in seiner Abhandlung über Normalen an algebraische Flächen, Math. Ann. Bd. 7, pag. 567 bis 583, das allgemeine Resultat hinzu, dass bei einer Fläche n^{ter} Ordnung, m^{ter} Klasse, welche in jede gegebene Ebene α Haupttangenten wirft und durch jeden gegebenen Punkt σ Haupttangenten schickt, die Ordnung der Krümmungsmittelpunktsfläche gleich $3n+3m+\alpha+\sigma$, und ihre Klasse gleich $n+m+\alpha+\sigma$ ist.

Lit. 46, pag. 245. Sturm zeigte in den Math. Ann. Bd. 9, pag. 573 bis 575, dass die *Tangenten der auf einer Fläche liegenden Krümmungslinien* eine Congruenz vom Feldrang $n+r+\alpha$ und vom Bündelrang $m+r+\sigma$ bilden, wenn n die Ordnung, r den Rang, m die Klasse der Fläche und α den Feldrang, σ den Bündelrang der von ihren Haupttangenten gebildeten Congruenz bezeichnen.

Lit. 47, pag. 246. Clebsch bestimmte diese Zahl in Crelle's Journ. Bd. 63, pag. 14 (cf. auch Salmon-Fiedler's Raumgeometrie, II. Theil, Art. 463) analytisch, aber um den Grad der von den vierpunktigen Tangenten gebildeten Regelfläche zu gross. Dies zeigte ich in den Math. Ann. Bd. 11, pag. 377.

Lit. 48, pag. 247. Die hier geleistete Ausdehnung des Correspondenzprincips von Punkte*paaren* auf Punkt*gruppen* zeigte ich schon in den Math. Ann. Bd 12, pag. 182 bis 196. Doch habe ich die hier mit den Nummern 13 bis 23 versehenen Formeln dort noch nicht aufgestellt. Den speciellen Fall der Coincidenzformel für Punktgruppen, in welchem der *Träger der Punktgruppe als fest* vorausgesetzt wird, hier Formel 6 oder 24, betrachtete vor mir schon Saltel in den Nouv. Ann. (2), Bd. 12, pag. 565 bis 570. Hieran schloss Saltel in den Mém. cour. de l'Acad. de Belgique Bd. 24 die Auffindung der Zahl der gemeinsamen *endlichen* Wurzeln von n Gleichungen mit n Unbekannten in dem speciellen Falle, wo jede dieser Gleichungen die Eigenschaft hat, für $x_1 = x_2 = x_3 = \ldots = x_n$ vom Grade $\alpha_1 + \alpha_2 + \alpha_3 + \ldots + \alpha_n$ zu sein, wo immer α_i ihren Grad für die Unbekannte x_i bedeutet. Eine Formel für die Zahl der gemeinsamen endlichen Wurzeln von n *allgemeinen* Gleichungen mit n Unbekannten gab Fouret im Bull. de la Soc. math. de France, Bd. 2, pag. 136, indem er die geometrische Untersuchung, welche ihn im Bull. de la Soc. math. Bd. 1, pag. 122 zu der Zahl der nicht unendlich fernen gemeinsamen Punkte dreier Flächen geführt hatte, Schritt für Schritt algebraisch verfolgte. In den Comptes rendus Bd. 80, pag. 1324 setzte Saltel an die Stelle der n in gerader Linie befindlichen Punkte n Punkte, welche sich auf einer festen Raumcurve vom Geschlechte null befinden. Die Formeln des § 35 für die Bedingung der Coincidenz von n Strahlen eines Strahlbüschels leitete ich in den Math. Ann. Bd. 12, pag. 196 bis 201 ab. Doch sind die hier mit den Nummern 29 bis 40 bezeichneten Formeln neu.

Lit. 49, pag. 262, 271. Am ausführlichsten hat Voss in seiner Abhandlung „über Complexe und Congruenzen" (Math. Ann. Bd. 9, pag. 55 bis 162) den strahlallgemeinen *Complex* n^{ten} Grades hinsichtlich seiner *Singularitäten* behandelt, nachdem durch Plücker's „Neue Geometrie des Raumes" (Teubner 1868 und 1869) die Fundamente der Liniengeometrie festgestellt waren, ferner durch Clebsch (Math. Ann. Bd. 2, pag. 1 bis 8, und Bd. 5, pag. 435 bis 442), Klein (Math. Ann. Bd. 2, pag. 198 bis 226, Bd. 5, pag. 257 bis 278 und pag. 278 bis 302, und Bd. 7, pag. 208 bis 211), Lie (Math. Ann. Bd. 5, pag. 145 bis 256), Klein und Lie (Berl. Monatsber. 1870), Pasch (Giessen 1870, Crelle's Journ. Bd. 75, pag. 106 bis 153), Weiler (Math. Ann. Bd. 7, pag. 145 bis 207) und durch Voss' eigene Untersuchungen (Math. Ann. Bd. 8, pag. 54 bis 136) wichtige Vorarbeiten für die analytische Behandlung des Complexes, namentlich auch hinsichtlich seiner sogenannten *singulären Fläche* geliefert waren. Dem Verfasser gelang es dann in den Math. Ann. Bd. 12, pag. 202 bis 221 mit Hilfe seines Kalküls alle diejenigen Singularitätenzahlen des Complexes zu berechnen, welche den Zahlen für die Tangentensingulariäten bei der Fläche n^{ten} Grades, z. B. der Zahl für die fünfpunktigen Tangenten, analog sind, und dadurch nich bloss viele von den durch Voss berechneten Zahlen zu bestätigen, sondern ihnen auch eine Reihe von neuen Zahlen für höhere Singularitäten hinzuzufügen. Der § 36 ist daher im Wesentlichen ein Auszug aus der eben citirten Abhandlung des Verfassers. Die auch schon durch Voss oder vor Voss gefundenen Singularitätenzahlen hind hier auf pag. 271 zusammengestellt. Dagegen sind alle übrigen hier auf pag. 269 und 270 angeführten Zahlen bis jetzt nur durch den Abzählungskalkül, *analytisch aber noch nicht bestimmt.* Ebenso fehlt noch eine analytische Berechnung des liniengeometrischen Analogons der 27 in einer Fläche dritter Ordnung liegenden Geraden, nämlich der Zahl 1280 derjenigen Strahlbüschel, deren sämmtliche Strahlen einem Complexe vierten Grades angehören.

Sechster Abschnitt.

Dieser Abschnitt definirt für jedes beliebige Gebilde, was man unter seinem *Charakteristikenproblem* zu verstehen hat, löst das Charakteristikenproblem für einige Gebilde und liefert eine Reihe von interessanten Anwendungen der dadurch gefundenen Charakteristikenformeln. Die meisten Untersuchungen dieses Abschnittes sind *neu*. Doch ist der Beweis der in § 38 abgeleiteten Charakteristikenformel erster Dimension schon in den Gött. Nachr. von 1876, pag. 507 bis 512 vom Verfasser im Verein mit Hurwitz mitgetheilt. Ferner habe ich einige Resultate der §§ 39, 40, 41 schon in den Gött. Nachr. von 1877, pag. 401 bis 426 ohne Beweis aufgestellt.

Lit. 50, pag. 274, 279. Die hier gegebene neue Formulirung des Begriffs der *Charakteristiken* ist berechtigt, seitdem der von Chasles in den Comptes rendus Bd. 59 gemachte Inductionsschluss, für *jede* Plancurve gäbe es zwei Charakteristiken, durch die weiteren Fortschritte der abzählenden Geometrie, namentlich aber durch Clebsch's Beweis des Chasles'schen Satzes in den Math. Ann. Bd. 6, pag. 1, als *unhaltbar* erkannt wurde (conf. auch Clebsch-Lindemann's Vorles. über Geom. pag. 390flg). Andeutungsweise gab ich schon in den Gött. Nachr. 1877, pag. 401 die Formulirung des Charakteristikenproblems. Das hier auf pag. 279 besprochene, aus dem Begriff der Charakteristiken resultirende, allgemeine *Eliminationsverfahren* zeigte ich in den Math. Ann. Bd. 10, pag. 355.

Lit. 51, pag. 284. Die von Chasles in den Comptes rendus von 1864 ohne Beweis aufgestellte *Charakteristikenformel* erster Dimension für den *Kegelschnitt* wurde von Clebsch in den Math. Ann. Bd. 6, pag. 1 (1873) von Halphen in dem Bull. de la Soc. math. de Fr. Bd. 1, pag. 130 bis 141 (1873) und von Lindemann in Clebsch's Vorl. über Geom. pag. 398 (1875) bewiesen. Halphen fügte in seiner Abhandlung und Lindemann in seinem Buche pag. 404 auch die Charakteristikenformeln höherer Dimension hinzu. Halphen dehnte dann in dem Bull. de la Soc. math. de Fr. Bd. 2, pag. 11 bis 33 seine Betrachtungen auch auf Kegelschnitte im Raume und auf Flächen zweiten Grades aus. Im Jahre 1876 aber erhob Halphen in den Comptes rendus Bd. 83, (4. September) pag. 537 bis 538, und Bd. 83, pag. 886 bis 888 (13. November) Zweifel gegen die Allgemeingiltigkeit der Chasles'schen Charakteristikenformel und deutete Modificationen an, welche dieselbe bei Voraussetzung gewisser einstufiger Systeme und gewisser einfacher Bedingungen erleiden müsste. Unmittelbar nach der ersten Halphen'schen Note publicirten Hurwitz und der Verfasser ihren hier mitgetheilten Beweis des Chasles'schen Satzes. In demselben Jahre sprach auch Saltel in dem Bull. de Belg. (2), Bd. 62, pag. 617 bis 624 Zweifel gegen die allgemeine Richtigkeit des Satzes aus. Erst im Jahre 1878 gab Halphen eine ausführliche Begründung seiner Zweifel und stellte die Formeln auf, welche an die Stelle der Chasles'schen Formel zu treten haben, und zwar in den Proc. of the London Math. Soc. vol. IX, Nos. 133, 134 und in den Math. Ann. Bd. 14 (cf. auch die soeben in Bd. 45 des Journ. de l'Ec. pol. erscheinende Abhandl.). Da der Verfasser sich diese Halphen'schen Abhandl. erst während des Druckes dieses Buches verschaffen konnte, so war es ihm leider nicht mehr möglich, die wichtigen Untersuchungen Halphen's hier zu verwerthen.

Lit. 52, pag. 289, 299, 303. Die wichtigsten Formeln der §§ 39, 40, 41 habe ich schon in den Gött. Nachr. vom Juli 1877, pag. 401 bis 426 ohne Beweis mitgetheilt. Doch sind verschiedene der hier gemachten Anwendungen neu. Die Resultate, welche sich auf die *Berührung* von Flächen von zwei gegebenen Flächensystemen beziehen, hat schon Fouret in den Comptes rendus Bd. 80, pag. 805 bis 809, und Bd. 82, pag. 1497 bis 1500 auf ganz anderem Wege abgeleitet (cf. hier Lit. 20).

Lit. 52a, pag. 306. Auf die Definition und die Untersuchung der *Connexe* wurde Clebsch 1872 in den Gött. Abh. Bd. 17 und den Math. Ann. Bd. 5, pag. 427 durch die Invariantentheorie geführt. Ausführlicher behandelte die Connexe Lindemann in seinen Vorles. von Clebsch pag. 924 bis 1037. Für die vom Coordinatenzwange freie geometrische Forschung sind jedoch alle übrigen Systeme von Hauptelementenpaaren ebenso wichtig wie der Connex. In der That untersuchte Krause in den Math. Ann. Bd. 14, pag. 294 bis 322 auf analoge Weise einen gewissen *Raumconnex*, d. h. ein gewisses fünfstufiges System von Gebilden, deren jedes aus einem Punkte und einer zugehörigen Ebene besteht.

Lit. 53, pag. 307, 323. Die Untersuchungen der §§ 42 und 44 sind neu. Die Formel für die Zahl der gemeinsamen Punktgruppen von n gegebenen $(n-1)$-stufigen Systemen in dem speciellen Falle, dass der Träger dieser Systeme gegeben ist, führt bei algebraischer Auffassung auf die von Saltel in den Mém. de Belg. Bd. 24 gegebene Formel für die Zahl der *gemeinsamen endlichen Wurzeln* von n allgemeinen Gleichungen mit n Unbekannten (cf. Lit. 48).

Lit. 54, pag. 319. Brill beweist seine Formel für die Zahl der *gemeinsamen Punktepaare* aus zwei auf einer festen Curve liegenden einstufigen Systemen von Punktepaaren in den Math. Ann. Bd. 7, pag. 607 (Clebsch-Lindemann's Werk pag. 446) im Zusammenhange mit der Formel für die Zahl der Coincidenzen eines solchen Systems (cf. hier Lit. 29).

Lit. 55, pag. 322. Die hier als specielle Fälle der Charakteristikenformeln für die Punktgruppe erkannten Resultate für die *vielfachen Secanten* des Schnittes zweier Flächen leitete auf ganz anderem Wege Salmon in seiner Raumgeometrie (Salmon-Fiedler, II. Th., Art. 216 und 219, pag. 262 und 264) ab, ausserdem auch Zeuthen in Brioschi Ann. (2), III, pag. 175 bis 218, und Picquet in den Comptes rendus, Bd. 77, pag. 474 bis 478, Bull. de la Soc. math. Bd. 1, pag. 260 bis 280.

Lit. 56, pag. 329, 330, 331, 332. Die hier auf dem Schnitt zweier Complexe abgezählten Singularitäten sind bisher noch nicht beachtet.

Alphabetisches Wortregister.

(Jede einem Worte nachgesetzte Zahl giebt entweder die Seite an, wo dasselbe definirt ist, oder die Seite, wo dasselbe hauptsächlich vorkommt.)

Alphabetisches Autorenregister.

(Die bei jedem Namen auf „Lit." *folgenden* Zahlen beziehen sich auf die *Nummern* der Literaturbemerkungen (pag. 333 flg.), die *vorangehenden* Zahlen aber auf die *Seiten* des Buches.)